中国经济运行风险研究报告

Research on the Risk of Chinese Macroeconomic Operation 2016

2016

唐海燕　毕玉江　等／著

图书在版编目(CIP)数据

中国经济运行风险研究报告. 2016 / 唐海燕等著.
—上海：立信会计出版社，2016.11
ISBN 978-7-5429-5225-7

Ⅰ.①中… Ⅱ.①唐… Ⅲ.①中国经济—经济运行—风险评价—研究报告—2016 Ⅳ.①F123

中国版本图书馆 CIP 数据核字(2016)第 317525 号

责任编辑　赵新民

中国经济运行风险研究报告 2016

出版发行	立信会计出版社		
地　　址	上海市中山西路 2230 号	邮政编码	200235
电　　话	(021)64411389	传　　真	(021)64411325
网　　址	www.lixinaph.com	电子邮箱	lxaph@sh163.net
网上书店	www.shlx.net	电　　话	(021)64411071
经　　销	各地新华书店		
印　　刷	上海中华印刷有限公司		
开　　本	787 毫米×1 092 毫米	1/16	
印　　张	19.25	插　　页	4
字　　数	468 千字		
版　　次	2016 年 11 月第 1 版		
印　　次	2016 年 11 月第 1 次		
书　　号	ISBN 978-7-5429-5225-7/F		
定　　价	68.00 元		

中国经济运行风险研究报告课题组

课题组负责人 唐海燕　毕玉江

课题组成员(按姓氏笔画排序)

王双成　邓小洋　毕玉江　邵　军

张丕强　张会清　张志谦　张利兵

李延均　赵迎春　贾德奎　黄　波

程新章　裴　瑱

课题组秘书 冯晓楠

前　　言

2015年10月，《中国经济运行风险研究报告2015》顺利出版发行，这是我们连续出版的第九本年度报告，报告中对中国经济运行总体风险状况的持续性进行跟踪研究，赢得了较好的社会评价。

从目前积累的研究成果来看，系列风险研究报告基本能够对以前年度中国宏观经济运行风险进行客观评价，并对后续经济运行态势进行科学预测。而且，报告对于中国经济运行态势的关键分析和判断，也与后来的实际经济发展状况基本吻合。但由于报告的出版周期为一年，因此对全球范围内新出现的可能影响中国经济运行的一些风险因素，难以在研究中及时、全面地做出反映；并且，由于报告的研究和写作时间要早于实际经济运行，因此在研究侧重点的安排、视角的选择和具体风险因素的识别方面，也可能难以完全反映中国实际经济运行中正在显现的各种新情况、新特点。

为较好地解决上述问题，自2010年开始，中国立信风险管理研究院在年度报告的基础上，同时组织研究并按季度出版了《中国经济运行风险指数季报》。风险指数季报的发布，一方面尽可能弥补年度报告在时效性上的不足，另一方面也便于重点聚焦于某个正在显现中的风险问题，从而努力使研究更为系统和深入。已经出版的系列风险指数季报，较好地跟踪和预测了中国宏观经济运行中的主要风险因素的动态变化，并对经济运行的总体风险状况和宏观调控政策的可能变化进行了前瞻性把握，持续发布的风险指数季报因其更好的时效性和更准确的预测表现，赢得了良好的社会反响。

《中国经济运行风险研究报告2016》在研究思路和基本框架上，与上一年的研究基本保持一致。即采用“4＋1＋X”的基本架构，在选取宏观政策调控的四大最终目标作为基本因素（“4＋1＋X”中的“4”）的基础上，再根据当年经济运行中的热点问题或重要领域（“4＋1＋X”中的“X”）及微观经济主体运行状况（“4＋1＋X”中的“1”）确定若干有代表性的扩展特征因素，通过深入研究这些因素引致宏观经济运行风险的传导机制和风险水平，以最终反映中国宏观经济运行的总体风险状况。

经过几年的锻炼和磨合,中国立信风险管理研究院围绕年度报告构建了一支稳定的研究团队,即以校内的教授、博士等学术骨干为主体,通过风险专题研究项目的形式充分整合国内各大高校中有志于从事风险管理研究的优秀中青年学者,组建了项目团队以开展研究工作。

具体负责研究和报告撰写的人员如下。总论:毕玉江;经济增长风险部分:程新章、毕玉江、张会清、裴瑱和王双成;通货膨胀风险:贾德奎;就业风险:黄波;国际收支失衡风险:张丕强;金融运行风险:张利兵;财税风险:赵迎春;经济运行的微观主体风险:邵军、袁敏。

本报告严格遵循风险识别、风险度量和风险管理的基本研究范式,力图全面、准确地回答中国宏观经济运行的风险来源、风险大小及风险管理对策等关乎国计民生的重大现实问题,并期待能够为中国宏观经济运行风险方面的学术研究注入活力,为经济工作者和决策者提供有益参考。

最后需要指出的是,尽管本报告努力以数据为基础、以事实为依据,但部分风险主题的研究却不可避免地存在着主观推理和判断的成分,这有可能会在一定程度上影响本报告研究结果的准确性。除此之外,本报告也许还存在着诸多我们尚未意识到的问题或缺陷,希望各位同仁能不吝指正,以便于我们在今后的研究中继续探索、完善和解决。

唐海燕

2016 年 8 月

目　　录

Contents

第一章 总 论

一、绪论

经济运行风险主要指实际经济运行相比较其正常(或均衡)状态而产生显著偏离的可能性。在实践中,宏观经济各个目标的实现程度通常被用于衡量经济运行的实际状况。因此,经济运行风险的大小程度,也主要表现为反映经济运行质量的各关键经济变量对其正常值的偏离程度。

自2010年以来,中国季度经济增长率就进入了下行通道。进入2016年以来,宏观经济运行趋弱的态势仍然没有改观的迹象。经济增长趋弱的态势也表现在主要宏观经济指标的变动趋势上。固定资产投资完成额的月度累计同比增速由2013年9月的20%下降到2016年5月的不足10%;在2015年1月至2016年5月的17个月里,除两个月份以外,月度外贸进出口总额几乎全部为负增长;社会消费品零售总额增速也由2013年的13%左右下降到2016年10%的水平。

在世界经济运行环境方面,不确定性因素不降反增,中国宏观经济对应的外部环境更加复杂。相对而言,美国经济表现较为抢眼,呈现小幅复苏迹象。由于担心通货膨胀风险,美联储甚至在2015年12月实行了加息政策。但是,自从美国金融危机爆发引发欧洲债务危机以来,欧洲就一直陷入经济衰退的泥沼难以自拔。虽经过不断的政策调整,包括出台欧版量化宽松政策等,但欧洲经济也难以出现良好的复苏迹象。2016年6月,英国举行全国公投,脱欧派以微弱多数胜出,英国最终走上了脱离欧盟的道路。由于英国此举影响面实在太大,给世界经济复苏蒙上了厚厚的一层阴影。日本经济则仍然处于不温不火的状态。总体而言,外部经济运行对中国产生的不确定性影响在增加。

综合以上基本分析,我们认为:2016年中国和世界经济运行的不确定性是在不断增强的。经济结构调整造成中国宏观经济运行的主要指标趋弱,而供给侧改革可能需要一个更长时期的调整,经济阵痛期的运行风险持续上升,对宏观政策调控提出了更高的要求。

后续章节对中国经济运行风险进行研究的过程中,本书将严格遵循风险相关问题的规范研究范式:首先识别中国经济运行风险的主要引致因素,并探讨这些因素导致的风险传导机制;其次,在对中国经济运行风险状况进行定性描述的基础上,通过设计风险衡量指标体系,形成组合的风险指数,对中国经济运行中所面临的风险大小程度进行量化,以提供反映中国经济未来所面临风险大小的量化结果;最后,基于前述风险因素识别及影响机制分析,提出相应的管理中国经济运行风险的政策建议。

本研究的主要内容有中国经济运行中的风险引致因素识别,中国经济运行风险的量化研究以及风险管理的对策建议等。在对经济运行风险的基本概念进行界定后,后续主要的研究内容具体安排如下。

第一部分，通过对2016年以来中国居民消费、固定资产投资、就业状况、各类价格指数、国际收支、货币信贷增长、政府财政收入支出和居民未来预期等方面的变化进行分析，以对中国当前经济运行现状进行描述，并识别和归纳影响经济运行的主要风险因素。

第二部分，筛选衡量经济运行风险的经济指标，并计算不同指标引致经济运行风险的相对权重，以构建经济运行风险衡量指数。

第三部分，利用所构建的经济运行风险指数，对中国经济运行风险进行预测，并在此基础上对未来的宏观政策进行展望。

二、中国经济运行中的风险因素及特征表现

（一）经济增长速度持续下降

虽然有经济新常态作为指引，但是中国宏观经济增长速度的下降仍然引起了各方关注。2016年第一季度，中国国内生产总值（以下简称GDP）增长率为6.9%，已经接近1999年第四季度6.7%的水平，也是2010年以来的最低GDP水平（见图1-1）。GDP增长率不断下滑，一方面表明经济增长乏力，另一方面可能也预示中国长期以来形成的经济增长模式遇到困难，按照以往的增长模式形成的潜在增长率已经下降，迫切需要结合经济结构的调整来重塑经济增长动力。

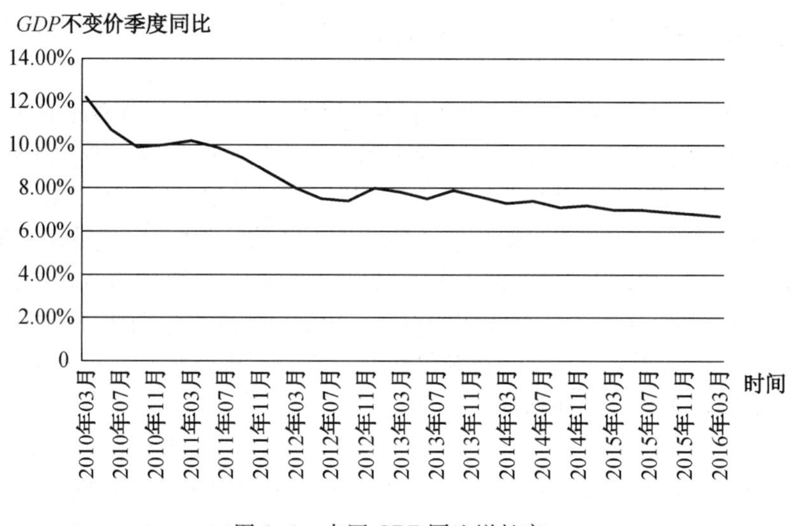

图1-1　中国GDP同比增长率

数据来源：Wind资讯。

中国宏观经济运行趋弱的背景下，经济运行结构和动力也呈现出新的变化特征。从图1-2显示的工业增加值变化趋势来看，2010年以来，中国月度工业增加值同比增长率持续下降，由2010年全年平均15.7%下降到2015年全年平均6.1%，2016年前5个月则进一步下降到5.9%。

此外，中国经济增长的动力机制也出现了调整。第三产业在经济增长中的作用持续上升。特别是2015年以来，第三产业对GDP累计同比增长率的贡献上升到超过60%的水平。而与此同时，第二产业的贡献率则持续下降，2015年已经下降到40%以下（见图1-3）。

图 1-2 中国工业增加值同比增长率

数据来源:Wind 资讯。

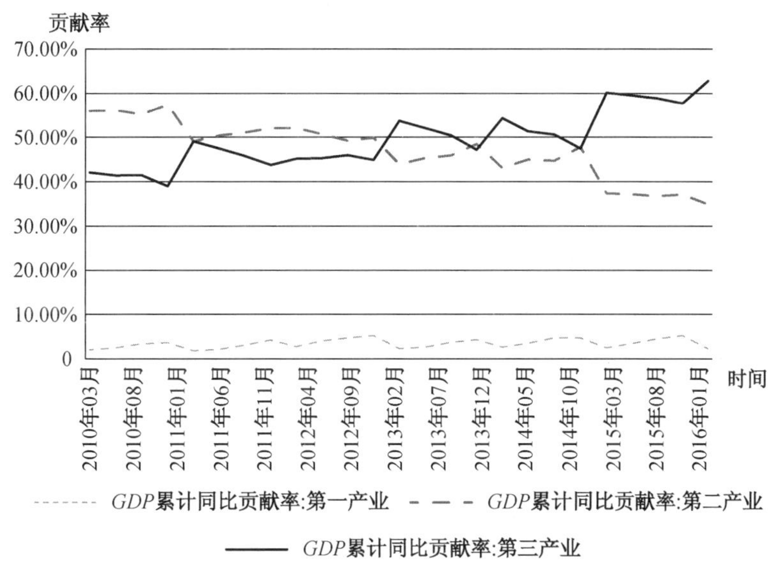

图 1-3 三大产业对 GDP 的贡献率

数据来源:Wind 资讯。

作为经济增长主要动力的内需,在近年来也表现出增长乏力的趋势。由图 1-4 显示的中国社会消费品零售总额增长情况可以看到,内需增长速度持续下降。虽然自 2012 年起乡村社会消费品零售总额的同比增长率超越了城镇,但是总体增长趋势并不乐观。

作为长期以来中国非常依赖的经济增长动力来源,固定资产投资的增长情况也令人担忧。2010 年,中国固定资产投资完成额的累计月度同比增长率还在 25%上下,随后出现持续下降趋势。至 2015 年,全年固定资产投资同比增长率仅为 11.36%,已经不到 2010 年增速的一半。令人担忧的是,进入 2016 年以来,固定资产投资增速仍然在下滑(见图 1-5)。

图 1-4 中国社会消费品零售总额增长情况

数据来源:Wind 资讯。

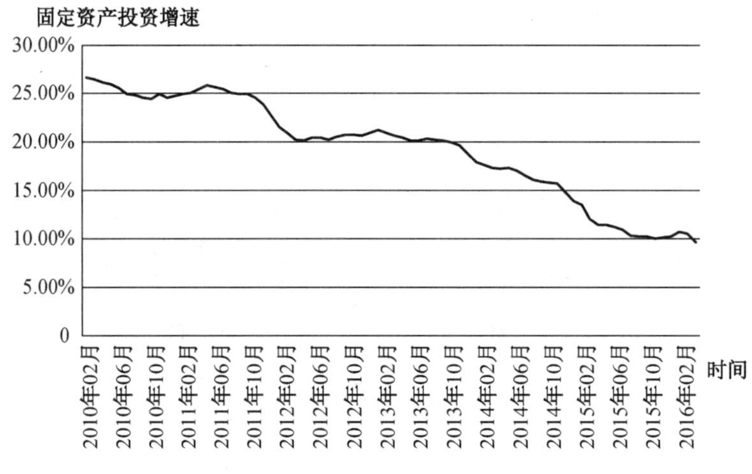

图 1-5 中国国内固定资产投资完成额增长情况

数据来源:Wind 资讯。

除“三驾马车”中的内需和投资表现不佳以外,外贸增长也更加微弱,甚至出现连续的负增长局面。如图 1-6 所示,如以美元计价,则 2015 年全年中国出口同比增长—1.2%,进口增速则是—14%。进入 2016 年,外贸负增长的局面并未改观。2016 年前 6 个月,以美元计价的出口增速为—6.4%,进口增速则为—10%。外贸出口增速趋弱的主要原因是外需不振,发达经济体再工业化进程也加剧了外贸市场的竞争程度。进口负增长的主要原因则还是中国自身经济增长趋弱。另外,国际大宗商品价格仍处低位也是进口一直处于负增长的重要原因。

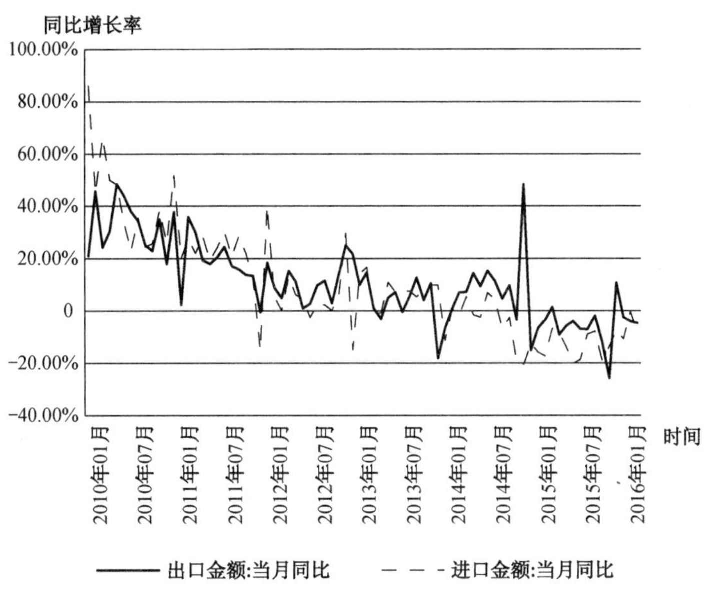

图 1-6 中国进出口贸易额增长状况

数据来源:Wind 资讯。

(二) 价格水平持续走低,通货紧缩风险不断上升

自从 2014 年开始,中国的居民消费价格指数就下降到 2%以下。与此同时,RPI 和 PPI 则出现更大幅度的下降(见图 1-7)。特别是 PPI 指数,从 2012 年进入负增长开始,就没有再

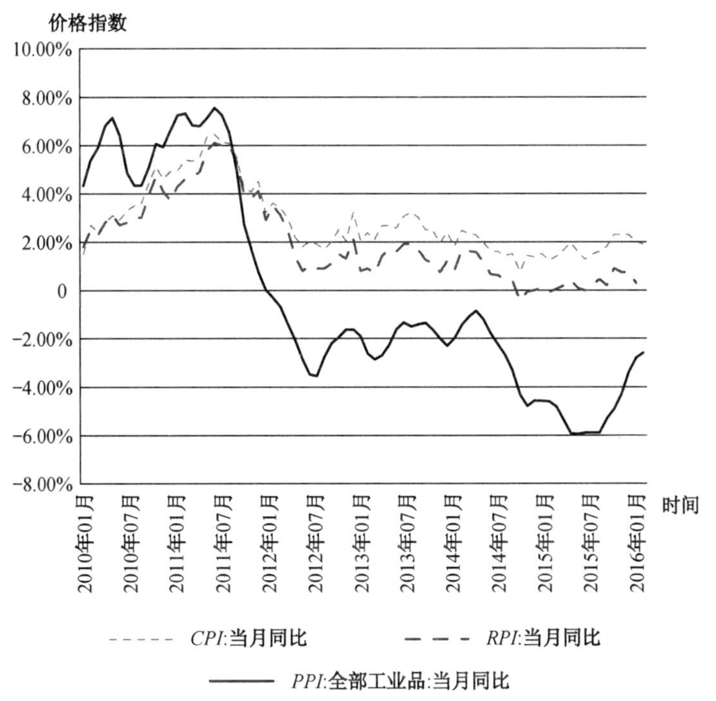

图 1-7 中国各种价格指数变化

数据来源:Wind 资讯。

恢复到正增长的水平上来。2014 年以来,PPI 负增长的幅度反而有所增长,只是在进入 2016 年以后才有所好转,但是目前仍未进入正增长区间。

PPI 持续负增长对下游消费品价格产生了一定程度的影响。这也是近 3 年来中国整体通货膨胀水平持续走低的重要原因。但是,PPI 长期在负增长区间运行,对企业生产积极性造成一定程度的不利影响,并进而会作用于投资增长和就业增长。然而,从近期国内外影响价格的主要因素来看,国际大宗商品价格仍处于低位运行,世界经济复苏进程受阻,进口品价格上涨的压力仍然不大。因而,中国整体物价上涨幅度不会很高,反倒是通货紧缩的风险在不断增加。

（三）货币信贷增速增长乏力

随着宏观经济运行趋弱,中国货币信贷增速也呈波动中下降的趋势。2010 年以来,中国 M2 增长率和金融机构贷款增长率已经明显下降。2015 年年中,M2 增速甚至下降到接近 10%的水平。虽然后来有所回升,但是进入 2016 年以来,M2 增速再次明显下降(见图 1-8)。

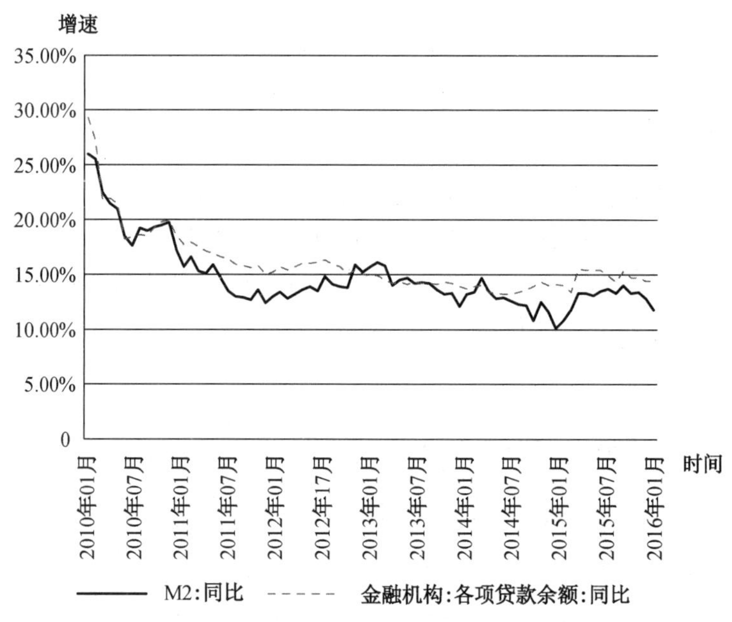

图 1-8　中国货币信贷变化状况

数据来源:Wind 资讯。

从宏观政策层面的各种信号来看,显然政策层并不想再度通过信贷“放水”来推动经济复苏,但是货币政策将保持相对平稳的步调,将会更加注重在供给侧结构性改革的背景下调整结构,不会再过度追求规模扩张式的粗放型增长速度。

（四）实体经济运行不振

除固定资产投资增速下滑表明实体经济运行不振以外,来自 PMI 指数的变动趋势也在一定程度上表明了实体经济运行趋弱的态势。

图 1-9 显示了 2010 年以来中国 PMI 总指数、新订单指数、新出口订单指数的变化情况。显然,自 2014 年以来,系列 PMI 指数就处于明显的下行趋势。下降幅度最大的是新出口订单指数,在大多数月份都在枯荣线的下方。

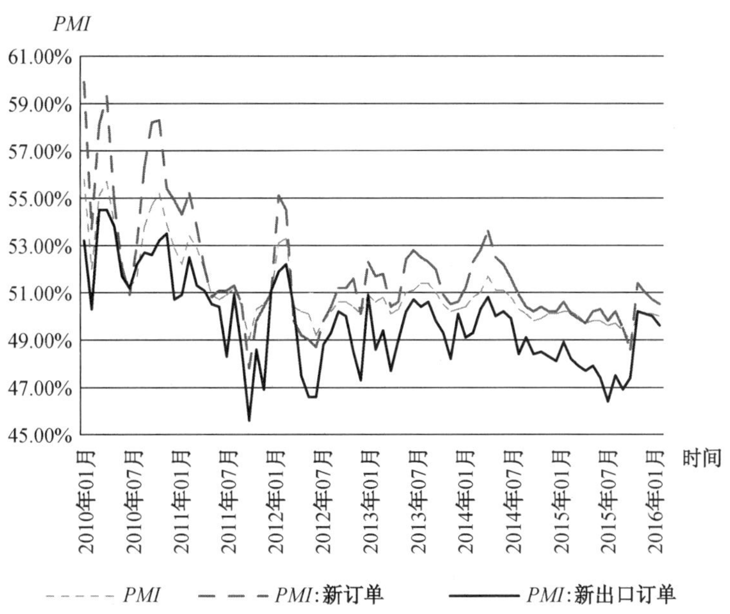

图 1-9 中国 PMI 指数变动情况

数据来源:Wind 资讯。

（五）财政收支压力上升

受实体经济下行、工业生产增速放缓、PPI 持续大幅下降以及进口商品价格大幅度下跌的影响,2015 年主体税种的收入增幅都不高,企业生产效益下滑、利润增幅回落也使企业所得税增幅相应回落。统计数据显示,2015 年中国一般公共预算收入 152 217 亿元,比上年增长 8.4%,同口径增长 5.8%,比 2014 年回落 2.8 个百分点。

在财政支出方面,2015 年中国一般公共预算支出 175 768 亿元,比上年增长 15.8%,同口径增长 13.17%。财政支出增幅较高的项目主要是医疗卫生与计划生育支出 11 916 亿元,增长 17.1%;社会保障和就业支出 19 001 亿元,增长 16.9%;城乡社区支出 15 912 亿元,增长 11.5%;农林水支出 17 242 亿元,增长 16.9%;节能环保支出 4 814 亿元,增长 26.2%;交通运输支出 12 347 亿元,增长 17.7%(见图 1-10)。

从财政收支增速对比来看,财政收入的增幅已经降到 10%以下,而主要支出项目的增幅则均在 10%以上,未来一段时间,财政刚性支出与收入增速下滑的矛盾预示财政赤字压力不断增大。

此外,由于中央提出进行供给侧改革的思路,这要求财政政策要有更加积极的作为,未来财政支出的压力进一步上升。在收入增速下滑和支出增速上升的双重因素作用下,未来中国财政赤字风险将进一步增加。

（六）资产价格泡沫风险不断加剧

由于实体经济运行趋弱,社会固定资产投资增速不断下降,与之相对应的则是中国资产价格泡沫风险不断增加。2015 年 6 月 12 日,上证综指报收 5 166.35 点的近期高位,市场交易气氛热烈,各种乐观预测不断涌现。但是,在随后的几个交易日里,股票市场迅速下跌。虽然期间也有企稳迹象,但是 8 月 26 日股票下跌到 2 927.29 点,在两个月不到的时间里下降超过

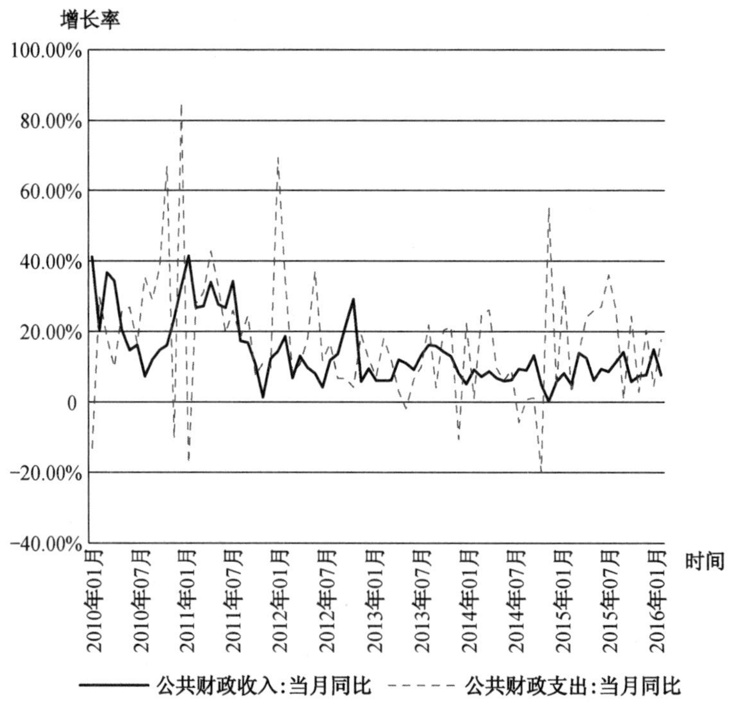

图 1-10　中国财政收支变化情况

数据来源:Wind 资讯。

2 000点。与此同时,中国房地产投资和住房价格则不断上涨。2016 年一再见诸报端的则是各地不断涌现的土地拍卖中的"地王"。最近一段时期以来,资产价格泡沫风险已经成为中国宏观经济运行中的重要因素。

三、中国经济运行风险指数构建

本部分继续通过构建中国经济运行风险指数(Risk Index of Economic Operation, RIEO),以对中国经济的总体运行态势进行客观把握。按照本系列报告的研究方法,经济运行风险指数的编制过程如下:首先筛选一组能够较好地反映经济运行态势的代表性指标,以构建风险测度模型;其次,利用上述模型考察宏观经济在一定时间范围内的变动趋势,得到风险测度结果;第三,对测度结果及相应的风险区间进行标准化处理,最后得到风险指数值,以反映宏观经济在未来一段时间内的可能运行状况。

为与本研究机构的主要研究成果保持一致,本报告的风险指数构建具体方法可参见中国经济运行风险指数课题组发布的系列中国经济运行风险指数研究报告中的内容。此处仅对风险指数的构建方法进行简要表述。

(一) 指标选取

由于本研究所涉及的风险测度实际上是一种对经济运行态势的综合评价,因此所建立的风险测度指标体系要遵循相关性、全面性、可测性、稳定性、重要性和独立性等原则。经济运行风险指数的构建是否具有科学性,以及在实际应用中能否有较好的风险指示和预警功能,其首要的决定因素就是合适的指标选择。然而,指标体系的全面性不可避免地会影响指标的相互独立,造成指标间的信息重叠现象。指标的个数越多,指标间信息重叠的程度就可能越高;反之,指标个数越少,虽可以提高指标的独立性,但会影响指标的全面性。因此,需要在指标体系的全面性和独立性之间求得一种平衡,这也是本研究选择风险测度指标的基本原则。

对于经济运行风险测度指标选取而言,上述原则中的相关性是指所选取的指标,其变动状况在很大程度上能够直接反映出宏观经济在未来一段时间内的变化趋势;全面性是指测度指标的选取尽可能做到不遗漏各种能够影响或反映宏观经济运行态势的因素;可测性是指所选的指标必须是可以量化的,并且相对应的数据是现行统计核算体系中可以获取的;稳定性是指对所选指标变化幅度进行不同状态划分后,划分的标准能够保持相对的稳定;重要性是指选择尽量少的关键指标来反映经济运行的风险状况,而不刻意追求指标选择的全面性和系统性;独立性是指所选取的各指标之间尽可能没有显著的相关关系或因果关系。

在实际经济发展过程中,对经济运行状况的评价很大程度上反映为宏观政策调控目标的实现程度。而根据宏观经济学的一般原理,宏观政策调控的主要目标是经济增长、物价稳定、充分就业和国际收支平衡;除此之外,现实的政策实践中,一国内部的财政收支平衡、金融系统的稳定也常常是政策当局所重点关注的目标。因此,在具体构建经济运行风险指数时,用于反映经济运行状况的指标应当涵盖以上几个方面的内容。

通过对备选指标进行 Granger 因果检验等判断分析,最后筛选出的指标包括:消费品零售增长率、进出口增长率、居民消费价格指数、城镇单位就业增长率、外汇储备/GDP、财政赤字/GDP、金融机构各项贷款增长率、股票市值/GDP,见表 1-1。

表 1-1 指标选择结果

对应的经济调控目标	指标选取
经济增长	消费品零售增长率
	进出口增长率
物价稳定	居民消费价格指数
充分就业	城镇单位就业增长率
国际收支平衡	外汇储备/*GDP*
财政收支平衡	财政赤字/*GDP*
金融稳定	金融机构各项贷款增长率
	股票市值/*GDP*

消费品零售增长率进入指标体系,其原因在于,在拉动经济增长的三个最主要的因素中,消费支出的变化更能够真实地反映经济主体对未来经济发展趋势的预期,并且消费拉动经济增长的贡献效率要比投资和进出口更大。特别是在 2008 年美国金融危机爆发以后,国内对于内需拉动型的经济增长给予了更多的关注。中国目前的经济增长在很大程度上仍依赖对外贸易的增长,并且外贸企业,尤其是出口企业的经营状况会直接影响劳动力的就业水平,因此出

口增长率能够直接反映宏观经济的运行状况。另外,考虑到进口的中间投入品对产出具有深刻而复杂的影响,进出口增长率被选为风险指数构建的一个主要指标。固定资产投资增长率从指标体系中被剔除,这在理论上可以作如下解释,即中国长期以来为保持经济增长速度的稳定,在消费和进出口受到各种冲击时,政府就会通过促进固定资产投资增长来避免外来冲击造成的经济下滑或恶化。据此可以推知,固定资产投资增长率在某一时期的迅速上升(或下降),某种程度上可间接反映出消费增长和进出口增长在此时期有较大波动,所以为避免因素重叠,可将固定资产投资增长率指标剔除。

在反映物价水平的变动状况方面,居民消费价格指数(CPI)被认为是最具有代表性的指标,并且实际统计分析也证实了这一点,因此居民消费价格指数将成为构建风险指数的另一个重要指标。

另外,在反映就业状况的指标中,由于城镇登记失业率的可靠性较差,因此需选择其他指标来替代就业率指标。而在劳动力稳定供给的情况下,城镇单位就业增长率如果出现较大的波动,则在很大程度上可以反映出宏观经济中的就业变化,因此,城镇单位就业增长率可被选为反映就业状况的指标。

在中国目前的国际经济往来和外汇管制制度下,国际收支状况的变化会直接反映为外汇储备的增长变动。不仅如此,在中国目前的财政收支预算体系下,经济正常运行时财政赤字会相对较小并且稳定,如果经济过热(或过冷),则会表现为财政收入增长速度加快(或降低甚至负增长),因此财政赤字的变动及大小能够间接反映经济运行的变化状况。基于此,外汇储备/GDP 和财政赤字/GDP 可作为构建风险指数的指标选择。

在现代经济发展中,金融系统的运行状况会对经济运行产生重要影响,而在反映金融稳定状况的指标中,金融机构各项贷款的变动,一方面,会在未来一段时间内直接反映为实体经济的变化;另一方面,长期以来,中国政策当局会根据经济调控需要来对金融机构的贷款发放施加影响,因此金融机构各项贷款的变化能够反映出政府对未来经济运行态势的判断。除此之外,由于股票市场一般被认为是经济运行状况的"晴雨表",并且随着股票交易价格的波动,相应发生变化的股票市值能够较好地反映出市场主体的未来经济预期。基于此,金融机构各项贷款增长率和股票市值/GDP 被选为风险指数构建的另外两个指标。

(二) 模型构建及风险区间设定

本研究采用层次分析法(AHP)确定各变量在总风险指标中的权重。在具体确定不同指标之间的相对重要性程度时,主要参考中国政策当局公开的官方表述及货币当局政策实施中对不同政策目标的倾向性。按上述原则无法确定相对重要程度的指标间的关系时,则采用德尔菲法(Delphi Method)来进行确定。

将各个指标与其权重相乘再求和便可得到经济运行风险的加权评价模型,利用模型进行经济运行风险的评价,对模型中每一个指标都将根据其预测值进行评分和划分风险状态,以便对经济运行风险作标准化处理,方便最终进行综合评价。

本报告中单个指标的评分将采用百分制,并拟将风险状况划分为"无风险"(0～20 分)、"风险关注"(20～50 分)、"有风险"(50～70 分)、"较高风险"(70～90 分)和"高风险"(90～100 分)五个级别(见表 1-2)。各个划分级别界限值的确定主要参照国际上通用的警戒值设置及现有的研究成果,对于目前尚没有可参考界限值的指标,则结合中国实际情况按近期的经济预测目标值的平均数调整而得。为综合衡量经济运行风险,需要对指标进行标准化处理,指标对应的风险状态是由区间表示的，因此可采用映射法将指标原始数据还原成分数值(见表1-2)。

表1-2 经济运行风险指数所选指标的风险状态界定

指标名称	无风险	风险关注	有风险	较高风险	高风险
消费品零售增长率(S_1)	13%～18%	10%～13% 18%～22%	5%～10% 22%～25%	0%～5% 25%～30%	0%以下 30%以上
进出口增长率(S_2)	10%～25%	0%～10% 25%～30%	−10%～0% 30%～35%	−10%～−20% 35%～40%	−20%以下 40%以上
居民消费价格指数(S_3)	1%～3%	3%～5% 0～−1%	5%～7% −1%～−3%	7%～10% −3%～−5%	10%以上 −5%以下
城镇单位就业增长率(S_4)	2.5%以上	1.5%～2.5%	0.5%～1.5%	−0.5%～0.5%	−0.5%以下
外汇储备/GDP(S_5)	10%～30%	30%～40% 8%～10%	40%～50% 5%～8%	50%～60% 3%～5%	60%以上 3%以下
财政赤字/GDP(S_6)	2%以下	2%～4%	4%～7%	7%～10%	10%以上
金融机构各项贷款增长率(S_7)	13%～15%	10%～13% 15%～18%	8%～10% 18%～23%	5%～8% 23%～28%	5%以下 28%以上
股票市值/GDP(S_8)	20%～30%	15%～20% 30%～50%	10%～15% 50%～70%	5%～10% 70%～100%	5%以下 100%以上
指标评分	0～20分	20～50分	50～70分	70～90分	90～100分

上述指标体系中，如果某个指标变量 S_i 达到一定程度，将可能对整体经济运行起到决定性作用，从而引发系统性风险。因此，本研究拟以“高风险”状态的中间值为界，构造经济运行风险指数的函数表达式如下：

$$\begin{cases} RIEO = \sum S_i W_i \text{，任何 } S_i < 90 \text{ 时} \\ RIEO = S_i \text{，任何 } S_i \geqslant 90 \text{ 时} \end{cases}$$

通过各个指标的预测值及其对应的风险状态评分，并利用上面的函数解析式，就可以直接计算出经济运行风险指数值。

四、经济运行风险预测及宏观调控政策前瞻

(一) 风险预测

2015年，中国经济增长速度进一步放缓，全年GDP增长率为6.9%。在结构调整、去过剩产能、外需减弱等内外因素的综合作用下，中国经济运行风险继续有所上升。除了外汇储备与通货膨胀风险以外，其余主要风险评价指标值均有所上升。由于PPI连续负增长，加之内需不振，中国近期仍然存在通货紧缩风险。当然，持续下行的物价水平也给中国中央银行实行相对宽松的财政和货币政策带来了有利空间。另外，近期中国外汇储备持续下降，由于2015年年底人民币正式加入SDR，未来中国可能会继续推进人民币国际化进程，与之相对应的国际资本流动风险会有所上升，这为中央银行的货币风险管理提出了新的挑战。从2015年年中以来，中国股票市场的波动异常剧烈，一方面增加了证券市场风险，另一方面也在一定程度上影

响了居民对中国宏观经济运行的未来预期。进入 2016 年第一季度，中国房地产市场有升温迹象，这也在近期信贷增长量上有所反映。

从外部环境来看，美联储于 2015 年 12 月加息之后，美国的经济复苏似乎受到一些影响，复苏的不确定性增强；欧盟和日本经济继续在弱势增长区间，近期改观不明显。由于国际大宗商品价格继续维持在较低水平，世界经济整体运行都趋于弱势。2016 年 6 月 23 日，英国公投决定脱欧，势必影响全球经济复苏进程，可能会通过金融市场加剧世界经济波动程度。近期来看，英镑出现瞬间贬值，可以大大增强英国商品的世界竞争力，提升前往英国留学及旅游的消费需求，但是金融市场动荡却会涉及其他国家。另外，对于欧盟来讲，失去英国，造成的负面影响可能更加深远。未来世界经济的动荡走势会对中国外贸出口形成一定的负面效应。

进入 2016 年第二季度以来，中国宏观经济运行并未出现显著好转的局面，而经济运行将呈“L 形”的判断也引起了国内各界的各种解读。虽然从消费领域可以看到一些结构调整的影子，但是信贷、外贸趋弱以及证券市场的不稳定也表明当前实体经济运行压力依然较大。不管怎样，宏观经济数据反映的经济运行态势总体趋弱，未来整体经济运行风险将有所上升。

从各分项指标来看，消费增速有所放缓，预示消费增长动力不强，这将进一步影响内需在稳增长方面的支撑作用，外贸风险仍处较高水平，且在未来一段时间不会有显著改善，加之投资增长乏力，“三驾马车”对经济增长的拉动作用将持续放缓。虽然通货膨胀风险依然不高，但实体经济贷款意愿不强，房地产市场升温导致居民长期贷款增加，财政支出压力上升，就业风险也略有增加。

基于前述中国经济运行风险指数的计算方法，根据各分指标计算综合，2016 年第二季度中国宏观经济运行风险值为 55，进入“有风险”区间；2016 年第三季度宏观经济运行风险值为 58.21；第四季度经济运行风险值为 60.91，2016 年总体经济运行保持在“有风险”区间，风险值持续上升（见图 1-11）。

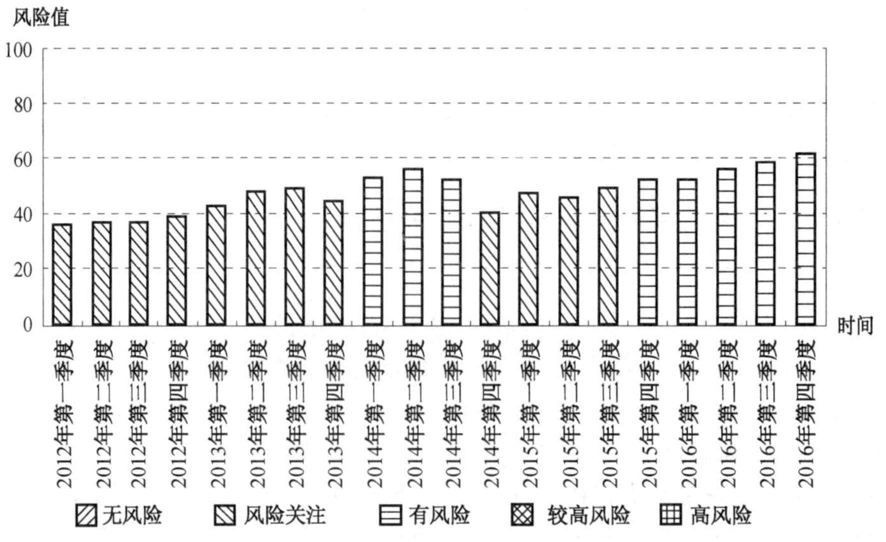

图 1-11 中国经济运行风险指数变化状况

（二）宏观调控政策前瞻

2016年，由于宏观经济运行下行压力未减，政策当局的宏观调控短期目标主要集中于稳定经济增长，为实现结构调整、产业升级和经济发展方式转变赢得时间和空间。由此，中国宏观经济政策将持续围绕稳增长、促改革、调结构、惠民生、防风险展开，主要集中于平衡稳定增长、调整结构和促进改革之间的关系，在此基础上持续推动国内经济体制的深化改革和民生的不断改善。这是中国2016年及未来几年主要应解决的问题。

基于国内外经济形势的判断，在未来宏观经济政策方面，2016年后两个季度的宏观调控政策仍保持连续性和稳定性，政策着力点将主要集中于保持宏观经济运行的持续稳定，但在具体的政策取向上，2017年的政策目标将向稳增长倾斜，在此基础上努力改善和优化消费环境、促进投资合理增长和结构优化。因此，宏观调控政策会适时针对经济运行中出现的新情况和新问题而进行适度预调和微调。

在财政政策方面，2016年第三季度及之后一段时期内的财政政策保持较为宽松的态势，同时让政策更有前瞻性、更具透明性，目标是支持供给侧改革与经济增长。通过降税给企业减负，以稳健促进经济结构调整。深入推进财税体制改革，优化财政支出结构，提高财政资金使用效益。适当扩大财政赤字和国债规模，以加大对城乡基础设施等重点建设项目、“三农”、教育、科技、医疗卫生、社会保障和就业、环境保护和节能环保等经济社会发展薄弱环节的投入；调整财政支出结构，加强长期内影响国计民生的重大工程的资金支持力度，严格控制对高耗能、高排放行业和产能过剩行业进行投资；深化财税改革，加强中央和地方政府转移支付的清理和整合，逐步建立完善地方政府债务融资机制，以规范地方政府举债权限，并对地方政府性债务实行限额管理以防范风险。

在促进外贸回稳向好方面，需要不断推进进出口经营主体和目标出口国的多元化，为我国商品进出口贸易的可持续发展提供制度保证。特别是加快推进对“一带一路”沿线国家的出口。通过出口具备一定成熟生产能力和技术标准的工业制成品，努力开辟“一带一路”沿线国家市场，引导企业后续通过对外直接投资将已经失去竞争力的“边际产业”和高能耗、低收益产业转移到中亚、东南亚、南非等国家，实现出口商品结构的优化升级。在进口方面，要注意优先保障国内紧缺商品、大宗商品和核心技术的进口，加强对高端设备与先进技术的消化、吸收、再创新工作，做到物尽其用、物有所值，严厉查处进口资源与技术的闲置与浪费。提高外贸出口产品的质量，鼓励自有品牌、自有知识产权和高附加值产品的出口。通过中国企业“走出去”战略的实施，加快进出口商品结构的合理优化。积极利用电子商务平台。通过建立电子商务信用等级认证数据库、建立电子商务交易纠纷解决机制等措施，不断完善跨境电商信用环境。

在货币政策方面，将继续实施稳健的货币政策，保持政策的连续性和稳定性，避免出现“大水漫灌”。坚持总量稳定、结构优化，适时适度预调和微调，增强调控的预见性、针对性和有效性，统筹稳增长、促改革、调结构、惠民生和防风险的关系，为经济结构调整与转型升级营造稳定的货币金融环境。同时把货币政策调控与深化改革紧密结合起来，充分发挥市场在资源配置中的决定性作用。针对金融深化和创新发展，进一步完善调控模式，疏通传导机制，提高金融运行效率和服务实体经济的能力。此外，货币政策还要兼顾实体经济、资本市场和汇率等各方面的协调，主要利用公开市场操作及短期流动性调节工具来管理市场上的流动性和提高金融资源配置效率。除此之外，中央银行也要根据对经济运行走势的判断，在必要的情况下对法定存款准备金率进行适度调整。

考虑到中国目前的通货膨胀水平处在低位运行阶段，总体物价水平的上涨压力较小，如果经济下滑趋势仍没有好转的迹象，不排除中央银行下调法定存款准备金率的可能性。

总体上，由于“稳增长”目标重要性相对增强，2016 年下半年和 2017 年的财政政策趋向积极宽松，货币政策的具体操作保持稳健，必要时适度宽松，总体上应该是偏宽松的宏观政策组合。

参 考 文 献

[1] 唐海燕，贾德奎等. 中国经济运行风险研究报告 2015[M]. 上海：立信会计出版社，2015.

[2]《中国经济运行风险指数》课题组. 中国经济运行风险指数[M]. 上海：上海人民出版社，2015.

第二章　投资与经济增长风险

一、2015 年投资与经济增长风险研究回顾

在 2015 年投资与经济增长风险研究中，我们认为，从投资资金来源看，投资每增长 1%，导致下一年度经济增长 0.248%。2014 年投资名义增长率为 15.7%，导致 2015 年 GDP 名义增长率达到 9.96%，扣除通货膨胀因素，2015 年 GDP 实际增长率达到 7%左右；从投资资金去向看，2013 年服务投资增长率为 21.04%，导致 2014 年名义 GDP 增长率为 8.4%，扣除通货膨胀因素，实际增长率达到 7%左右。这说明我们的预测至少还是部分地准确表述了中国经济增长的客观实际，说明我们的模型精度还是可信的。

2015 年风险投资研究从以下视角阐述了投资引致的经济增长风险：首先，PPP 项目尚不成熟，投资增长缓慢；其次，企业融资成本居高不下；再次，产能过剩、地方政府性债务风险、房地产市场周期性调整持续发酵；最后，投资项目储备不足。综合判断，2015 年固定资产投资仍能够保持平稳态势，但增速略有下降，有望保持在 19%左右。从主要投资领域来看，制造业投资难以大幅回升，基础设施建设投资高位回落，房地产投资有所减速。

为此，我们提出，2015 年投资与经济增长的风险管理要从如下几个方面入手：首先，借鉴发达国家公私合体制（以下简称 PPP）项目经验，落实推广基础设施及公共服务领域的 PPP 模式，保证 2015 年投资增速平稳；其次，充分发挥政府投资惠民生、调结构的关键作用，用好积极的财税优惠政策；最后，完善房地产信贷政策，优先满足居民家庭购买首套自住和改善型住房贷款需求，防止房地产投资骤降。与此同时，我们特别提出了 PPP 项目是化解 2014 年投资增长风险的重要举措之一。实践证明，我们的判断在总体上是符合中国实际情况的。

二、2015 年中国投资的总体特征

2015 年，世界经济持续复苏乏力，经济形势错综复杂，国际贸易下降，金融风险增加，这些都对中国经济的增长产生了影响，但中国经济产业结构持续优化，结构性衰退和结构性繁荣并存；全年 GDP 为 676 708 亿元，按可比价格计算，比 2014 年增长 6.9%。

工业内部结构调整加快，新产业、新业态、新产品增长较快，产业结构加快向中高端水平迈进。但行业景气度差异较大。一是部分产能过剩行业十分困难。资源类、重化工业普遍陷入困境，增速大幅下滑，煤炭、钢铁、水泥等产品产量明显下降，行业总体库存压力较大，仍处在调整探底发展阶段，要彻底走出困境尚需时日。二是高新技术产业快速发展。计算机通信、新能源、新材料医药制造等产业发展优势明显，增长速度大幅快于传统制造业。三是新兴服务业发展势头强劲。服务新业态、新模式延续近两年高增长态势，电子商务、物流快递等行业的表现尤为抢眼。

区域经济增长差距显著，多速增长格局出现。一些产业基础好、结构多元化、调整步伐快、开放程度高的地区，经济仍然保持良好发展势头；而一些产业结构落后单一、产能过剩行业比

较集中的地区，经济下行速度较快。重庆和贵州两地逆市上行，实现了10%及以上的超高速增长，领跑全国；绝大多数省份相对平稳，保持在7%～9%的中高速增长区间；辽宁、山西等资源型、重化工业大省下行压力较大，减速幅度大，增速低于3%，其省内部分地市甚至出现负增长，情况极不乐观。

2015年，全年全社会固定资产投资562 000亿元，比2014年增长9.8%，扣除价格因素，实际增长11.8%。其中，固定资产投资(不含农户)551 590亿元，增长10.0%。从总体上看，2015年，中国固定资产投资有如下几个方面的特征。

（一）投资增速跌势明显

受外需大幅萎缩、内需低迷以及房地产市场周期性调整等因素影响，2015年，中国固定资产投资累计增速呈现“逐月放缓”的态势。投资增长10.2%，增幅分别较2014年同期和2014年全年回落5.7%和5.5%。

逐月看，除6月份短暂企稳外，投资累计增速逐月放缓。11月份环比增长率仅为0.73%，这表明投资增速下行压力依然较大。固定资产投资价格指数跌至100以下，1～9月，投资价格指数为98.5%，分别较2014年同期和2014年全年回落了2.2%和2%。剔除价格因素后，1～9月投资实际增长11.9%，同比回落3.4%。

（二）投资行业结构有所优化

在固定资产投资(不含农户)中，第一产业投资15 561亿元，比2014年增长31.8%；第二产业投资224 090亿元，比2014年增长8.0%；第三产业投资311 939亿元，比2014年增长10.6%。基础设施投资101 271亿元，比2014年增长17.2%，占固定资产投资(不含农户)的比重为18.4%；民间固定资产投资354 007亿元，比2014年增长10.1%，占固定资产投资(不含农户)的比重为64.2%；高技术产业投资32 598亿元，比2014年增长17.0%，占固定资产投资(不含农户)的比重为5.9%。

第三产业中，基础设施投资(不含电力)101 271亿元，比2014年增长17.2%。其中，水利管理业投资增长21%，增速回落2.3%；公共设施管理业投资增长20.2%，增速回落0.3%；道路运输业投资增长16.7%，增速回落0.8%；铁路运输业投资增长0.6%，增速回落0.2%。

2015年，高耗能行业投资增长4.4%，同比回落6.7%，比制造业投资增速低4%。装备制造业投资增长10.5%，同比回落2.9%，比制造业投资增速高2.1%。第三产业投资是稳定投资增速的主要力量，剔除房地产开发投资、基建投资(不含电、热、气及水生产供应业)后同比增速为14%，高出总体投资3.8%，其中卫生和社会工作服务业投资增长30.4%，同比加快4.8%。可见，投资行业结构有所优化，装备制造业投资快于制造业投资，更快于高耗能行业投资。

（三）中部地区投资增速较快，东北地区投资下降

分区域看，东部地区投资232 107亿元，比2014年增长12.4%；中部地区投资143 118亿元，比2014年增长15.2%；西部地区投资140 416亿元，比2014年增长8.7%；东北地区投资40 806亿元，比2014年下降11.1%。

东部地区部分经济发达省份及时推动产业结构调整，转型升级取得较好进展，投资效率得到改善，经济引领带动作用增强。中部地区促投资的政策力度较大，投资增速相对较高，回落幅度较小。西部地区及部分资源省份面临能源资源需求低迷、传统产业产能过剩、房地产市场调整等多重不利因素，投资减速幅度较大。

（四）民间投资增速显著放缓

2015 年，民间投资增长 10.2%，同比回落 7.7%，与总体投资增速持平。民间投资占全部投资的比重达到 64.6%。国有及国有控股投资增长 11.7%，高出民间投资增速 1.5%。民间投资疲弱反映出企业自主投资意愿不强，国有及国有控股企业在促投资中扮演着重要角色。在投资效益普遍较低的经济环境下，国有投资要更多注重有效投资、战略性投资，更多投向经济社会薄弱环节，防止片面地为稳增长而浪费社会资源。

（五）新开工项目增长缓慢

2015 年，新开工项目（不含房地产开发）计划总投资 37.4 万亿元，仅增长 4.7%，同比回落 8.8%，增速为历史同期极低水平。其中，亿元以上新开工项目不足的问题比较突出。施工项目（不含房地产开发）计划总投资 98 万亿元，增长 5.6%，同比回落 5.5%。

三、2016 年上半年投资特征

2016 年 1～5 月份，全国固定资产投资（不含农户）187 671 亿元，同比名义增长 9.6%，增速比1～4月份回落 0.9%。从环比速度看，5 月份固定资产投资（不含农户）增长 0.49%。

分产业来看，第一产业投资 5 081 亿元，同比增长 20.6%，增速比 1～4 月份回落 1.1%；第二产业投资 74 882 亿元，同比增长 5.8%，增速回落 1.5%；第三产业投资 107 708 亿元，同比增长 11.9%，增速回落 0.5%。

第二产业中，工业投资 73 394 亿元，同比增长 5.4%，增速比 1～4 月份回落 1.5%。其中，采矿业投资 3 054 亿元，下降 16.4%，降幅扩大 1.1%；制造业投资 61 041 亿元，增长 4.6%，增速回落 1.4%；电力、热力、燃气及水生产和供应业投资 9 299 亿元，增长 21.6%，增速回落 2.1%。

第三产业中，基础设施投资（不含电力、热力、燃气及水生产和供应业）34 992 亿元，同比增长 20%，增速比 1～4 月份加快 1%。其中，水利管理业投资增长 23.5%，增速回落 0.2%；公共设施管理业投资增长 29.4%，增速加快 1.1%；道路运输业投资增长 10.5%，增速加快 0.1%；铁路运输业投资增长 12.2%，增速加快 8.3%。

分地区来看，东部地区投资 84 510 亿元，同比增长 10.9%，增速比 1～4 月份加快 0.1%；中部地区投资 49 772 亿元，增长 13%，增速回落 0.5%；西部地区投资 44 943 亿元，增长 12.6%，增速回落 0.6%；东北地区投资 6 951 亿元，下降 30%，降幅扩大 5.3%。

从登记注册类型来看，内资企业投资 177 654 亿元，同比增长 9.3%，增速比 1～4 月份回落 0.9%；港、澳、台商投资 5 074 亿元，增长 21.1%，增速回落 1.6%；外商投资 4 359 亿元，增长 12.7%，增速加快 0.3%。

从项目隶属关系来看，中央项目投资 7 833 亿元，同比增长 10.4%，增速比 1～4 月份加快 0.4%；地方项目投资 179 838 亿元，增长 9.6%，增速回落 0.9%。

从施工和新开工项目情况来看，施工项目计划总投资 742 724 亿元，同比增长 7.4%，增速比 1～4 月份回落 0.9%；新开工项目计划总投资 178 192 亿元，增长 32.2%，增速回落 5.8%。

从到位资金情况来看，固定资产投资到位资金 212 521 亿元，同比增长 7.9%，增速比1～4 月份回落 0.2%。其中，国家预算资金增长 21.4%，增速回落 1.5%；国内贷款增长 13.7%，增速加快 2.3%；自筹资金增长 1%，增速回落 0.5%；利用外资下降 18.5%，降幅收窄 2.4%；其他资金增长 37.8%，增速加快 0.3%。

四、风险因素识别

我们在 2015 年的风险报告中提出，导致 2015 年投资与经济增长的风险因素主要包括：PPP 项目尚不成熟，引发的投资增长速度缓慢，是未来经济增长风险的主要来源之一；企业融资成本居高不下；产能过剩、地方政府性债务风险、房地产市场周期性调整持续发酵；投资项目储备不足引发的未来经济增长风险等几个方面。事实印证了我们的判断。

2016 年，中国投资引致经济增长的风险主要体现在两个方面：一是民间投资恶化风险；二是国际投资规则变化，导致吸引外资风险。

（一）民间投资恶化风险

2016 年，民间投资持续恶化，1～5 月，民间投资同比名义增长 3.9%。其中，5 月份单月增长不足 1%，创出这一数据自 2005 年公布以来的最低记录。从同比增速的角度观察，民间固定资产投资增速从 2015 年 12 月月底到 2016 年 5 月这短短五个月间下滑将近 8%，呈现出自我加速的态势，这与过去两三年间的相对比较平稳下滑的历史趋势出现了明显的背离。分部门来看，在 2016 年第一季度政府采取了一些措施并推动总需求反弹的情况下，民营企业在房地产和基建领域的投资增速也出现了企稳反弹（虽然显著的弱于政府和国企投资增速），但在制造业和房地产及基建以外的服务业领域却出现了急剧滑落，并拖累整体投资增速下行。与之相对，2016 年以来，各部门政府和国企投资增速都实现了较为强劲的反弹。2016 年 5 月，国务院常务会议也专题研究民营企业投资增速大幅下滑的问题，并且罕见地派出多个督查组奔赴地方，排查民营企业所面临的困境。因此，2016 年投资最大的风险在于民间投资下降。下降的具体原因主要在于：一是政府投资的挤出效应明显；二是投资政策落实不到位，投资信心不足；三是政策没有形成良好的预期。

1. 政府投资的挤出效应明显

金融危机以来，中国经济面临结构转型，经济增速下滑以及投资回报下降或是最主要原因。而其中，国企、民企投资增速的相对变化，或许与以下三点原因有关：一是伴随着中国劳动力成本和其他成本不断上升，以民营企业为主导的中国制造业部门的竞争力有所下降，在整个国民经济中的比重也有所下降，而在代表新的经济增长动能的服务业和其他一些垄断性行业中民营企业却受制于种种壁垒，没有进入的机会；二是伴随着中国经济的持续下滑，政府不得不在稳增长中发挥更重要的作用，这直接导致政府投资占比的上升和与政府关系紧密的国企投资占比的上升；三是伴随着近些年来信用风险的上升，金融系统对于存在一定政府隐形担保的国企授信偏好有所加强。然而，这些长期性的因素却并不能很好地解释为什么自 2016 年以来民营经济固定资产投资增速显著恶化。我们认为，民间投资的下滑与政府投资的挤出效应相关。

2016 年以来，在政府的刺激和支持之下，国有企业投资的高增长“挤出了”民营投资。一般而言，挤出效应可能有两种情况：一种情况是国有企业扩大了市场份额（通常是因为持续地得到政府和银行支持），挤出了民营企业。这种情况下我们应当看到民营企业利润显著下滑，被迫退出市场。另一种情况是国企获得了较多金融资源，挤出了民营企业的贷款份额。特别是在受到较多管制的服务业领域，挤出效应更加明显，如果国有企业投资在某些领域的投资有较大的上升，这可能意味着民营企业想要获得行政许可或者克服其他隐形门槛进入该领域的可能性大大降低。

2. 投资政策落实不到位，投资信心不足

民营企业家对于未来投资信心的缺失可能是近期民营企业投资大幅下滑的主要原因。根据中国人民银行公布的对 5 000 户工业企业企业家的调研，企业家信心指数自 2012 年下半年以来一直在 58～68 的区间波动，在 2015 年第四季度出现了大幅下跌并在 2016 年第一季度创出了 43.7 的历史新低，甚至比 2008 年全球金融危机时期还要低。

虽然许多长期因素都会影响企业家的信心，但我们以为，2015 年第三季度以后，汇率市场的异常波动和随后金融市场的动荡、摇摆不定的宏观政策信号、举步维艰的国有企业改革，乃至于对民间企业家私人产权保护不足等诸多因素，都可能对企业家信心产生了相当的负面影响。

地方和部门陆续出台的一系列文件，在土地、税收、财政补贴等方面给养老机构提供了不少优惠政策，但享受对象多限于政府办的养老机构和非营利性养老机构，民间养老机构能享受到的很少。如果政策红利不能兑现，就会影响民企的投资信心。还有，现行的医保报销政策，对异地养老形成障碍。政策问题不解决，也会制约民间养老机构发展。

有些地方的项目招投标就像“萝卜招聘”，对所有企业表面上看是一视同仁，但会从企业资质、项目经验、人员组成等方面设置各种条件，转了一圈民间资本最终还是被挤出局。环保项目投资与地方政府打交道多，虽然地方政府对民营资本貌似欢迎，但过多的限制条件以及明里暗里的歧视政策，阻碍了民营资本投向环保产业的步伐。

我们认为，加速推动民主与法治建设，加强物权保护和公民人身权利保护，加速推动市场准入改革和国有企业改革，让各种经济主体获得平等的竞争地位，重塑民营企业家对于中国经济和中国社会的长期信心，已经刻不容缓。

3. 政府政策没有形成良好的预期，导致投资不足

未来政策前景的不确定性可能影响投资主体的投资意愿。民间资本不够有信心，问题或者正出在政府的加大力度支持市场上。当政府进行市场干预的时候，民间的反弹声浪就会特别大，企业的担心是，会不会有政策的不确定性。而这种忧虑应该来自当前许多政策的不一致性。政府应该推动相关政策落地，打造公平营商环境，力促民间投资回稳向好。

我们认为，鼓励民间投资，要在改善企业投资能力、意愿和拓展领域方面下工夫。有关部门应当尽快制定投融资体制改革的指导意见、政府投资条例、特许经营条例等，厘清政府与市场的边界，进一步梳理投资项目审批环节，协同推动各部门简化和下放审批权限，打造有利于公平竞争的营商环境。

（二）国际投资规则变化，引致外商直接投资风险

国际投资不仅需要规范且具有法律效应的国际投资规则，更需要合理的、相对公平的政策规制。国际投资规则是各国吸收外资时通过国际谈判形成的，旨在保护投资人权益、促进投资发展的相关原则和法律制度，新一轮全球投资规则是世界各经济体，尤其是以美国为首的西方发达国家和地区经济与利益博弈的又一次显化。新一轮的全球投资规则和中国国内的外资政策未必一致，如果彼此间的差距或出入过大，就会影响对外资的利用，甚至对本国现存经济产生某些负面作用。

新一轮投资规则变迁的趋向主要有如下几个方面。

首先，投资准入与保护的要求标准更高。美国和欧盟于 2012 年 4 月共同发表了《关于国际投资共同原则的声明》（以下简称《声明》），明确要求各国政府给予外国投资者广泛的市场准入；美国还修改了其双边投资协定范本，保持了其投资准入前国民待遇的高标准、严要求，并力

主在其主导的跨太平洋战略经济伙伴协定(以下简称 TTP)、跨大西洋贸易与投资伙伴协定(以下简称 TTIP)等区域自贸合作中实施。美式新投资规则范本要求被投资国必须以投资准入前和设立前国民待遇加负面清单的模式开放市场,这标志着投资自由化的要求标准已经提高。

其次,投资开放的自由化程度更高。新的投资规则在保留外资准入、设立、投资者国民待遇、履行要求、资金汇兑、征用和补偿、解决争端机制等原有议题的基础上,又增加了环境政策、劳工标准、透明度、知识产权、竞争政策等一系列新的议题,不仅增加了议题内容,也提高了要求和标准,使投资开放的自由化程度更高。

最后,针对发展中国家国有企业提出了竞争中立规则。《声明》中的第二项即强调了公平竞争原则,特别强调国有企业和私营企业必须享有同等的经营环境和公平的市场竞争。当然,新规则在强调对投资保护的同时,也赋予了东道国对外资的相应管理权,扩大了发展中国家对外资监管的空间,对于保护国家经济安全具有意义。

新兴经济体的规则话语权并未随外资增长而增加。由于政治经济的稳定发展,发展中国家特别是新兴经济体,对外资的需求量始终处于递增状态,而发达国家的投资愿望依然强烈,它们在提高投资门槛、占据投资规则主动权的同时,更希望通过投资来提升经济水平,以继续保持其经济优势与市场竞争力。经济的蓬勃发展尽管增加了新兴经济体的外资需求,但新一轮投资规则的制定却仍然由发达国家主导,新兴经济体的话语权并没有像投资需求那样有所增强,这是不正常的。

一方面,新兴经济体的投资需求进一步增加。从吸收外资上对比,早在 2012 年,发展中国家就已超过发达国家,进口总额也在以 10.09%的年平均速度增长,远超发达国家的 3.3%。联合国在 2015 年发布的《全球投资趋势监测报告》中说,受全球经济疲软、政策不确定性和地缘政治风险等影响,2014 年全球外国直接投资较 2013 年下降 8%,而中国的外资吸引却增长约 3%,相对而言,发展中经济体依然保持了较为强劲的外资流入活力,新兴市场已然成为推动全球 FDI 增长的新动力。因为新兴经济体既需要实现可持续发展的目标,又需要加大基础设施与公共服务领域的公共投资,所以巨大的投资缺口是新兴经济体吸引外资的潜力所在。

另一方面,新兴经济体在新一轮投资规则的制定中处于被动地位。国际投资规则的制定能够反映出经济话语权的拥有程度,谁能主导相关规则的制定与推行,谁就能拥有更多的话语权,谁就能为自身谋得更多利益。在新一轮全球化投资的规则制定中,美国等发达国家无疑占据了主动,为了加强对新兴经济体国家的防范,它们积极制定新的国际投资规则,率先推行新的国际投资规则,并以更高的要求和标准倡导更加宽泛也更加自由的外资准入条件,其目的就是要在相关规则的制定与实施中将包括新兴经济体在内的发展中国家置于完全被动与服从的地位。美国主导的 TTP、TTIP 甚至还有使中国等新兴市场国家被边缘化的目的,这都是新兴经济体投资话语权被剥夺的表现。

投资规则变迁对新兴经济体引进外资带来新的挑战。随着 TPP 谈判协议在 2015 年 10 月 5 日的达成,由 12 个国家所组成的自由贸易大经济圈应运而生,这标志着规模占全球 40%的自由贸易将以新的规则运行,并且包含投资、服务、电子商务、政府采购、知识产权、劳工、环境等诸多项目,如此全面、巨大的经贸规模及投资规则势必对全球贸易产生明显影响。需要注意的是,12 个国家之中并不包括中国,更多的新兴市场也不在其列。美国总统奥巴马特别强调,“不能让中国制定经济规则”,可见其用心所在。在这样的背景下,这些国际投资规则带给新兴经济体的挑战也就可想而知。

首先，中国等新兴经济体被排除在 TPP 或 TTIP 谈判圈之外，如果想要在后续的过程中谋求加入，则势必要按照他人已经设置好了的“条条框框”进行合作，自身利益必然会遭受较大程度的损失，甚至严重影响国家的产业及经济安全。

其次，以美国为主导的新的区域自贸协定追求零关税，包括货物、服务的全部自由流动，细分领域有贸易和服务自由、货币自由兑换、税制公平、国企私有化、保护劳工权益、保护知识产权、保护环境资源、信息自由等，其统一标准就是禁止对自由贸易的各种限制、人为操纵及政府补贴等，而这些条件和标准是中国等新兴经济体还未能达到的；而如果不能加入，又会影响这些国家的对外出口，必然导致外资企业的撤离，进而影响外商投资的进入。

最后，“国企私有化”的规则似乎更加拉大了中国等新兴经济体与自由贸易的距离。国企作为中国存在多年的既得利益实体，在国内改革阻力重重的情况下，要达到新的贸易规则标准，似乎还有很长的路要走。总体来讲，新的投资规则在区域自由贸易规则的笼罩下，对中国等新兴市场引入外资必将带来负面影响，并制约这些国家的经济增长。

五、风险度量

我们可以从两个不同的视角度量投资引致经济增长风险：一是投资的资金来源(即投资是国家预算内资金、银行贷款、国外投资、自有资金及其他资金来源)；二是投资的资金流向(即投资投向的行业，如农业、服务业和制造业等)。

(一) 投资的资金来源导致的经济增长风险度量

国家投资资金来源不合理，往往会导致经济增长有大起大落的风险。从中国的实际情况看，短期内政府资本每增加 1%，产出将会增加 0.80%，而民间投资对产出的贡献并不明显，它每增加 1%将带来产出增加 0.11%。也就是说，政府投资在短期可以暂时替代民间投资来扩大总需求，拉动经济的增长。尤其是在经济紧缩阶段民间投资将仅仅维持在自发投资的水平上，此时增加政府投资可以弥补民间投资的不足，启动需求，很好地发挥经济增长效应。但是从长期来看，政府投资的效率是远低于民间投资的，过多的政府投资会对民间投资产生挤出效应。实证分析结果表明：在长期，政府资本的产出弹性为负，其每增加 1%将引起产出降低 0.99%；民间资本的产出弹性为正，每增加 1%将引起产出同方向增长 0.48%。因此，在长期，政府投资对经济增长并没有促进作用，拉动经济增长的原动力应该是民间投资，只有民间投资得到持续适度的增长，才能保证一个更高的经济增长水平。

本研究引用前述的中国经济增长风险状况，鉴于预算内资金增长率、国内贷款增长率、利用外资增长率和自筹资金增长率指标中的数据都是名义数据(即不考虑物价指数)，因此，GDP 增长率数据也采用名义数据(见表 2-1)。本研究以预算内资金增长率作为政府投资的度量指标。

表 2-1 **1982—2012 年年度 GDP 风险、资金来源增长率**

年份	GDP 风险	名义 GDP 增长率	投资增长率	预算内资金增长率	国内贷款增长率	利用外资增长率	自筹资金增长率
1982	1	9%	28.03%	3.5%	44.4%	66.4%	34.1%
1983	1	12.3%	16.23%	21.6%	−0.4%	10%	18.7%
1984	3	21%	28.17%	23.9%	47.3%	6.2%	27.6%

（续表）

年份	GDP风险	名义GDP增长率	投资增长率	预算内资金增长率	国内贷款增长率	利用外资增长率	自筹资金增长率
1985	4	24.8%	38.75%	−3.1%	97.4%	29.5%	41.6%
1986	1	13.6%	22.7%	11.7%	29%	50.1%	21.9%
1987	1	17.3%	21.51%	9%	32.4%	32.5%	19.9%
1988	2	24.8%	22.74%	−13%	12.1%	51.3%	32.5%
1989	4	13.1%	−5.23%	−15.3%	−22%	5.7%	0.7%
1990	3	10.1%	2.43%	7.4%	16.1%	−2.2%	−1.2%
1991	2	16.6%	23.84%	−3.2%	48.5%	12%	21.2%
1992	3	23.4%	44.43%	−8.7%	68.4%	47%	41%
1993	3	30.9%	61.78%	39.2%	38.8%	103.6%	69.6%
1994	2	36.4%	36.37%	9.5%	30.1%	85.4%	34.7%
1995	1	24.3%	15.13%	17.3%	5%	29.8%	16.3%
1996	1	17.3%	13.81%	0.8%	8.9%	19.6%	14.9%
1997	1	11.3%	8.14%	11.3%	4.6%	−2.3%	10.9%
1998	2	6.4%	13.69%	71.9%	15.9%	−2.5%	13.2%
1999	2	6.6%	3.61%	54.7%	3.3%	−23.3%	4.2%
2000	2	10.8%	11.28%	13.9%	17.5%	−15.5%	11.9%
2001	2	10.3%	14.73%	20.7%	7.6%	2%	17.2%
2002	2	10.2%	18.59%	24.1%	22.4%	20.5%	16.9%
2003	1	13.5%	30.12%	−15%	36%	24.7%	33.4%
2004	1	18.1%	27.21%	21.1%	14.5%	26.4%	31.4%
2005	1	15.4%	26.86%	27.6%	18.4%	21.1%	29.3%
2006	2	15.8%	25.76%	12.5%	20%	8.9%	28.8%
2007	2	18%	26.77%	25.4%	17.6%	18.4%	29.2%
2008	2	16.8%	25.85%	35.8%	14.8%	3.5%	25.7%
2009	1	8.4%	29.95%	59.5%	48.6%	−12.96%	35.2%
2010	2	17.7%	23.83%	2.6%	12%	1.7%	16.4%
2011	2	17.8%	12%	10.54%	5.30%	7.60%	28.30%
2012	1	9.69%	20.29%	25.56%	11.33%	−11.72%	19.63%
2013	1	10.09%	19.11%	17.65%	15.89%	−3.34%	24.47%
2014	1	7.88%	15.7%	13.92%	7.82%	−6.42%	10.69%
2015	1	7.0%	10.2%	—	—	—	—

1. 经济增长风险高的年份投资资金来源特征

从表 2-1 中可以看出，1985 年和 1989 年的经济增长风险都高达 4，从这两年当年的投资基本特征来看，1985 年投资过快增长(达到了 38.5%)，1989 年投资减少(减少了 5.23%)，这是引致经济增长风险的关键因素。从预算内资金增长率来看，两者都为负值，预算内资金(政府投资)的减少可能是经济增长高风险的原因之一。

1984 年、1990 年、1992 年和 1993 年的经济增长风险都较高，经济增长风险为 3，处于有风险状态。从这几年当年投资增幅的基本特征来看，1990 年投资过慢增长，增长率仅为 2.43%，是导致经济增长率下滑的关键因素。1984 年、1992 年和 1993 年的经济增长风险较高的关键原因在于投资过快增长。从预算内资金增长率来看，1992 年，预算内资金增长率为负，1993 年预算内资金增长率过快增长，可能是经济增长高风险的原因之一。

2. 度量投资资金来源与经济增长风险间的关系

1）格兰杰因果关系分析

为了判断经济增长风险与各项投资之间的关系，我们对变量进行格兰杰因果关系分析。主要看 Prob 的值。设定显著性水平为 5%，如果可能性的值大于 5%，则接受原假设，即一变量不是另一变量的格兰杰原因；反之亦然。例如，对应 CAP 并不是 GDP 变化的原因。

表 2-2　**滞后 1 期结果**

配对格兰杰因果关系检验
日期:2016/06/23　时间:10:15
数据来源:1982—2015 年
滞后:1

空位假设	观察量	*F* 统计	可能性
CAP 不是 *GDP* 的格兰杰原因		0.244 47	0.617 7
GDP 不是 *CAP* 的格兰杰原因	33	0.263 77	0.611 4
FDI 不是 *GDP* 变化的原因		1.896 23	0.174 9
GDP 不是 *FDI* 变化的原因	33	1.584 07	0.208 4
INV 不是 *GDP* 变化的原因		11.163 7	0.002 3
GDP 不是 *INV* 变化的原因	33	1.823 45	0.198 6
LOAD 不是 *GDP* 变化的原因		4.172 54	0.060 3
GDP 不是 *LOAD* 变化的原因	33	0.267 83	0.614 3

表 2-3　**滞后 2 期结果**

配对格兰杰因果关系检验
日期:2016/06/23　时间:10:17
数据来源:1982—2013 年
滞后:2

空位假设	观察量	*F* 统计	可能性
CAP 不是 *GDP* 变化的原因		1.357 98	0.269 3
GDP 不是 *CAP* 变化的原因	32	0.087 94	0.912 7

（续表）

空位假设	观察量	F 统计	可能性
FDI 不是 *GDP* 变化的原因		2.857 43	0.078 3
GDP 不是 *FDI* 变化的原因	32		0.578 7
INV 不是 *GDP* 变化的原因		4.046 23	0.040 7
GDP 不是 *INV* 变化的原因	32		0.835 7
LOAD 不是 *GDP* 变化的原因		2.350 73	0.126 3
GDP 不是 *LOAD* 变化的原因	32		0.678 9

从上述格兰杰因果关系分析的结果(见表 2-2 和表 2-3)看，无论是滞后 1 期，还是滞后 2 期，投资增长率是 GDP 变化的格兰杰原因，而 GDP 并不是投资增长率变化的格兰杰原因。国内贷款增长率滞后 1 期是 GDP 变化的格兰杰原因，而国外直接投资滞后 2 期是 GDP 变化的原因，在其他情况下，这些变量都不是 GDP 变化的原因。

2） 相关关系检验

通过相关关系分析，我们发现，只有在投资增长率滞后 1 期的情况下，相关关系才是显著的。所以得到如表 2-4 的关系。

表 2-4 **投资增长率与 GDP 增长率之间的相关关系**

因变量:GDP
方法:最小二乘法
日期:2016/06/23 时间:13:17
数据来源:1983—2015 年
累计观察值:31

变量	相关系数	标准差	*t*-统计	可能性
C	5.873 075	1.809 413	3.345 786	0.002 4
INV	0.204 375	0.076 239	2.584 653	0.017 1
INV(—1)	0.266 544	0.076 433	3.447 345	0.001 8
R-平方值	0.610 244	自变量平均值	16.513 00	
调整的 *R*-平方值	0.576 912	自变量的均方差	6.987 543	
回归的标准误差	4.546 853	阿凯克信息标准	5.957 423	
总平方剩余	558.743 1	*Schwarz* 标准	6.124 327	
对数似然	—86.637 54	*Hannan*-*Quinn* 标准	6.017 244	
F 统计	20.768 47	*Durbin*-*Watson* 统计	1.357 891	
可能性(*F* 统计)	0.000 004			

由此，我们可以得到如下关系式：

$$GDP=5.87+0.267INV(-1)$$

这说明投资每增长 1%，会导致下一年度经济增长 0.239%。2015 年投资名义增长率为 10.2%，导致 2015 年 GDP 名义增长率达到 8.54%，扣除通货膨胀因素(2%左右)，2015 年

GDP 实际增长率达到 6.5%左右。

（二）投资资金流向导致的经济增长风险度量

投资资金流向不合理，往往会导致经济不可持续增长的风险。

1. 经济增长风险高年份的投资资金流向特征

经济增长风险最高的年份是 1992 年和 1993 年，从这两年的投资资金流向看，非常显著的特征是建筑业和服务业投资的大幅度增加，特别是 1993 年，建筑业增幅高达 394.71%，服务业增幅高达 64.68%（见表 2-5）。

表 2-5 **1990—2015 年 GDP 增长风险、投资流向增长率**

年份	*GDP* 风险	名义 *GDP* 增长率	投资增长率	农、林、牧、渔业	采掘业	制造业	水的生产和供应业	建筑业	服务业
1990	2	9.86%	2.43%	31.53%	19.9%	5.71%	26.01%	−24.78%	2.74%
1991	2	16.68%	23.84%	25.93%	18.9%	25.11%	16.4%	21.04%	29.16%
1992	3	23.61%	44.43%	30.04%	24.62%	25.39%	30.48%	84.52%	61.25%
1993	3	31.24%	61.78%	6.23%	15.86%	47.59%	38.29%	394.71%	64.68%
1994	2	36.41%	36.37%	22.83%	12.31%	37.51%	49.72%	20.28%	42.05%
1995	1	26.13%	15.13%	34.91%	10.95%	26.62%	9.36%	5.2%	13.37%
1996	1	17.08%	13.81%	42.84%	13.89%	9.07%	22.84%	25.98%	15.43%
1997	1	10.95%	8.14%	40.66%	30.09%	−8.79%	25.42%	−17.68%	20.62%
1998	2	6.87%	13.69%	46.46%	−16.66%	−3.13%	10.61%	4.86%	34.06%
1999	2	6.25%	3.61%	32.67%	−12.27%	−20.31%	2.27%	41.3%	9.76%
2000	2	10.64%	11.28%	20.7%	24.29%	−0.64%	13.07%	−11.7%	6.71%
2001	2	10.52%	14.73%	20.41%	9.37%	28.42%	−11.43%	−4.17%	14.17%
2002	2	9.74%	18.59%	35.26%	5.49%	39.02%	11.94%	42.13%	17.54%
2003	1	12.87%	30.12%	−29.1%	31.51%	73.48%	20.59%	41.8%	26.26%
2004	1	17.71%	27.21%	14.43%	34.96%	33.33%	46.25%	4.28%	22.37%
2005	1	15.67%	26.86%	22.9%	49.73%	35.69%	30.36%	16.08%	19.5%
2006	2	16.97%	25.76%	18.34%	30.41%	28.27%	13.65%	0.58%	23.43%
2007	2	22.88%	26.77%	23.77%	25.66%	30.55%	10.27%	15.7%	23.82%
2008	2	18.15%	25.85%	48.8%	31.08%	27.41%	16.16%	19.48%	24.79%
2009	1	8.55%	29.95%	36.14%	19.53%	24.53%	31.26%	28.06%	33.76%
2010	2	17.69%	23.83%	14.91%	19.43%	25.5%	8.63%	40.64%	25.23%
2011	2	17.77%	12%	10.54%	6.78%	15.90%	−6.51%	19.80%	11.94%
2012	1	9.69%	20.29%	25.56%	13.23%	21.26%	13.73%	11.37%	31.87%
2013	1	10.09%	19.11%	29.97%	10.15%	18.63%	27.04%	−4.15%	21.04%
2014	1	7.88%	15.7%	28.91%	0.22%	13.10%	13.49%	29.97%	21.25%
2015	1	7.0%	10.2%	—	—	—	—	—	—

2. 度量投资资金来源与经济增长风险之间的关系

1）格兰杰因果关系检验

格兰杰因果关系检验滞后 1 期及滞后 2 期结果见表 2-6 和表 2-7。

表 2-6 **滞后 1 期结果**

配对格兰杰因果关系检验(滞后 1 期检验)

空位假设	观察量	*F* 统计	可能性
CON 不是 *GDP* 变化的格兰杰原因		7.242 85	0.014 5
GDP 不是 *CON* 变化的格兰杰原因	25	0.328 66	0.573 2
DIG 不是 *GDP* 变化的格兰杰原因		0.413 05	0.528 1
GDP 不是 *DIG* 变化的格兰杰原因	25	0.001 00	0.975 1
MAKE 不是 *GDP* 变化的格兰杰原因		2.191 56	0.155 2
GDP 不是 *MAKE* 变化的格兰杰原因	25	0.446 92	0.511 8
RT 不是 *GDP* 变化的格兰杰原因		2.321 86	0.144 0
GDP 不是 *RT* 变化的格兰杰原因	25	1.790 61	0.196 6
SER 不是 *GDP* 变化的格兰杰原因		10.757 4	0.003 9
GDP 不是 *SER* 变化的格兰杰原因	25	0.084 33	0.774 7
W 不是 *GGDP* 变化的格兰杰原因		2.433 01	0.135 3
GGDP 不是 *W* 变化的格兰杰原因	25	1.272 02	0.273 4

表 2-7 **滞后 2 期结果**

配对格兰杰因果关系检验(滞后 2 期检验)

空位假设	观察量	*F* 统计	可能性
CON 不是 *GDP* 变化的格兰杰原因		3.105 63	0.072 5
GDP 不是 *CON* 变化的格兰杰原因	24	1.359 21	0.285 0
DIG 不是 *GDP* 变化的格兰杰原因		0.385 88	0.686 0
GDP 不是 *DIG* 变化的格兰杰原因	24	0.115 59	0.891 6
MAKE 不是 *GDP* 变化的格兰杰原因		0.935 41	0.412 9
GDP 不是 *MAKE* 变化的格兰杰原因	24	1.357 23	0.285 5
RT 不是 *GDP* 变化的格兰杰原因		1.502 23	0.252 4
GDP 不是 *RT* 变化的格兰杰原因	24	1.603 23	0.231 9
SER 不是 *GDP* 变化的格兰杰原因		6.323 96	0.009 5
GDP 不是 *SER* 变化的格兰杰原因	24	2.791 54	0.091 2
W 不是 *GGDP* 变化的格兰杰原因		1.487 01	0.255 7
GGDP 不是 *W* 变化的格兰杰原因	24	1.050 59	0.372 7

结果表明,SER(服务投资增长率)和 CON(建筑业投资增长率)滞后 1 期和滞后 2 期是 GDP 变化的格兰杰原因。其他变量都不是 GDP 变化的格兰杰原因。所以,我们只需要做 SER 和 CON 与 GDP 的相关关系分析。

2) 相关关系分析

通过相关关系检验,我们发现,在服务投资增长率滞后 2 期的情况下,相关关系才是显著的。所以得到表 2-8 的关系。

表 2-8　服务投资增长率与 GDP 增长率之间的相关关系

因变量:GDP
方法:最小二乘法
日期:2016/06/23　时间:17:11
数据来源:1983—2015 年
累计观察值:31

变量	相关系数	标准差	t-统计	可能性
C	3.571 768	2.914 391	0.487 844	0.001 9
SER	0.183 326	0.103 670	1.768 361	0.019 5
SER (−2)	0.230 906	0.099 078	2.027 762	0.0186
R-平方值	0.705 383	自变量平均值	16.542 38	
调整的 R-平方值	0.653 391	自变量的均方差	7.978 873	
回归的标准误差	4.697 439	阿凯克信息标准	6.101 555	
总平方剩余	375.120 9	*Schwarz* 标准	6.300 512	
对数似然	−60.066 33	*Hannan-Quinn* 标准	6.144 734	
F 统计	13.567 33	*Durbin-Watson* 统计	1.397 977	
可能性(F 统计)	0.000 091			

由此,我们可以得到如下相关关系等式:

$$GDP = 3.57 + 0.23SER(-2)$$

从上述等式中我们可以发现,当年服务业投资每增长 1%,会导致第二年经济增长率增长 0.20%,2013 年服务投资增长率为 21.04%,导致 2014 年名义 GDP 增长率为 8.4%,扣除通货膨胀因素,实际增长率达到 7%左右。

六、风险的防范与管理

2016 年有效投资的重点领域主要有:农村基础设施,农村文化、体育、养老等公共服务设施比较缺乏,存在大量的投资空间;城市基础设施,地下轨道交通、地下综合管廊、城市停车场、城市公共服务设施等,都是目前基础设施建设的薄弱环节,有待进一步加大投资力度;技术改造,加大对传统产业尤其是产能过剩产业的技术改造投资,以改工艺、改装备、改产品和改管理为重点,开展新一轮技术改造;高技术产业、“互联网+”、智能制造、柔性制造等产业正在蓬勃发展，并加快形成新的增长点，协同创新、技术更新改造成为高技术产业提升竞争力的核心；生活性服务业，教育、卫生、医疗、养老、娱乐等生活性服务业投资空间不断在扩展；交通设施互联互通，推进普通国道"瓶颈路段"、高速公路断头路、中西部铁路、黄金水道、货运机场等重大基础设施建设；生态环保投资，推广危险废物处置、大气污染防治、燃煤锅炉节能环保提升、重点流域和区域生态环境整治等环保投资项目。

（一）国内投资领域的风险管理

坚持"补缺增效"稳投资，加大对关键领域和薄弱环节的投资，着力扩大战略性投资和有效投资，加强补短板建设，切实提高投资效益，更好地发挥投资对经济增长的关键作用。要进一步深化投融资体制改革，简化投资审批程序，优化投资结构，增加有效投资。发挥财政资金撬动功能，创新融资方式，带动更多社会资本参与投资。创新公共基础设施投融资体制，推广政府和社会资本合作模式。进一步强化事中、事后监管，对项目建设和资金使用加强稽查与督察。

1. 推进重大项目建设

一是完善重大项目的政银企社合作对接机制，细化重大工程项目清单，搭建信息共享、资金对接的平台，保障重大项目的资金供应。二是积极引导金融机构的信贷投向，鼓励金融机构建立绿色通道，加快重大项目等领域的贷款审评审批。三是充分发挥专项建设基金的带动作用，按季度投放专项建设基金，保持适度规模，注重把专项建设基金与地方政府债券拼盘使用。四是统筹落实重大项目建设用地，及时为重点项目建设办理用地手续。五是制定三年滚动投资计划，充实重点产业、基础设施和民生领域的重大项目储备库。

2. 用好积极财政政策

一是优化用好中央预算内投资，重点支持保障性安居工程、粮食水利、中西部铁路、科技创新、节能环保和生态建设、教育医疗文化等社会事业、老少边贫地区建设等。加强中央预算内投资管理，集中力量办大事，减少竞争性领域投入和对地方的小、散项目投资补助。二是加大盘活财政存量资金力度，清理财政专户。清理结转结余资金和财政专户，将盘活的财政资金重点投向民生改善、公共服务和基础设施等领域，提高财政资金使用效益。三是实行结构性减税。适当调高工薪所得税起征点，扩大税前扣除项目范围。完善研发费用计核办法，扩大企业研发费用扣除范围。研究降低制造业增值税税率。四是推动普遍性降费。减免涉及小微企业的有关行政事业性收费和政府性基金，取缔乱收费，切实减轻小微企业负担。

3. 降低企业融资成本

一是灵活运用降准降息，引导商业银行降低信贷资金成本，加大金融对实体经济的服务。二是扩大专项贷款规模，推动资产证券化，增强开发性、政策性金融资源服务实体经济的作用。三是督察金融机构整改违规收费、以贷转存、存贷挂钩等行为。四是完善多层次资本市场，降低中小企业参与资本市场的门槛。五是充分发挥社会资本在普惠金融中的积极作用，支持民营银行、小额贷款公司、村镇银行、P2P 公司等金融机构发展，推动民间金融阳光化。

4. 推进 PPP 模式

一是中央层面安排 PPP 项目前期工作费，支持地方政府开展 PPP 项目的前期工作，推进项目签约及落地实施。二是加大专项转移支付资金、税收优惠政策、PPP 引导基金对 PPP 项目的支持力度。三是规范地方政府行为，加强政府承诺的约束机制，对地方政府违约行为，实施上级财政对下级财政的结算扣款惩罚，切实保障社会资本的合法权益。四是制定

PPP项目标准化合同范文和分行业合同，提供更加细化和可操作的实施指引。五是开展PPP项目的推介会和业务培训班，介绍可复制、可推广经验，引导社会资本积极参与PPP项目建设。

5. 深化投融资体制改革

一是要进一步落实企业投资自主权。最大限度地缩小企业投资项目核准范围，由企业依法依规自主决策。精简核准项目前置要件，核准和备案不得干预应由企业自主决策事项。二是要加快推进投资管理流程改革。清理不合规、不合理的审批前置条件，理顺和解决审批条件相互交叉、互为前置的问题。提高投资审批效率，简化项目规划报批手续、建设项目用地报批手续，优化项目环评审批，改进项目节能审查。三是更好地发挥社会投资主力军作用。实施负面清单管理模式，各类市场主体依法平等进入负面清单之外的领域。进一步放宽市场准入，完善民间资本进入特许经营领域的管理办法，鼓励和引导社会资本进入具有一定经济效益的基础设施及公共服务领域。四是充分发挥政府投资的杠杆撬动作用。优化政府投资方向，原则上退出竞争性投资领域，加大对公共产品和公共服务的投资力度，加大人力资本投资，优先支持政府和社会资本合作项目建设。强化政府投资项目管理，强化事中、事后监管，加强对项目建设和资金使用的稽查督察，规范政府投资行为。

（二）引进外资的风险管理

利用区域自贸环境及新一轮投资规则促进自身新的发展。

首先，区域自由贸易的兴起及边境内新规则的确立必然促进区域经济的快速增长，这对新兴经济体来说是有益的，可通过和区域内成员国的双边贸易来促进投资、增加合作，从而带动本国经济的发展。

其次，区域一体化的自贸协定及投资新规是一把双刃剑，既是对自身引入外资的约束，又是对自身进行改革的促发，这种良好的区域性自贸环境同时也是新兴经济体双边或多边自贸的环境，有利于加快自身的自由贸易适应速度，提高自由贸易适应的水平与能力，促进实施符合自身利益的自由贸易区战略。对于中国来说，经济结构的调整将产生新的功能，将会给经济增长带来结构性动力，还可以通过促进亚太自由贸易区谈判进程，落实“一带一路”战略，升级中国—东盟自由贸易区和其他自由贸易区，形成面向全球的高标准自由贸易区网络，改善中国对外经贸环境。

最后，广大新兴经济体国家在新的投资规则面前暂时不适，这是由于自身产业竞争力低、投资体制不完善、经济调试能力差所致，因而对美欧主导的更加自由、开放、宽泛也更加严格的投资规则难以适应。但这也并非新规则之错，新的国际规则因追求零关税而使交易成本大为降低，准入前国民待遇加负面清单的模式还可以使投资行政审批手续大为简化，这不仅有利于扩大市场准入以顺应更为宽泛的谈判议题，也为吸引外资或对外投资而改善了市场环境，对进一步完善新型经济体制、进一步开放市场将起到一定的“倒逼”作用。

通过改善投资环境及渐进式实践过程顺应新的外资管理模式。伴随着美国主导的TPP及TTIP协议的谈判以及TPP谈判协议的基本达成，美欧国家所积极推行的高标准新一轮国际投资规则和众多自贸规则一样，已经对新兴经济体形成明显挑战，使这些新兴经济体在引进外资、管理外资过程中必须改变原有政策，并逐步适应新的国际规则，至少在拥有属于自己的较强话语表达权之前，必须通过调整自己的外资政策及改善自己的投资环境来达到新规则的要求，虽然需要付出努力，但对新兴经济体来说是必须从长计议的事情，是利大于弊的。

《中国(上海)自由贸易试验区总体方案》中明确提出要“探索建立负面清单管理模式,借鉴国际通行规则……对负面清单之外的领域,按照内外资一致的原则,将外商投资项目由核准制改为备案制……在总结试点经验的基础上,逐步形成与国际接轨的外商投资管理制度”。从这几句话中不难理解,作为新兴经济体的代表,中国在面对新的国际投资规则时,一方面要面临新的国际压力,若完全按照发达国家的思路推行外资自由化,势必威胁到自身产业和经济安全;另一方面却又必须面对,必须逐步满足负面清单模式所需要的核心条件,以便将来适应更大范围的准入前国民待遇和负面清单管理模式的实施。因此,就必须在通过谈判要求更多话语权的基础上,对相关新规则进行“探索”“借鉴”“试点”等环节工作,以做到完全实现“与国际接轨的外商投资管理制度”。实践证明,这种“摸着石头过河”的方法不仅是中国改革开放的制胜法宝,也是新兴经济体在面对挑战且必须进行改革时的有效方式。

以加强投资谈判的利益表达及条款完善来保障国家安全。开放与自由是新一轮经济全球化准则的核心思想,也是新兴经济体发展经济、融入国际体系的必然途径,从长远来看又是一条正确而必然的路径。但一味地顺从与适应显然不利于国家安全与经济利益的保护,这就要求新兴市场国家必须在这场博弈中积极主动地加入谈判,加强利益话语表达,以完善有关规则条款,为后续的投资贸易管理增加更多的利益筹码。

首先,要提高对国内部分产业的保护意识。比如在列举负面清单时,既要列出本部门的负面清单和例外措施,又要研究美欧国家的负面清单,在知己知彼、相互对等的基础上逐步削减负面清单的内容,尽可能避免新投资规则对内部企业造成过大的冲击。

其次,要在国内法律及现实情况的基础上落实谈判条款。例如,中国的国有企业作为国家的支柱产业要实现私有化不是马上就能做到的事,应在现实情况下加快国企改革、使之具备独立的市场竞争力,再去和其他企业进行平等竞争。又如,可将环境保护、技术标准制定、劳工待遇等纳入谈判条款,但结合中国现实情况,当前必须禁止劳工的结社自由,同时还要避免外国跨国公司凭借技术优势主导技术标准的制定等。

最后,通过引进国家重大安全条款来保障国家安全。在条款谈判中,新兴市场国家应借鉴他国经验讨价还价、完善条款,以此争得国家核心利益;在运行投资者与国家争端解决机制方面,应对其适用范围提出明确限制,以保留对外资管理的自由裁量权;同时也应加强法律制度的建设,以法制手段对外资实施监管,实现本国法律与投资规则相互融合的规范化管理模式,使之在对新国际投资规则及自由贸易的过渡之中稳固发展、走向成熟。

规则从来都是为利益而制定的,因而,新一轮全球化经济发展下的投资规则并不公平,甚至是对包括中国在内的新兴经济体国家的防范与限制。因此,中国等新兴市场只有进一步发展自己的经济,提高自我经济水平,增强自己的经济竞争力,并建立新的、具有区域甚至世界影响力的新贸易体系,才能拥有自己的规则话语权。在新一轮国际投资规则面前,中国等发展中国家应冷静应对,并有自己的判断和着眼点,在“一带一路”战略、东盟自由贸易区设立及亚投行建设中形成自己的贸易区与朋友圈,才能以大国之位维护大国之尊,从而建立起真正公平的交易规则,为世界经济作出贡献。

通过投融资体制的改革,我们更好地用好政府性投资,更好地吸引社会投资和国外资金,让投资在经济增长当中发挥关键性作用。

参考文献

[1] 常宝瑞.房产价格与固定资产投资效率的空间集聚关系研究[J].产业经济评论,2015(1).

[2] 樊巧利,王建忠.国内生产总值和固定资产投资的典型相关分析[J].时代金融,2015(5).

[3] 范德成,李昊,方璘.中国区域固定资产投资结构与产业结构的适配性研究[J].统计与决策,2016(4).

[4] 胡祖铨.稳步推进2016年的固定资产投资[J].宏观经济管理,2016(5).

[5] 叶志锋,李婧,蒋大富.货币政策、政府干预与钢铁企业固定资产投资[J].经济研究参考,2015(2).

[6] 赵旭宏.政府主导、固定资产投资对城镇化地区差异影响分析[J].商业经济研究,2016(6).

第三章 消费与经济增长风险

一、绪论

虽然近年来国内各界对于内需对经济增长的促进作用十分关注，但是中国整体国内消费增长的速度却在不断下降。从统计数据上来看，社会消费品零售总额的实际增长率已经连续三年下降。国内整体宏观经济运行趋弱，经济增长动力不足，结构调整压力不断增大，消费增长的热点仍然较为缺乏。在消费模式上，中国居民消费对于网络平台的应用越来越广泛，这对于消费新业态的出现有一定推动作用，但是消费渠道与模式的变化尚不能支撑消费市场的整体增长，因而，未来一段时间中国消费的整体增速不会很强。消费基本能够起到平稳经济增长的作用，但是要真正成为经济增长的主力，仍然需要结合经济结构调整政策的实施以及居民消费观念的进一步转变来实现。

（一）2015 年中国消费概况

由于经济增速持续放缓，物价仍然比较低迷，2015 年中国消费增速呈现趋缓势头。统计数据显示，2015 年，中国社会消费品零售总额为 30 0931 亿元，比 2014 年名义增长 10.7%，扣除价格因素实际增长 10.6%，增速比 2014 年下降 0.3 个百分点。按经营单位所在地分，城镇消费品零售额 258 999 亿元，比 2014 年增长 10.5%，乡村消费品零售额 41 932 亿元，增长 11.8%。按消费形态分，餐饮收入 32 310 亿元，比 2014 年增长 11.7%，商品零售 268 621 亿元，比 2014 年增长 10.6%，其中限额以上单位商品零售 133 891 亿元，比 2014 年增长 7.9%。

中国居民的消费方式正在发生重大变化，网上购物所占比重正在迅速上升。2015 年，中国网上零售额达到 38 773 亿元，比 2014 年增长 33.3%。其中，实物商品网上零售额 32 424 亿元，比 2014 年增长 31.6%，占社会消费品零售总额的比重为 10.8%；非实物商品网上零售额6 349亿元，比 2014 年增长 42.4%。

虽然基于网络购物的消费比重不断上升，但是这只是消费渠道和消费模式发生变化，而消费的增长还是需要以居民有效需求的不断增加来支撑。由于目前中国整体宏观经济运行趋弱，未来整体消费增长速度可能会进一步放缓。

（二）2015 年中国消费变化的基本特征

1. 消费增速持续下降

2015 年，中国社会消费品零售总额增长率持续下降，但是由于通货膨胀水平也不断下降，因而社会消费品零售总额的名义增长率和实际增长率越来越接近。

图 3-1 显示，从 2009 年开始，中国社会消费品零售总额的年度增长率就一直呈现持续下降的趋势。2003—2015 年的社会消费品零售总额增长率走出了非常明显的倒 V 形。

2. 金银珠宝类商品零售增速下降显著，通讯器材类商品增速也有所放缓

中国统计局发布的统计公报显示，2015 年，中国社会消费品零售总额为 300 931 亿元，在

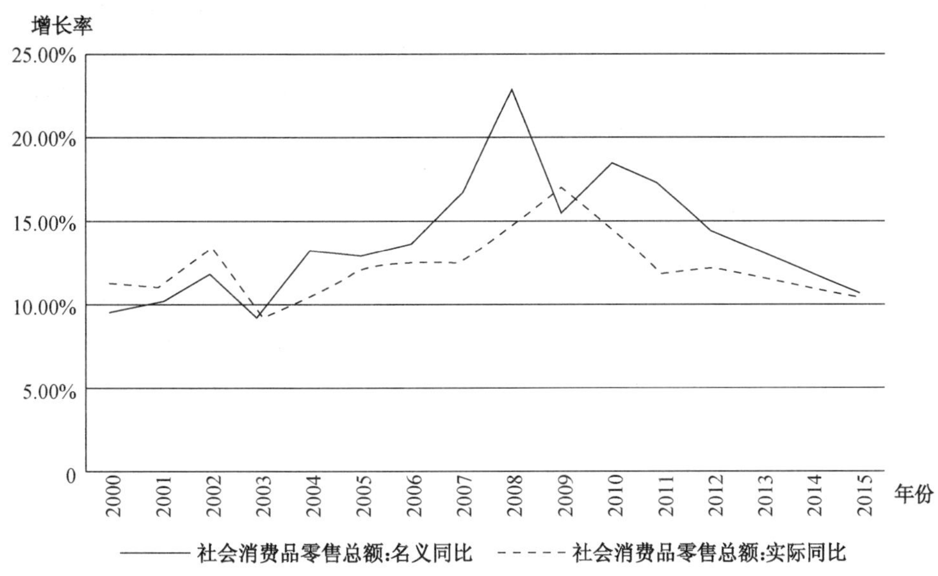

图 3-1　中国社会消费品零售总额变动趋势

数据来源：Wind 资讯。

限额以上企业商品零售额中，粮油、食品、饮料、烟酒类零售额比 2014 年增长 14.6%，服装、鞋帽、针纺织品类比 2014 年增长 9.8%，化妆品类比 2014 年增长 8.8%，金银珠宝类比 2014 年增长 7.3%，日用品类比 2014 年增长 12.3%，家用电器和音像器材类比 2014 年增长 11.4%，中西药品类比 2014 年增长 14.2%，文化办公用品类比 2014 年增长 15.2%，家具类比 2014 年增长 16.1%，通讯器材类比 2014 年增长 29.3%，建筑及装潢材料类比 2014 年增长 18.7%，汽车类比 2014 年增长 5.3%，石油及制品类比 2014 年下降 6.6%。

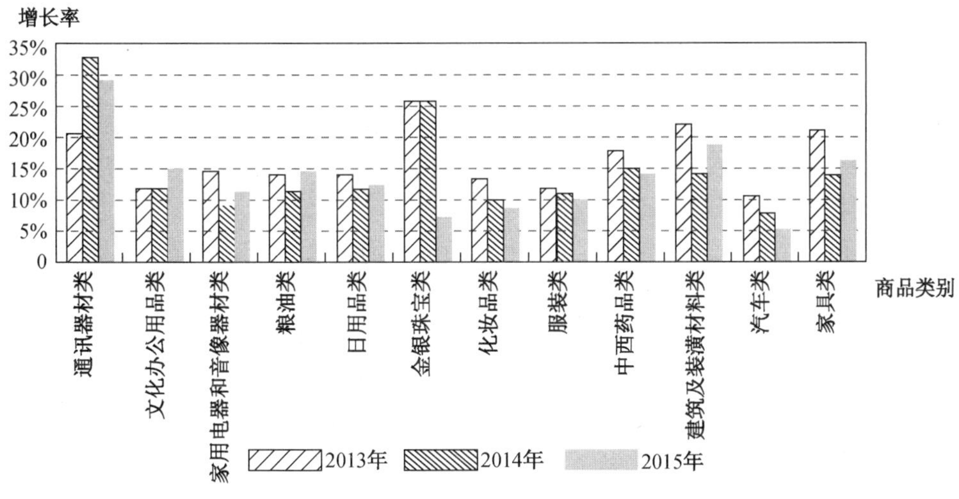

图 3-2　主要商品类别零售增长率变化情况

数据来源：中国国家统计局统计公报。

由图 3-2 中的数据可以看到，2015 年，中国限额以上企业商品零售额增长率中，通讯器材类商品的增速低于上年，而金银珠宝类商品零售增速则大幅度下降。此外，家用电器和音像器材类、建筑及装潢材料类以及家具类商品销售增速高于 2014 年，这表明 2015 年住房家居市场是居民消费增长的主要因素。在其他商品类别中，汽车类商品零售增速持续下降，表明国内汽车市场需求不振。而服装类、化妆品类和中西药品类商品的销售增速也呈现持续下降的趋势。

3. 消费支出对 GDP 增长的拉动率显著上升

表 3-1 **消费支出对 GDP 增长的贡献率和拉动程度**

年份 \ 指标名称	*GDP* 增长贡献率:最终消费支出	对 *GDP* 增长的拉动:最终消费支出
2004	43.50%	4.40%
2005	56.00%	6.40%
2006	42.70%	5.40%
2007	46.10%	6.50%
2008	44.70%	4.30%
2009	57.70%	5.30%
2010	46.90%	5.00%
2011	62.70%	6.00%
2012	56.70%	4.40%
2013	48.20%	3.70%
2014	50.20%	3.70%
2015	66.40%	4.60%

数据来源：Wind 资讯。

由表 3-1 中的统计数据可以看到，2015 年，中国消费支出对 GDP 增长的贡献率为 66.4%，比 2014 年大幅度提高 16.2 个百分点，是 2004 年以来的最高水平。2015 年消费支出拉动中国 GDP 增长 4.6 个百分点，高于 2014 年 0.9 个百分点。整体来看，虽然消费增速趋于下降，但是消费对中国经济增长的带动作用有所增强。

4. 农村居民消费水平增长速度显著高于城镇居民

图 3-3 显示了 2000—2014 年农村居民和城镇居民消费水平变动情况。如果以 1978 年消费水平为指数 100，则 2014 年农村居民消费水平指数为 1 052.86，而城镇居民为 957.29，两者之间的差异进一步增大。从 2010 年开始，农村居民年度消费水平就开始高于城镇居民，而且一直保持了较大的差异。这一方面表明中国农村居民消费市场仍然有较大的发展空间，另一方面也表明当前政府在农村居民消费上的政策倾斜效应开始显现。

二、风险因素识别

（一）影响消费变动的主要因素

1. 收入、资产水平及预期因素

总收入水平是影响居民消费的最重要因素。另外，收入来源的稳定性以及居民对未来经

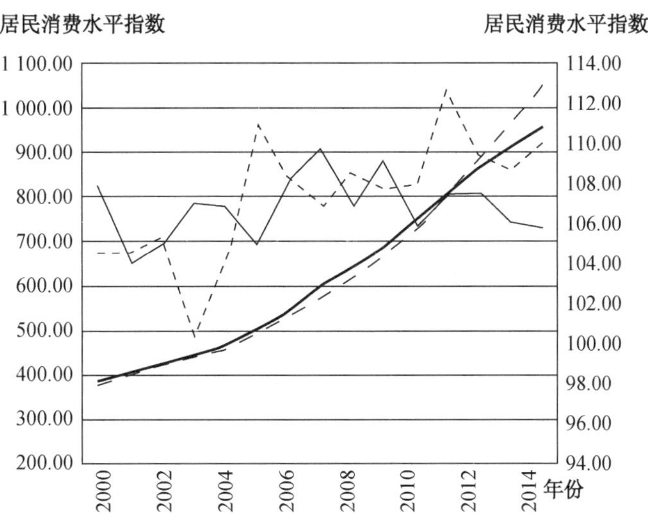

——— 居民消费水平指数:1978年=100:城镇居民　— — -居民消费水平指数:1978年=100:农村居民

——— 居民消费水平指数:上年=100:城镇居民　- - - - -居民消费水平指数:上年=100:农村居民

左轴为 1978 年＝100　右轴为上年＝100

图 3-3　居民消费水平变动情况

数据来源:Wind 资讯。

济运行状况的预期,也是影响居民消费意愿及消费支出的重要因素。齐飞和夏杰长(2015)的研究表明,农村居民人均消费增长率与人均纯收入增长率之间具有较高的相关性。韩玉萍等(2015)的分析表明,农村居民持久性收入水平提升对消费具有显著促进作用,总收入及不同来源收入的不确定性对消费的影响作用存在地区差异。总收入的不确定性促进了东、西部农村居民消费,但是抑制了中部消费的增长。雷理湘和胡浩(2015)实证分析了不同地区农村居民四种不同收入来源对总消费支出、食品消费支出和非食品消费支出的影响,结果发现,工资性收入是拉动消费的最主要动力,其次是家庭经营性收入和转移性收入,财产性收入的增加主要影响非食品消费支出。而且收入性质的变化会影响边际消费倾向,增加收入的稳定性可以促进农村居民消费。傅程远(2016)认为,在影响消费率的各因素中,居民可支配收入水平、税收负担轻重、物价指数甚至区域产业结构等都直接或间接地影响消费支出规模及支出结构。冷晨昕等人(2016)分析了城镇化背景下收入来源结构对农村居民消费的影响,发现工资性收入的相对上涨有助于扩大农村居民消费水平,其中,居住、家庭设备及服务、医疗保健支出所受到的影响最为明显,交通和通讯支出所受影响最小,城乡收入的差距则对农村居民消费存在负面影响。罗娟和文琴(2016)则分析了城镇居民家庭所持有的金融资产对消费的影响差异。结果表明,居民持有的各类金融资产变动对消费都有影响,但是影响程度和影响方式存在差异。手持现金增加对居民消费的影响作用具有滞后性,在对消费产生短暂抵制作用后出现较长持续的促进作用,储蓄增加对消费的影响则在生命周期中交替出现挤占和促进作用,证券资产对消费的财富效应存在,但持续时间不长。

2. 宏观政策的影响

宏观政策一直是影响消费的重要因素。一方面,政策导向影响居民对未来经济发展的预期与信心;另一方面财政类的补贴政策会直接影响居民的消费意愿。贺俊等(2015)的实证研究表明,宏观税负与居民消费呈现倒 U 形关系,经济建设支出规模和社会文教支出规模对居民消费呈现正向影响，国防支出规模对居民消费呈现负向影响。刘江会等(2016)的研究显示，提高以社会文教支出为主的民生性财政支出在整个财政支出中的比重，同时更加关注民生性财政支出的“公平性”，对于当前和今后促进中国居民消费率的提升具有重要意义。芦丽静等(2016)的实证研究显示，经济不确定性冲击导致中国各地区的人均消费水平出现显著下降。毛军和刘建民(2016)考察了当城乡收入差距的第三方外部因素存在差异时，财税政策对居民消费影响效应的变化情况，他们特别分析了税收负担和财政支出规模促进居民消费的城乡收入差距绝对数最优区间，以及税制结构和财政支出结构促进城乡收入差距相对数最优区间。贺俊等(2016)构建了一个内生经济增长模型并以此分析了财政分权对居民消费的影响。实证结果表明，政府公共支出作为财政分权向外产生辐射效应的中介，较好地推动了居民消费，从间接层面来看，财政分权通过经济建设支出、一般性支出渠道促进了居民消费水平的提高，并通过社会性支出渠道降低居民消费水平。姚公安(2016)的实证研究认为，财政福利支出规模越大，居民的私人消费也越多，而当财政教育支出、医疗支出和福利支出都多的时候，居民的私人消费也越多。

除了财政政策变动及其构成对居民消费会产生较为直接的影响外，货币政策的变化也会通过冲击效应、不确定性效应以及信贷约束效应等对消费产生作用。封福育和赵梦楠(2016)的研究表明，货币政策对农村居民消费的影响具有非线性和非对称性特征。当实际利率低于阈值时，货币政策对农村居民消费的影响较小，而当实际利率在阈值附近时，货币政策对中国农村居民消费的影响程度在高低两个机制之间平滑转换，且机制转换速度非常快。

3. 消费结构升级及消费环境

随着中国居民收入水平不断提高，对消费品的要求也越来越高。然而，近年来中国国内消费者对消费环境、消费品质量的信任程度却不乐观。吴自强(2015)认为，中国消费环境相对比较稳定，但是依然存在许多不足，如产品质量问题严重、资本市场动荡不稳、区域消费环境差距很大等。俞林和孙明贵(2016)使用了准实验室法，采用真实品牌、虚拟事件对产品丑闻后信任危机及消费选择的关系进行了分析。结果表明，产品丑闻导致的信任危机严重程度对消费选择有一定的影响，信任危机严重程度越高，消费者负面情绪越强烈，对消费选择也产生较大程度的影响作用。而产品丑闻发生的信任危机对食品行业的负面影响大于其他行业。

4. 人口构成变化

随着中国人口老龄化趋势的出现，学术界开始较多关注人口结构变化对消费的影响作用。另外，中国开始实施“二胎”政策以后，人口构成会发生显著变化，对于整体消费水平及消费构成都将产生深远的影响。因而，未来一段时间将是中国新增人口与老龄化较为集中发展的时期。消费增速与消费品构成将发生显著变化。老龄化趋势总体上是降低消费增速，而新增人口的增加将对儿童消费、教育消费等类别产品及服务的消费提出更高要求。李中斌等(2016)以福建省数据为基础，从城镇居民储蓄率、消费规模、消费结构三个方面分析了人口老龄化对居民消费需求影响的方向、大小及程度。结果表明，人口老龄化的加剧，对福建长期消费潜力形成了负向效应。李姗姗和穆怀中(2016)以辽宁省为例的研究表明，家庭消费决策权有去集中化迹象，家庭成员会更多地参与到家庭消费决策中来，具体表现为女性和少儿在某些特定消费项目中具有更强的优势决策权。家庭最高收入者年龄对家庭消费影响显著，不同家庭生命周期变量对不同类型的家庭消费项目影响不同，家庭职业和家庭规模对基本型家庭消费产生显著性影响，家庭文化程度和家庭少儿对发展型家庭消费产生显著性影响，家庭文化程度和家庭职业对享受型家庭消费产生显著性影响。王增文和何冬梅(2016)的研究表明,企业单位退休冲击对居民总消费具有显著抑制作用,机关事业单位退休冲击则具有显著正效应。刘长庚等(2016)的实证研究表明,少儿抚养比与居民消费率呈显著正相关关系,计划生育政策对中国居民消费产生了重要影响。他们的估算认为,全面放开"二胎"政策后,在未来五年内能够有效提升居民消费率 0.63 至 1.04 个百分点。

除了年龄结构以外,城镇化过程中农民工群体在城镇与乡村之间的身份转换也对消费增长产生了一定的影响。王美艳(2016)的研究表明,如果农民工转换为城市居民身份,按照城市居民的消费模式进行消费,则其人均消费将大幅度增长 27%,与城市居民消费水平基本相当。而如果将农民工的收入水平、养老保险覆盖水平和受教育等禀赋特征不断改善一并考虑在内,则农民工的消费潜力会更大。因而,加快农民工市民化的步伐,是挖掘农民工消费潜力的关键所在。李亮和付婷婷(2016)的研究将样本家庭分为一直在农村生活的未迁移家庭和迁移至城镇生活的迁移家庭两类。结果表明,迁移使得农村迁移人口消费观念发生改变,会进一步增加迁移人口的消费。他们的实证结果表明,迁移因素会影响家庭的边际消费倾向,刺激家庭消费,提高消费的边际收入倾向。

5. 汇率因素

中国与世界经济融合度不断提高,人民币汇率波动幅度不断加大,居民消费对外部价格传导效应的敏感度不断提高。李颖和高建刚(2016)认为,如以人民币升值为例,则人民币升值会降低进口消费品的本币价格,刺激进口,从而对国内替代品的消费产生抵制作用;人民币升值通过影响进口中间品价格,有利于降低国内生产价格和消费价格,从而鼓励居民消费;此外,人民币升值,尤其是升值预期有利于吸引资本流入,助涨国内股市、楼市等资产价格,从而通过财富效应刺激居民消费。他们的研究还认为,人民币升值有利于提高城乡居民消费率,但不利于推动"生存型消费"向"享受型消费"的结构升级。顾宁和朱家琦(2016)的研究也验证了李颖、高建刚(2016)的基本观点。顾宁和朱家琦(2016)认为,由于财富效应对居民消费结构信息熵的贡献率最大,因此人民币汇率对居民消费结构的综合影响体现为负向,即人民币升值将带来消费结构恶化。

(二) 影响消费波动的其他因素

1. 新兴金融及信息工具

当前世界已经进入信息化时代,基于互联网、移动通讯网络的各种业务创新、金融创新层出不穷。消费工具的变革对消费构成与消费增长必然产生一定的影响。刘湖和张家平(2016)的研究认为,互联网发展对中国农村居民消费具有显著的正向影响,其影响强度由大到小分别是移动电话普及率、互联网普及率、互联网发展投资环境。而移动电话普及具有驱动农村居民消费结构由传统型向发展、享受型消费结构转变的潜力,互联网发展对东部地区农村居民消费结构的影响程度大于中西部地区。崔海燕(2016)指出,中国互联网金融的快速发展深刻地影响和改变了中国的金融体系,同时也影响了人们生产生活的方式。互联网金融能够提高居民的收入效应、促进居民消费的转换效应,还能够有效刺激居民消费的欲望。她的研究同时表明,国内生产总值和第三方互联网支付对中国居民消费都产生了正向影响。

2. 城乡差异

在中国,城乡差异对消费增长的影响可以归纳为城镇化进程的影响。人口在城市的集聚可以从消费品供给与需求多方面对消费产生深刻的影响作用。李思明、肖忠意(2015)的研究表明，城镇化对农村居民商品和服务的消费数量具有正向促进作用。汤向俊和马光辉（2016）的实证研究表明，市辖区人口规模对居民消费率的影响呈 U 形，也就是说，大中城市的发展有利于促进居民消费，人口集聚对于居民消费的效应仍然有待挖掘。

3. 城镇住房价格

当前国家统计局统计口径规定，居民消费价格“是反映一定时期内城乡居民所购买的生活消费品和服务项目价格变动趋势和程度的相对数”①，其一般并不包含居民的住房消费支出。但是近年来，中国住房市场价格飞速上涨，居民房屋购买支出也随之增加，在一定程度上对其他生活类消费和服务购买支出产生了影响。张亮和杭斌（2016）认为，中国消费低迷的一个重要原因是城镇居民对具有代表性地位的商品——住宅（面积）的追求。他们的实证分析也表明，地位寻求确实对中国城镇居民的消费行为产生了不可忽视的影响，城镇居民追逐地位商品对消费产生了抑制作用。养老问题对消费也同样有负向影响，而收入差距的增大则强化了地位寻求的动机。刘旭东和彭徽（2016）指出，房地产价格波动通过财富效应、挤出效应和抵押效应影响城镇居民消费。其中，财富效应的传导机制来源于实现的和未实现的财富效应以及消费者信心效应；挤出效应来源于替代效应、预算约束、偿债压力和财富重新分配效应，而抵押效应则受制于抵押的价值和便利性。他们的实证分析表明，房地产价格是居民消费的格兰杰原因，房价对居民消费的财富效应大于挤出效应，但抵押效应不显著。周航等（2016）分析了保障性住房供给对居民消费扩张的影响，结果发现，通过商品房解决住房问题的家庭和通过保障性住房解决住房问题的家庭，其居民消费水平整体得到显著提高。由于保障房的供给分流了住房市场上的需求，使得两类家庭都可以以较低的价格满足自己的住房需求。因而，政府通过加强保障性住房供给能够有效刺激居民消费，促进经济增长。

三、消费结构变化与经济运行风险：基于实证研究的分析

（一）相关研究回顾

随着中国经济快速增长，居民收入水平普遍提高，消费结构也发生了较大幅度的变化。不同类别消费品的增减及其在居民总消费中所占比重的变化，会直接影响社会生产供给结构及其发展变化，也会对宏观经济增长产生一定程度的影响。

近年来，关注消费结构变化及其经济效应的文章逐渐增多，这其中关于城乡消费结构变动对经济增长产生的差异性影响的研究比较多。禹四明和李亚诚（2015）的实证研究表明，城镇化与经济增长表现为单向的因果关系，即城镇化引起经济增长，居民消费则与经济增长互为因果关系。城镇化与居民消费均是经济长期增长的持久动力，但反过来，经济增长对居民消费的激励仅维持在 1 期以内。梅倩倩等（2015）分析了农村居民八大消费支出对经济增长影响的区域差异性，研究结果表明，东部地区农村居民各类消费支出对经济增长贡献排列顺序依次为：教育文化娱乐——食品——其他杂项——家庭设备——交通通讯——居住——衣着——医疗保健；中部地区排列顺序是：其他杂项——家庭设备——交通通讯——衣着——医疗保健——教育文化娱乐——食品——居住；西部地区排列顺序是：家庭设备——交通通讯——其他杂项——食品——医疗保健——居住——教育文化娱乐——衣着。俞剑、方福前（2015）研究了

① 中国国家统计局官网 http://www.stats.gov.cn/tjsj/zbjs/201310/t20131029_449518.html，访问时间，2016 年 5 月 2 日。

城乡居民消费结构升级对经济增长的影响机制。研究发现，当采用城乡居民家庭工业品与农业品消费的相对支出比例增加来刻画居民消费结构升级时，居民消费结构升级在产品结构优化这一传统途径下会促进中国制造业的增长，但会降低农业增长率。居民消费结构升级无法通过产业结构升级这一途径来影响农业的增长。而当采用城乡居民家庭服务品与工业品消费的相对支出比例来刻画居民消费结构升级时，居民消费结构升级只能通过投资结构变动而不能通过产品结构优化和产业结构升级这两条传导途径来影响农业和制造业的增长。

王雪琪等(2016)的实证研究表明，人口年龄结构显著影响中国城镇居民消费结构，儿童对文教娱乐需求较强、老年人对居住和医疗消费需求较强。中国城镇居民的消费支出存在较强的惯性，消费习惯和收入是影响城镇居民消费结构最为关键的因素，未来中国城镇居民家庭消费结构将呈现“稳中有变、趋向享受型消费”的特点。朱惠莉(2016)运用结构变动指数测度了1979—2014 年中国城乡居民消费结构变动情况，她发现农村居民消费结构的变动相对城镇居民来讲具有滞后性，但农村居民消费结构变动相对趋于活跃，充满活力。

关于消费整体变动对经济增长的影响，近年来学者们的研究也主要是结合投资、外贸、消费这“三驾马车”的共同作用而不断深入分析。杨子荣和代军勋(2015)构建了面板门限模型，他们使用中国 275 个市级数据，对内需拉动经济增长是否存在有效边界问题进行了实证检验。结果表明，投资拉动经济增长确实存在有效边界，当投资率较低时，增加投资能够有效拉动经济增长，当投资率已经较高时，增加投资对经济增长的拉动作用不再显著。消费拉动经济增长也存在有效边界，当投资率较低时，增加消费会抑制经济增长，当投资效率足够高时，增加消费才能够有效拉动经济增长。谷亚丽(2016)从消费、投资和净出口对 GDP 增长贡献率的计算方法入手进行分析，得出的结论是，同比情况下速度因素是各因素贡献率变化的主因，而同比情况下结构因素和速度因素共同影响贡献率。

显然，近期学术界重点关注的是消费对经济增长影响机制问题，一方面是消费结构变动产生的差异性影响，另一方面是城乡消费差异对经济增长产生的不同作用机制。考虑到近年来中国城乡结构调整是内需变化的重要影响因素，因此本章将重点分析城乡消费增长速度差异对中国经济增长产生的影响作用。

（二）数据处理

本部分将使用协整分析方法实证研究消费增速与经济增长率之间的量化关系。由于我们需要分析城乡消费增长差异对经济增长产生的不同影响效果，因此在实证分析时分别选取了城镇和乡村社会消费品零售总额增长率作为消费增长的替代变量。考虑到经济结构的变化调整以及数据可得性，我们使用季度 GDP 作为经济增长的衡量变量。在国家统计局发布的统计数据中，城镇和乡村社会消费品零售总额增长率数据都是从 2010 年 1 月起发布，因此，我们将研究的数据期间限定在 2010 年第一季度至 2016 年第一季度。

中国发布的城镇和乡村月度消费同比增长率均为名义值，我们按照社会消费品零售总额增长率的名义值和实际值测算出调整系数，对城镇和乡村月度消费同比增长率数据进行调整，得到实际值，分别以 RCU 和 RCS 表示。

（三）实证分析

1. 变量的平稳性检验及协整检验

1）变量的平稳性检验

应用传统回归分析方法对各经济变量的关系进行估计与检验的前提条件是各变量必须具

有平稳的特征，否则容易产生伪回归现象。由于现实中各经济变量时间序列可能具有非平稳性，因此，应先对各变量进行单位根平稳性检验，如果变量是非平稳的，那么就采用协整检验分析各变量之间的关系。

我们先通过单位根检验确定上述变量的单整阶数。为确保结果的正确性，我们对每个变量序列都使用 ADF 和 PP 两种检验确定其稳定性和单整阶数，在滞后期数的选择上，参照赤池信息准则 AIC(Akaike info criterion)和施瓦茨准则 SC(Schwarz criterion)，见表 3-2。

表 3-2 **变量单位根检验结果**

变量	*ADF* 统计量	检验方程形式	临界值 1%	临界值 5%	*AIC*	*SC*
RCU	−4.369 734	(C, T, 4)	−4.498 307	−3.658 446	1.768 496	2.117 002
RCS	−5.205 971	(C, T, 6)	−4.571 559	−3.690 814	0.718 604	1.163 79
GDP	−3.746 967	(C, 0, 0)	−3.737 853	−2.991 878	0.784 426	0.882 597

注：检验方程形式(C, T)中 C 表明检验方程带有常数项，T 表明带趋势项。选择标准是 *AIC* 和 *SC* 准则。计量软件为 EViews6.0。

从检验结果可知，上述数据序列的水平值基本可在 5% 的显著性水平上认为都是平稳序列。

2） 协整检验

这一部分我们在前文关于变量的平稳性检验的基础上，使用 Johansen 方法对变量进行协整分析。通过建立迹统计量和最大特征值似然比统计量来确定各变量之间的协整关系。在确定 VAR 协整检验的滞后阶数时，我们进行了滞后长度判别检验(lag length criteria)。考虑到城镇居民和农村居民消费增长率之间存在差异，其增长率与经济增长率之间的协整关系也应有所不同，因此，我们分别对经济增长率与城镇和农村居民消费增长率进行协整分析。协整关系检验的结果如表 3-3 和表 3-5 所示。

表 3-3 **城镇居民消费增长与经济增长率协整关系检验结果**

原假设	迹统计量	迹统计临界值		最大特征值	最大特征值统计临界值	
协整方程数目	(*trace statistic*)	5%	*p*-值	(*max eigen*)	5%	*p*-值
没有	27.036 54	25.872 11	0.035 7	20.057 01	19.387 04	0.039 9
至多 1 个	6.979 522	12.517 98	0.346 7	6.979 522	12.517 98	0.346 7

注：*p*-值是 MacKinnon-Haug-Michelis (1999) p-values。

迹检验和最大特征值检验都表明，在 5% 的显著性水平上，上述两变量之间存在 1 个协整方程(见表 3-4)。

表 3-4 **正规化后的协整方程系数**

GDP	*RCU*	*TREND*
1	3.115 09	0.502 21
	−0.614 14	−0.181 86

注：*TREND* 为趋势项系数。

协整检验结果表明，从长期关系上来看，经济增长率与城镇居民消费增长率之间存在显著的长期协整关系。城镇居民消费增长率上升 1%，会带来经济增长率上升 3%，其影响作用还是比较显著的。

表 3-5　　农村居民消费增长与经济增长率协整关系检验结果

原假设	迹统计量	迹统计临界值		最大特征值	最大特征值统计临界值	
协整方程数目	(*trace statistic*)	5%	*p*-值	(*max eigen*)	5%	*p*-值
没有	26.637 36	15.494 71	0.000 7	26.420 38	14.264 6	0.000 4
至多 1 个	0.216 987	3.841 466	0.641 3	0.216 987	3.841 466	0.641 3

注：*p*-值是 MacKinnon-Haug-Michelis (1999) p-values。

迹检验和最大特征值检验都表明，在 5%的显著性水平上，上述两变量之间存在 1 个协整方程(见表 3-6)。

表 3-6　　正规化后的协整方程系数

GDP	*RCU*
` 1	1.211 92
—	−0.314 4

协整检验结果表明，从长期关系上来看，经济增长率与农村居民消费增长率之间也存在显著的长期协整关系。农村居民消费增长率上升 1%，会带来经济增长率上升 1.2%。与城镇居民消费增长率对经济增长率的促进作用相比，农村居民消费增长率的经济增长促进作用要明显低得多。

3) 脉冲响应分析

在上述协整分析的基础上，我们还分别对两组变量进行了基于 VAR 模型的脉冲响应分析。

由图 3-4 脉冲响应分析结果可以看到，当在本期给城镇居民消费增长率一个标准差的正向冲击后，其对经济增长率的影响为正，且在第 3 期达到最大值。而农村居民消费增长率的正向冲击对经济增长率的正向影响稍显平缓，在第 5 期达到最大值。显然，城镇居民消费增长率正向冲击对经济增长产生的影响作用相对比较迅速，其影响程度要高于农村居民消费增长率的作用程度。

如果对经济增长率施加一个标准差的正向冲击，则其对城镇居民消费增长率和农村居民消费增长的影响则存在较大差异。对城镇居民消费增长率而言，其受到的影响作用先是增加，然后略有下降，但是在第 3 期即恢复为正。而对农村居民消费增长率而言，当经济增长率产生正向冲击后，其受到的影响一直为负，直到第 5 期才基本恢复初始状态。显然，相对而言，中国城镇居民消费更多地受到经济增长的正向影响，而经济增长对农村居民消费并未起到显著的带动作用。

(四) 实证研究的简要结论

基于以上实证研究的分析，我们基本可以得出以下结论：

(1) 城镇居民消费增长率上升对经济增长会产生较为显著的正向促进作用。城镇居民消费增长率上升 1%，会带来经济增长率上升 3%；农村居民消费增长率上升 1%，会带来经济增

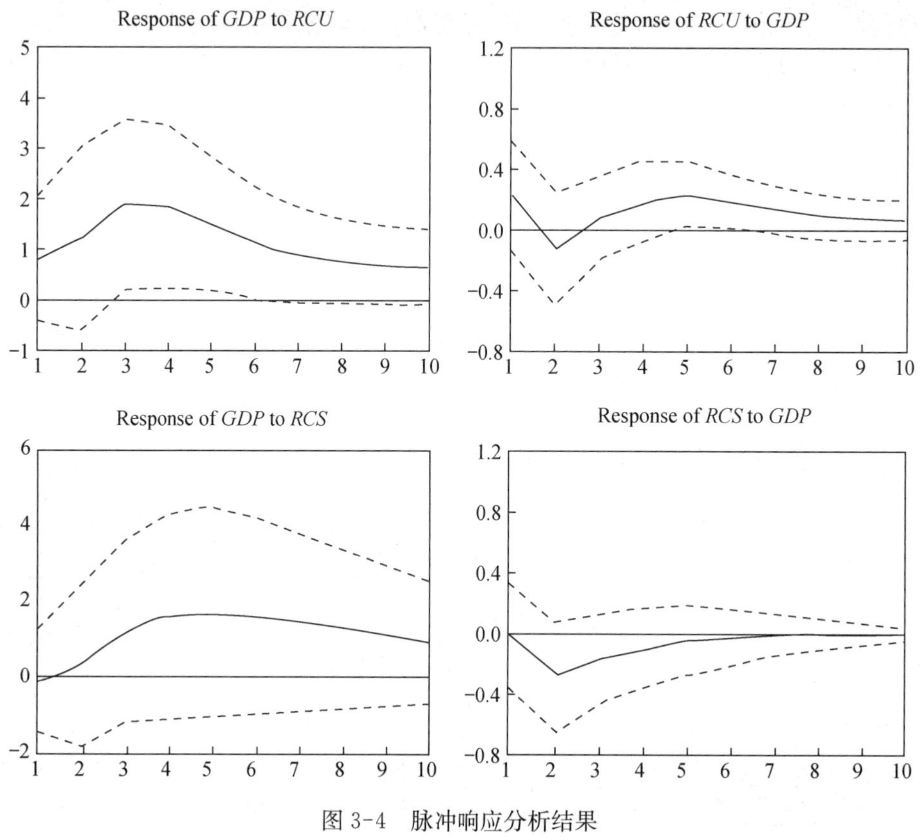

图 3-4　脉冲响应分析结果

长率上升 1.2%。

(2) 经济增长更多地惠及了城镇居民消费的增长,而对农村居民消费增长产生的正向带动作用不显著。这也表明,未来拉动中国内需增长上升空间的动力,相当大一部分可能会来自农村市场。因而,未来一段时间,中国刺激内需增长的政策应继续适当向农村市场倾斜。

四、消费波动的风险度量

(一) 风险度量方法

按照本章一直使用的方法,对历年社会消费品零售总额使用当年 CPI 进行调整得到实际值,根据实际值计算其当年实际增长率,再把各年实际消费增长率对均值的偏差绝对值作为当年消费风险等级划分的基数。分级方法显示在表 3-7 中。

表 3-7　**消费增长风险评级**

绝对值偏离程度	风险级别	风险评级
≤2%	1	无风险
≤5%	2	低风险
≤8%	3	中等风险
>8%	4	高风险

2015 年,社会消费品零售总额的实际增长率比 2014 年下降 0.3 个百分点,近 4 年都呈现

连续下降趋势；2015 年名义增幅下降 1.3 个百分点，社会消费品增长率继续走弱，持续出现对长期趋势的负向偏离。2015 年，中国 GDP 增速下降到 7%以下，宏观经济增长明显乏力，由此引发消费增长也显著趋弱。综合判断，消费风险维持在级别为 2 级的低风险区间。

对于宏观经济增长风险，仍然按照已有方法进行 4 个等级的划分。进入 2016 年，以美国为代表的主要发达经济体虽然保持弱势复苏的迹象，但是整体运行并不乐观。全球经济增长没有显著好转，但是大宗商品价格却有可能止跌回升，未来全球通货膨胀压力有所回升。由于受国内外宏观经济环境的综合影响，中国经济运行依然处于弱势增长阶段，经济增速明显减缓。根据宏观经济增长风险评级规则，2016 年宏观经济增长风险评级与 2015 年持平，维持在级别为 2 的低风险等级。经济增速进一步放缓的可能性比较大，宏观经济运行风险将会继续有所增加。

（二）2016 年消费波动风险评级

进入 2016 年，影响中国消费增长的主要是以下因素。

1. 宏观经济运行状况

社会各界对未来经济增长的走势本来就十分关注，而居民对未来经济增长的预期直接影响消费信心。从目前情况来看，2016 年第一季度中国 GDP 增速为 6.7%，环比低于 2015 年第四季度 6.8%的增速，也是美国金融危机爆发以来的最低增速。

2. 居民收入增长

收入及其预期增长始终是消费增长的根本决定因素。自从 2015 年 6 月以来，中国股市大幅下跌，同时还出现持续性的大幅度波动状况，对居民产生了一定程度的财富效应。由于宏观经济运行趋弱，居民对未来收入增长的预期也有所下降。此外，近年来中国住房价格不断上升，在一定程度上也对居民其他商品的消费产生负面效应。因而，来自收入及财富效应的消费增长动力也相对较弱。

3. 通货膨胀变化

在经过 2013 年和 2014 年通货膨胀水平持续下降阶段以后，2015 年各月中国整体价格涨幅波动不大，全年价格上涨幅度为 1.4%。正是在宏观经济运行趋弱、整体价格涨幅较低的背景下，近期社会各界对于宽松财政和货币政策的预期有所上升。价格涨幅处于较低水平会影响企业生产及投资意愿，而实体经济增长乏力则会影响就业增长及居民收入增长，并最终会对消费增长产生不利影响。

4. 宏观政策

当前中国国内消费增长缺乏热点，而在产能调整过程中，受结构调整影响而产生的居民就业变动、收入变动效应可能会在一定程度上影响消费的增长。近期国家也没有出台明确的国内消费刺激政策，因而，未来中国居民消费增速可能会进一步放缓。

综合以上分析，2016 年国内消费增速将维持在 10.3%左右，增速将比 2015 年进一步下降。但是考虑到国内消费市场体量巨大，消费增速还是会保持相对平稳状态，消费风险继续维持在 2 级的低风险区间。

五、风险管理

（一）提高收入水平，进一步降低城乡收入差距

有效提升居民消费水平的根本要素还是在于收入的持续增长。另外，降低收入差距也会

对消费提升产生良性影响。因为城乡收入差距会拉大城乡居民生活差异，对于消费意愿、消费结构的调整产生不利影响。毛军和刘建民(2016)的研究提出的政策建议表明，缩小不同阶层间居民收入分配的差距，能够有效提升居民消费能力和消费意愿。因而，应该将以投资性支出和消费性支出为主的政府财政支出结构向以民生性支出为主的支出结构转变。注重对城乡居民收入差距的控制，缓解投资与居民消费结构失衡的现实状况。另外，在当前宏观层面推行供给侧结构性改革措施的背景下，会有一部分居民受到结构调整的冲击，其就业、收入会受到一定程度的负面影响。因而，对于因企业产能调整而就业受到冲击的员工，要提供相应的社会保障措施或再就业方面的培训计划，一方面稳定这部分居民收入，另一方面对于未来增强经济活力与发展动力也会产生正面的促进作用。

（二）增加服务型消费产品的供给

当前，中国居民整体收入水平已经有了较为显著的提升，对消费品的需求在层次、质量等方面提出了更高的要求，特别是对服务型消费品的需求有较快速的提升。肖立和杭佳萍(2016)认为，在当前的大众消费时代，居民消费呈现出品牌消费、享受休闲消费、网络消费、绿色消费及感性消费等特征，收入因素、基本公共服务、营销因素及消费观念制约着居民消费。赵迪和张宗庆(2016)的研究发现，文化消费不仅有助于总消费水平的提升，也能显著改善消费的内部结构。由于当前内需已经成为拉动经济增长的主要力量，未来进一步提升总体消费水平应该着重考虑增加服务型产品的供给，在消费品及服务商品的供给侧加大力度，通过引入社会资本、放开市场竞争、鼓励创新创业等政策支持，增加适应当前居民消费需求的服务型产品类别，提升服务型产品质量。

（三）改善消费环境，优化消费渠道

受传统消费观念的影响，中国居民使用金融创新工具来提升消费层级的做法并不普遍。另外，在互联网环境下，消费环境与消费渠道的优化与提升具有重要的影响。刘湖和张家平(2016)提出的政策建议认为，网络购物会对中国扩大内需带来新的机遇，而手机作为农村居民最主要的上网工具，对农村居民消费观念转变与消费结构升级具有重要作用。因而，完善互联网金融及消费渠道，对于提升中国广大农村地区消费水平、优化消费结构具有重要的正向作用。

（四）着力发挥宏观调控政策的积极效用

当前中国宏观经济运行趋弱，外需增长乏力，内需增长成为平稳经济增长的重要力量。在政策层面可以通过积极结构性财政政策的实施，有效带动消费及经济增长。王秀兰、张士辉(2015)的实证研究表明，中国社会保障支出增长对居民消费和 GDP 具有显著的正向拉动作用，社会保障支出在经济危机时期发挥了自动稳定器作用。朱惠莉(2016)也指出，政府应当有针对性地制定宏观经济政策，推动农村居民和城镇居民消费结构升级，为未来经济增长提供原动力。另外，考虑到住房支出在中国居民总支出中所占的特殊地位，在宏观政策层面抑制住房价格过快上涨，也能够在一定程度上促进居民消费支出增加。

（五）结合供给侧结构性改革政策的实施，增加有效供给

《中国经济运行风险研究报告 2015》中就曾指出，在促进消费增长方面，要改善供给结构，着力解决有效需求供给不足的问题。2015 年年底，中央经济工作会议明确提出要加强供给侧结构性改革，相应的“去产能、去杠杆、去库存、降成本、补短板”的五大任务，最终都会在有效需求的供给方面产生作用，生产出更加适合居民消费需求、能够满足居民消费结构升级需要的消费品。因而，从供给层面来看，增加有效供给也是未来促进消费增长的重要措施。

参考文献

[1] 崔海燕.互联网金融对中国居民消费的影响研究[J].经济问题探索,2016(1).

[2] 封福育,赵梦楠.货币政策对农村居民消费的非线性影响研究——基于PSTR模型的实证分析[J].中央财经大学学报,2016(1).

[3] 傅程远.中国消费率下降成因的实证研究——基于1999—2012年省际面板数据的分析[J].经济问题探索,2016(2).

[4] 顾宁,朱家琦.人民币汇率对中国消费结构的影响研究[J].湖南社会科学,2016(1).

[5] 谷亚丽.三大需求对GDP增长贡献率分析[J].统计研究,2016(4).

[6] 韩玉萍,邓宗兵,王炬,赵立平.收入不确定性对农村居民消费影响的空间异质性研究[J].经济地理,2015(11).

[7] 贺俊,李少博,刘亮亮.宏观税负、政府公共支出与中国居民消费[J].天津大学学报,2015(11).

[8] 贺俊,刘亮亮,张玉娟.财政分权、政府公共支出结构与居民消费[J].大连理工大学学报,2016(1).

[9] 雷理湘,胡浩.农村居民不同收入来源的边际消费倾向实证分析——基于1997—2013年分省面板数据[J].消费经济,2015(12).

[10] 冷晨昕,刘灵芝,祝仲坤.城镇化背景下收入来源结构对农村居民消费的影响分析[J].消费经济,2016(1).

[11] 李亮,付婷婷.收入、消费观念与农村迁移人口消费[J].消费经济,2016(1).

[12] 李颖,高建刚.人民币汇率变动、城乡收入差异与居民消费[J].广东财经大学学报,2016(2).

[13] 李思明,肖忠意.城镇化影响农村居民消费的地区差异研究[J].价格理论与实践,2015(11).

[14] 李姗姗,穆怀中.基于生命周期假说的中国城镇居民家庭消费研究——以辽宁省调查数据为例[J].辽宁大学学报(哲学社会科学版),2016(2).

[15] 李中斌,王灿雄,李莉.福建省人口老龄化对城镇居民消费需求的影响——基于福建省1995—2013年相关数据的分析[J].福建论坛·人文社会科学版,2016(3).

[16] 刘长庚,戴克明,张松彪.计划生育政策降低了中国居民消费率吗?——人口年龄结构、婚配竞争与居民消费的实证分析[J].湘潭大学学报(哲学社会科学版),2016(1).

[17] 刘湖,张家平.互联网对农村居民消费结构的影响与区域差异[J].财经科学,2016(4).

[18] 刘江会,董雯,彭润中.两次金融危机后中国财政支出结构对居民消费率影响的比较分析[J].财政研究,2016(1).

[19] 刘旭东,彭徽.房地产价格波动对城镇居民消费的经济效应[J].东北大学学报(社会科学版),2016(3).

[20] 罗娟,文琴.城镇居民家庭金融资产配置影响居民消费的实证研究[J].消费经济,2016(1).

[21] 芦丽静,朱炎亮,单海鹏.经济不确定性对最终消费影响的地区差异性研究——基于省级面板数据的比较分析[J].经济问题探索,2016(2).

[22] 毛军,刘建民.财税政策、城乡收入差距与中国居民消费的非线性效应研究[J].财经论丛,2016(1).

[23] 梅倩倩,武新乾,田萍.中国农村居民消费与经济增长区域差异性的实证分析[J].数理统计与管理,2015(3).

[24] 齐飞,夏杰长.中国农村居民消费收敛性及影响因素分析[J].财政研究,2015(9).

[25] 汤向俊,马光辉.城镇化模式选择、生产性服务业集聚与居民消费[J].财贸研究,2016(1).

[26] 王美艳.农民工消费潜力估计——以城市居民为参照系[J].宏观经济研究,2016(2).

[27] 王秀兰,张士辉.中国社会保障支出、居民消费与GDP的关系研究[J].西南交通大学学报(社会科学版),2015(6).

[28] 王雪琪,赵彦云,范超.中国城镇居民消费结构变动影响因素及趋势研究[J].统计研究,2016(2).

[29] 王增文,何冬梅.退休冲击、消费动态支出变动及消费结构优化[J].经济理论与经济管理,2016(3).

[30] 吴自强.中国居民消费环境的优化策略[J].现代经济探讨,2015(8).

[31] 肖立,杭佳萍.大众消费时代的居民消费特征及消费意愿影响因素分析——基于江苏千户居民家庭消费专项调查数据[J].宏观经济研究,2016(2).

[32] 杨子荣,代军勋.新常态下内需拉动经济增长是否存在有效边界[J].经济理论与经济管理,2015(12).

[33] 姚公安.财政福利支出对居民私人消费的影响研究[J].消费经济,2016(1).

[34] 俞剑,方福前.中国城乡居民消费结构升级对经济增长的影响[J].中国人民大学学报,2015(5).

[35] 俞林,孙明贵.产品丑闻、信任危机及消费选择研究[J].软科学,2016(3).

[36] 禹四明,李亚诚.城镇化背景下居民消费水平与经济增长的动态分析[J].消费经济,2015(5).

[37] 张亮,杭斌.中国城镇居民住房与消费——基于地位寻求视角[J].统计与信息论坛,2016(1).

[38] 赵迪,张宗庆.文化消费推动中国消费增长及其结构改善吗?——基于省际面板数据的实证研究[J].财经论丛,2016(2).

[39] 周航,樊学瑞,周哲.保障性住房供给对消费扩张的影响[J].财经科学,2016(4).

[40] 朱惠莉.中国居民消费结构波动周期实证研究:1979—2014[J].东南学术,2016(1).

第四章　对外贸易与经济增长风险

一、绪论

1. 2015 年中国外贸发展的总体情况

在国外需求严重不足和国内经济持续放缓的总体背景下，中国政府出台了多项稳增长调结构的政策措施，防止外贸增速大幅下滑，同时提高外贸质量效益。中国的对外贸易增速在 2014 年出现下滑态势之后，2015 年跌入负增长区间，全年进出口贸易总值为 39 586.4 亿美元，较 2014 年降低 8%，增速回落 11.5 个百分点(见图 4-1)。与 2015 年政府工作报告中 6% 的目标增速存在较大的差距。尽管对外贸易总量下降较快，但从国际比较来看，中国的出口增速仍好于全球主要经济体和新兴市场国家，占全球市场份额稳中有升。据世贸组织(以下简称 WTO)统计，2015 年 1～11 月主要经济体的出口增速分别为美国(－6.8%)、德国(－11.2%)、日本(－9.4%)、韩国(－7.4%)、印度(－17.5%)、南非(－9.5%)、巴西(－16.0%)，以上经济体比中国的出口增速(－2.5%)低了 0.6 至 15 个百分点。中国出口贸易的国际市场份额升至约 13.4%，比 2014 年提高 1 个百分点①。

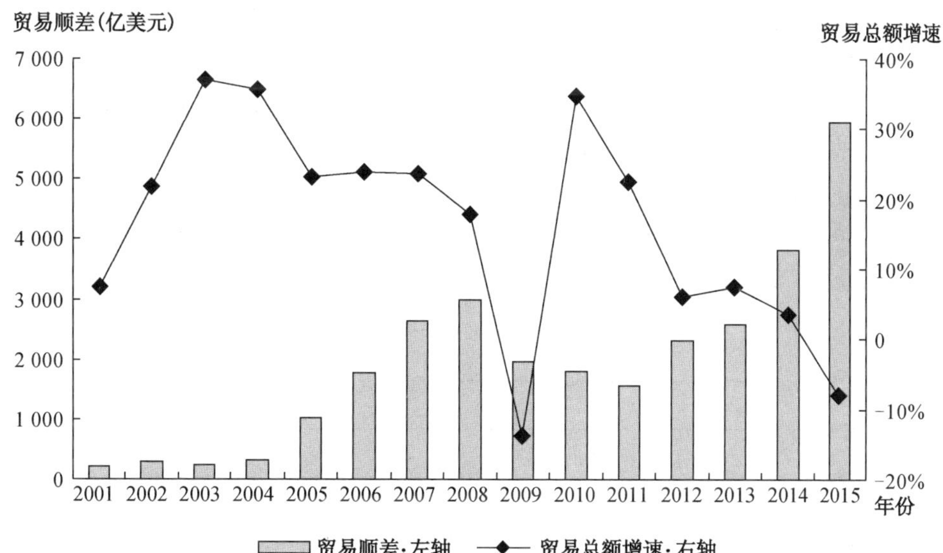

图 4-1　2001 年以来中国的对外贸易增速与贸易顺差

为帮助外贸企业抵御外需下降、成本上升的风险，中国政府连续出台多项支持外贸稳定增

① 吴新竹. 2015 是中国外贸史上极不寻常一年[EB/OL]. 中国经济网，2016-01-20.

长的政策措施，在优化外贸结构、改善贸易环境、增强企业竞争力等方面作出了巨大的努力，有效地缓解了国内外不利因素的负面冲击，进一步提高了对外贸易的质量效益。中国在 2015 年出口值为 22 765.7 亿美元，同比减少 2.8%，增速较 2014 年回落 8.8 个百分点。尽管政策导向致力于扩大进口，但受国内经济减速的限制，进口贸易受国际大宗商品价格下跌的影响，同比增速出现较大幅度的下降。2015 年，中国进口值为 16 820.7 亿美元，同比减少 14.2%，较上年下滑了 14.6 个百分点。进出口增速的剪刀差明显放大，导致贸易顺差大幅上升。2015 年，中国贸易顺差 5 945 亿美元，同比扩大 55.4%，较 2014 年的高位继续攀升 7.8 个百分点。贸易顺差与进出口总值的比例出现大幅反弹，从 2014 年的 8.9%快速升至 2015 年的 15%，对外贸易结构失衡的问题进一步凸显。

2. 2015 年中国外贸发展的主要特点

(1) 对外贸易提振乏力，月度增速呈现波浪形走势。如图 4-2 所示，2015 年上半年，受国际市场需求低迷和国内经济结构调整的影响，中国的进出口贸易面临极为严峻的复杂形势。虽然 2 月份外贸增速出现大幅回升，但在 3 月份便骤然失速，同比降幅接近 14 个百分点。面对经济减速和外贸萎缩的不利形势，5 月份中国国务院印发《关于加快培育外贸竞争新优势的若干意见》，为中国外贸指明了稳增长、调结构的发展道路。6 月份中国国务院印发《关于促进跨境电子商务健康快速发展的指导意见》，极大地推进了跨境电子商务综合实验区的建设。与此同时，中国国务院还发布“国九条”提振外贸。通过培育外贸竞争新优势、促进跨境电子商务发展、优化外贸发展环境、完善外贸管理体制、支持先进设备和零部件进口等措施，促进中国对外贸易的稳定增长，有效地抑制了外贸下滑态势。随着二季度外部需求趋于改善，稳定外贸政策的各项措施逐步落实，中国进出口贸易降幅开始收窄，外贸同比增速从 3 月份的－13.9%回升至 6 月份的－2.2%。其中，出口贸易的强劲反弹是促使外贸恢复的主要动力，进口贸易虽趋于稳定，但增长依然乏力。

进入第三季度，受发达经济体增速趋缓、国内经济下行压力加大等因素的影响，外贸增长再次显露下滑苗头，同比增速从 6 月份的年内第二高点连续降至 10 月份的－12.1%，进口和

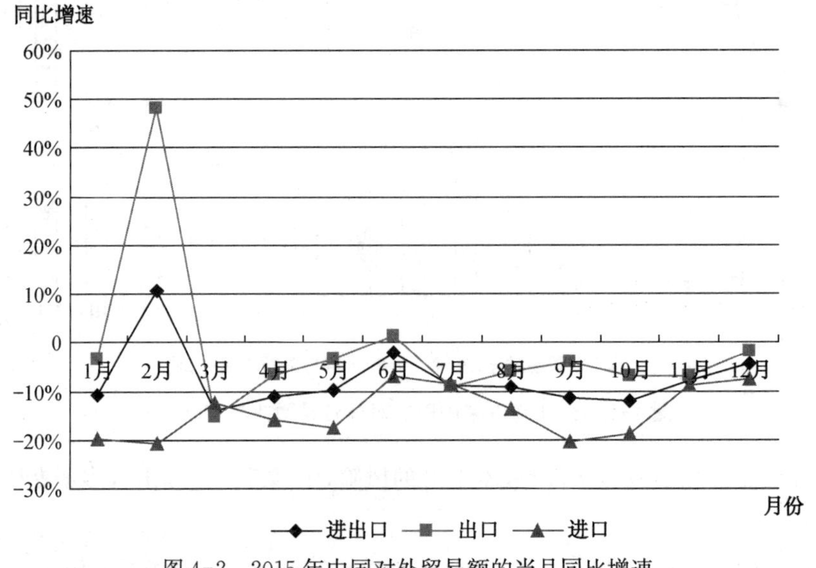

图 4-2　2015 年中国对外贸易额的当月同比增速

出口贸易增速均呈现下行态势。在此情况下，中国政府审时度势，及时出台新一轮的稳增长举措，通过推进简政放权、鼓励社会投资、扩大消费需求等举措，辅以积极的财政政策和货币政策，力保经济增长不失速。海关总署也出台了《进一步促进外贸稳定增长若干措施》，持续改进通关监管服务，推动加工贸易创新发展，清理和规范进出口环节收费。11 月份外贸增长重拾升势，对外贸易同比增速逐步回升至－4.3％，但进口和出口贸易都仍然处于负增长状态。

(2) 高端商品的外贸表现较为坚挺，对外贸易结构趋于优化。从出口贸易的商品构成来看，尽管国际市场需求疲弱，但机电产品和高新技术产品的出口贸易表现出较强的抗压能力，2015 年高新技术产品的出口贸易与 2014 年持平，机电产品的出口增速只是微幅下降了 0.8％，明显低于出口贸易的整体降幅，两类产品占出口贸易的比重分别上升 1.6 个百分点和 0.6 个百分点(见表 4-1)。相比之下，劳动密集型产品的出口降幅偏大，2015 年服装类产品的出口降幅高达 6.4％，占出口贸易的比重随之降低 0.3 个百分点。因国际市场严重过剩，中国国内钢企正在经历痛苦的“去产能”阶段，钢材出口贸易严重萎缩，2015 年钢材出口大幅下降 11.3％，远远高于出口贸易的整体降幅，占出口贸易的比重降低 0.2 个百分点。

从进口贸易的商品构成来看，在稳外贸调结构的政策支持下，中国国内亟需的先进机械设备、零部件及附属产品的进口贸易基本稳定，有力地支持了中国国内技术进步和促进产业转型升级。2015 年，机电产品的进口略微减少了 0.6％，高新技术产品的进口减少了 5.6％，两类产品占进口贸易的比重分别上升 4.5 个百分点和 4.3 个百分点。与此同时，受国际大宗商品价格下降的影响，资源类商品的进口贸易大幅萎缩，2015 年原油和铁矿砂的进口降幅分别高达 41.4％和 38.5％，占进口贸易比重也随之下降 3.6 个百分点和 1.4 个百分点。

表 4-1 **2015 年中国进出口贸易额中代表性商品的比重及与上年对比**

代表性商品	出口贸易		代表性商品	进口贸易	
	2014 年	2015 年		2014 年	2015 年
机电产品	28.2％	28.8％	机电产品	28.1％	32.6％
高新技术产品	56.0％	57.6％	高新技术产品	43.6％	47.9％
纺织品	4.8％	4.8％	大豆	2.1％	2.1％
服装	8.0％	7.7％	铁矿砂	4.8％	3.4％
鞋	2.4％	2.4％	原油	11.6％	8.0％
钢材	3.0％	2.8％	钢材	0.9％	0.9％

(3) 对外贸易的价格条件显著改善，主要缘于进口价格的大幅下降。受国际市场需求减少、大宗商品价格下跌等因素的影响，2015 年中国的进出口贸易价格均有不同程度的下降。其中，进口价格的降幅相对较大，同比降幅高达 8.5％，而出口贸易的平均价格保持稳定，仅微幅下降了 0.2％。对外贸易的价格条件指数为 112.1，较 2014 年大幅上升了 9.1％(见图 4-3)，以价格水平来衡量的对外贸易经济效益显著提高。

在各类贸易品中，农产品对于贸易条件改善的贡献最大。2015 年农产品对外贸易的价格条件指数为 111.6，较 2014 年大幅上升了 10.3％。工业制成品的贡献次之，2015 年工业制成品对外贸易的价格条件指数为 107.3，较 2014 年上升了 6.9％。与此同时，2015 年矿产品的进出口价格的降幅均超过 20％，贸易条件指数反而较 2014 年下降了 2.5％。

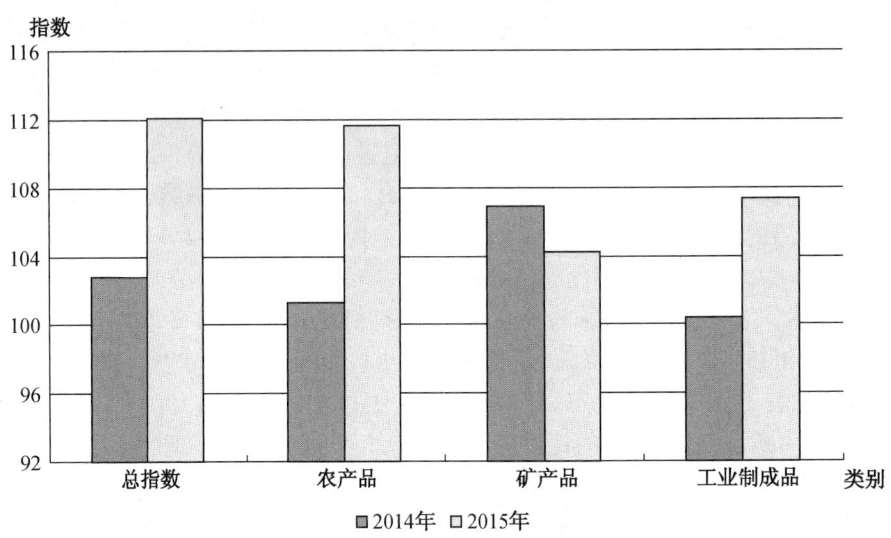

图 4-3 2015 年中国对外贸易的价格条件指数及与上年对比

(4) 民营企业的出口地位显著提升，加工贸易的重要性持续弱化。在贸易主体方面，2015 年民营企业的出口增速虽然趋缓，同比增速从 2014 年的 10.3%降至 1.8%，但仍然维持增长势头，与国有企业和外资企业的负增长形成鲜明对比(见表 4-2)。民营企业在中国出口贸易主体构成中的比重较 2014 年大幅提升了 2 个百分点，出口总量的半壁江山几乎都来自民营企业的贡献。相比之下，在国际市场上占有一定优势的外资企业的出口表现反而最差，2015 年外资企业的出口增速大幅下降 6.5%，占出口总量的比重下降 1.7 个百分点，其在中国出口贸易中的主导地位也被民营企业所超越。

在主要贸易方式中，加工贸易受不利因素的冲击最大，2015 年，此类方式的进出口贸易降幅高达 11.6%，占外贸总量的比重下降 1.3 个百分点(见表 4-3)。相比之下，一般贸易增速虽

表 4-2 **2015 年中国主要贸易企业的出口比重和增速及与上年对比**

项目		占出口贸易比重		出口贸易增速	
		2014 年	2015 年	2014 年	2015 年
企业类型	国有企业	11.0%	10.6%	3.0%	−5.5%
	外资企业	45.9%	44.2%	2.9%	−6.5%
	民营企业	43.2%	45.2%	10.3%	1.8%

表 4-3 **2015 年中国主要贸易方式的进出口比重和增速及与上年对比**

项目		占进出口贸易比重		进出口贸易增速	
		2014 年	2015 年	2014 年	2015 年
贸易方式	一般贸易	53.8%	54.1%	5.3%	−7.5%
	加工贸易	32.7%	31.4%	3.8%	−11.6%
	海关特殊监管区	6.9%	7.4%	−17.6%	−1.9%

然也下降了7.5个百分点，但仍高于进出口贸易的整体水平，占贸易总量的比重反而上升0.3个百分点。海关特殊监管区的独特管理制度有效减缓了负面因素的冲击，2015年的进出口贸易增速仅小幅下降了1.9个百分点，占进出口贸易总量的比重则上升了0.5个百分点。

（5）中西部地区的对外贸易形势相对较好，在中国外贸体系中的地位持续增强。2015年中国各省市的对外贸易都存在不同程度的困难，东部地区承受的外贸压力尤为突出，8个省和直辖市的外贸增速为−7.4%，较2014年下降了8.9个百分点（见表4-4），占中国外贸总量的比重为71.6%，较2014年下降1个百分点。其中，北京、天津、山东外贸增速的降幅均在两位数，北京的外贸增速仅为−23.1%，较2014年大幅下降20个百分点，占中国外贸总量的比重也下降了1.6个百分点。

表4-4 **2015年中国主要省份的进出口贸易占比和增速及与上年对比**

地区		占进出口贸易比重		进出口贸易增速	
		2014年	2015年	2014年	2015年
东部地区	北京	8.7%	7.1%	−3.1%	−23.1%
	天津	2.8%	2.5%	4.2%	−14.6%
	上海	9.8%	10.0%	5.7%	−3.7%
	江苏	11.8%	12.2%	2.3%	−3.2%
	浙江	7.4%	7.7%	5.8%	−2.2%
	福建	3.7%	3.8%	4.8%	−4.6%
	山东	5.8%	5.4%	3.7%	−12.8%
	广东	22.5%	22.8%	−1.4%	−5.0%
中西部部分地区	河南	1.4%	1.6%	8.5%	13.5%
	湖北	0.9%	1.0%	18.3%	5.9%
	广西	0.8%	1.1%	23.5%	26.4%
	贵州	0.2%	0.3%	30.4%	13.0%
	陕西	0.6%	0.7%	36.2%	11.3%
	青海	0	0	22.6%	12.5%

相比之下，中西部地区的外贸形势相对较好，部分省份甚至出现逆势增长。2015年中西部地区的外贸增速为−2.7%，虽然较2014年5.2%的增速有所放缓，但远优于全国整体水平。中西部地区占中国外贸总量的比重从2014年的27.4%稳步升至2015年的28.4%，成为稳定外贸形势的支柱力量。其中，河南、湖北、广西、贵州等地的外贸发展逆势增长，进出口贸易增速较2014年均有不同程度的提升。其中，河南的外贸增速从2014年的8.5%升至2015年的13.5%；广西的外贸增速从2014年的23.5%升至2015年的26.4%。从目前情况来看，东部地区虽然外贸总量较大，但发展空间有限，外贸政策的重心在于调结构和促升级。而中西部地区作为后起之秀，经贸发展的潜力巨大，应当作为稳外贸的重点抓手。

（6）欧美传统市场的主导地位进一步强化，与新兴市场的贸易联系也不乏亮点。如图4-4

所示，欧盟和美国这两个传统市场仍然是中国对外贸易的主要地区，2015 年两大市场在中国外贸构成中的比重高达 28.4%，较 2014 年上升了 1.2 个百分点。由于美国经济复苏力度较强，其在中国外贸地区格局中的地位显著上升。2015 年中国与美国的双边贸易增长了 0.6%，美国占中国外贸总量的比重达到 14.1%，较 2014 年大幅上升了 1.2 个百分点，所占比重仅次于欧盟，但只相差 0.2 个百分点。受诸多既有的因素影响，中日双边贸易依然停滞不前，2015 年中国与日本的进出口贸易萎缩了 10.8%，日本在中国外贸总量的比重随之下降了 0.3 个百分点。

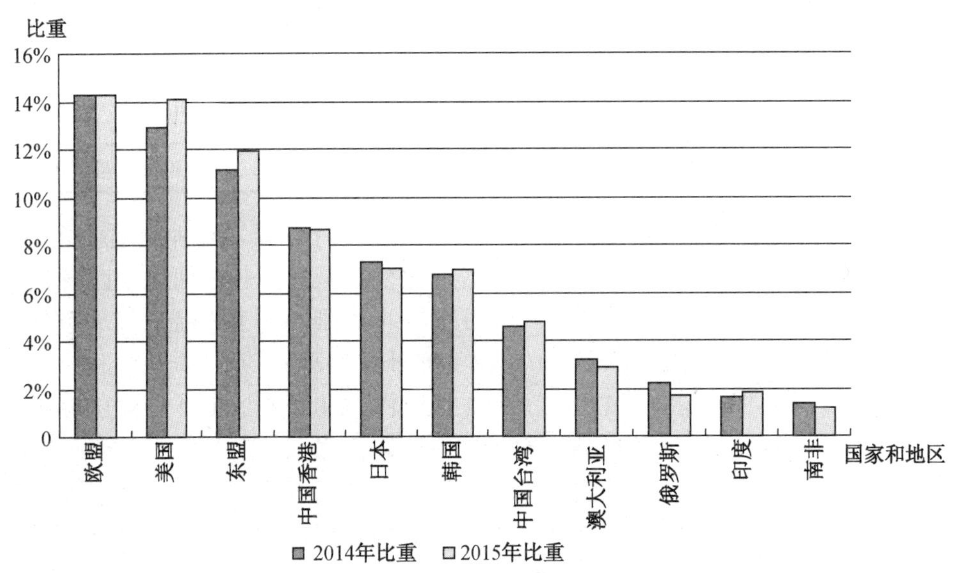

图 4-4　2015 年主要贸易伙伴在中国进出口总额中的比重及与上年对比

由于新兴市场的经济发展出现明显分化，加上中国的“一带一路”战略稳步推进，中国与不同国家的双边贸易也呈现分化态势。2015 年中国与东盟的双边贸易增速仅小幅下降了 1.7%，其在中国外贸总量的比重反而上升了 0.7 个百分点。中国与印度的双边贸易更是难得的亮点，2015 年中印双边贸易同比增长 1.5%，印度在中国外贸总量的比重上升了 0.2 个百分点。与此同时，中国与周边的韩国、中国台湾地区的双边贸易也没有受到太大的影响，双边贸易的降幅均低于整体水平，韩国和中国台湾地区在中国外贸总量的比重均上升了 0.2 个百分点。

二、风险识别

前一部分对 2015 年中国对外贸易的总体情况和主要特点进行了阐述，本部分将从出口和进口两个方面详细分析影响中国外贸增长的风险因素。

1. 出口

(1) 世界经济复苏势头明显减弱，国际市场需求难以提振。2015 年，世界经济增速放缓，且普遍低于市场预期。发达国家经济虽然有所复苏，但回升势头明显减缓。新兴经济体增速则出现加速下滑。国际货币基金组织 2016 年 1 月份的预测数据显示，2015 年世界经济增长率比 2014 年下降 0.3 个百分点。其中，发达经济体经济增速为 2.0%，比 2014 年上升 0.2 个百分点；新兴市场与发展中经济体经济增速为 4.0%，比 2014 年下降 0.6 个百分点。

从主要经济体来看，经济增速稳步回升。2015 年美国经济全年增长 2.6%，比 2014 年上升 0.2 个百分点。其中，个人消费支出增长 3.1%，比 2014 年上升 0.4 个百分点。与此同时，美国失业率也稳步下降，2015 年的失业率为 5.3%，较 2014 年大幅降低 0.9 个百分点，就业形势持续改善。欧元区经济增速开始加快，2015 年 GDP 增长 1.5%，较 2014 年提高 0.6 个百分点。其中，欧元区个人消费支出增速略有加快，从第一季度的 1.6%加快至第三季度的 1.7%。欧元区的就业情况也趋于好转，2015 年的失业率为 10.9%，较 2014 年大幅降低 0.7 个百分点。日本经济增长在 2015 年由负转正，同比增速为 0.6%，比 2014 年上升 0.7 个百分点。不过，受上调消费税影响，日本的消费需求依然疲弱，2015 年民间最终消费支出下降 1.2%，降幅比 2014 年扩大 0.3 个百分点。相比之下，日本的就业情况要好得多，2015 年的失业率仅为 3.4%，较 2014 年小幅降低 0.2 个百分点。

从新兴经济体来看，整体增速持续下滑且降幅不断扩大。2015 年新兴市场与发展中经济体的 GDP 增速下降 0.6 个百分点，降幅较 2014 年扩大 0.2 个百分点。亚洲的新兴经济体虽然仍是世界经济增长最快的地区，但其经济增速也有所减缓。2015 年亚洲的新兴经济体增长率约为 6.5%，较 2014 年下降 0.3 个百分点，这主要是中国、印度尼西亚、马来西亚等国的经济低迷所致①。亚洲以外的新兴经济体表现较差，俄罗斯、巴西等国陷入负增长，一些资源国甚至发生经济危机。不过，印度和越南的强劲增长则是新兴经济体中为数不多的亮点所在。2015 年印度 GDP 增长 7.3%，与 2014 年基本持平；越南 GDP 增长 6.5%，比 2014 年提高 0.5 个百分点。

（2）全球贸易保护主义处于高发态势，阻碍出口市场的拓展。面对世界经济复苏乏力的不利形势，以美国为首的贸易大国强化贸易救济手段，加大对国内产业的保护力度。各国的贸易保护主义措施如雨后春笋般纷纷抬头，严重冲击全球贸易的正常化秩序，中国作为第一大出口国，更是首当其冲。

2015 年共有 23 个经济体对华启动 98 起贸易救济调查，比 2014 年增加 3 起。其中，发展中经济体 66 起，占比 67.3%；发达经济体 30 起，占比 30.6%；转型经济体（乌克兰和乌兹别克斯坦）2 起，占比 2%。美国以 14 起重新占据对华启动贸易救济调查的首位，印度以 13 起位居第二。2015 年国外对华启动的贸易救济调查共涉及钢铁及其制品、化工、机电、建材、有色金属制品、纺织、食品、塑料、玻璃、橡胶、运输工具、造纸、冶金 13 个行业。不过，发生贸易摩擦的行业集中度高，钢铁及其制品、化工和机电产品三个行业的贸易救济调查合计占总数的 70.4%②。其中，钢铁及其制品行业以 46 起居首位，占比 46.9%，与 2014 年同期相比增加 19 起，钢铁行业已连续 8 年位列遭遇贸易摩擦行业的首位。

由于全球经济增长放缓、贸易保护主义继续蔓延、地缘政治动荡等因素，针对中国产品的贸易摩擦还将有增无减。一些高科技产品也成为摩擦的新热点，且涉案金额大，对中国外贸转型升级形成冲击。政府部门和企业必须做好充分的准备，密切关注出口市场的竞争态势及出口市场竞争对手的情况，积极应对各种贸易摩擦。

（3）生产成本居高不下，出口竞争力趋于弱化。近年来，随着中国“人口红利”的逐渐消退

① 张宇燕，姚枝仲. 2015—2016 年世界经济形势分析与展望[N]. 光明日报，2016-01-20.

② 查贵勇. 2015 对华贸易救济调查大盘点[N]. 国际商报，2016-01-20.

和自然资源价格的持续攀升，企业生产的成本压力不断增加，严重削弱了出口贸易的国际竞争力。波士顿咨询公司调查统计的全球制造业成本指数显示，2014 年中国制造业成本相当于美国的 95.5%，高于印度、墨西哥、印尼等"竞争对手"，而 2004 年中国制造业成本还低于墨西哥和印度①。

原来中国最大的比较优势是劳动力优势，但随着劳动力成本的不断上涨，出口企业与周边一些国家相比已不具优势。例如，印度、印尼劳动力成本约为中国的 1/2；越南劳动力成本约为中国的 1/3；柬埔寨劳动力成本约为中国的 1/4。劳动密集型出口产业竞争力不断萎缩，制造业利用外资持续下降，出口订单和产能快速向周边国家转移，不仅纺织服装等产品在发达市场份额明显下降，而且低端机电产品对发达市场出口增速也开始落后于部分周边国家，市场份额面临被蚕食的危险②。

除了劳动成本的压力之外，中国企业还承受了高税收、乱收费、难融资、贵融资等方面的负担。中国中小企业发展促进中心发布的《2015 年全国企业负担调查评价报告》显示，人工成本快速攀升是企业反映最突出的问题，79%的企业反映了这个问题，比例比上年提高了 10 个百分点。融资问题也是企业反映的焦点问题，66%的企业反映"融资成本高"，比例比上年提高了 6 个百分点；反映"生产要素价格上涨""税费负担重"的企业比例分别达到 54%和 52%。企业普遍呼吁加大税费减免力度，建立减负长效机制。

2. 进口

(1) 国内经济下行压力进一步加大，进口增长缺乏动力。2015 年中国经济出现了多年少有的困难局面，"去产能、去杠杆、去库存"的压力严重制约投资的增长，中国经济正处在旧动力逐渐降速、新动力尚未兴起的两难阶段。2015 年全年国内生产总值 67.67 万亿元，按可比价格计算增长 6.9%。但从年内的不同时段来看，经济增速呈递减态势，四个季度的 GDP 增速分别为 7.0%，7.0%，6.9%和 6.8%，经济下行压力不断加大。

从投资来看，增长后劲明显不足。全年固定资产投资 55.16 万亿元，同比名义增长 10.0%，扣除价格因素实际增长 12.0%，实际增速比 2014 年回落 2.9 个百分点。这主要是由于地方政府面对的资金约束所致，受融资平台清理、房地产市场不景气及财政收入增速下降等多方面因素的影响，一些项目尤其是大项目的资金来源受限，致使部分稳增长措施难以落地。尽管国家大力推进简政放权，但是改革措施尚未完全到位，主动服务意识差，仍然存在投资项目需要各部门串联会签审批现象，审批环节多、行政效率低也影响稳增长措施的落实③。

从消费来看，增长虽保持稳定，但消费信心明显下降。2015 年中国社会消费品零售总额 30.1 万亿元，同比增长 10.7%，增幅较 2014 年下降 1.3 个百分点。由于国内的社会公共服务还不健全，加上经济下行带来的收入下降担忧，以及受股市大幅震荡的影响，自 2015 年 6 月以来，消费者信心指数、消费者满意指数和消费者预期指数均呈现明显下降。同时，迅速发展的海外代购对国内消费市场形成越来越大的影响。由此，内外双重因素拖累社会消费，增长后劲不足。

(2) 大宗商品价格持续下跌，拖累进口贸易额的增长。2011 年以来，国际主要大宗商品

① 任泽平，熊义明. 当前企业成本处于历史高位，如何"放水养鱼"[EB/OL]. 凤凰财经网，2016-04-07.

② 2015 年中国对外贸易显现新特点和新亮点[N]. 上海证券报，2016-01-22.

③ 刘雪燕，杜飞轮. 2015 年中国经济形势分析与 2016 年经济走势展望[EB/OL]. 中商情报网，2016-01-04.

价格总体上呈现趋势性震荡下跌走势，2015 年仍然延续普跌行情。2015 年 4 月份以来，大宗商品市场出现轮流下跌，黑色、化工、有色、农副各大品种无一幸免，甚至不少品种已经跌至成本线下。2015 年，追踪 22 种大宗商品价格表现的彭博商品指数累计下滑 21%，年末该指数已跌至 82.144 6 点，较历史高点已暴跌 2/3，创 1999 年来新低。自从 2014 年年中以来，作为大宗商品市场风向标的原油期货价格已经下跌了约 60%，并且数度跌穿每桶 40 美元，创近 6 年新低。伦敦金属交易所(LME)期铜价格一度创近 6 年半来新低，2009 年 5 月以来首次跌破每吨 4 500 美元，2015 年以来美元计价的铜价累计下跌 27%。

抓住国际大宗商品价格下跌的机遇，2015 年中国部分大宗商品进口量保持增加，为缓解国际贸易的下滑作出了贡献。其中，进口铁矿砂 9.53 亿吨，增长 2.2%；原油 3.34 亿吨，增长 8.8%。尽管这些大宗商品的进口数量维持增势，但进口价格的大幅下跌仍然拖累进口额，使其明显减少。其中，铁矿砂进口额同比下跌 37.7%，原油进口额同比下跌 40.5%。同期，中国进口价格总体下跌 11.6%，进口价格的下降节约了中国的外汇支出，降低了国内企业的生产成本。中国商务部的测算结果显示，2015 年前三季度原油、成品油、铁矿砂等 10 种大宗商品价格下降，共节约外汇 1 561 亿美元①。

(3) 人民币贬值预期之下，虚假进口贸易的风险开始滋生。自 2015 年 8 月 11 日人民币汇率机制改革之后，人民币汇率的贬值预期开始加大，境内外汇差逐渐拉大，导致以套利为目的的虚假贸易趋于上升。2015 年，中国进口商支付 2.2 万亿美元的货物进口，然而海关仅记录了 1.7 万亿美元的进口货物，5 000 亿美元的差值几乎等于中国当年全部外汇储备的下降量。2015 年 12 月，按美元计价，中国当月进口同比下降 7.6%，较前值明显改善。而按人民币计价，中国当月进口下跌 4%，为 2014 年 12 月以来最小跌幅。从贸易对手看，当月中国内地与中国香港地区之间的进出口贸易均创下了最近三年来的最高纪录，中国内地从香港地区的进口飙升 65%，总值达到 21.6 亿美元。然而，当时海关出口先导指数、波罗的海指数均处于历史低点，全球贸易正陷入“冰点”，中国内地和香港两地贸易井喷的一个合理解释就是以套利为目的的虚假进口贸易在作祟②。

一些企业利用贸易套利已不是新鲜事。比如，通过虚报进出口价格、制造虚假发票、货运单据等方式躲避监管，实现跨境套利。从历史经验看，虚假贸易融资历来是包括热钱在内外汇“出逃”的常规途径。通过伪造企业出口贸易项目，利用进出口合同骗取外管局核准的外汇结算额度进行跨境付款，甚至通过伪造进口贸易虚假融资实现外汇转移。这些操作会造成进出口贸易数据虚高。只不过在人民币贬值预期下，“进口多付”的情况较为严重，“出口少收”的情况较为温和而已。鉴于此，政府部门必须严厉打击虚假贸易，维护外汇秩序稳定，保障外贸数据的真实有效。

三、风险度量

1. 对外贸易与地区经济增长差距的关系

往年的风险研究报告对贸易总量与中国经济增长的关系进行了实证研究，这部分我们将着眼于地区层面，衡量对外贸易与省际经济增长之间的关系，考虑对外贸易在地区经济增长过

① 商务部. 中国对外贸易形势报告(2015 年秋季)[EB/OL]. 商务部网站，2015-11-05.

② 裴昱. 自港进口连续两月飙升 虚假贸易疑云再起[N]. 中国经营报，2016-03-21.

程中的作用差异。

1）对外贸易与地区经济增长差距关系的理论分析与相关文献

改革开放以来，中国的经济增长取得了举世瞩目的成就，但与此同时，各地区的经济发展却极不平衡，地区经济增长差距问题一直是中国政府和学术界关注的热点。其中，有不少文献是从对外贸易角度来研究地区经济发展不均衡问题的。

兰宜生(2002)指出，东部地区出口规模大，对外开放水平高，扩大了社会总需求，带动了相关产业发展，促进了基础设施改善，增强了经济发展后劲，经济基础和发展环境明显优于中西部地区。对外贸易发展水平的差异正是广东省经济规模超过四川省并从中等发达省份跃升至全国前列的重要原因。魏后凯(2002)对中国1985—1999年的相关数据进行实证分析，认为东部发达地区和西部落后地区之间GDP增长率的差异大约有90%是由外商直接投资的差异引起的。考虑到进入中国的外商直接投资多从事加工贸易生产，与进出口贸易密切相关，其结论也可引申为对外贸易引起地区GDP增长率的差异。王丽娟(2005)的实证分析发现，进出口贸易依存度与产业集聚程度存在显著的正相关，对外贸易促进了东部沿海地区的产业集聚，以及资金、技术、劳动投入等要素的集聚，刺激了生产率的快速提升，从质和量两方面促进了沿海地区的经济增长，由此拉大了沿海与内陆地区的发展水平差距。赵伟和何莉(2007)的测算结果也表明，对外贸易拉大了中国的省际经济增长差距，以出口依存度表示的对外贸易对地区经济差距扩大的贡献率为33.77%。

实际上，国际学术界早已关注到对外贸易与地区发展失衡问题。Krugman和Elizondo(1996)基于新经济地理模型的分析认为，贸易自由化有利于缓解地区失衡，因为一国扩大对外贸易之后，企业的区位选择将会从核心地区转至外围地区，以规避高度集聚的竞争成本。Paluzie(2001)的结论恰好相反，认为制造业部门国际贸易的增长将会促进企业在特定地区集聚，以此享受集聚的外部性利益，从而扩大地区失衡。Crozet和Koenig-Soubeyran(2004)认为，贸易开放度对区域经济发展的影响取决于一国特定的地区环境。如果一国的特定地区能够低成本地接近国际市场，那么贸易自由化将会驱使国内要素在这些优势地区集聚，从而扩大地区经济差距。反之，贸易自由化并不一定影响地区经济差距，甚至有可能缩小地区经济差距。实证研究也证明了这一判断的正确性，Barua和Chakraborty(2006)的研究发现，印度不断上升的贸易开放度缩小了地区间的经济差距，而Ganzales(2007)对于墨西哥的研究则得出了截然相反的结论。

考虑到国内已有研究的样本年份相对较早，不能反映次贷危机以来中国最新的经济动态。我们利用最新的年度数据，在分析对外贸易开放度和经济增长差距特征的基础上，计量研究各贸易开放度对省际经济增长差距的影响。

2）中国地区间对外贸易开放度和经济增长差距的特征分析

我们以省际国内生产总值的变异系数(Coefficient of Variation，简记VC)来衡量中国地区间的经济增长差距，计算公式如下：

$$VC_t = STDEV(GDP_{i\ t})/AVERAGE(GDP_{i\ t}) \tag{4-1}$$

式中 $STDEV$ ——标准差；

$AVERAGE$ ——算数平均数；

GDP ——国内生产总值；

下标 i ——省或直辖市(西藏因时间序列数据短缺,未纳入研究范围);

下标 t ——年份。

VC 值越大,说明省际经济增长差距越大,反之则说明增长差距越小。

根据已有文献的常用做法,我们以进出口贸易额占国内生产总值的比重(OPEN)来衡量中国的对外贸易开放度,计算公式如下:

$$OPEN_t = (EXPORT_t + IMPORT_t)/GDP_t \tag{4-2}$$

式中　$EXPORT$ 和 $IMPORT$ ——人民币表示的中国出口额和进口额;

GDP ——中国的国内生产总值;

下标 t ——年份。

OPEN 值越大,说明中国的对外贸易开放度越高,反之则说明开放度越低。

基于数据可得性,我们将分析的时间跨度定为 1984—2014 年,图 4-5 描绘了省际经济增长差距变量 VC 和中国对外贸易开放度变量 OPEN 的动态演变情况。原始数据来源于 Wind 资讯。

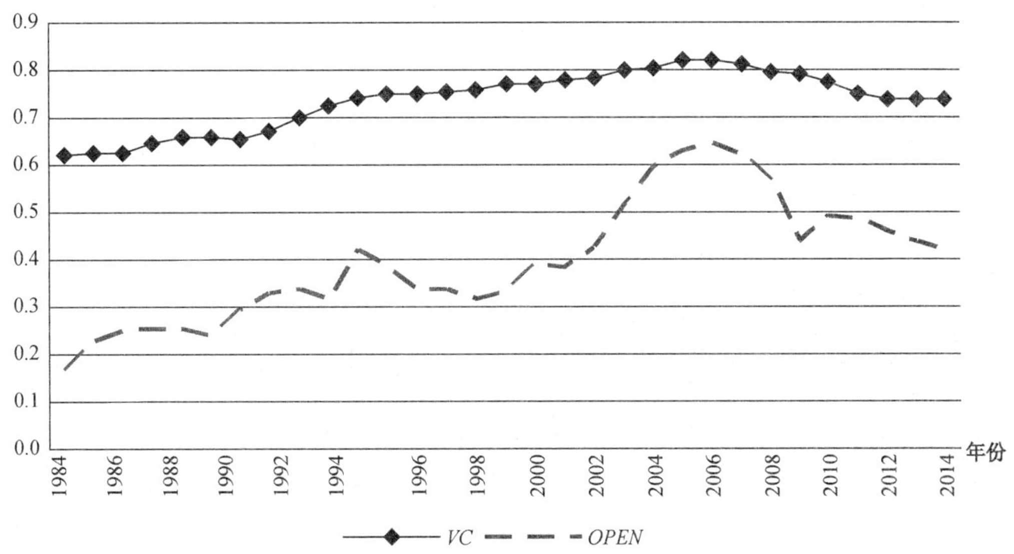

图 4-5　经济增长差距与对外贸易开放度的动态演变情况

由图 4-5 可知,VC 值从 1984 年开始趋于上升,在 2006 年达到峰值,此后转为下行态势。这说明中国的省际经济增长差距在 2007 年以前逐渐扩大,但此后地区间的经济差距显著缩小。与此同时,OPEN 值的动态演变轨迹与 VC 高度相似,无论是演变趋势还是拐点年份都完全一致,两个变量之间的相关系数接近 0.9,可见对外贸易开放度与省际经济增长差距之间存在非常紧密的联系。从中可以推断,对外贸易开放度的提升可能导致省际经济增长差距的扩大,而对外贸易开放度的下降可能促进省际经济增长差距的收敛。

3) 对外贸易开放度对地区经济增长不平衡影响的计量研究

为验证上述推断的正确性,深入揭示对外贸易开放度和省际经济增长差距之间的数量关系,我们参考 Marie(2010)的研究方法,根据如下的基准回归方程进行计量分析:

$$\ln VC_t = a_0 + a_1 \ln OPEN_t + a_2 \ln FDI_t + a_3 \ln PGDP_t + u_t \tag{4-3}$$

式中 FDI ——中国实际吸收的外商直接投资(按年均汇率折算为人民币标记的直接投资);
$PGDP$ ——不变价计算的人均国内生产总值(2000 年为 100),反映当年的经济发展水平;
ln——自然对数符号;
a ——解释变量系数;
a_0 ——常数项;
u ——残差项;
下标 t ——年份。

该计量分析样本区间为 1984—2014 年,原始数据来源于 Wind 资讯。

单位根检验发现,式(4-3)中的时间序列变量均为 1 阶单整变量,再加上因变量和自变量之间可能存在的时滞效应和双向作用,简单的最小二乘回归显然不能适用,向量自回归模型(VAR)是较为理想的计量方法。根据各类信息准则的判定结果,VAR 模型的最优滞后阶数为 2 阶。为判断四个变量之间是否存在稳定的长期联系,我们基于 2 阶滞后的 VAR 模型进行无约束的 Johansen 协整检验,结果如表 4-5 所示。

表 4-5 **VAR 模型的协整检验结果**

协整秩个数的零假设	特征根	Trace 统计量	5%的临界值
None *	0.736	59.131	47.856
At most 1	0.371	21.875	29.797
At most 2	0.252	8.902	15.495
At most 3	0.027	0.760	3.841

注:* 表示在 5%的显著性水平上拒绝接受零假设。

从表 4-5 中的 Trace 统计量与临界值的比较可以看出,VAR 模型中的四个内生变量之间存在稳定的长期联系,并且在 5%的显著性水平上只有一个协整关系,经过系数标准化处理的协整方程为:

$$\ln VC_t = \underset{(0.010)}{0.179} \ln OPEN_t + \underset{(0.006)}{0.081} \ln FDI_t - \underset{(-0.028)}{0.257} \ln PGDP_t + 2.196 \tag{4-4}$$

式中 括号内数字——对应系数的标准误差。

从协整方程中解释变量的系数符号与显著性水平不难发现,对外贸易开放度与省际经济增长差距之间确实存在稳定的长期正向联系,即长期来看,对外贸易开放度每提高 10%,省际经济增长差距将会扩大 1.79%。再从变量 FDI 的系数符号与显著性水平来看,外商直接投资与省际经济增长差距之间也存在稳定的长期正向联系,只不过关联程度弱于对外贸易而已。这可能是因为外商直接投资通常都与对外贸易密切相关,尤其是进入中国的外商直接投资多是将中国作为加工基地,其“大进大出”的特征刺激中国的对外贸易同步增长,进而影响地区间经济增长的差距。

为综合考察对外贸易开放度对省际经济增长差距的长期与短期影响,我们在前述 VAR

模型和协整检验结果的基础上建立向量误差修正模型(VECM 模型),回归结果如下:

$$\begin{aligned}\Delta\ln VC = & -0.383\lambda_{-1} + 0.190\Delta\ln VC_{-1} + 0.081\Delta\ln VC_{-2} + 0.015\Delta\ln OPEN_{-1} + 0.016\Delta\ln OPEN_{-2} \\ & \quad (-0.125) \qquad (-0.074) \qquad (-0.076) \qquad (-0.004) \qquad (-0.012) \\ & + 0.024\Delta\ln FDI_{-1} - 0.012\Delta\ln FDI_{-2} - 0.295\Delta\ln PGDP_{-1} + 0.105\Delta\ln PGDP_{-2} + 0.012 \\ & \quad (-0.007) \qquad (-0.013) \qquad (-0.079) \qquad (-0.082)\end{aligned}$$

VECM 回归指标:$R^2=0.801$　$F=8.073^{***}$　Akaike AIC=−6.205　Schwarz SC=−5.729

(4-5)

式中　括号内数字——模型中对应系数的标准误差;

λ——长期协整方程;

Δ——差分。

VECM 模型的回归结果显示,对外贸易开放度对省际经济增长差距的短期影响与长期协整方程的结论相一致。短期内,对外贸易开放度与省际经济增长差距仍然呈现正相关的联系,但关联程度明显弱于长期联系。同样,外商直接投资与省际经济增长差距也是呈现正相关的联系,但关联程度弱于长期联系。

通过省际经济增长差距与对外贸易开放度指标的动态观察和计量分析我们发现,改革开放之后,中国利用外商直接投资和加工贸易,促进了对外贸易开放度的快速提升。由于中国的对外开放是从沿海向内地渐进拓展,东部沿海地区率先承接了国际产业转移,集中了国内的人力、资本以及资源要素,短时间内实现经济快速增长,成为引领中国经济增长的“龙头”,从而加大地区间的经济发展差距。但 2007 年爆发的国际金融危机及其后续影响,使得全球贸易持续萎缩,在世界经济“再平衡”的过程中,中国的对外贸易开放度逐渐下降,转为依靠内需拉动经济增长。在经济动力的转换过程中,外贸依存度较大的东部地区受到相当大的负面冲击,经济增速的排名经常处于倒数位置。相比之下,主要依靠国内投资的中西部地区顺应了经济增长模式的转换,借助大规模基建投资、东部产业梯度转移等机遇,经济增长奋起直追,由此缩小了地区间的经济增长差距。

尽管对外贸易开放度的下降有利于改变地区经济差距过大的问题,但也要重视由此带来的副作用。就目前情况来看,东部地区经济增速虽然明显放缓,但这一地区仍然是中国高端制造业的集聚地,是产业升级的希望所在。而中西部地区虽然经济增速正在迎头赶上,但其增长主要依赖低效率的基金投资和房地产投资,制造业尤其是高端制造业的基础仍然薄弱,投资主导的增长模式存在可持续性的问题。如果任由这种局面延续下去,将会严重削弱中国经济的整体效率。中国政府应当对东部地区提供必要的政策支持,利用财政、税收、金融、外贸等措施帮助其度过当前的困境,支持其尽快实现产业转型升级,引领中国经济长期可持续增长。

2. 对外贸易风险的度量

1) 总体评价

与往年风险研究所采用的风险评级方法一样,我们根据进口与出口年度增长率对其长期趋势(也即潜在的进口增速与出口增速)的偏离度来评定对外贸易的风险等级。在估算进口与出口增长率的长期趋势时,以 1979—2015 年进口和出口增长率的算术平均数作为长期趋势值,测算长期趋势值时没有纳入 2009 年的数据,以避免金融危机这类偶然性事件对长期趋势的扭曲,更真实地反映潜在贸易水平。进出口贸易的偏离程度与风险级别的定义遵循以往研究的规则，此处不再重复。

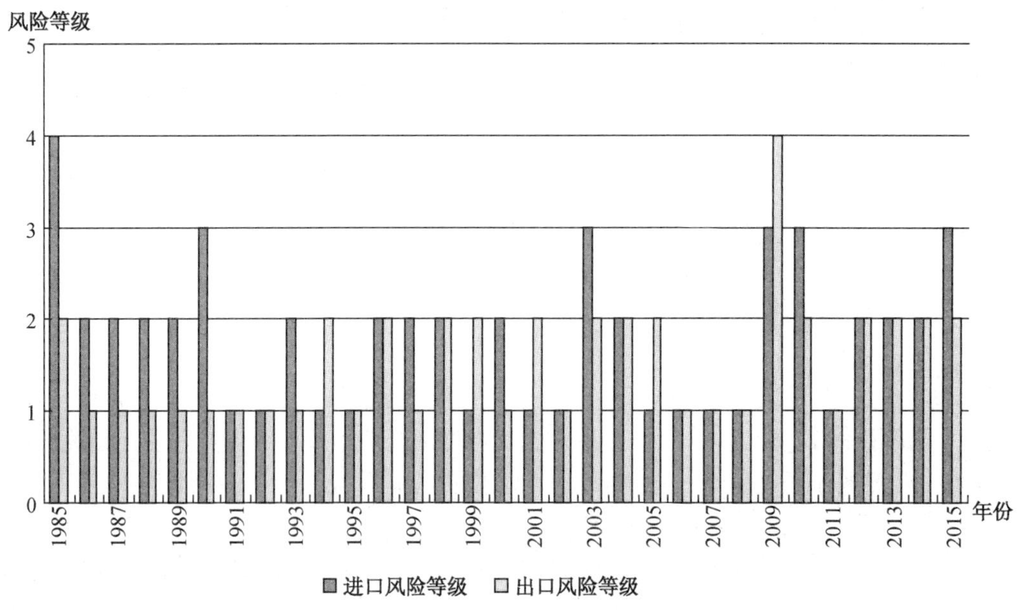

图 4-6 进出口风险等级评价

从图 4-6 进口和出口历年的风险等级中可以看出，2015 年出口风险等级与 2014 年持平，但进口风险等级较 2014 年上调一个级别。进出口贸易增速延续了 2013 年的下行态势，进出口增速较 2014 年进一步降低，与长期趋势值的差距分别高达 29.2 个百分点和 18.7 个百分点。这一结果也符合我们在 2015 年风险研究中提出的“中国很难扭转持续下行的对外贸易形势，进出口贸易增速将进一步回落，风险等级很可能调高”的预测。考虑到美国在 2016 年仍保持较强的复苏态势，欧元区和日本经济也有望触底回升。新兴经济体虽然增长压力仍然较大，但由于基数较低，经济增速回升的概率较高，2016 年世界经济将延续 2015 年的复杂形势，增速有望略有回升，有利于中国稳定对外贸易形势，避免外贸增速的进一步下滑。但全球经济在 2016 年的复苏态势并不稳固，还面临较多风险因素的挑战。尤其是主要经济体的货币政策分化成为世界经济的不确定因素，美国因为经济复苏动能较强而先行进入加息周期，而欧元区、日本以及其他大多数国家受困于复苏乏力，仍将实施较为宽松的货币政策，分化的货币政策将对全球金融市场、国际贸易带来较大的冲击。部分新兴市场经济体仍然面临较大的下行压力，特别是一些高度依赖资源品出口的国家在 2016 年面临更大的挑战。与此同时，中国在 2016 年推进结构性改革的攻坚战役，加快淘汰过剩产能和消化过剩库存，而新的增长动能尚未续力，经济下行压力依然较大。不过，2016 年中国将加快推进一系列重大工程建设，这将带动基础设施投资的增长，财政政策和货币政策也将为稳增长提供必要的支持。因此，中国 2016 年的对外贸易形势有望好转，进出口贸易增速将会小幅回升，但难有明显改观，风险等级继续持平。

2）地区营商环境对中国企业出口绩效的影响与风险度量

2011 年至今，由于国际市场需求持续低迷，中国的出口贸易受到较大冲击，出口增速逐年下滑。考虑到外部需求形势短期内难有显著改观，汇率政策又面临诸多掣肘，从国内供给的角度着力改善营商环境，努力降低企业的生产和贸易成本，助推企业技术进步和生产率的提升，进而实现“稳出口”的战略目标将是一个可行的政策选项。世界银行最新公布的《2016 年营商环境报告》显示，在 189 个经济体中，中国内地的营商环境排名仅位居第 84 位，与中国经济总量的世界排名完全不相称。不过，这也反映出中国的营商环境还有很大的提升空间，供给侧改革大有可为。为此，我们探讨了营商环境对于出口贸易的作用机制，并利用世界银行于 2013 年公布的中国制造业企业问卷调查数据，实证检验营商环境对于异质性企业出口绩效的影响，分析营商环境中的哪些要素阻碍国内企业的出口扩张，为政策操作提供数量依据。

(1) 文献回顾。Stern(2002)将营商环境视作当前和预期的政策、制度以及行为环境，它直接影响企业投资的回报与风险，通常涉及三类问题：第一类是宏观经济和国家层面的问题，如财政政策、货币政策、汇率政策和政治稳定性等；第二类是政府管理和制度方面的问题，如行政管理体系、金融监管体系、法律体系等；第三类是基础设施方面的问题，如交通、电力、通讯等。Carlin 和 Seabright(2007)对营商环境做了更为精炼、准确的定义：即不受单个企业控制但影响其经营的成本费用，便捷、稳定的经济环境，包括基础设施、法律体系、金融体系、宏微观政策环境以及其他社会因素。

传统理论认为，资本和劳动要素的投入是经济增长的主要驱动力。然而，进入 21 世纪以来，政府当局和国际组织逐渐意识到仅靠要素投入并不一定能够促进经济发展，Easterly (1999)的研究也证明，短期内投资规模与经济增长率之间的相关性很低。与此同时，越来越多的研究表明，营商环境对于一国尤其是发展中国家的意义更为重要。有利的营商环境能够降低企业成本和提升企业出口绩效，进而通过出口扩张带动经济的持续增长。不利的营商环境则会削弱企业竞争力，阻碍企业进入海外市场，进而导致该国在全球化过程中趋于边缘化，难以分享国际贸易的利益。

相关文献多是以非洲、亚洲、拉丁美洲等地区的发展中国家作为考察对象，从宏观和微观层面实证检验营商环境与出口绩效之间的联系。早期的研究受制于数据可得性，多从宏观层面展开分析，即以国际贸易的引力模型为基础，利用跨国的宏观经济数据进行实证研究，同时以特定的统计数据指标(如公路里程、电话线路数等)或专家评分指标(如经济自由度指数、腐败指数等)作为一国营商环境的替代变量。对于非洲国家而言，落后的基础设施(Limão 和 Venables, 1999)、高昂的交易成本(Elbadawi, 2001)、经常性的交货延误(Djankov et al., 2004)与出口规模存在显著的负相关性，营商环境在这些方面的瓶颈约束阻碍了这一地区的出口增长。Djankov et al. (2004)的情景假设结果显示，如果中非共和国能将运货时间(从工厂运至货船的时间)从 116 天降至 27 天(样本中非洲国家的平均水平)，那么该国的出口规模将会翻倍。

然而，营商环境是一个复杂的体系，多数组成部分(特别是政府管理能力、制度质量等)并没有标准的统计数据与之相对应，宏观层面的研究往往只能对营商环境的个别项目予以验证，却难以反映其全貌。即便可以利用抽象的专家评分指标来衡量营商环境，但这种主观的评分结果经常存在争议，并且决策者也无法从中得到明确的政策线索。这种数据局限性决定了宏观层面的研究结论只具有理论意义，却难以指导政策实践(Dollar et al., 2006)。此外，跨国的宏观研究实际上假设一国内部的地区间营商环境完全一致，这显然与事实不符。不过，随着世界银行启动“世界营商环境调查”项目，定期对主要发展中国家的企业进行抽样问卷调查，以及了解这些企业对于当地营商环境的全方位评价，数据的获得更加便利，数据便利性使得相关研究越来越多地转向微观层面。

微观层面的相关文献多以企业出口贸易方程为基础，利用一国或多国的企业数据（主要是世界银行的企业调查数据）进行实证研究，同时以多项客观数据指标（如清关所需天数、获得业务许可所需天数等）或企业主观评分（如融资便利程度、贸易便利程度等）更准确、全面地反映营商环境的状况。Dollar et al.（2006）比较研究了8个拉美美洲和亚洲国家的营商环境，发现清关效率、基础设施、金融服务和政府管理这四项营商环境与企业出口显著相关，好的营商环境大幅拓展了企业出口的规模和范围。Edwards 和 Balchin（2008）重点考察了8个非洲国家与贸易关联的营商环境，发现贸易基础设施、贸易制度、贸易监管等方面的条件直接影响了企业的出口意愿，这在毛里求斯和赞比亚两个国家表现得尤为突出。Francisco et al.（2007）和 Tuaño et al.（2014）分别考察了厄瓜多尔、菲律宾的营商环境，结果显示，一国内部的不同地区之间，营商环境也存在较大差异，营商环境好的地区，企业的出口意愿更强，出口规模也更大。因此地方政府通过改善当地营商环境，可以显著提升本地企业出口绩效。

国内研究虽然注意到营商环境对出口贸易的影响，但受数据可得性或者研究目的的限制，多数文献只是附带性地研究营商环境中个别要素的作用，缺少针对营商环境的系统性研究。刘志彪和张杰（2009）在研究本土制造业企业出口决定因素时发现，企业所处的地理区位与出口密集度具有显著的正相关性，当地的产业集群有利于推动企业出口。盛丹等（2011）专门考察了基础设施对中国企业出口行为的影响，发现公路网密度、铁路网密度和电话用户数指标衡量的基础设施条件对出口贸易起到显著的正向作用，但以互联网用户数衡量的网络基础设施并没有表现出明显的促进作用。周守华等（2015）利用世界银行公布的中国企业调查数据，实证检验企业所处的融资环境对其出口模式的影响，发现企业面临的融资约束越高，越倾向于选择间接出口模式。

总体而言，国际上已有较多文献研究营商环境对出口绩效的影响，并且更多地着眼于微观层面的理论和实证研究，但少有针对中国的研究成果，也没有考虑营商环境对于异质性企业的差异化影响。国内的相关文献受数据条件的限制，只是对营商环境体系中的个别要素进行研究，没有对营商环境问题做更全面的综合研究，降低了政策参考的价值。另外，现有文献还存在数据陈旧的问题，其结论是否适用于当前的经济环境还需要进一步的验证。本章力求从以下几方面来拓展相关研究：一是根据最新的问卷调查数据，尽可能多地纳入营商环境的构成要素，较为全面地分析各类要素对于出口绩效的影响，为“稳出口”政策提供更为有效的决策依据；二是充分考虑企业在规模、生产率、地区属性上的特征差异，多角度比较营商环境对于异质性企业出口绩效的差异化影响，以得出更有价值的研究结论；三是采用两阶段选择模型等方法，努力消除选择性偏误和内生性扰动，确保研究结论的可靠性。

（2）理论分析。基于微观经济理论的分析，营商环境主要通过三种作用机制影响企业的出口绩效，即集约边际效应、扩展边际效应以及生产率效应。集约边际效应是指营商环境作为一种生产要素，直接影响到已出口企业的成本、利润、产量，进而影响出口贸易的集约边际（即出口规模）；扩展边际效应是指营商环境作为企业出口决策的重要变量，直接影响到未出口企业是否进入海外市场和已出口企业是否退出海外市场的决策，进而影响出口贸易的扩展边际（即出口企业数量）；生产率效应是指营商环境在一定程度上影响到企业的生产率水平，而生产率水平又是决定企业国际竞争力的重要因素，对于企业的出口规模和出口决策具有重要意义，由此营商环境间接影响出口贸易的集约边际和扩展边际。

关于集约边际效应的作用机制。假设企业 i 的生产活动仅服务于海外市场，且具有 Cobb-Douglas 形式的生产函数：

$$Q_i = A_i K_i^{\alpha} L_i^{\beta} \tag{4-6}$$

式中　Q——产量，即出口规模；

A——全要素生产率；

K——资本要素；

L——劳动要素。

从资本要素来看，除了机器设备等企业内部的自有资本之外，还包括基础设施、政府管理等企业外部的社会资本，这些社会资本构成了营商环境的核心内容（Edwards 和 Balchin, 2008）。作为公共产品的外部资本虽然表面上不进入生产过程，但对企业生产而言具有不可或缺的作用，其真实影响贯穿企业生产的整个过程。例如，水、电的供应决定了企业能否正常生产；道路、港口的质量决定了企业能否及时获取原材料和输出产成品；市场监管、金融监管的水平决定了企业能否高效运营。从劳动要素来看，企业所能投入的劳动数量、质量、成本并不完全取决于自身，而是更多地取决于劳动市场的运转情况。例如，劳动力的工资水平、熟练劳动力的供给、劳动市场的监管等，而这些正是营商环境的重要组成部分。

因此，在纳入营商环境的投入要素 E 之后，原先的生产函数可以拓展为：

$$Q_i = A_i K_i^{\alpha} L_i^{\beta} E_i^{\lambda} \tag{4-7}$$

通过标准的利润最大化方程不难看出，E 的作用与 K、L 相类似，改善营商环境可以提高企业的最优产出水平，从而直接增加出口规模。

关于扩展边际效应的作用机制。在新—新贸易理论的一篇代表性文献中，Melitz（2003）认为，国际贸易存在高昂的成本，如关税成本、运输成本等，只有生产率较高的企业才能承担这些贸易成本通过出口贸易进入海外市场，而生产率较低的企业只能继续为本土市场生产。降低关税、促进贸易便利化等改善营商环境的措施可以降低出口相关的贸易成本以及生产率门槛，从而使更多的企业能够进入海外市场。反之，提高关税、强化贸易审查与外汇管制等恶化营商环境的措施将会增加出口相关的贸易成本和生产率门槛，不仅使得国内企业更难对外出口，甚至会使已出口企业退出海外市场，从而减少出口企业的数量。

基于 Melitz（2003）的模型条件，企业在国内生产的成本为 f（如要素成本和管理成本等），进入海外市场需要承担沉没成本 f_x（如建立海外营销渠道的成本等），还需要承担可变的贸易成本 τ，营商环境 E 中交通设施、贸易管理、关税政策等条件与 τ 负相关，可假设 $\tau = E^k$, $k < 0$。与此同时，消费者具有 CES 类型的效用函数，对于产品需求的替代弹性为 σ, $\sigma > 1$。生产率为 θ_i 的异质性企业可以自由地进入和退出海外市场，但只有远期利润贴现值 $\pi_i > 0$ 的企业才会选择出口，当 $\pi_i \leqslant 0$ 时，企业选择只为本土市场生产。

由 Melitz（2003）模型的一般均衡分析可知：

$$\pi_i(\theta_i,\ \tau,\ f_x) = A(\sigma)\left(\frac{\theta_i}{\tau}\right)^{\sigma-1} - f_x \tag{4-8}$$

式中　$A(\sigma) = \left(\frac{R}{\sigma}\right)\left[\frac{P(\sigma-1)}{\sigma}\right]^{\sigma-1}$，其中，$R$ 为总消费，为外生变量；P 为价格总指数，为外生变量。

对利润方程进行线性化的约当处理后不难得出，出口贸易临界点 $\pi_i(\theta_i^*, \tau, f_x) = 0$ 的生产率门槛 θ_i^* 与贸易成本 τ 正相关，与营商环境 E 负相关，因而改善营商环境能够降低出口贸易的生产率门槛，提高企业的出口意愿。Clarke(2005)和 Francisco et al. (2007)等实证文献表明，与贸易相关的营商环境质量与出口企业数量之间存在显著的正相关联系，限制性的海关及贸易管理显著抑制企业的出口意愿，而贸易便利化等措施将会激励更多的企业开展出口贸易。

关于生产率效应的作用机制。从生产函数理论的角度来看，全要素生产率直接影响出口企业的产出规模，而全要素生产率主要由技术水平和要素质量来决定。因此，优越的营商环境至少可从四个方面提高企业的生产率，间接影响出口贸易的集约边际。一是关税减免、简化关贸监管等贸易便利化因素有利于降低企业的贸易成本，便于其进口数量更多、质量更好、品种更多样的中间投入品要素，这对于加工贸易企业生产率的提升尤为重要；二是高等院校集聚、熟练劳动力充裕等劳动市场因素有利于企业获取各类高素质专业人才，保障劳动要素的质量；三是金融机构集聚、融资渠道多样等金融服务因素有利于企业获得高效的金融支持，使其不仅能够低成本地引进国外先进设备，提高资本要素的质量，还能持续性地开展研发创新活动，加速内生性的技术进步；四是知识产权保护、法律体系健全等法律因素有利于企业引进国外先进技术和专利，借助外部的技术资源便可在短期内提高生产率水平。此外，简化行政许可、专业市场监管等政府管理因素有利于形成公平竞争、开放友好的市场环境，吸引更多的国内外企业展开竞争，市场竞争压力将会促使企业加大研发投入，依靠生产率优势来争取市场空间。Dollar et al. (2005)对 4 个发展中国家的研究表明，营商环境指标与企业的全要素生产率存在显著的正相关性，并且营商环境越好的地区，企业的要素回报率也越高。

再从新—新贸易理论的角度来看，优越的营商环境一方面降低了出口贸易的生产率门槛，另一方面也提高了企业的生产率水平，这种双重作用使得更多的企业通过“自我选择效应”(self-selection effect)主动进入海外市场，从而间接增加出口贸易的扩展边际。与此同时，出口贸易也可能存在“出口学习效应”(learning-by-exporting effect)，通过发达国家买方或发包方的技术转移或培训，发展中国家的企业在出口时可以获得新知识，从而不断提升自己的生产率水平(Evenson 和 Westphal，1995)，反过来又会进一步刺激出口贸易的扩张。因此，优越的营商环境还会通过生产率与出口的正反馈机制增加出口贸易的集约边际。Bisesbloeck(2005)和 Loecker(2007)等的文献证明了生产率与出口贸易之间的“自我选择效应”和“出口学习效应”确实存在，由此可以推知营商环境可能通过生产率的纽带，间接推动企业持续改善出口绩效。

综上所述，营商环境与出口绩效之间可能存在正相关的联系，但不同要素对于出口绩效的作用机制和影响程度可能有所差异。本章将通过企业数据的实证研究，检验一国内部不同地区的营商环境是否正向推动出口扩张，以及各类要素的作用程度是否存在显著差异。

(3) 数据说明。沿用国际主流文献的做法，我们采用世界银行 2013 年公布的针对中国企业的调查数据，即 2011 年 12 月至 2013 年 2 月间，世界银行对这些企业的问卷调查结果，其中包括企业生产和财务数据、企业对营商环境指标的主观评分，以及营商环境指标的客观数据等，数据范围覆盖东部、中部、西部的 25 个城市和 27 个大类行业。基于出口贸易的理论背景，我们仅选取制造业企业作为研究对象，在剔除部分关键指标数据缺失的企业之后，最终样本为包含 1 725 家企业的截面数据。

考虑到样本中包含了 16 个营商环境指标的主观评分，并且这些主观评分指标之间存在较高的相关性，直接纳入计量模型中不可避免地会引发共线性问题。为此，我们利用主成分分析法构建 4 个合成指标 *Political* 、*Factor* 、*Facility* 和 *Tax* ，综合反映企业所在地的营商环境状况，指标含义及其构成如表 4-6 所示。在问卷设计中，企业对于营商环境指标的主观评分按照从优到劣的顺序依次分为 0，1，2，3，4 五档，分值越高说明对应的营商环境指标越差，因此合成指标的分值越高，说明营商环境在对应领域的表现也越差。

表 4-6　　**主观评分指标的合成指标含义及其构成**

Political——政法环境		*Factor*——要素市场	
行政审批	腐败程度	土地可得性	劳动市场监管
政治稳定	司法条件	融资便利	高素质劳动力
犯罪情况		市场竞争	
Facility——贸易便利		*Tax*——税制环境	
电力供应	交通设施	税率水平	税收管理
通信条件	关贸监管		

(4) 模型设定。由于样本中存在大量的未出口企业(1 163 家)，出口企业只有少部分(560 家)，如果将出口额为零的未出口企业排除在样本之外，容易导致选择性偏差。因为这些零贸易企业并不是随机出现的，其出口决策受到特定因素的影响。例如，当地的基础设施条件较差，或者企业自身的生产率水平较低，使其难以克服出口贸易的成本障碍，因而选择不对外出口。在此情况下，将非出口企业排除在外，仅对出口企业进行回归实际上是采用了一个自我选择样本而不是随机样本，这种非随机的数据筛选本身就会导致有偏的估计(Estrin et al.，2008)。

针对样本选择性偏差的问题，两阶段选择模型(Heckman Selection Model)提供了一个最理想的解决方法(Linders 和 Groot，2006)，并且已在出口贸易的实证研究中得到广泛应用。为此，我们采用这一方法，将企业的出口贸易决策分为两个阶段：第一阶段是 Probit 的出口选择模型，考察企业是否选择出口。根据样本中每一个估计值，计算对应的选择性矫正因子逆米尔斯比率(Inverse Mills Ratio，以 λ_i 表示)，以此修正样本选择性偏误，并用于检验两阶段决策是否存在显著的相互依赖性。第二阶段为修正的出口数量模型，考察企业的出口规模决策受到哪些因素的影响。将 λ_i 作为额外解释变量，与其他解释变量一起构成线性回归模型，通过 OLS 回归得出参数的无偏估计值。根据企业层面出口贸易的相关文献(Sterlacchini，2001；Van Dijk，2002；Ma，2006)，以及前文关于营商环境影响出口贸易的理论分析，我们得出如下基准模型：

$$EX_i = \alpha_0 + \alpha_1 Political_i + \alpha_2 Factor_i + \alpha_3 Facility_i + \alpha_4 Tax_i + \alpha_5 Size_i + \alpha_6 Prod_i + \alpha_7 Age_i + \alpha_8 Skill_i + \alpha_9 ForShare_i + \alpha_{10} RD_i + \alpha_{11} Quality_i + \alpha_{12} ForTech_i + \varepsilon_i \quad (4\text{-}9)$$

$$Export_i = \beta_0 + \beta_1 Political_i + \beta_2 Factor_i + \beta_3 Facility_i + \beta_4 Tax_i + \beta_5 Size_i + \beta_6 Prod_i + \beta_7 Age_i + \beta_8 Skill_i + \beta_9 ForShare_i + \beta_{10} RD_i + \beta_{11} Quality_i + \beta_{12} ForInput_i + \beta_{13}\lambda_i + \upsilon_i \quad (4\text{-}10)$$

式(4-9)为第一阶段的出口选择 Probit 方程，*EX* 为出口状态的虚拟变量。式(4-10)为第二阶段的出口规模决策方程，*Export* 为出口规模变量。考虑到营商环境可能同时影响出口贸易的两阶段决策，我们在两个方程中均纳入营商环境的合成指标，同时控制企业自身因素的影响。模型变量的含义、取值方法以及预期系数符号详如表 4-7 所示。

表 4-7 **式(4-9)和式(4-10)中的变量的说明**

变量	变量含义	取值方法	预期系数符号
因变量			
EX	出口状态	当企业有出口记录时，*EX* =1，否则 *EX* =0	—
Export	出口规模	企业出口贸易额，并取自然对数	—
营商环境变量			
Political	政法环境	主成分分析法合成	—
Factor	要素市场	主成分分析法合成	—
Facility	贸易便利	主成分分析法合成	—
Tax	税制环境	主成分分析法合成	—
企业素质变量			
Size	企业规模	年末职工人数，并取自然对数	+
Prod	生产率	销售收入÷职工人数，并取自然对数①	+
Age	运营年数	(2013——企业开始运营年份)，并取自然对数	+
Skill	技术密集度	熟练工人数×100/职工总数，并取自然对数	+
ForShare	外资份额	外资股权比例×100，并取自然对数	+
RD	研发投入	近 3 年平均每年的研发投入额，并取自然对数	+
Quality	产品质量	获得 ISO9000 等国际认证就取值为 1，否则为 0	+
ForTech	使用外国技术	利用外国公司的技术许可就取值为 1，否则为 0	+
ForInput	进口投入品比例	原材料的外国供应比例×100，并取自然对数	+

(5) 样本特征。表 4-8 列举了按出口、规模、生产率、地区分组的异质性企业在营商环境指标上的数据平均值。很明显，无论哪种类型的企业，都是对政法环境指标 *Political* 的满意度最高，对要素市场指标 *Factor* 的满意度最低。

通过简单的比较分析我们可以看出，出口企业在 4 个营商环境合成指标上的评分均高于未出口企业，并且这种差异性具有高度显著的统计意义，说明出口企业感受到的营商环境相对较差，这可能与出口企业的效率导向有关。因为这类企业面对更为激烈的国际竞争，对于生产运营、贸易便利等方面的要求比未出口企业更高，也更容易发现营商环境中的不足之处，在同等条件下可能作出相对较差的评价，下文的计量分析也证明了这一点。

① 理论上全要素生产率指标更为准确，但受样本数据所限，增加值、固定资产等关键数据大量缺失，故此处参考 Tuaño et al. (2014)的做法，以人均销售收入大致反映企业的劳动生产率水平。

表 4-8　　异质性企业在营商环境指标上的数据平均值比较

企业	*Political*	*Factor*	*Facility*	*Tax*
出口企业(562 家)	1.047	2.512	1.529	1.682
未出口企业(1 163 家)	0.712	2.178	1.162	1.376
T 检验值	−4.499***	−3.683***	−4.878***	−3.561***
大型企业(817 家)	0.841	2.225	1.386	1.480
中小企业(908 家)	0.804	2.341	1.185	1.470
T 检验值	−0.525	1.362	−2.839***	−0.119
高生产率企业(183 家)	0.789	2.311	1.454	1.619
中低生产率企业(1 542 家)	0.825	2.283	1.260	1.457
T 检验值	0.322	−0.202	−1.686*	−1.231
东部企业(1 074 家)	0.865	2.540	1.178	1.498
中西部企业(651 家)	0.749	1.866	1.450	1.436
T 检验值	−1.615	−7.821***	3.729***	−0.746

注：*T* 为两类企业组间均值比较的 *t* 统计值，零假设为组间平均值相等。＊＊＊，＊分别表示 *T* 检验值在 1%、10%的显著性水平上拒绝零假设。根据世界银行对于样本企业的分类标准，从业人数大于或等于 100 人的为大型企业，其他均为中小型企业；生产率处于上 10%分位数的样本企业为高生产率企业，其他均为中低生产率企业；位于北京、上海、广东、江苏、浙江、山东这 6 个发达地区的样本企业均为东部企业，其他均为中西部企业。

对于不同规模和不同生产率的企业而言，在营商环境上的评价差异仅限于贸易便利指标 *Facility*，且大型企业和高生产率企业对此项指标的满意度相对较低。对于不同地区的企业而言，在营商环境上的评价差异体现在要素市场指标 *Factor* 和贸易便利指标 *Facility* 上，东部发达地区的企业对于要素市场的满意度相对较低(突出表现在“土地可得性”方面)，但对贸易便利的满意度相对较高(突出表现在“交通设施”方面)。在计量分析中我们将对此作进一步的比较研究。

考虑到式(4-9)和式(4-10)中的解释变量较多，可能存在共线性问题，我们在表 4-9 中列示了所有解释变量的相关系数矩阵。从中可以看出，各变量之间的相关性普遍较低，最高的相关系数也只有 0.47，共线性扰动的影响并不大。另外，生产率变量与营商环境变量的相关系数均不到 0.1，两者之间几乎不存在相关性，这说明理论分析中有关生产率效应的作用机制在本研究中可能并不明显，当然，这也可能与生产率变量的取值方法有关。

表 4-9　　解释变量的相关系数矩阵

	Political	*Factor*	*Facility*	*Tax*	*Size*	*Prod*	*Age*	*Skill*	*For-Share*	*RD*	*Quality*	*For-Tech*	*For-Input*
Political	1												
Factor	0.32	1											
Facility	0.35	0.28	1										
Tax	0.47	0.27	0.28	1									
Size	0.03	−0.01	0.07	0.05	1								

（续表）

	Political	Factor	Facility	Tax	Size	Prod	Age	Skill	For-Share	RD	Qua-lity	For-Tech	For-Input
Prod	0.03	0.03	0.06	0.06	−0.01	1							
Age	−0.01	0.00	0.01	0.01	0.22	0.02	1						
Skill	0.04	−0.11	−0.02	0.07	−0.05	−0.06	0.02	1					
ForShare	0.03	0.01	0.03	0.05	0.06	0.06	−0.06	−0.01	1				
RD	0.08	0.17	0.08	0.19	0.28	0.21	0.08	−0.09	0.08	1			
Quality	−0.07	−0.06	0.03	−0.10	0.34	0.09	0.10	0.00	0.09	0.16	1		
ForTech	0.05	0.11	0.17	0.05	0.22	0.06	0.02	−0.11	0.19	0.24	0.23	1	
ForInput	0.06	0.04	0.12	0.02	0.16	0.06	−0.02	−0.07	0.27	0.14	0.08	0.19	1

全样本的计量结果。采用 Heckman（1979）的最大似然估计法，我们对式（4-9）和式（4-10）进行两阶段回归分析。从集约边际效应和生产率效率的理论分析可以推断，企业的出口贸易有利于促进规模扩张和生产率提升，计量模型可能存在内生性问题。为此，我们参考 Dollar et al.（2006）、Edwards 和 Balchin（2008）等文献的做法，按城市—行业的维度对样本企业进行分组，利用组内企业的规模、生产率指标的平均值（*Prod_mean*、*Size_mean*）来替代单个企业的指标值，以此降低内生性扰动的影响，表 4-10 的第①列和第②列给出了对应的估计结果。

首先，λ 和 ρ 均通过了 1%的显著性检验，并且 ρ 值高达 0.49，说明两阶段出口决策确实存在较强的相互影响，采用两阶段回归法更为准确，而传统的 OLS 回归将会产生选择性偏误。

其次，在两个阶段的出口方程中，企业素质变量的系数符号基本上与理论预期一致，且多数变量具有高度的显著性，这说明企业出口贸易与自身素质密切相关。

表 4-10　**式（4-9）和式（4-10）的两阶段回归结果**

	两阶段回归		第二阶段回归			
	EX ①	Export ②	Export ③	Export ④	Export ⑤	Export ⑥
Political	0.016	−0.016	−0.034			
Factor	0.019	−0.046		−0.064†		
Facility	0.085**	−0.070			−0.085†	
Tax	0.044	0.042				0.006
Size_mean	0.041	0.818***	0.811***	0.814***	0.826***	0.804***
Prod_mean	0.070	0.737***	0.717***	0.721***	0.730***	0.716***
Age	0.106	0.352**	0.364***	0.348**	0.356**	0.371***
Skill	−0.027	−0.049	−0.046	−0.049	−0.045	−0.050

(续表)

	两阶段回归		第二阶段回归			
	EX ①	*Export* ②	*Export* ③	*Export* ④	*Export* ⑤	*Export* ⑥
ForShare	0.126***	−0.023	−0.011	−0.018	−0.015	−0.013
RD	0.039***	0.043***	0.044***	0.044***	0.044***	0.044***
Quality	0.402***	0.443**	0.438**	0.439**	0.438**	0.442**
ForTech	0.486***		0.453***	0.469***	0.468***	0.455***
ForInput		0.335***				
λ		−0.739***	−0.694***	−0.713***	−0.713***	−0.706***
Obs	1 539		1 539	1 539	1 539	1 539
ρ	−0.490***		−0.463***	−0.474***	−0.474***	−0.470***

注:Obs 是观察值个数,ρ 是式(4-9)和式(4-10)误差项的相关系数,反映两阶段决策的影响程度。所有回归方程中均包含行业和城市的固定效果,为节约空间,固定效果与截距项均未在表中显示。***,**,†分别表示变量系数在 1%,5%,15%的水平上显著。系数显著性概率均基于稳健的标准误差算法而得。

最后,重点分析营商环境变量的作用。从表 4-10 第①列的回归结果来看,4 个营商环境变量的系数符号均为正,与理论预期完全相反,似乎营商环境越差,企业的出口概率越高。不过,考虑到样本的截面性质,这种相关性并不意味着因果关系,而是反映分组企业对于营商环境的差异性评价,即在控制城市和行业的固定效果之后,出口企业对于营商环境的评价仍然劣于未出口企业,其原因在样本特征的比较分析中已有过说明,此处不再赘述。因此,第一阶段回归仅用于修正样本选择性偏误,并不具有太多的经济意义,也无法验证扩展边际效应的作用机制。再从表 4-10 第②列的回归结果来看,除 *Tax* 以外的其他营商环境变量的系数符号均与理论预期相吻合,但不具有显著性,说明营商环境对出口规模存在一定的影响,可能是由于合成指标之间潜在的共线性问题降低了变量显著性。

为此,我们对 4 个营商环境合成指标分别进行两阶段回归,表 4-10 中的第③例~第⑥列给出第二阶段回归的估计结果。其中,要素市场指标 *Factor* 和贸易便利指标 *Facility* 均通过了 15%的显著性检验,地方政府完善要素市场和促进贸易便利的措施有利于推动出口规模的扩张。政法环境指标 *Political* 和税制环境指标 *Tax* 均未通过显著性检验,主要是因为两项指标都与国家层面的政策有关,一国内部的不同地区之间差别不大,例如,"税率水平"多由国家统一制定,"政治稳定""司法条件"更是如此。

尽管上述研究指出了改善营商环境的总体方向,但要素市场和贸易便利涵盖的内容很多,还需要更详细的信息来指导政策实践。因此,我们进一步对 16 个营商环境细分指标逐一进行两阶段回归。篇幅所限,此处仅给出第二阶段回归中各细分指标的系数,并按显著性概率依次排序,以此指明政策着力点的先后顺序,详情见表 4-11。除"税收管理"指标以外的其他指标系数符号均与理论预期相符,但只有"土地可得性"和"关贸监管"两项指标通过了 15%的显著性检验。我们适度放松显著性要求,以 30%的显著性水平为界确定改善营商环境的政策着力点,表中的阴影部分指明了政府部门需要重点关注的 6 项指标。

表 4-11 **营商环境细分指标的显著性排序**

指标名称	系数	显著性概率	排序	指标名称	系数	显著性概率	排序
土地可得性	−0.190*	0.063	1	劳动市场监管	−0.070	0.546	9
关贸监管	−0.198†	0.117	2	融资便利	−0.042	0.659	10
行政审批	−0.136	0.214	3	犯罪情况	−0.059	0.663	11
腐败程度	−0.122	0.223	4	税收管理	0.032	0.726	12
交通设施	−0.123	0.268	5	市场竞争	−0.029	0.763	13
通信条件	−0.136	0.289	6	政治稳定	−0.013	0.908	14
电力供应	−0.111	0.354	7	司法条件	−0.015	0.910	15
高素质劳动力	−0.062	0.527	8	税率水平	−0.004	0.958	16

注:所有回归方程中均包含行业和城市的固定效果。系数显著性概率均基于稳健的标准误差算法而得。显著性概率是对应指标回归系数等于 0 的概率,显著性概率越小,对应指标的作用越突出,显著性概率的排序因此也可视作政策着力点的先后顺序。*,†分别表示变量系数在 10%,15%的水平上显著。

(6) 异质性企业的子样本结果比较。由样本特征的比较分析可知,不同类型企业对于营商环境指标的评价有所区别,营商环境对异质性企业出口绩效的影响也可能存在较大差异,总体样本的计量分析不仅掩盖了这种差异化的影响,合成谬误问题还可能扭曲营商环境的真实作用。针对企业的属性特征分别进行回归分析,能够得出更有意义的结论。另外,对于地方政府而言,根据不同类型企业在营商环境上的差异化诉求,采取更具针对性的亲商措施,有可能起到事半功倍的效果。

为此,我们按照表 4-3 中的企业分类标准,将总体样本划分为若干个子样本,基于式(4-9)和式(4-10)分别进行两阶段回归分析,表 4-12 列示了第二阶段回归中 4 个营商环境合成指标的估计系数。对比表 4-10 的结果可以看出,子样本中营商环境变量的显著性水平较总体样本有了较大幅度的提高,这证明总体样本确实存在明显的合成谬误问题,忽视企业的属性差异将会低估营商环境的实际影响力。

表 4-12 **各个子样本的第二阶段回归中营商环境指标的系数**

	大企业				中小企业			
Political	−0.064				−0.014			
Factor		−0.105*				−0.043		
Facility			−0.159**				−0.107*	
Tax				−0.016				0.034
Obs	717				822			
Censored obs	419				626			
	高生产率企业				中低生产率企业			
Political	0.093				−0.071†			
Factor		−0.271**				−0.093*		

（续表）

Facility			0.061				−0.076	
Tax				−0.399**				−0.046
Obs	154				1 385			
Censored obs	93				952			
	东部企业				中西部企业			
Political	−0.058				−0.086			
Factor		−0.109**				−0.186*		
Facility			−0.098†				−0.234**	
Tax				−0.015				−0.117
Obs	975				564			
Censored obs	632				413			

注：因为最大似然法在部分子样本中得不到收敛的结果，此处均采用两步估计法进行回归分析。Censored obs 为截断观察值数量，即子样本中的未出口企业个数。在不同地区的子样本回归中，仅控制了行业的固定效果。但在不同规模、不同生产率的子样本回归中，仍然控制了城市和行业的固定效果。为节约空间，其他解释变量、固定效果以及截距项未在表中显示。* *，*，†分别表示变量系数在 5%，10%，15%的水平上显著。

从不同规模的子样本结果来看，营商环境对大企业出口绩效的影响力更强。在大企业的子样本中，贸易便利指标 *Facility* 和要素市场指标 *Factor* 分别通过了 5%和 10%的显著性检验。而在中小企业的子样本中，仅有 *Facility* 变量通过了 10%的显著性检验。这种差异性可能是由于大企业的出口贸易更为频繁、贸易额也更大，不仅需要更高效的关贸监管体系和交通运输条件来降低贸易成本，而且需要更为专业化的贸易融资服务和高素质的业务管理人员，贸易便利和要素市场方面的缺陷会对其出口绩效产生相对更大的负面冲击。

再从不同生产率的子样本结果来看，营商环境对高生产率企业出口绩效的影响力更强。在高生产率企业的子样本中，要素市场指标 *Factor* 和税制环境指标 *Tax* 均在 5%的水平上高度显著，且变量 *Tax* 的影响系数明显大于变量 *Factor*，这说明税制环境上的缺陷是阻碍高生产率企业出口扩张的最大因素，要素市场的缺陷进一步放大了负面影响。这种差异性主要是因为高生产率企业通常都有更高的利润目标，对税负成本更为敏感。另外，高生产率企业的生产运营更多地依赖研发人员或者专业技工，对高素质劳动力的需求更为迫切。因此，结合两类企业在细分营商环境指标上的评分①，我们认为，政府部门要想支持高生产率企业扩大出口，推动出口结构的转换升级，首要措施是降低企业税负和改进税收管理制度，并通过人才引进、职业培训等措施，努力增加高素质劳动力的供应。

最后从不同地区的子样本结果来看，虽然要素市场指标 *Factor* 和贸易便利指标 *Facility* 均通过了显著性检验，但二者的影响力存在明显的地区差异。对于东部发达地区的企业而言，要素市场指标 *Factor* 的影响力更为突出；但对于中西部欠发达地区的企业而言，贸易便利指

① 高生产率企业在税制环境细分指标“税率水平”“税收管理”上的评分均值分别为 1.033 和 0.781，中低生产率企业在这两项指标上的评分均值分别为 0.905 和 0.728。高生产率企业在要素市场细分指标“高素质劳动力”上的评分均值为 0.896，中低生产率企业在此项指标上的评分均值为 0.816。

标 *Facility* 的影响力更为突出。这一方面是因为东部城市地处沿海且交通设施完备，而中西部城市远离出海口且交通运输不便，在贸易便利方面明显不如前者；另一方面，东部城市地理面积小，企业高度集聚，土地、资金、劳动力等要素的供应存在较大压力，受要素市场的约束明显大于中西部城市。因此，结合两类企业在细分营商环境指标上的评分①，我们认为，东部地区改善营商环境的重点在于集约使用土地资源、提高金融服务效率以及增加劳动市场弹性，中西部地区改善营商环境的重点在于加快交通运输方面的基础设施建设。

(7) 稳健性检验。Dollar et al.(2006)指出，营商环境可能会通过“挤占效应”(congestion effect)和“游说效应”(lobbying effect)对出口贸易产生反向作用，由此形成的潜在内生性问题会导致结论的偏差。“挤占效应”是指出口贸易的增长可能挤占当地的自然资源和行政资源，加重水电交通、要素供应、海关管理等方面的负担，导致营商环境趋于恶化。“游说效应”是指出口贸易的增长会提高出口部门在当地经济发展、社会就业等方面的重要性，使得出口企业有能力游说地方政府加大基础设施投资、提高行政管理效率，从而促进营商环境的改善。为此，我们沿用前文的做法，按城市—行业的维度对样本企业进行分组，利用组内企业在营商环境指标上的平均值(*Political_mean*、*Factor_mean*、*Facility_mean* 和 *Tax_mean*)来替代单个企业的指标值，以此降低内生性扰动的影响，并对前文的研究结论进行稳健性检验，表 4-13 给出了对应的估计结果。

表 4-13 **式(4-9)和式(4-10)基于营商环境指标组内均值的两阶段回归结果**

	两阶段回归		第二阶段回归			
	EX	*Export*	*Export*	*Export*	*Export*	*Export*
Political_mean	−0.072	−0.082	−0.106			
Factor_mean	0.022	0.017		−0.085†		
Facility_mean	0.073	−0.178†			−0.178*	
Tax_mean	0.086	0.044				−0.064
Size_mean	0.050	0.841***	0.822***	0.818***	0.839***	0.812***
Prod_mean	0.072	0.758***	0.727***	0.720***	0.749***	0.713***
Age	0.092	0.363***	0.367***	0.363***	0.363***	0.367***
Skill	−0.032	−0.040	−0.044	−0.047	−0.046	−0.049
ForShare	0.126***	−0.012	−0.011	−0.013	−0.011	−0.010
RD	0.040***	0.045***	0.0454***	0.045***	0.046***	0.045***
Quality	0.389***	0.439**	0.431**	0.440**	0.447**	0.441
ForTech	0.463***		0.449***	0.454***	0.467***	0.452***

① 东部企业在要素市场细分指标“土地可得性”“融资便利”“劳动市场监管”上的评分均值分别为 0.738，0.901 和 0.640，中西部企业在这三项指标上的评分均值分别为 0.470，0.697 和 0.327。东部企业在贸易便利细分指标“交通设施”上的评分均值为 0.433，中西部企业在此项指标上的评分均值为 0.716。

（续表）

	两阶段回归		第二阶段回归			
	EX	*Export*	*Export*	*Export*	*Export*	*Export*
ForInput		0.347***				
λ		−0.681***	−0.676***	−0.687***	−0.670***	−0.680***
Obs	1 539		1 539	1 539	1 539	1 539
ρ	−0.456***		−0.453***	−0.458***	−0.449***	−0.455***

注:Obs 是观察值个数,ρ 是式(4-9)和式(4-10)误差项的相关系数,反映两阶段决策的影响程度。所有回归方程中均包含行业和城市的固定效果,为节约空间,固定效果与截距项均未在表中显示。＊＊＊,＊＊,＊,†分别表示变量系数在1%,5%,10%,15%的水平上显著。系数显著性概率均基于稳健的标准误差算法而得。

对比表4-10和表4-13的结果可以看出,研究结论基本上保持一致,只不过要素市场指标和贸易便利指标的显著性程度略有提高。这有可能是因为内生性问题并不严重,也可能是两种反向作用互相抵消所致。但无论如何,完善要素市场和促进贸易便利确实应当作为政府部门改善营商环境的主要方向。

我们采用同样的内生性消解方法,对16个营商环境细分指标的作用进行类似的稳健性检验,并按显著性概率依次排序,详情见表4-14,阴影部分表示对应指标在30%的水平上显著。对比表4-11和表4-14的结果可以看出,作为政策着力点的几项指标基本相同,仍然集中于"土地可得性""关贸监管""交通设施"等领域,仅仅是显著性程度和排序略有不同而已,这也再次证明本研究的研究结论具有较高的稳健性。

表4-14　**基于营商环境细分指标组内均值的显著性排序**

指标名称	系数	显著性概率	排序	指标名称	系数	显著性概率	排序
关贸监管	−0.470**	0.035	1	市场竞争	0.109	0.529	9
土地可得性	−0.354*	0.060	2	高素质劳动力	−0.134	0.552	10
电力供应	−0.364*	0.100	3	通信条件	−0.112	0.634	11
交通设施	−0.320†	0.113	4	劳动市场监管	−0.076	0.754	12
腐败程度	−0.267	0.289	5	犯罪情况	−0.078	0.778	13
税收管理	−0.181	0.372	6	融资便利	−0.054	0.785	14
司法条件	−0.275	0.397	7	行政审批	0.057	0.834	15
政治稳定	−0.200	0.44	8	税率水平	−0.025	0.894	16

注:所有回归方程中均包含行业和城市的固定效果。系数显著性概率均基于稳健的标准误差算法而得。＊＊,＊,†分别表示变量系数在5%,10%,15%的水平上显著。

(8)结论与启示。基于企业问卷调查数据的实证研究显示,地区营商环境对于企业出口绩效具有显著的正向影响,良好的营商环境将会促进企业扩大出口,不利的营商环境则会阻碍企业对外出口。不同地区在贸易便利和要素市场方面的环境差异,是导致企业出口绩效分化的重要因素,提高关贸监管效率、集约使用土地资源、加快基础设施建设等措施应当作为中国政府部门改善营商环境的政策着力点。

由于不同类型的企业对于营商环境的诉求各有侧重,不同地区的营商环境也千差万别,政府部门可以根据实际需要采取更具针对性的亲商措施。例如,大企业更关注贸易便利和要素市场,而中小企业对于营商环境的敏感度相对较低,政府部门应当着力提高关贸监管和交通运输的效率,同时提供更高效的金融服务和吸引更多的高素质人才;高生产率企业更关注税制环境和要素市场,政府部门应当通过降低企业税负、改进税收管理制度以及增加专业人才供应等措施来支持此类企业扩大出口,推动出口结构的转换升级;东部企业受要素市场的制约较多,改善营商环境的重点在于集约使用土地资源、提高金融服务效率以及增加劳动市场弹性,而中西部企业受贸易便利的制约较多,改善营商环境的重点在于加快交通运输方面的基础设施建设。

3. 综合评价

基于前述关于对外贸易的风险评价,本部分结合经济增长的风险等级,综合评价进出口贸易风险与经济增长风险之间的联系。与以往研究报告的评价方法一致,在评定经济增长风险等级时,根据实际 GDP 增长率与长期趋势值相偏离的程度予以判定,以 1979—2015 年实际 GDP 增长率的算术平均值作为长期趋势。为便于观察,图 4-7 绘出了 2001 年以来对外贸易风险与经济增长风险的等级评定情况。

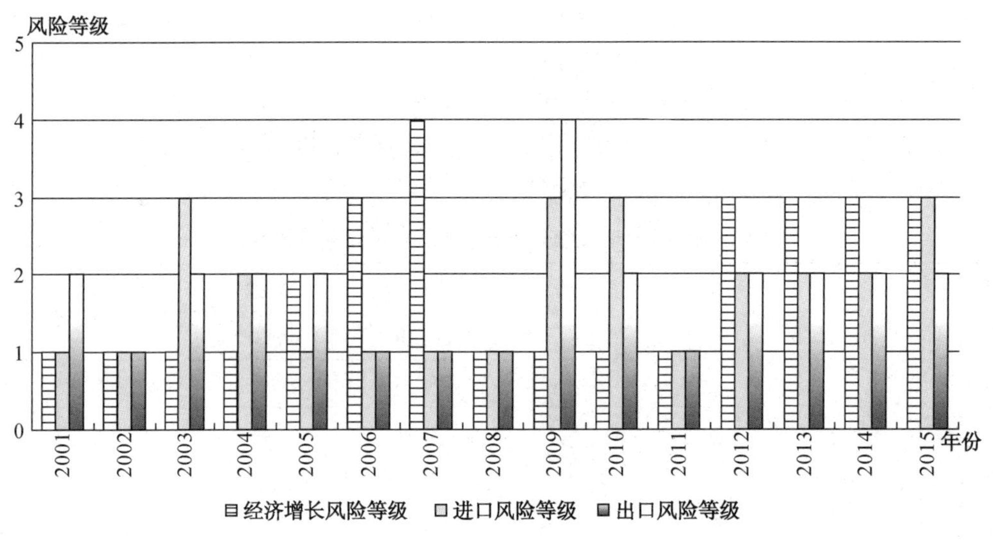

图 4-7　对外贸易风险与经济增长风险的等级评定

2015 年延续了 2014 年的低速增长特征,经济增长的风险等级维持在中等风险的水平,进口贸易的风险等级也上升至中等风险的水平,只有出口贸易的风险依然处于低风险水平,但这种衰退型的低风险是不可持续的。从经济增长的内部构成来看,进出口贸易对经济增长的影响从 2014 年的正向促进再度转为 2015 年的负向牵制。2015 年货物和服务净出口因素对国内生产总值增速的贡献率为−0.2 个百分点,而 2014 年为 0.2 个百分点。与此同时,消费主导经济增长的模式进一步强化,2015 年资本形成因素对国内生产总值增长的贡献率为 36.1%,较 2014 年大幅下降 11.2 个百分点,而最终消费因素的贡献率却大幅上升 15.4 个百分点,达到 66.4%。由此可见,随着经济增速持续降低,传统的粗放型投资驱动模式得到有效抑制,消费驱动的内需增长模式正在逐步形成。不过,这种“衰退式”的结构转型并非真正意义上的成功转型,因为消费本身并没有显著地增长,只不过是投资和净出口大幅减少,导致消费贡献率的被动上升所致。

在2015年的风险研究中，我们曾预测："2015年经济增速略低于2014年，进出口贸易增速将会进一步下降，很可能出现负增长。经济增长的风险等级保持不变的概率很大，但对外贸易的风险等级可能上调，衰退式顺差高企的局面短期内仍将延续"，实际数据与预测情况基本相符。尽管出口增速仅小幅回落2.8个百分点，但进口增速大幅下降了14.2个百分点，导致贸易顺差进一步扩大，较2014年大幅上升了55.4%，增速较上年加快了7.8个百分点，创下新的顺差纪录。鉴于2016年中央政府工作会议已明确表示，将国内生产总值的目标增速进一步下调至6.5%的相对低位，并且不对外贸发展预设增长目标，而是强调"稳定"外贸形势，这些都表明中国政府转变经济发展方式、重视经济发展质量的坚定决心。2016年经济增速会略低于2015年，进出口贸易增速虽有望回升，但很难摆脱负增长的局面，经济增长与对外贸易的风险等级保持不变的概率很大，但贸易顺差可能继续扩大。

四、风险预测与管理

1. 对外贸易风险预测

发达经济体当前主要依靠扩张性的货币政策刺激需求增长和经济复苏，在防止经济衰退和促进经济反弹方面取得了较好的效果，尤其是美国的经济复苏势头强劲。欧元区和日本的经济复苏还面临较多的困难和不确定性，但总体处于企稳回升的轨道当中。发达经济体的增速提升将带动世界经济持续向好。据世界银行2016年1月6日预测，按汇率法GDP加权，2015年世界经济将增长2.4%，2016年将增长2.9%。不过，新兴经济体出现结构性放缓与周期性放缓叠加的局面，尤其是一些资源依赖程度较高的国家，短期内还会面临经济增速进一步放缓的压力。还有一些金融开放程度较高的发展中国家，在美国加息的外部冲击下，资本外逃可能加速经济衰退。世界经济的持续好转将会加快中国的外贸恢复进程，但世界经济分化导致中国外贸发展的不确定性上升，再加上国内产能过剩问题依然突出，经济运行的下行压力还有可能继续加大。因此，2016年中国的外贸形势虽然总体向好，但也不宜过分乐观。

受年初严寒天气等暂时性因素影响，2015年美国经济增长呈现低开高走的态势，第一季度、第二季度和第三季度国内生产总值按年率计算分别增长0.6%，3.9 %和2%。进入第四季度，经济运行总体稳定，制造业和服务业扩张势头有所减缓，消费状况总体向好，劳动力市场持续改善，失业率降至2008年5月份以来的最低值。其中，个人消费支出对前三个季度国内生产总值的贡献超过一半以上，净出口、企业投资和政府支出则表现不佳。美国消费支出强劲增长主要来自就业市场稳步改善的支撑，连续数年保持就业增长为消费扩张奠定了坚实的基础，使得美国经济增长的动能正在增强。不过，美国经济虽总体表现良好，但冲击经济增长的下行因素仍然存在，货币政策对经济的支持作用逐渐消退，结构性改革尚未取得实质性进展，经济复苏还未站稳脚跟。2016年美国经济面临的最大挑战在于美联储将如何渐进加息，美国经济和金融市场将对加息作何反应，以及美国经济复苏能否承受融资成本逐步上升的考验。因为加息必然导致美国企业负担加重，再加上其他主要经济体依然实施宽松货币政策，美元将继续走强，进一步打压美国出口。因此，短期内美国经济增长波动依旧较大，仍处于危机后的恢复阶段。2016年经济增速仍有放缓的可能，但增长趋于健康，复苏前景谨慎乐观。IMF预计，2016年美国经济增速将为2.8%，其增速仍位居主要发达国家之首。

得益于宽松货币政策、金融条件改善、弱势欧元和国际原油价格下跌等有利因素，2015年欧元区经济企稳回升，主要经济指标总体呈现好转趋势。第一季度 GDP 同比增长 1.2%，个人消费和企业投资增长较快；第二季度 GDP 同比增长 1.5%，居民消费和净出口是拉动经济增长的主要力量；第三季度 GDP 同比增长 1.6%，增长得益于私人消费和政府支出，而出口则受到全球贸易放缓的拖累。短期内欧元区经济或将继续得到提振，但由于经济中的结构性痼疾难消和区域内各国经济失衡的状况，经济大幅回升难度较大：一是欧元区失业率虽然达到 6 年来的最低水平，但远高于主要发达经济体的平均水平，也高于危机前自身正常水平；二是欧元区面临的通缩威胁依在，物价涨幅远低于欧洲央行 2%的中期目标；三是地缘政治的风险难以消除，2015 年不期而至的欧洲难民危机，给经济增添了新的不稳定因素，对正在艰难复苏的欧盟经济带来一定压力；四是美联储加息导致资本外流可能会使欧元区重债国风险上升。IMF 预计，2016 年欧元区经济将增长 1.6%，比 2015 年提高 0.1 个百分点。

2015 年日本经济恢复正向增长，但增长并不稳定，整体情况仍十分疲弱。第一季度在企业投资信心上扬、出口较快增长带动下，经济环比折合年率增长 4.5%；第二季度在个人消费、企业设备投资及进出口均不佳的背景下，经济下降 1.2%；第三季度经济数据中的消极迹象有所改观，经济增长 1%，但日本摆脱通缩的目标难以实现。随着人口老龄化问题加剧和通缩状况持续，日本企业对国内市场需求缺乏信心，投资活动持续萎缩。日本政府债务压力在过去 3～4 年间也不断加大，政府公共债务占国内生产总值比重已超过 200%，在发达国家中最为糟糕。日本政府主导的“安倍经济学”不太可能在未来两三年内成功恢复本国经济增长并扭转通货紧缩颓势，提升经济增长动力的任务依然十分艰巨。宽松货币政策和结构性改革在一定程度上会支撑经济小幅增长，但难以保证经济增长的平稳性。IMF 预计，2016 年日本经济将增长 1%，较 2015 年提升 0.4 个百分点。

近几年，随着外部条件改变以及自身经济转型和结构性改革的任务艰巨，新兴经济体经济活动明显减速，独联体国家、拉美和加勒比地区增速下降幅度最大。2015 年独联体国家 GDP 增速下降 3.7 个百分点，为负增长 2.7%。俄罗斯、白俄罗斯以及乌克兰的负增长幅度分别达到 3.8%，3.6%和 9.0%。2015 年拉美和加勒比地区也陷入了整体负增长，GDP 增长率约为 −0.3%，比 2014 年下降了 1.6 个百分点。其中，巴西 GDP 增长率从 2014 年的 0.1%下降到 −3.0%，委内瑞拉 GDP 更是萎缩了 10%，阿根廷处于停滞边缘。新兴和发展中亚洲经济体依然是世界经济中增长最快的地区，2015 年增长率约为 6.5%，但相比 2014 年也下降了 0.3 个百分点。2016 年新兴经济体将面临外部需求不振、大宗商品价格低迷、融资环境趋紧的负面影响，特别是伴随美联储启动加息进程，新兴经济体可能面临新的资本外流和金融震荡压力，陷入更加艰难的境地，不排除部分国家发生危机的可能。IMF 预计，2016 年新兴市场和发展中国家经济增长 4.5%，略好于 2015 年。

从中国国内经济来看，既有消化过剩产能、经济结构调整的不利因素，也有稳增长政策逐步见效、对外开放进程深入的利好因素，预计 2016 年经济增速继续小幅回落，投资继续下行，消费可能进入个位数增长。在投资方面，产能过剩依然突出，新增投资动力不足。由于财政收入增速大幅下降，资金来源受到限制，再加上新预算法等改革措施的推进，短期内可能抑制地方政府投资扩张，基础设施投资增速可能回落。房地产市场景气度仍未全面恢复，当前房地产市场的景气上行是结构性上行而非整体上行，房地产投资可能降至零增长。高新制造业投资增速虽然较高，但规模尚小，难以提供足够投资支撑；在消费方面，城乡居民收入增速虽然略高于经济增速，但从年度比较来看，却是持续减速。受失业显性化等因素的影响，消费信心也可能有所减弱。另外,汽车消费鼓励政策的效应趋于减弱,一些热点消费可能减速,2016 年的居民消费可能进入个位数增长。

综上所述,2016 年中国外贸发展面临的外部环境总体向好,但国内外不利因素会对外贸增长形成制约,一些不确定因素也要引起高度重视。除了以美国为首的发达经济体复苏有利于拉动中国出口之外,"一带一路"合作倡议、国际产能和装备制造合作进入实施阶段,对外贸易与对外投资相互促进的局面正在形成,为外贸发展增添了新的动能。随着外贸稳增长各项举措的逐步落实见效,政策环境将进一步优化,进出口企业的信心也有望持续增强,外贸发展的积极因素不断积累。但欧元区和日本经济仍面临减速风险,美联储的加息频率可能提高,进而对全球金融市场造成短期冲击。另外,中国出口竞争优势减弱、贸易摩擦形势复杂等问题依然存在甚至进一步恶化,工业与制造业领域推进"去产能、去库存、去杠杆"也会对外贸发展造成不小的阻碍。2016 年中国的外贸增速小幅回升,但仍难以扭转负增长的趋势。由于外部需求条件好于内部需求条件,出口增速与进口增速的落差可能继续拉大,这也使得贸易顺差问题进一步凸显。考虑到世界各国的分化增长趋势,中国的外贸重心可能进一步偏向美国以及周边的印度、东盟等新兴经济体。

2. 对外贸易引致经济增长风险的管理对策

鉴于 2016 年的国内外经济形势依然严峻,对外贸易需要以稳为主,不宜设定具体的增长目标。政策重心应当深耕"一带一路"的战略机遇,实现优势互补与相互促进,培育中国的出口竞争新优势。同时,要从减税减费、贸易便利、金融支持等方面帮助企业走出困境。具体的管理对策包括以下几方面:

(1) 深耕"一带一路"战略,培育外贸竞争新优势。顺应沿线国家产业转型升级的大趋势,主动对接诸如哈萨克斯坦的"光明大道"计划、欧洲的"容克计划"、蒙古的"草原之路"倡议等发展需求,扩大机电产品、高新技术产品等优势产品出口,努力用中国大型成套设备、技术、服务和标准助推沿线国家经济发展。综合运用中国援外优惠贷款和优惠出口买方信贷及援外投入,在扩大产品进出口的基础上推动产业出口,鼓励支持具有自主知识产权和高技术水平的轨道交通、工程机械、核电发电等行业对沿线国家投资,用中国制造和国际产能合作与世界交流互通。灵活运用中国境外经贸合作区、跨境经济合作区、边境经济合作区等深化互利共赢合作,更好地借助 G20、亚太经合组织、金砖国家峰会等平台推动务实合作,携手提升"一带一路"沿线的贸易与投资便利化水平①。

(2) 贯彻落实中央精神,着力减轻企业负担。重点通过完善和实施涉企收费清单制度,切断中介服务收费和行政审批的联系,逐步建立加强涉企收费管理减轻企业负担的长效机制,为稳定经济增长、激发市场活力和服务企业发展营造良好的环境。一是要进一步完善涉企收费清单制度,强化社会监督。对有法律、法规依据的行政审批前置中介服务项目,建立清单制度,并引入竞争机制,通过市场决定服务价格;个别暂时无法形成市场竞争的收费项目,要纳入政府定价管理。二是要重点治理,规范涉企收费行为。结合相关税制改革,进一步清理、整合和规范一批涉企行政事业性收费和政府性基金项目。进一步清理附加在资源产品价格上征收的各种基金和收费,取消不合理的收费基金。三是要抓好督促落实,加强监督检查。建立政策跟踪督促制度,将各项减税降费政策措施落到实处,形成扶持小微企业的长效机制。同时借助审

① 顾学明:《深耕'一带一路'拓展全球开放型经济发展新境界》,《人民日报》,2016-03-31。

计工作，进一步抓好督促落实，推动建设规范涉企收费的长效机制。

（3）深化贸易便利改革，支持跨境电子商务快速发展。中国跨境电子商务快速发展，已经形成了一定的产业集群和交易规模。但跨境电子商务在高速发展过程中，也积累了很多深层问题，尤其是电子商务平台由于发货速度慢而饱受消费者诟病，成为制约多数跨境电子商务发展的重要因素，需要政府部门在相关环节进行改革，提高贸易便利化程度。一是加快建立适应跨境电子商务特点的政策体系和监管体系，提高贸易各环节便利化水平。支持跨境电子商务零售出口企业加强与境外企业合作，通过规范的"海外仓"、体验店和配送网店等模式，融入境外零售体系，逐步实现经营规范化、管理专业化、物流生产集约化和监管科学化。二是优化配套的海关监管措施。进一步完善跨境电子商务进出境货物、物品管理模式，优化跨境电子商务海关进出口通关作业流程。研究跨境电子商务出口商品简化归类的可行性，完善跨境电子商务统计制度。三是完善检验检疫监管政策措施。对跨境电子商务进出口商品实施集中申报、集中查验、集中放行等便利措施。

（4）创新金融服务方式，强化中小企业的金融支持。一是要建立健全有利于支持中小企业发展的金融政策。要完善小企业信贷考核体系，提高小企业贷款呆账核销效率，建立完善的信贷人员尽职免责机制。对商业银行开展中小企业信贷业务实行差异化的监管政策。二是要鼓励建立小企业贷款风险补偿基金，对金融机构发放小企业贷款按增量给予适度补助，对小企业不良贷款损失给予适度风险补偿。三是要积极推动对中小企业金融服务创新和体制机制的创新，完善财产抵押制度和贷款抵押物认定办法，采取动产、应收账款、仓单、股权和知识产权质押等方式，缓解中小企业贷款抵质押不足的矛盾，开办多种为中小企业服务的融资业务。四是国有商业银行和股份制银行要建立小企业金融服务专营机构，完善中小企业授信业务制度，逐步提高中小企业中长期贷款的规模和比重，提高贷款审批效率，创新金融产品和服务方式。五是要建立和完善中小企业金融服务体系，大力发展小额贷款公司和村镇银行的发展，适当发展民营中小银行，建立适合中小企业需求的服务体系。

五、结论

在本章内容中，我们首先回顾了 2015 年中国对外贸易的主要特征，揭示了进出口贸易中的一些风险因素。中国的对外贸易形势极为严峻，外贸发展水平和面临困难超出预期。外部需求难以提振、成本压力持续加大是中国出口面临的主要风险，国内经济趋于下行、进口需求扩张动力不足是进口面临的主要风险。

然后，我们实证研究了对外贸易与地区经济增长差距的关系，并就地区营商环境对中国企业出口绩效的影响问题进行了量化评估。研究表明，对外贸易开放度与省际经济增长差距之间确实存在稳定的长期正向联系，外商直接投资与省际经济增长差距之间也存在稳定的长期正向联系，只不过关联程度弱于对外贸易而已。受国际金融危机影响，东部地区经济增速明显放缓，但这一地区仍然是中国高端制造业的集聚地，是产业升级的希望所在。中央政府应当对东部地区提供必要的政策支持，利用财政、税收、金融、外贸等措施帮助其度过当前的困境，支持其尽快实现产业转型升级，引领中国经济长期可持续增长。2015 年出口贸易的风险等级仍然维持在低风险状态，但进口贸易的大幅萎缩，使其风险等级调高至中等风险状态。地区营商环境影响中国企业出口绩效的评估结果显示，地区营商环境对于企业出口绩效具有显著的正向影响，良好的营商环境将会支持企业扩大出口，不利的营商环境则会阻碍企业对外出口。不同地区在贸易便利和要素市场方面的环境差异，是导致企业出口绩效分化的重要因素，提高关贸监管效率、集约使用土地资源、加快基础设施建设等措施应当作为中国政府部门改善营商环境的政策着力点。

最后，我们预测了 2016 年的对外贸易风险，并就如何管理外贸风险提出了几点对策。预计 2016 年世界经济表现会趋于好转，但美联储的加息政策可能成为世界经济的不确定因素，新兴经济体和发展中国家增速可能进一步放缓。中国有望走出对外贸易的低谷，进出口贸易增速趋于回升，但回升幅度不会太大，风险等级可能继续持平。为减少外贸引致经济增长的风险，2016 年的政策重心应当深耕“一带一路”战略，培育外贸竞争新优势。贯彻落实中央精神，着力减轻企业负担。深化贸易便利改革，支持跨境电子商务快速发展。创新金融服务方式，强化中小企业的金融支持。

参考文献

[1] 兰宜生.对外贸易对中国经济增长及地区差异的影响分析[J].数量经济技术经济研究，2002(7).

[2] 刘志彪，张杰.中国本土制造业企业出口决定因素的实证分析[J]，经济研究，2009(8).

[3] 盛丹，包群，王永进.基础设施对中国企业出口行为的影响：“集约边际”还是“扩展边际”[J]，世界经济，2011(1).

[4] 王丽娟.贸易自由化对中国区域经济差距的影响分析[J].世界经济研究，2005(9).

[5] 魏后凯.外商直接投资对中国区域经济增长的影响[J].经济研究，2002(4).

[6] 赵伟，何莉.对外贸易与地区经济增长差距——基于中国省际面板数据的实证分析[J].技术经济，2007(5).

[7] 周守华，吴春雷，刘国强.企业生态效率、融资约束异质性与出口模式选择[J]，财贸经济，2015(10).

[8] BARUA A, CHAKRABORTY P. Does openness affect inequality? a case study of manufacturing sector of India[R]. International conference, Economic Integration and Economic Development, Beijing, China, 2006.

[9] BIESEBROECK V J. Exporting raises productivity in sub-saharan african manufacturing firms[J]. Journal of International Economics, 2005(67).

[10] CARLIN W, SEABRIGHT P. Bring me sunshine: which parts of the business climate should public policy try to fix[R]. Paper Presented at The Annual Bank Conference on Development Economics, Bled Slovenia, 2007.

[11] CLARKE G. Beyond tariffs and quotas: why don't african manufacturers export more[R]. World Bank Policy Research Working Paper, No. 3617, 2005.

[12] CROZET M, KOENIG-SOUBEYRAN P. Trade liberalization and the internal geography of countries, in MAYER T. and MUCCHIELLI. J. Multinational firms' location and economic geography[M]. Edward Elgar, Cheltanham, 2004.

[13] DJANKOV S, FREUND C, PHAM C. Trading on time[R]. World Bank Policy

Research Working Paper, No. 3909, 2006.

[14] DOLLAR D, HALLWARD-DRIEMEIER M, MENGISTAE, T. Investment climate and firm performance in developing economies[J]. Economic Development & Cultural Change, 2005(54).

[15] DOLLAR D, HALLWARD-DRIEMEIER M, MENGISTAE, T. Investment climate and international integration[J]. World Development, 2006(34).

[16] EASTERLY W. The ghost of financing gap: testing the growth model used in the international financial institutions[J]. Journal of Development Economics, 1999(60).

[17] EDWARDS L, BALCHIN N. Trade related business climate and manufacturing export performance in Africa: a firm-level analysis[R]. Mpra Paper, No. 32863, 2008.

[18] ELBADAWI I, MENGISTAE T, ZEUFACK A. Market access, supplier access, and Africa's manufactured exports: an analysis of the role of geography and institutions[R]. World Bank Policy Research Working Paper, No. 3942, 2006.

[19] ESTRIN S, MEYER K, WRIGHT M, FOLIANO F. Export propensity and intensity of subsidiaries in emerging economies[J]. International Business Review, 2008(17).

[20] EVENSON R, WESTPHAL L. Technological change and technology strategy, in T. N. Srinivasan and J. Behrman, eds., Handbook of Development Economics[M]. Vol. 3, Amsterdam: North-Holland, 1995.

[21] FRANCISCO M, PAULO CORREA, MARIAM D. Identifying supply-side constraints to export performance in Ecuador: an exercise with investment climate survey data[R]. World Bank Policy Research Working Paper, No. 4179, 2007.

[22] GONSALES R M. The effect of trade openness on regional inequality in Mexico[J]. The Annals of Regional Science, 2007(41).

[23] HECKMAN J J. Sample selection bias as a specification error[J]. Econometrica, 1979(47).

[24] KRUGMAN P, LIVAS E R. Trade policy and the third world metropolis[J]. Journal of Development Economic, 1996(49).

[25] LIMÃO N, VENABLES A J. Infrastructure, geographical disadvantage, transport costs, and trade[J]. World Bank Economic Review, 2001(15).

[26] LINDERS G M, DE GROOT H L. Estimation of the gravity equation in the presence of zero flows[R]. Tinbergen Institute Discussion Paper, No. 72, 2006.

[27] LOECKER J D. Do exports generate higher productivity? evidence from Slovenia[J]. Journal of International Economic, 2007(73).

[28] MA TERESA S, DUEÑAS-CAPARAS. Determinants of export performance in the Philippine manufacturing sector[R]. Philippine Institute for Development Studies Discussion Paper,2006(18).

[29] MARIE D. The impact of trade openness on regional inequality: the cases of India and Brazil[R]. University Paris 8 Vincennes-Saint-Denis Working Paper, 2010.

[30] MELITZ M J. The impact of trade on intra-industry reallocations and aggregate industry productivity[J]. Econometrica,2003(71).

[31] PALUZIE E. The trade policy and regional inequalities[J]. Papers in Regional Science, 2001(80).

[32] STERLACCHINI A. The determinants of export performance: a firm-level study of Italian manufacturing[J]. Weltwirschaftliches Archiv, 2001(137).

[33] STERN N. A Strategy for development[M]. Washington, DC: The World Bank, 2002.

[34] TUAÑO P, GEORGE MANZANO ISABELA, V. Determinants of export intensity and propensity among small and medium-sized enterprises: the case of the Philippines[R]. ARTNeT Working Paper Series, No. 137, 2014.

[35] VAN DIJK M. The determinants of export performance in developing countries: the case of Indonesian manufacturing[R]. Eindhoven Centre for Innovation Studie Working Paper, 2002(2).

第五章　通货膨胀风险

一、绪论

对于一个经济体而言，物价稳定无疑是宏观经济健康运行的重要表现和内在要求，并且物价波动也直接影响着普通民众的日常生活和经济福利，因此保持物价稳定是世界各国所竭力实现的重要的宏观调控目标。为实现这一目标，世界上相当一部分国家已经实行了通货膨胀目标制，从而将稳定物价水平或降低通货膨胀率作为中央银行货币政策调控的首要目标；在没有实行通货膨胀目标制的国家或地区中，保持物价稳定也无一例外地成为政府宏观经济管理中的核心政策目标。

中国自改革开放以来的三十多年里，在经济建设方面所取得的巨大成就令世人瞩目，但与此同时，经济高速增长也伴随着较为频繁的物价水平波动，从而对民生及政府公信力都产生了较大的影响，基于此，有效地预测通货膨胀风险并提出具有前瞻性的宏观调控政策建议，将具有重大的理论和现实意义。

下面我们将对通货膨胀风险进行明确界定，本研究认为，如果按照涉及对象（或经济层面），通货膨胀风险可有宏观角度与微观角度之分。其中，宏观层面的通货膨胀风险是指由于物价变动的不确定性给宏观经济目标实现所造成的可能影响；微观层面的通货膨胀风险则是指物价变动的不确定性给微观经济主体造成的损失可能性。基于宏观视角的通货膨胀风险，广义上则是指物价变动的不确定性所造成的宏观经济方面的福利损失，强调的是通货膨胀导致的经济后果；狭义上则是指宏观经济未来所面临的通货膨胀变动的不确定性，主要强调了宏观经济所面临的通货膨胀波动压力。

本研究在研究和预测中国的通货膨胀风险时，将暂不考虑通货膨胀所导致的经济后果，而仅将视角集中于宏观经济未来面临的通货膨胀的可能变动；基于此，本研究将对所要讨论的通货膨胀风险作如下界定，即未来通货膨胀相比较其适度区间的可能偏差。假定经济持续稳定运行所需要的通货膨胀适度区间为$[\pi_{\min}, \pi_{\max}]$，则当未来的通货膨胀预测值π_{pre}高于适度区间的上限$\pi_{\max}$或低于适度区间的下限$\pi_{\min}$时，则认为经济运行过程中会出现通货膨胀（或紧缩）风险；并且，如果未来通货膨胀率偏离适度区间越大（后面会给出本研究所界定的中国通货膨胀的适度区间），则意味着风险越高。

2015 年以来，随着中国经济增长速度下滑的压力持续增大，中国经济运行中的主要价格指数不断走低，用于衡量通货膨胀水平的居民消费价格指数 CPI 在 2015 年 10 份下降至近年来的最低点 1.3%，并自此开始逐渐缓慢上升。自 2016 年第一季度以来，受到春节和天气等季节性因素的影响，以蔬菜、猪肉为代表的食品价格的大幅攀升超出了市场的普遍预期，从而使得 CPI 出现了明显的反弹，2016 年前 3 个月的 CPI 同比分别上涨 1.8%，2.3%和 2.3%，进而使经济主体的通货膨胀预期有所上升。

根据过去一年的物价走势，本研究认为，2%左右的居民消费价格水平的增长率仍处于正常（或健康）的范围之内；不仅如此，由于中国经济基本面在短期内大幅改善的可能性不大，“供给侧”改革尚在路上，工业领域内的产能过剩和房地产市场上的“去库存”压力依然较大，市场主体对经济前景的预期仍较悲观，再考虑到 2016 年年初引起物价指数小幅波动的鲜菜和猪肉价格的上升，在 2016 年下半年继续大幅持续上涨的可能性不大，因此，就 2016 年下半年至 2017 年年初这段时间而言，中国经济中的通货膨胀水平仍极有可能在 3%上下小幅波动，通货膨胀全面上涨的风险较小。

在保持上述基本判断不变的情况下，可能需要引起注意的是，在物价水平总体上保持低位稳定的同时，受气候等自然条件影响较大的食品价格发生较大波动的不确定性依然较大，再加上国内较为宽松的流动性因素和经济主体未来物价预期的不确定性，这些都将可能成为影响中国物价水平波动的主要风险因素；除此之外，国际大宗商品价格的波动也有可能引致国内物价水平的波动。基于此，下面将对 2016 年以来中国经济运行中影响物价水平的潜在因素进行分析，然后测度并判断本年度经济运行中通货膨胀风险指数的大小，最后提出预控和管理物价波动的政策建议。

二、风险因素识别

（一）不同价格指标的表现特征

1. 居民消费价格指数持续小幅上涨

如图 5-1 所示，2015 年以来，中国居民消费价格指数 CPI 持续围绕 2%的水平小幅波动，进入 2016 年以来，CPI 在鲜菜及猪肉价格大幅攀升的带动下，出现了小幅的上涨，但除食品之外的其他商品及服务价格总体保持稳定，因此，物价水平的上升幅度比较有限。从图 5-2 的商品零售价格指数的变化中也能明确地看出，一年多以来，中国国内的零售物价水平也在低位小幅波动，总体呈现出比较稳定的走势，从而表明经济运行中暂时没有明显的通货膨胀压力。

图 5-1　中国居民消费价格指数变化

数据来源：Wind 资讯。

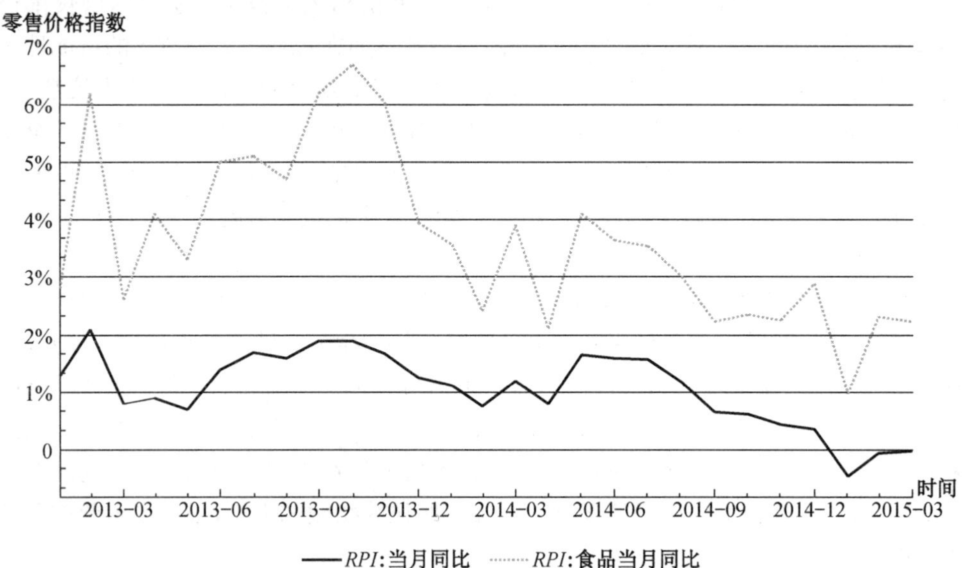

图 5-2 中国商品零售价格指数变化

数据来源:Wind 资讯。

2. 食品价格指数持续波动

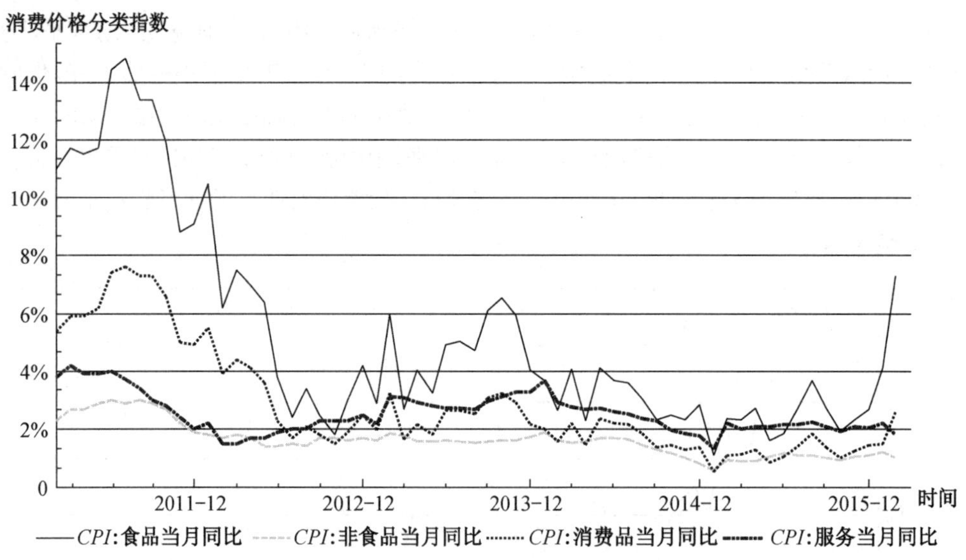

图 5-3 中国居民消费价格分类指数变化

数据来源:Wind 资讯。

从图 5-3 的中国居民消费价格分类指数月同比数据中可以看出,在构成居民消费价格指数的几大类商品中,食品价格总体上出现了明显的上升;从图 5-4 中可以看出,在食品构成中,畜肉和鲜菜等食品的价格波动幅度较大,猪肉价格出现了大幅上升,部分蔬菜的价格也有明显上涨,考虑到食品价格在居民消费价格指数构成中占比较高,因此食品价格较大幅度的上涨,是引致 CPI 整体出现小幅上扬的主要原因之一。但是,随着气温的回升和种植生长条件的改

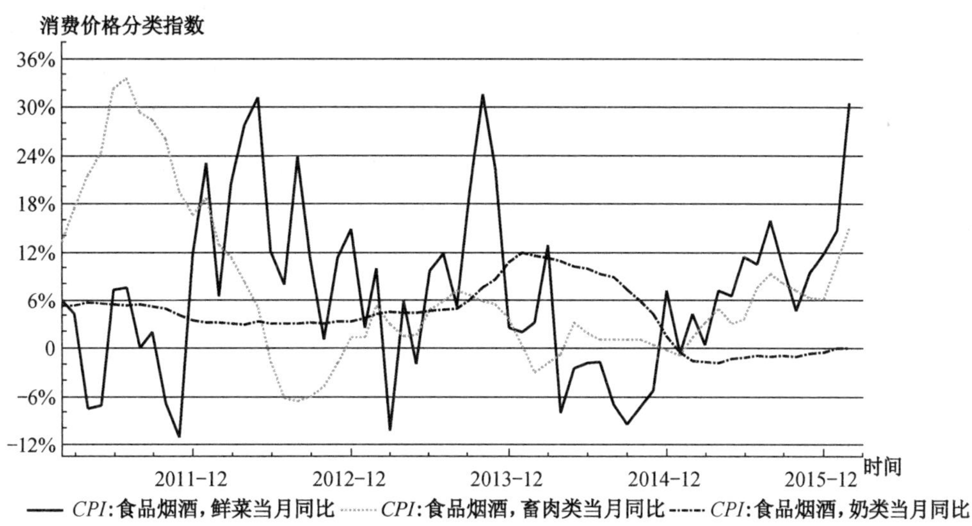

图 5-4　中国食品消费价格分类指数变化

数据来源：Wind 资讯。

善，中国国内蔬菜供给将逐步增加，从而使得菜价有显著下降；另外，伴随着生猪存栏量逐渐上升，猪肉价格在继续上涨一定时间后将会有所回调；因此，2016 年年底及未来一段时间内，食品价格将会出现显著回落的走势，这在明显降低普通民众生活支出成本的同时，也会减缓整体居民消费价格指数持续上升的压力。

3. 汽柴油价格低位保持稳定

自 2016 年以来，国际原油价格延续下滑态势并在低位小幅振荡。如图 5-5 所示，中国国内的成品汽柴油价格也经过了近 3 年的明显下降，自 2016 年 1 月以来，汽柴油价格也仍保持

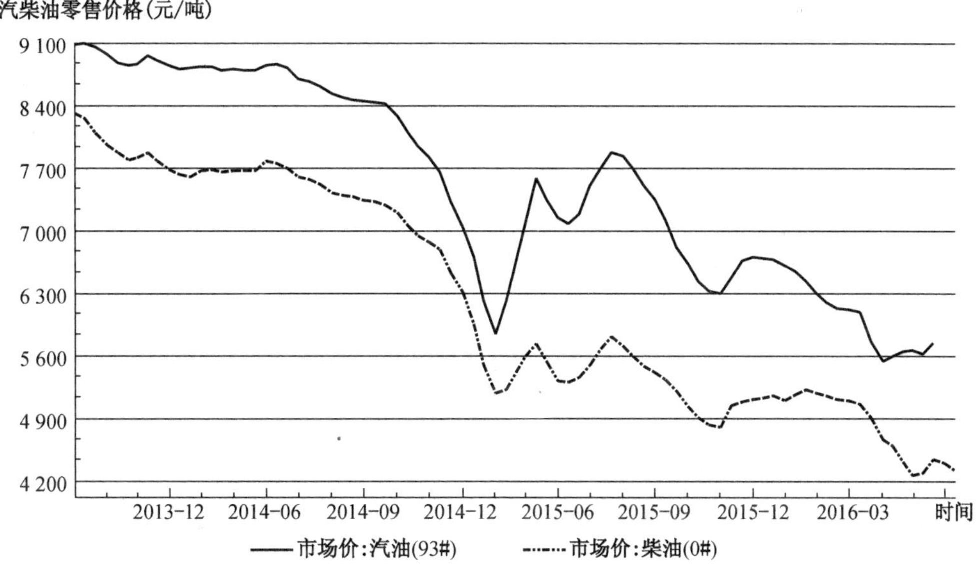

图 5-5　中国汽柴油平均零售价格变化

数据来源：Wind 资讯。

在近年来的相对低位。由于燃料费用是大多数工业品和几乎所有消费品价格的重要构成,因此汽柴油价格的明显下降势必会降低商品流通环节中的运输成本,进而推动消费品价格下降。从图 5-5 可以看出,目前国内与家用汽车最相关的 93 号(现 92 号)汽油,折合每升的零售价从 3 年前的 8 元左右下降至 5.5 元左右,0 号柴油也下降至略高于 5 元每升的价格水平,其直接影响结果为较低的居民交通成本和商品运输成本,从而减轻了经济运行中的通货膨胀压力。

4. 居民住宅销售价格指数同比有所上升

图 5-6　中国居民居住价格指数变化

数据来源:Wind 资讯。

自 2013 年以来,中国 36 个大中城市的居住价格指数出现了明显的下降态势,但这一趋势在 2015 年年底出现了反转,国内几个主要一线城市的房价出现了大幅的攀升(见图 5-6),由此带动了居住价格指数的上涨,同时也致使各一线城市先后出台了严厉的楼市调控政策。与此同时,在中国国内的二线、三线城市,房地产去库存的压力依然很大,各地不断放松的楼市刺激政策意图加快消化房地产市场的巨大库存量。这种结构差异明显的住宅市场发展状况对居住价格指数的影响较难判断,但基于目前中国国内房地产市场的总体状况来看,住宅市场出现大幅上涨或下跌的可能性不大,与此相对应,居民租房的价格也会相对比较稳定,因此对整体 CPI 的影响也较为有限。

与上面已经提到的构成 CPI 的指标相比较,近 1 年以来家庭设备及服务、交通通讯及服务、娱乐教育文化用品及服务和医疗保健及个人用品等分类指标都较为稳定,部分指标甚至出现了下降的趋势,从而对总体的价格指数上涨产生了较明显的抑制作用。

(二) 风险引致因素

在未来可能引致通货膨胀风险的因素中,本研究仍将保持 2015 年风险报告的基本判断,即 2016 年及未来较长的一段时间内,国内货币供应及流动性宽松仍将是中国通货膨胀风险的主要引致因素，部分食品价格及资源品价格的波动有可能会推高总体物价水平；另外，国际大宗商品价格如果出现较大幅度的上升，也有可能向中国输入通货膨胀压力。但是，与前几年相比较，固定资产投资增速过快和通货膨胀预期上升等因素将不大可能成为引致通货膨胀风险的重要原因。

1. 货币供应量

与2008年前后相比较，中国的货币供应增长速度自2011年以来有所下降，但从总量来看，经济运行中仍存在结构性的流动性宽松现象，货币存量及信贷规模也相对较大。如图5-7所示，2015年以来，中国的M2供应增长率在13%上下波动。截至2016年3月底，中国广义货币供应量M2余额约为144.62万亿元，平均增长率约为13%；狭义货币供应量M1余额约为41.16万亿元，流通中的现金M0约为6.47万亿元。

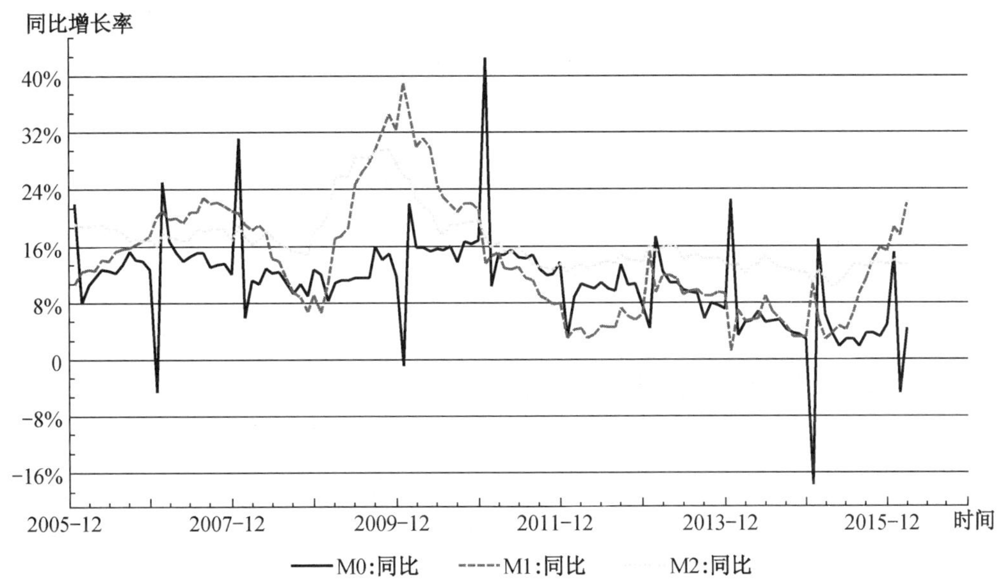

图5-7　中国不同层次的货币供应量同比增长率

数据来源：Wind资讯。

除此之外，如图5-8所示，中国金融机构的人民币贷款余额同比呈现小幅的稳步上升态势。截至2016年3月底，中国金融机构人民币贷款余额约为98.56万亿元，其中，金融机构各项境内短期贷款余额约为35.28万亿元，中长期贷款余额约为55.68万亿元。由此可以看出，经济运行中的流动性就总体而言仍比较宽松，这在一定条件下将会成为推动物价上涨的潜在因素。

2. 固定资产投资

固定资产投资增长过快会导致能源或原材料的需求上升，从而引致或加剧通货膨胀压力。与2009年前后35%左右的增长速度相比较，中国固定资产投资增长率自2014年以来逐步回落至15%以下。如图5-9所示，2015年年底以来，这一速度已经降至10%左右，并且新增固定资产投资的增长回落更为明显，因此在政府没有大的刺激政策的情况下，预计固定资产投资增长将逐渐不再成为引致中国国内通货膨胀压力上升的重要风险因素。

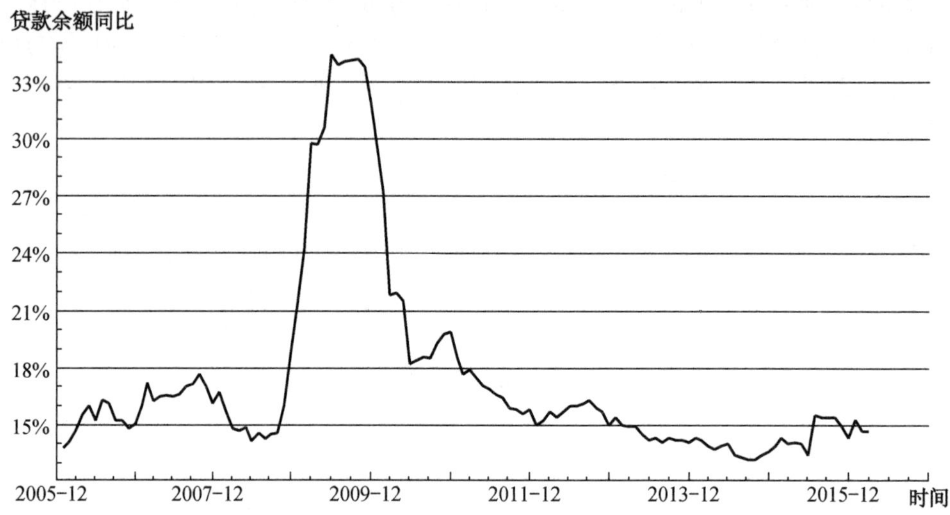

图 5-8　中国金融机构人民币贷款余额同比变动

数据来源：Wind 资讯。

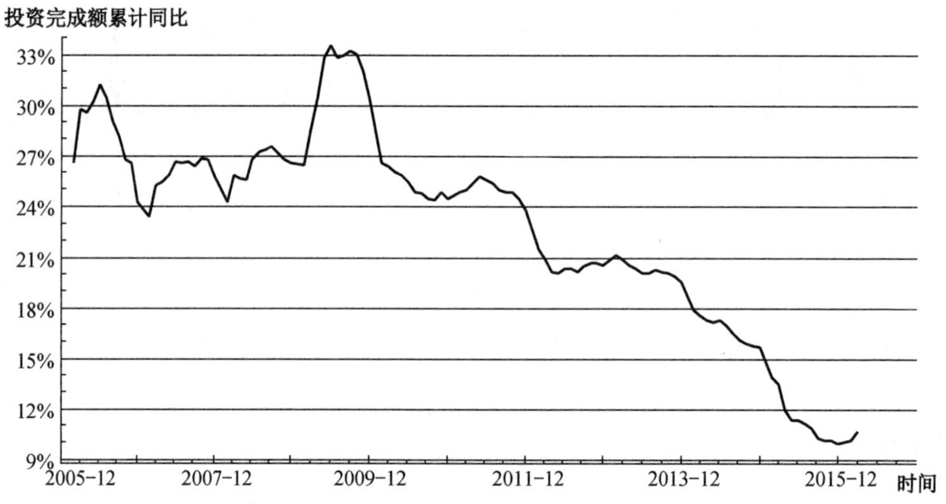

图 5-9　中国固定资产投资同比增长率变动

数据来源：Wind 资讯。

3. 劳动力成本

近几年来，中国各地不断调高月最低工资标准，这有可能会导致企业用工成本的上升和部分服务消费价格的上涨。如图 5-10 所示，2013—2016 年，北京的月最低工资标准从 1 400 元上调至 1 720 元，上海的月最低工资标准则从 1 620 元上调至 2 190 元，两地的月最低工资标准在 4 年间分别上调了 320 元和 570 元。

4. 通货膨胀预期

通货膨胀预期是指公众对未来一段时期内可能发生的通货膨胀及其幅度大小的事前估计，在通货膨胀大幅上涨的背景下，适应性通货膨胀预期将会进一步推升物价水平。预期行为

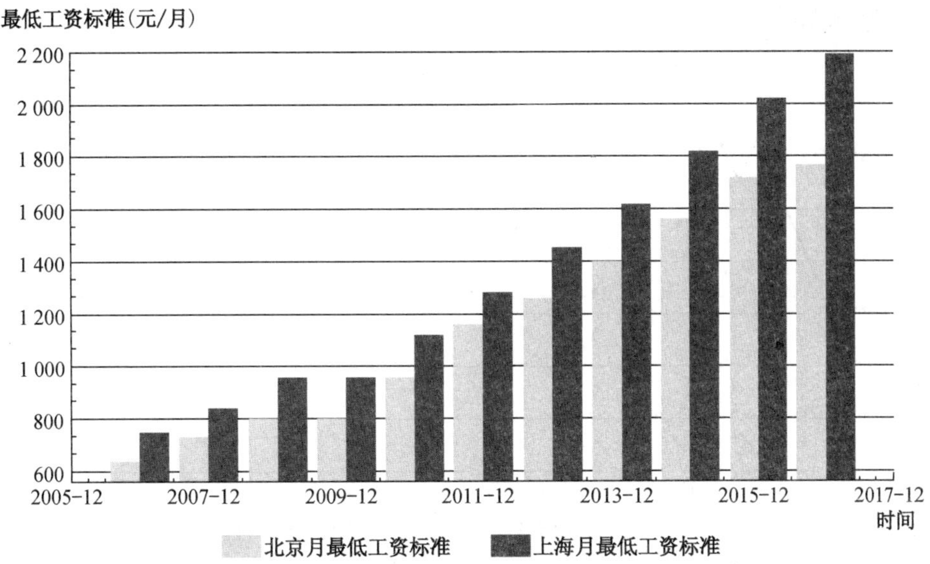

图 5-10　中国两大城市的月最低工资标准变化

数据来源：Wind 资讯。

本身具有主观性，但人们进行预期所依据的却是客观事实，中国国内居民通货膨胀预期的变化，会直接体现为投资或消费行为的变化，由此会导致通货膨胀的进一步波动。例如，公众的通货膨胀预期指数下降，将对通货膨胀压力有抑制作用。如图 5-11 和图 5-12 所示，中国全国储户问卷调查结果显示，与 2014 年和 2015 年前后相比较，2016 年开始以来，公众未来物价预期指数和预测物价上涨的比例均呈现了较明显的下降态势，这会在一定程度上缓解中国国内的通货膨胀压力。

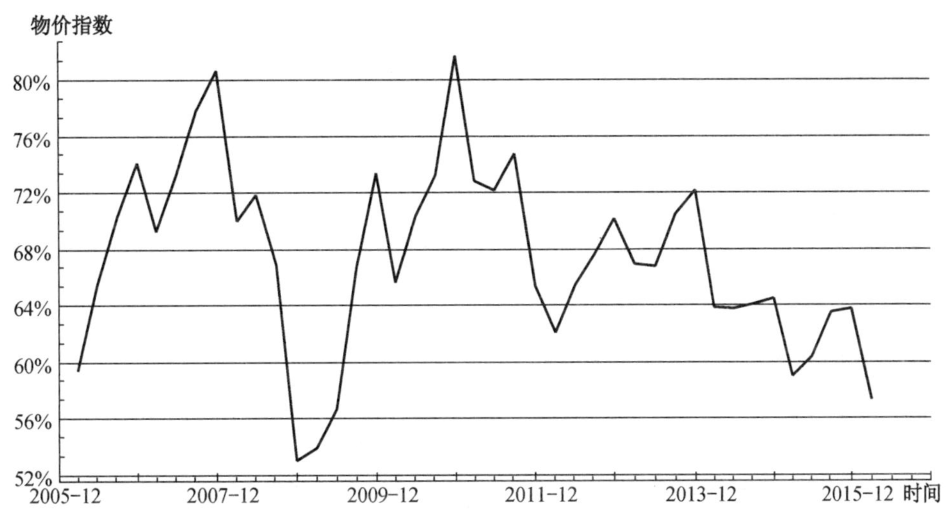

图 5-11　中国未来物价预期指数变动

数据来源：Wind 资讯。

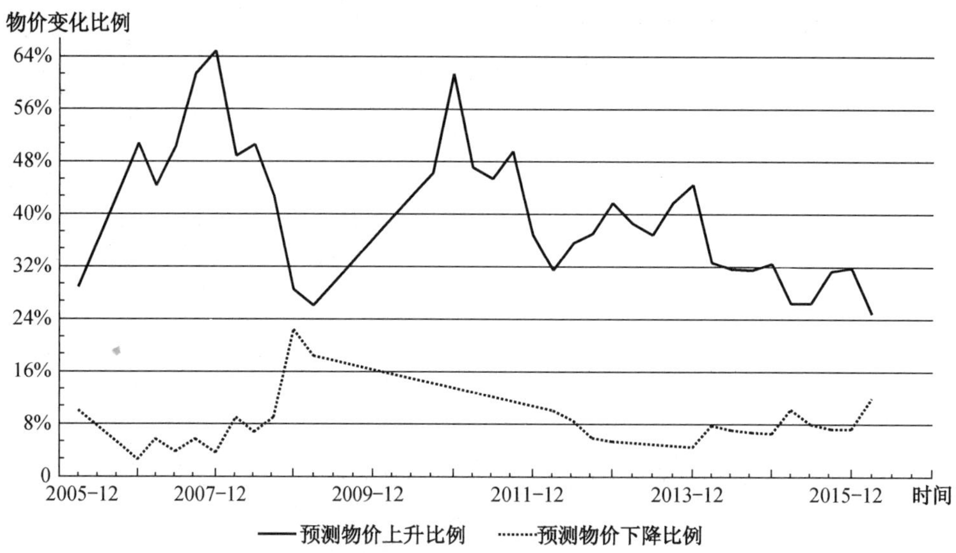

图 5-12　中国预测物价上升下降比例变动

数据来源：Wind 资讯。

5. 食品价格波动

就中国过去几十年的通货膨胀率变化来看，在构成 CPI 的主要分类指标中，食品价格的波动最为频繁，并且食品价格指数对猪肉价格的变化极为敏感，这也是导致 CPI 上升的主要因素之一。如图 5-13 所示，自 2013 年以来，与非食品类的商品或服务价格指数的稳定相比较，食品价格指数的波动频率和波动幅度都更为明显，并且自 2015 年年底以来，食品价格指数

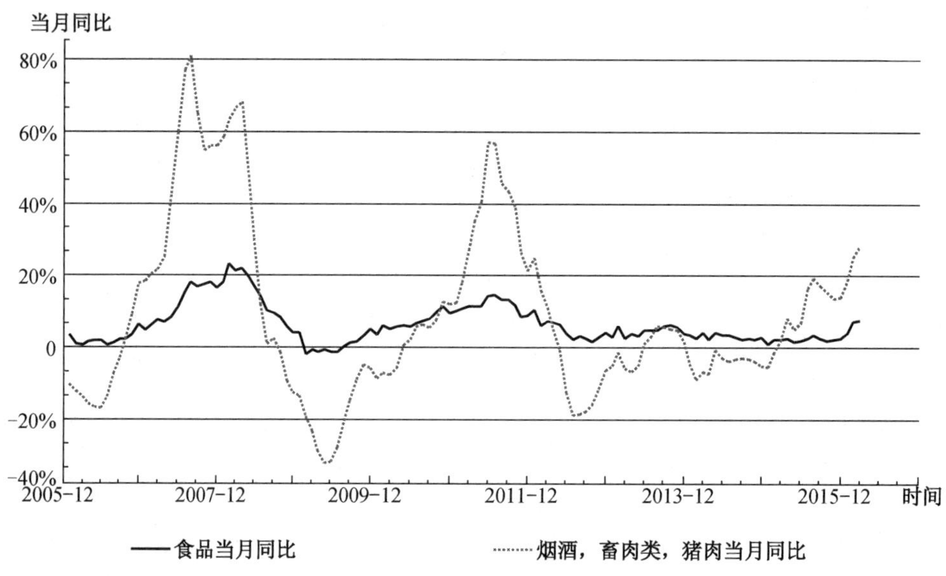

图 5-13　中国食品价格变动

数据来源：Wind 资讯。

出现了较明显的上涨。尤其不容忽视的是，猪肉价格在持续走低一段时间后，自2015年开始出现明显的上涨，这一趋势在2016年第一季度得到进一步强化，从而成为推升居民消费价格指数上升的关键力量之一。因此可以预见，2016年第二季度及之后的时间内，受气候等自然条件影响较大的食品价格波动的不确定性，仍将是引致通货膨胀风险的潜在因素。

6. 人民币汇率变动预期

从2005年人民币汇率形成机制改革到2013年年底之前的较长时间内，中国国内相对于发达国家的较高利率水平，以及汇率形成机制改革以来国际金融市场上的人民币升值预期强烈，导致国际投机资本(热钱)大量流入，这些热钱在赌人民币升值的同时，也会在房地产市场、债券市场、股票市场以及其他市场不断寻找套利机会，从而进一步加大中国的通货膨胀压力，但是这一趋势自2014年以来有了较大改观。如图5-14所示，进入2014年之后，人民币对美元已经从过去以升值为主转变为双向波动，并且自2015年下半年以来，人民币兑换美元的汇率出现了较明显的贬值态势，这将在一定程度上改善市场对人民币进一步升值的预期，从而减小中国国内的通货膨胀压力。

图5-14 人民币对美元汇率变化

数据来源：Wind资讯。

7. 经济增长预期

改革开放以来，中国经济超过潜在增长能力的高速增长总是伴随着较高的通货膨胀率，因此经济增长速度与通货膨胀风险之间有着紧密的联系。从目前中国的宏观经济运行来看，告别高速增长的经济发展态势对于缓解通货膨胀压力将较为有利。如图5-15和图5-16所示，自2013年下半年以来，中国的企业家信心指数和经济学家信心指数都出现了下降态势，并且这一趋势在2016年仍在持续，这表明市场主体和学者们都对中国未来的经济增长状况持谨慎态度；换而言之，相比较过去，中国经济将很有可能进入新的增长模式，即告别追求高增长而转向提高经济发展质量，这种转变将意味着中国出现全面通货膨胀风险的可能性大大降低。

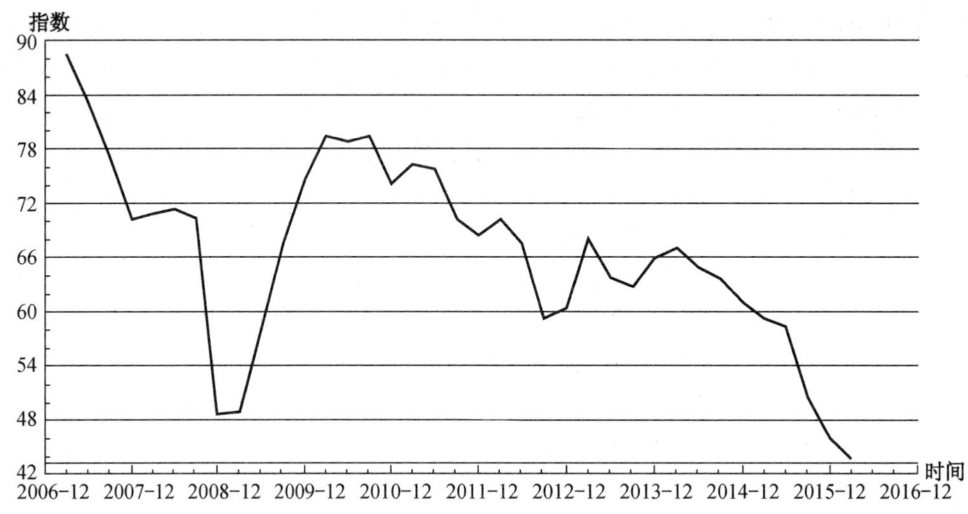

图 5-15 企业家信心指数变化

数据来源:Wind 资讯。

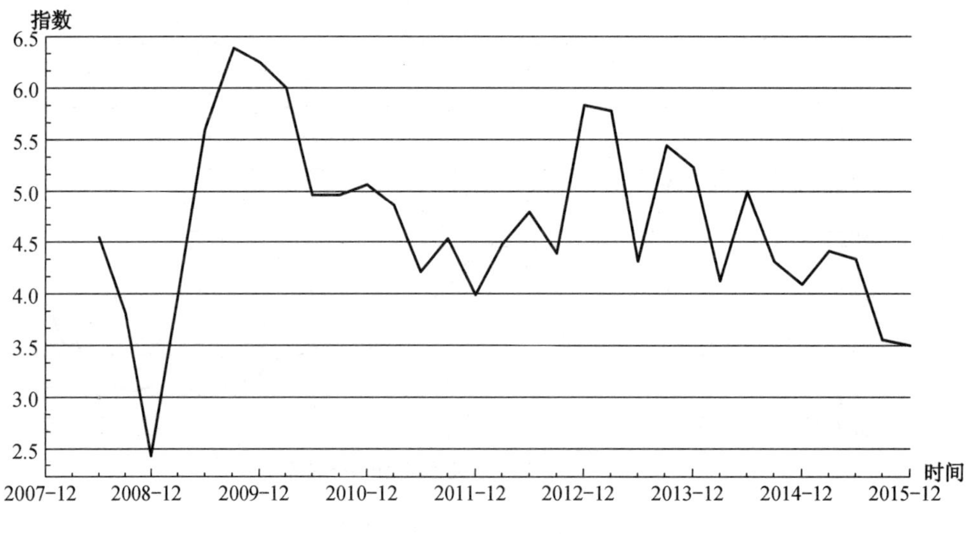

图 5-16 经济学家信心指数变化

数据来源:Wind 资讯。

三、风险度量

(一) 通货膨胀风险指数界定

基于前面对通货膨胀风险内涵的界定,下面将划分通货膨胀风险等级,并在此基础上,针对未来通货膨胀率所属的风险等级来定义通货膨胀风险指数。在一般经济学理论中,通货膨胀可以按严重程度不同作不同的划分①,由于这种划分比较粗,界定的区间过大,因此并不适

① 爬行的通货膨胀(0～3%),温和的通货膨胀(3%～9%),严重的通货膨胀(10%～99%)和恶性通货膨胀(100%及以上)。

用于本研究所需要的通货膨胀风险等级划分。

目前学术界基本形成共识的经济学含义较明确的通货膨胀区间概念有两个：一个是通货膨胀目标制国家所锚定的最优通货膨胀目标区间，另一个是中国学者陈东琪(1998)最早提出的通货膨胀的“可容忍区间”。最优通货膨胀目标区间是指理论上对宏观经济福利影响不为负的通货膨胀率的上下波动范围，目前市场经济发展较成熟(或采用通货膨胀目标制)的西方国家，一般把这一通货膨胀目标区间设定为1%～3%，殷波(2011)基于长期社会经济福利考虑，利用动态随机一般均衡(DSGE)模型计算出中国的最优通货膨胀目标区间为0.5%～3%[①]；白仲林和赵亮(2011)的研究则表明中国通货膨胀的最优目标区间为0～3.2%。但是，与发达经济体有所区别的是，对于发展中或新兴市场经济体而言，追求经济增长在较长时期内仍是货币政策调控的重要目标之一，因此目前乃至未来较长的一段时间内，最优通货膨胀目标区间设定并不完全适用于中国的现实情况。

通货膨胀的可容忍区间，是指对应某个国家经济发展的特定阶段中的一个相对可接受的通货膨胀变动范围，在此范围内，不仅社会公众能够承受通货膨胀率波动带来的购买力变化，而且政府在不明显变动宏观调控政策时，也能保证国民经济的持续健康运行。考虑到可容忍区间的内涵解释较符合中国转型经济的客观事实，本研究将主要据此来划分通货膨胀风险等级对应的区间。通货膨胀的可容忍区间是一个动态概念，即理论上同一国家的不同经济发展时段的可容忍区间应当有所不同。

考虑到中国共产党第十八次全国代表大会以后，中国正在加快调整经济结构，新的增长模式更注重经济发展质量，经济增长更主要依靠国内消费的健康平稳增长，经济发展状况不再主要表现在GDP的增长数据上，而是体现在普通民众的福利增进和生活状况改善方面，因此本年度的研究将继续沿用2015年报告对不同通货膨胀风险区间的界定数值，即本研究拟将中国通货膨胀的可容忍区间界定为－0.9%～4.0%[②]，而把在此范围之外的通货膨胀波动区间界定为不可容忍区间或风险区间。

对不同的通货膨胀率波动区间，相应调整为对应的风险指数(指数分为1,2,3,4,5五级)。其中，指数数值越小代表风险程度越低，反之风险程度越高，具体的指数化结果如表5-1所示。其中，“无风险”等级表示此范围内的通货膨胀水平对经济运行而言是良性的，抑或有利于经济长期的健康发展；“风险关注”等级表示此范围内的通货膨胀水平不会对经济运行产生明显的负面影响，但需要引起政策当局的密切关注；“有风险”等级表示此范围内的通货膨胀水平会对经济运行产生明显的负面影响，并造成较明显的社会福利损失，政策当局需要实施相应的调控操作以将通货膨胀控制在适宜范围内；“高风险”等级表示此范围内的通货膨胀水平不但会对经济运行产生十分显著的负面影响，并且会造成显著的社会福利损失，政府需将政策调控目标完全集中于抑制通货膨胀上；“很高风险”等级表示此范围内通货膨胀水平会严重影响经济运行，政府必须采取强有力的措施加以整治，否则会引发严重的社会经济危机。

---

① 殷波(2011)估算了在各种不同的货币政策规则下，中国经济所应选择的最优通胀目标。研究结果表明，从短期看3%左右的通胀目标是最优的，而从中长期看低通胀目标(0.5%～1%)是最优的。

② 本区间的确定有较大的主观性，并且本研究所涉及的风险区间划分无法做到十分精确，所以，此处给出的仅是一个可供参考的结果。

表 5-1 **中国通货膨胀风险衡量指数**

风险等级	无风险	风险关注	有风险	高风险	很高风险
通货膨胀率	0～3.0% 0	3.1%～4.0% −0.1%～−0.9%	4.1%～6.0% −1.0%～−2.9%	6.1%～9.9% −3.0%～−4.9%	10%及以上 −5.0%及以下
风险指数	1	2	3	4	5

（二）通货膨胀风险预测

1. 模型建立

由于货币供应和产出增长是引致中国通货膨胀风险的主要因素，并且由于通货膨胀存在惯性，因此历史通货膨胀水平也会影响未来通货膨胀水平的变化，据此可以建立通货膨胀、产出增长和货币供应之间的数学关系式，所建立的模型如式(5-1)所示。

$$\pi_t = \sum_{k=1}^{p} \alpha_k y_{t-k} + \sum_{k=1}^{p} \beta_k m_{t-k} + \sum_{k=1}^{p} \gamma_k \pi_{t-k} + \varepsilon_t \tag{5-1}$$

式中 π_t ——t 时期的通货膨胀率；

y_t ——t 时期的产出增长缺口；

m_t ——t 时期的货币供应增长率；

ε_t ——扰动项。

式(5-1)的经济学含义为，当期的通货膨胀水平受过去的通货膨胀水平、产出增长缺口及货币供应增长率的影响，即产出水平和货币供应增长水平是影响通货膨胀水平的重要因素。除此之外，由于经济主体的预期及价格黏性等因素，通货膨胀还具有惯性特征。对于式(5-1)，可以通过滞后项阶数的选择，以区分不同经济条件下产出水平、货币供应增长和通货膨胀对下一期通胀施加影响的惯性效应。

2. 数据选取及计量分析

计量分析时，模型中的通货膨胀率、产出增长缺口和货币供应增长率分别用 CPI、实际 GDP 增长率缺口(经 HP 滤波得到)和广义货币供应量 M2 增长率作为替代变量，所用的 CPI、GDP 和 M2 数据均为季度数据，数据来源为 Wind 宏观经济专题数据库。为避免伪回归，首先对通货膨胀率 CPI、GDP 增长率缺口和 M2 增长率的时间序列分别进行单位根检验，结果发现三个序列均为一阶差分平稳变量，方程中的滞后阶选择遵循 AIC 和 SC 取值最小原则，最后 CPI 和 GDP 增长率缺口取二阶滞后项，M2 增长率取四阶滞后项。最后使用最小二乘法(OLS)进行回归分析，结果如式(5-2)所示。

$$\begin{aligned}\pi_t = {} & 1.2379\pi_{t-1} - 0.4305\pi_{t-2} + 0.167y_{t-1} + 0.2862y_{t-2} + 0.178m_{t-1} \\ & - 0.0619m_{t-2} + 0.0711m_{t-3} - 0.0308m_{t-4} - 2.3576\end{aligned} \tag{5-2}$$

利用式(5-2)对中国 2016 年第二季度的通货膨胀率进行预测，结果如表 5-2 所示；在此基础上，通过趋势平滑对 GDP 增长率及货币供应增长率指标进行预测，并利用式(5-2)得到 2016 年第三季度至 2017 年第一季度的通货膨胀率预测值，结果如表 5-2 所示。

表 5-2　中国通货膨胀风险预测

时间	2016 年第二季度	2016 年第三季度	2016 第四季度	2017 年第一季度
通货膨胀率预测值	2.3%	2.2%	2.2%	2.1%
通货膨胀风险指数	1	1	1	1

从表 5-2 中的预测数据可以看出，在政府调整经济结构过程中，以及中国经济增长速度放缓的大背景下，中国的通货膨胀上涨趋势在近几年得到了很好的控制，CPI 整体出现低位震荡的趋势，2016 年全年的通货膨胀率都有望稳定在 2.0%～2.5%；而根据前面按通货膨胀容忍度划分的风险指数来判断，中国 2016 年第四季度至 2017 年第一季度的通货膨胀风险都将可能处于“无风险”区间。图 5-17 为 Wind 资讯数据库中关于中国 CPI 的预测平均值，可以看出，2016—2017 年的绝大部分时间内，预测数据都在 2%左右小幅波动。

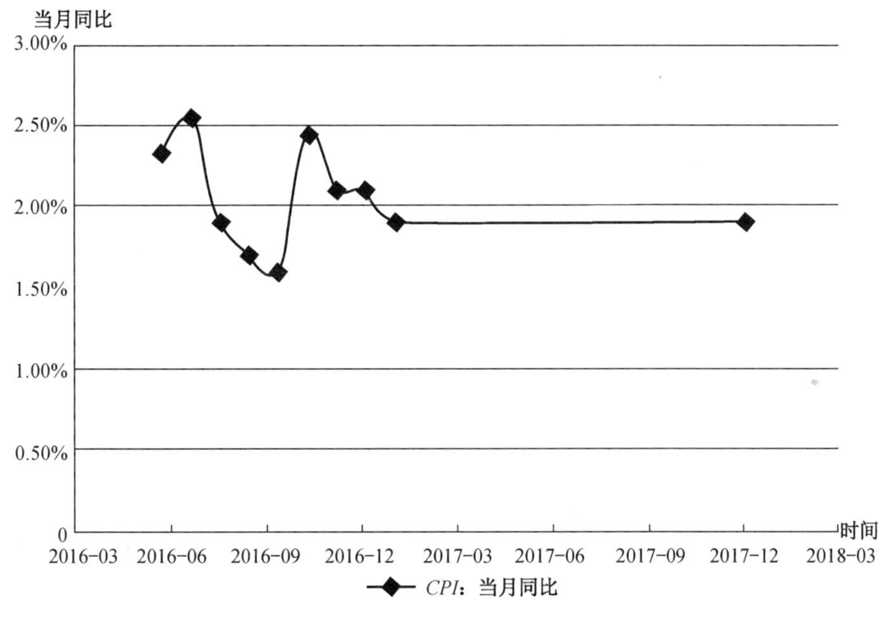

图 5-17　中国 CPI 预测平均值

根据上面的预测结果可以看出，虽然目前国内的流动性仍然有过剩之虞，并且受气候和季节因素影响，中国国内的食品价格仍存在较大幅度波动的可能性，国际大宗商品在经过较长时间的低迷后有可能触底反弹，如汽柴油零售价格和资源品价格等均可能进一步上涨，另外劳动力成本的上升也有可能会对物价水平上升形成潜在影响，这些都有可能是引致中国国内物价波动的风险因素。但考虑到与中国有密切经济往来的其他经济体的市场增长仍较有限，并且中国正处在关键的经济结构改革及转型期，固定资产投资规模再次大幅上升的可能性较小，政府推出大规模量化宽松政策以刺激经济的可能性不大，这使得中国经济增长放缓的趋势在短期内难以改变。所以综合考虑上述因素，本研究将延续 2015 年研究的判断，即在可预期的一段时间内(2016 年下半年至 2017 年上半年)中国经济发展过程中产生全面通货膨胀风险的可能性较小。

与此同时，根据 2015 年下半年的物价走势，本研究认为，虽然 2016 年第一季度以来中国经济基本面似乎有改善的迹象，但国内产能过剩和需求不足的矛盾程度依然比较严重，市场主体对经济前景的悲观预期在短期内仍将持续，这都会缓解中国经济运行中的通货膨胀压力。从居民消费价格指数 CPI 的变化来看，虽然 2016 年前三个月的 CPI 同比数据有所上升，但 2%左右的居民消费价格水平的增长率仍处于正常（或健康）的范围之内，虽然食品价格波动会对 CPI 的变动产生一定影响，但并不足以形成明显的通货膨胀上升压力。

四、结论及政策建议

到此为止，本研究对中国 2016 年前后可能出现的通货膨胀风险的表现特征及风险引致因素进行了总结和分析，并对 2016 年第二季度至 2017 年第一季度的通货膨胀水平及风险指数进行了预测和判断。

可以看出，中国国内物价总水平自 2011 年第二季度开始逐步回落，居民消费价格指数 CPI 在 2016 年过去的三个月中，都在 2%的较低水平之上小幅波动。考虑到中国经济运行的实际状况，本研究认为，2016 年及未来较长一段时间内，货币供应量增长相对较快或流动性相对宽松仍将是中国通货膨胀风险的主要引致因素；除此之外，食品价格较大幅度的波动、汽柴油及资源品价格的可能上调、劳动力成本的上升，以及国际市场上大宗商品价格的波动等，都有可能是引致中国国内通货膨胀风险的潜在因素。

计量模型的通货膨胀风险预测结果表明，在政府调整经济结构过程中经济增长速度放缓的大背景下，中国国内的物价水平开始呈现出低位震荡的态势，2016 年全年的通货膨胀率都有望稳定在 2.2%左右；而根据前面按通货膨胀容忍度划分的风险指数来判断，中国 2016 年第四季度至 2017 年第一季度的通货膨胀风险都将可能处于“无风险”区间。综合来看，在可预期的一段时间内（2016 年下半年至 2017 年上半年），中国明显出现全面通货膨胀的可能性较小，但以食品为主导的结构性物价上涨压力仍将持续存在。

基于上述分析和判断，本研究将继续维持《中国经济运行风险研究报告（2015）》的观点，即中国政策当局需要继续加强流动性管理，控制银行信贷的投放速度和货币供应量的增长速度，主动引导固定资产的投资方向，并尽量避免应对经济下滑的刺激政策措施成为未来通货膨胀压力上升的原因。另外，政策当局需要把货币信贷和流动性管理的总量调节与强化宏观审慎管理结合起来，根据宏观形势变化及银行体系稳健性状况等进行适度调整，继续实施好差别准备金动态调整措施，引导并激励金融机构自我保持稳健和调整信贷投放，从而在管理通货膨胀风险的同时能够提升金融机构的风险防范能力；除此之外，通过有效管理公众的通货膨胀预期，以实现物价总水平的持续稳定，也应当被政策当局长期纳入宏观调控的“工具箱”中。

参考文献

[1] 白仲林，赵亮. 中国通货膨胀率的最优目标区间几何？[J]. 统计研究，2011(6).

[2] 陈东琪. 通货膨胀和通货紧缩交互换位时代的政策操作——兼论中央银行如何用微调方式稳定经济增长[J]. 财贸经济，1998(8).

[3] 殷波. 中国经济的最优通货膨胀[J]. 经济学(季刊)，2001(3).

[4] 唐海燕，贾德奎. 中国经济运行风险研究报告(2014)[M]. 上海：立信会计出版社，2014.

第六章　就业风险

一、绪论

国家统计局2016年2月发布的《2015年国民经济和社会发展统计公报》显示，2015年中国GDP累计676 708亿元，增速为6.9%，较2014年的7.4%进一步放缓，但就业形势仍然相对较好：截至2015年年末，全国就业人员77 451万人，较2014年增长0.26%。

从城镇就业情况来看：就业人员总计40 410万人，较2014年增长2.80%；全年城镇新增就业也达到了1 312万人，但较上年下降0.76%。另外，2015年年末城镇登记失业率为4.05%，略低于2014年年末4.09%的水平。从农村就业来看：全国农民工总量为27 747万人，比2014年增长1.3%。其中，外出农民工16 884万人，较2014年增长0.4%；本地农民工10 863万人，较2014年增长2.7%。

人力资源和社会保障部部长尹蔚民认为：尽管2015年城镇新增就业同比下降了约0.8%，但仍然在1 300万人以上的高位，高校毕业生、农民工转移就业等重点群体的就业也比较稳定。

究其根源，在经济下行压力下，就业形势的稳定主要得益于三方面因素：一是得益于经济仍保持中高速的增长，增速仍处于合理的区间，在经济总量已足够大的前提下，经济增长对就业的拉动作用也显著增强；二是得益于经济结构的优化和改革创新红利，特别是第三产业增加值首次超过了50%，而服务业对就业的贡献率在三个产业中也是最大的；三是得益于积极的就业政策和就业服务体系的完善与落实。

尽管如此，当前及今后的一段时期内，中国劳动力的总趋势仍是供大于求，就业形势依然非常严峻，主要体现在以下几个方面：①从劳动力供给来看，根据人力资源和社会保障部预测数据，虽然中国劳动年龄人口于2012年年底达到顶峰，之后开始出现下降，但20～59岁就业年龄人口仍在增加，并将在2020年达到8.31亿人的峰值；②从新增就业人员来看，2016年中国普通高校应届毕业生规模达765万人，较2015年增加16万人，为历史最高水平，而青年就业群体加在一起年均大约有1 500万人规模，这将对就业产生很大的压力；③随着中国工业化、城镇化进程的推进，农村转移劳动力也对促进城镇就业提出了新的要求；④2015年GDP计划增长率为7.0%，但实际完成增长率为6.9%，经济下行、经济结构与就业结构调整（特别是化解过剩产能）等诸多因素叠加，也将为就业带来较大压力。

国务院总理李克强在2016年年初的第十二届全国人民代表大会第四次会议上作政府工作报告时指出，2016年仍将继续“稳增长、保就业、惠民生”，政府的经济增长和就业目标分别为：GDP增长6.5%～7%，城镇新增就业1 000万人以上，城镇登记失业率4.5%以内。

与往年就业风险报告的逻辑思路一致，本就业风险的研究仍将持续关注城镇的长、短期失业状况。通过选用带结构突变的时间序列模型来分离城镇调查失业率，并以此作为就业风险识别与预测的基础。需要说明的是，为了保证研究结论的稳健，本年度就业风险分析报告同时基于 HP 滤波方法分离长短期失业率，进而进行就业风险识别和预测。

本部分研究安排如下：首先分析近期国内外就业状况，其次结合中国国内近期宏观数据识别就业风险因素，并运用带结构突变的时间序列模型、HP 滤波方法分离城镇失业率（得到城镇长短期失业率），最后界定长短期就业风险等级并以此作为因变量，选取显著影响长短期失业率的宏观经济因子为自变量，采用排序 Probit/Logit 模型进行城镇长短期就业风险度量与预测。

二、近期国内外就业状况分析

本部分将对近期国内外就业情况进行简要分析：首先根据中国城市公共就业服务机构所提供的就业供求调查信息，以及中国人民大学中国就业研究所研发的就业市场景气指数，分析 2015—2016 年国内大中城市就业市场状况；其次基于国际货币基金组织（IMF）、国际劳工组织（ILO）、美国劳工部/商务部（U. S. Department of Labor/Commerce）和经济合作与发展组织（OECD）的相关数据，分析全球及重点区域，特别是美国、欧洲和日本的就业和经济发展状况。

（一）中国城镇就业状况分析

1. 全国及各区域劳动力市场供需状况

据中国人力资源市场信息监测中心对全国 100 多个城市的公共就业服务机构市场供求信息统计，近期中国大中城市劳动力市场呈现如下特征（见表 6-1）。

表 6-1 近期全国主要城市人才市场供求变化

人员供需对比及变化		2016 年第一季度	2015 年第四季度	2015 年第三季度
招聘人员变化	相比上年同期变化（万人）	−22.90	−46.90	−50.40
	相比上年同期变化	−4.50%	−9.80%	−9.30%
	相比上季度变化（万人）	75.90	−47.70	−50.80
	相比上季度变化	17.90%	−10.00%	−9.50%
求职人员变化	相比上年同期变化（万人）	−0.50	−24.60	−35.80
	相比上年同期变化	−0.10%	−5.90%	−7.40%
	相比上季度变化（万人）	79.40	−46.00	−55.70
	相比上季度变化	20.40%	−10.50%	−11.20%
岗位空缺与求职人员对比	供需比率	1.07	1.10	1.09
	相比上年同期变化	−0.05%	−0.05%	−0.01%
	相比上季度	−0.03	0.01	0.03

数据来源：中国人力资源市场信息监测中心，表 6-2 至表 6-5、图 6-2 至图 6-4 同。

一方面，“岗位空缺与求职人员比率”指标显示，近期劳动力市场需求略高于供给，2015 年第三季度和第四季度分别为 1.09 和 1.0，2016 年第一季度为 1.07。但该指标值相对 2015 年同期值的增长均为负，相对 2015 年第四季度增长幅度收窄或为负，表明就业压力仍存在。

另一方面，人员供需相对 2015 年同期均呈现下降，且除 2016 年第一季度春节后复工导致人员供需较上季度增加外，在其他两个季度，人员供需相对上季度也呈现下降趋势。这表明企业用工需求、劳动力求职意愿整体上仍比较低迷，可能与当前经济不振有关。

上述中国人力资源市场信息监测中心对近期就业状况的总体判断和中国人民大学中国就业研究所研发的 CIER 指数(就业市场景气指数)走势一致,如图 6-1 所示。

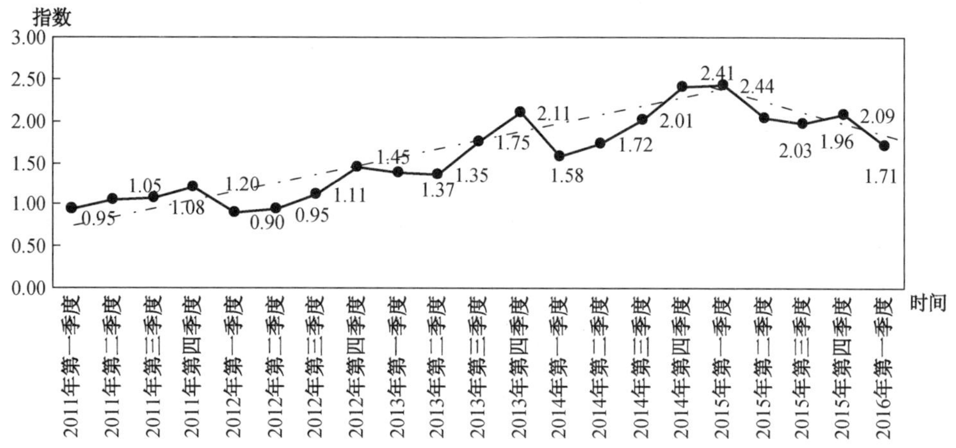

图 6-1 CIER 就业竞争指数走势(2011 年第一季度至 2016 年第一季度)

数据来源:中国人民大学中国就业研究所。据智联招聘和苏州工业园区人力资源开发公司等提供的第一手数据,将 CIER 指数定义为"招聘需求人数/求职申请人数"(数据经季度调整),该指数以 2008—2013 年经济普查数据的法人单位数年均变动率为基准,调整了智联数据中企业数量的增长。另外,该指数已被证明和主要宏观经济指标如 *CPI*、*GDP* 具有显著相关性(丁大建、耿林、崔鈺雪,2012)。

据图 6-1 可知,尽管 CIER 指数自 2011 年第一季度以来呈现上升趋势,并于 2014 年第四季度和 2015 年第一季度分别达到 2.41 和 2.44 的高位,但随后趋于下降,表明中国就业市场整体的形势出现趋冷迹象。就近期来看,尽管 CIER 指数在 2015 年第四季度因招聘旺季影响,小幅回升至 2.09,然而 2016 年第一季度 CIER 指数持续下跌,降至 1.71,与 2015 年同期相比,降幅明显,这一趋势与宏观经济走弱的现实非常吻合。表 6-2 进一步给出了近期分区域的人才供需状况。

表 6-2 **近期东、中、西部主要城市人才市场供求变化**

区域	时间	招聘人员变化				求职人员变化				岗位空缺与求职人员比率
		相比上年同期变化(万人)	相比上年同期变化	相比上季度变化(万人)	相比上季度变化	相比上年同期变化(万人)	相比上年同期变化	相比上季度变化(万人)	相比上季度变化	
东部	2016 年第一季度	−1.20	−0.50%	4.80	1.90%	14.10	6.30%	14.20	6.10%	1.02
	2015 年第四季度	−12.30	−4.50%	−21.20	−7.50%	1.50	0.60%	−19.90	−7.60%	1.08
	2015 年第三季度	−19.10	−6.30%	−23.40	−7.90%	−15.50	−5.60%	−32.70	−11.30%	1.08
中部	2016 年第一季度	−10.00	−5.90%	57.10	60.80%	−6.40	−4.30%	51.90	62.50%	1.11
	2015 年第四季度	−12.00	−11.80%	−18.90	−17.50%	−7.40	−8.60%	−18.40	−19.30%	1.13
	2015 年第三季度	−3.90	−3.00%	−13.80	−10.30%	−1.70	−1.50%	−7.80	−6.90%	1.11
西部	2016 年第一季度	−11.70	−11.30%	14.00	16.90%	−8.20	−9.10%	13.30	18.20%	1.13
	2015 年第四季度	−22.60	−22.00%	−7.60	−8.50%	−18.70	−21.20%	−7.70	−9.60%	1.13
	2015 年第三季度	−27.40	−25.50%	−13.60	−13.10%	−18.60	−21.00%	−15.20	−15.90%	1.12

由表 6-2 的数据可知：①各区域人才需求略大于供给，且东部地区岗位供需比相对偏低。具体而言，中西部地区岗位供需比维持在 1.1 以上且相对稳定，而东部地区则相对偏低且有下降趋势，2016 年第一季度仅为 1.02。②与全国趋势一致，受春节后复工影响，2016 年第一季度东、中、西部三大区域人员供需较上季度均有所增长，且中部增量更大；仅东部地区求职人员在 2015 年第四季度和 2016 年第一季度较 2015 年同期有所增长，这与东部岗位供需比下降且偏低的结果一致。除上述情形之外，其余时段三大区域的人员供给与岗位需求均呈下降趋势。③分区域劳动力市场供需状况表明：一方面，与全国情形一致，各地区就业形势普遍不容乐观，就业市场整体较为严峻；另一方面，从人员供需变化、岗位供需比也可以看出，东中部地区（特别是东部）经济与就业依旧领跑，西部发展则遇冷。

2. 各行业用人需求分析

表 6-3 列示了近期各大中城市劳动力市场上主要行业的用人需求状况。

表 6-3　**近期主要行业的用人需求占比**

主要行业	2016 年第一季度	2015 年第四季度	2015 年第三季度
制造业	35.5	33.9	35.0
批发和零售业	14.3	14.2	14.5
住宿和餐饮业	11.2	10.6	11.4
居民服务和其他服务业	9.4	10.2	9.8
租赁和商务服务业	5.7	7.2	6.3
建筑业	4.2	4.6	4.2
累计	80.3	80.7	81.2

由表 6-3 中数据可知：制造业、批发和零售业、住宿和餐饮业、居民服务和其他服务业、租赁和商务服务业以及建筑业这六大行业为用人主体，对应用人需求占比累计在 80%以上，且排位相对稳定。其中，制造业仍占据了最大的用人需求比例。这些行业主要涉及产品生产与流通、居民生活的主要方面，为传统行业。相对而言，新兴产业的用人需求占比仍不高，在一定程度上反映了中国现有产业与就业结构特征。另外一个可能是：新兴和高端产业为知识和资本密集型行业，其人才需求可能通过城市劳动力市场之外的途径获取。

图 6-2 至图 6-4 分别为 2015 年第三季度至 2016 年第一季度各大中城市劳动力市场上各行业人才需求的变动情况，为消除季节性影响，仅列示了与上年同比的变化情况。

如图 6-2 所示，2015 年第三季度数据表明：与 2014 年同期相比，除信息传输计算机服务和软件业、交通运输仓储和邮政业、居民服务和其他服务业 4 个行业用人需求有所增长外，其他各行业用人需求均有所减少。其中，建筑业、房地产业、制造业、租赁和商务服务业、批发和零售业这几个行业用人需求减少幅度分别为 18.3%，16.3%，14.7%，8.8%和 7.7%。

如图 6-3 所示，2015 年第四季度数据表明：与 2014 年同期相比，除信息传输计算机服务和软件业、交通运输仓储和邮政业 3 个行业的用人需求有所增长外，其余各行业的用人需求均有所减少。其中，建筑业、房地产业、制造业、住宿和餐饮业、批发和零售业用人需求下降百分比分别为 26.1%，16.0%，14.5%，9.4%和 8.3%。

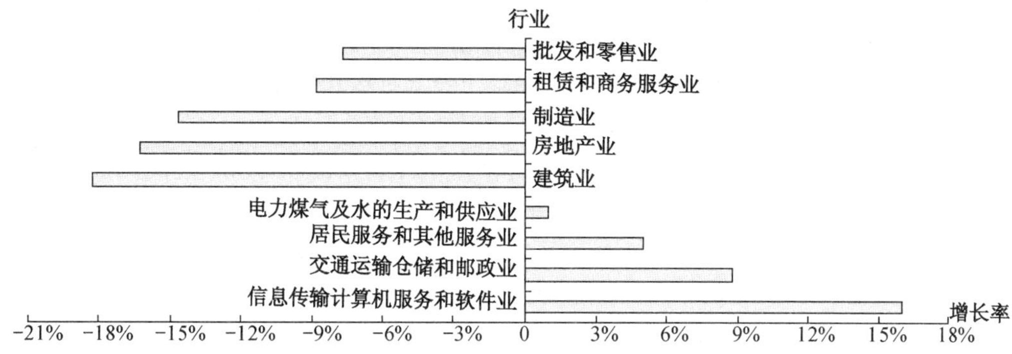

图 6-2 2015 年第三季度各行业用人需求增长率(相对上年同期)

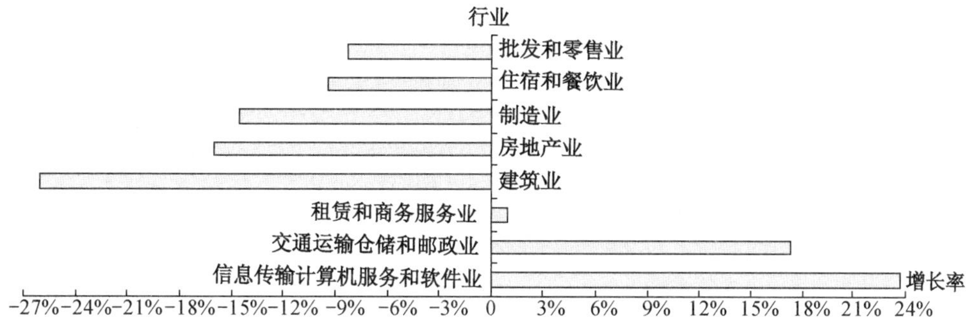

图 6-3 2015 年第四季度各行业用人需求增长率(相对 2015 年同期)

如图 6-4 所示,2016 年第一季度数据表明:与 2015 年同期相比,除信息传输计算机服务和软件业、教育、交通运输仓储和邮政业、金融业这几个行业的用人需求有所增长外,其他各行业的用人需求均有所减少。其中,制造业、建筑业、批发和零售业、住宿和餐饮业等行业用人需求分别下降 11.3%,11.2%,5.6%和 4.9%。

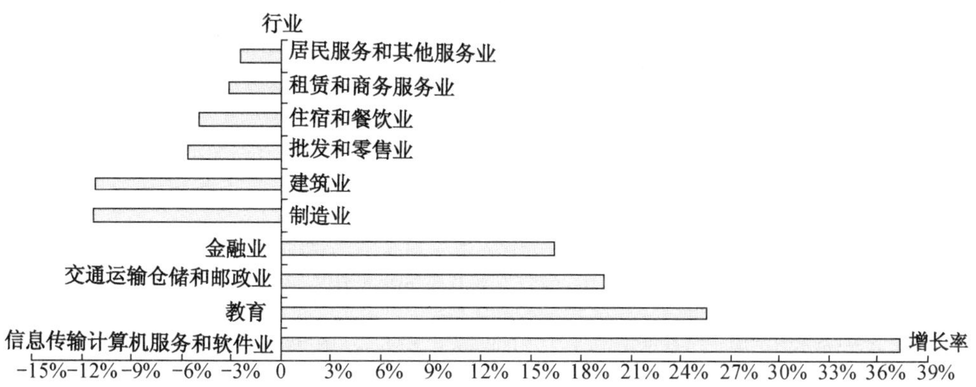

图 6-4 2016 年第一季度各行业用人需求增长率(相对上年同期)

综上所述,伴随着经济增长迟缓和结构调整,近期信息传输计算机服务和软件业、交通运输仓储和邮政业、金融业等行业的用人需求有所增长,而制造业、建筑业、批发和零售业等传统行业用人需求下降，房地产行业用人需求变化则与政策调整和市场行情相一致。

3. 求职人员的技术等级与职称结构及其匹配情况

表 6-4 给出了近期全国大中城市劳动力市场上技术等级和专业技术职称劳动力的供需对比状况，由表 6-4 中的数据我们可以得出以下一些结论。

从需求侧来看，近期劳动力市场上对有技术等级或专业技能职称要求的岗位占比分别为：52.8%(2016 年第一季度)、57.8%(2015 年第四季度)和 56.6%(2015 年第三季度)；与之对应，从供给侧来看，劳动力市场上有技术等级或专业技能职称的求职人员占比分别为：50.5%(2016 年第一季度)、57.5%(2015 年第四季度)和 55.4%(2015 年第三季度)。

从供需对比分析可知，有技术等级或专业技能职称劳动力的供给略小于需求。具体到"岗位空缺与求职人数比率"指标来看，高级工程师、高级技师和技师的需求(特别是对高级技能人员需求)一直大于供给，2016 年第一季度该指标数值分别为 2.19，2.11 和 1.94。

表 6-4　**近期技术等级和专业技术职称劳动力的供需分析**

供需分析 / 时间	需求分析：有技术等级或专业技能职称要求的岗位占比			供给分析：有技术等级或专业技能职称的求职人员占比			岗位空缺与求职人数比率		
	有技术等级要求	有专业技能职称要求	合计	有技术等级	有专业技术职称	合计	高级工程师	高级技师	技师
2016 年第一季度	33.8%	19.0%	52.8%	32.6%	17.9%	50.5%	2.19	2.11	1.94
2015 年第四季度	35.8%	22.0%	57.8%	36.5%	21.0%	57.5%	1.99	1.9	1.89
2015 年第三季度	35.2%	21.3%	56.6%	35.0%	20.4%	55.4%	2.04	1.9	1.83

尽管劳动力市场对专业技术人员的需求相对供给而言较大，但需求的增长乏力，表 6-5 列示了近期各技术等级和专业技术职称劳动力的需求增长状况。

表 6-5　**近期技术等级和专业技术职称劳动力需求增长分析(与上年同期对比)**

季度	有技术等级或专业技能职称要求的岗位需求变化
2016 年第一季度	除对高级技师、技师的用人需求增长 23.4%和 2.2%外，对其他各类技术等级的用人需求均有所减少；初、中、高级专业技术职称用人需求分别下降 4.4%，9.5 和 5.0%
2015 年第四季度	除对技师的用人需求增长 9.1%外，对其他各类技术等级的用人需求均有所减少；初、中、高级专业技术职称用人需求分别下降 29.7%，9.1%和 8%
2015 年第三季度	对各技术等级的用人需求均有所减少，其中对技师、高级技师、高级工的用人需求分别下降 56.8%，22%和 18.1%，对中、高级专业技术职称的用人需求分别下降 5.5%和 11.9%

由表 6-5 中数据可知：一方面，2015 年年底以来劳动力市场对技师、高级技师的需求有持续增长趋势，与国家层面倡导"工匠精神"的主旨相契合；另一方面，自 2015 年下半年以来，市场对初、中、高级专业技术职称劳动力的用人需求却持续下降，特别是 2015 年第三季度出现了对各级技术人才的需求全面下滑，这再次印证了就业市场的严峻。

(二) 国外就业状况分析

本部分将集中分析近期全球及重点区域(美国、欧盟和日本)的就业状况。

1. 全球就业与经济发展概况

1) 全球经济展望:IMF

IMF 于 2016 年年初发布的"全球经济展望更新"(World Economic Outlook Update)题为"Subdued Demand, Diminished Prospects"(需求疲软,前景堪忧),预计全球经济增长将延续 2015 年的疲软态势,2016 年和 2017 年 GDP 增长率将分别为 3.4%和 3.6%,且相比 2015 年 10 月"全球经济展望"下调 0.2 个百分点。其预测主要基于以下三方面风险因素考虑:一是新兴市场经济增长已持续 5 年下滑,特别是中国经济增长放缓且处于结构调整过程;二是能源和其他大宗商品价格下跌;三是美国在经济强劲复苏的背景下逐步收紧货币政策。

IMF 于 2016 年 4 月发布的全球经济展望(WEO)题为"Too Slow for Too Long"(增长过慢且旷日持久)。展望中提出,2016 年年初以来,全球资产市场波动再度加剧,发达经济体增长势头减弱,新兴市场和低收入国家继续面临增长阻力,进一步加大了下行风险。因此,亟须维护近期增长和促进潜在产出,2016 年和 2017 年增长率预计将进一步下调至 3.2%和 3.5%,但仍将略高于 2015 年 3.1%的经济增长水平。全球及主要区域 GDP 增长的预测如表 6-6 所示。

表 6-6 **全球经济展望(WEO)有关全球及主要区域 GDP 增长的预测**

年份 区域	2012	2013	2014	2015	预测值	
					2016	2017
全球	3.5%	3.3%	3.4%	3.1%	3.2%	3.5%
发达经济体	1.2%	1.2%	1.8%	1.9%	1.9%	2.0%
美国	2.2%	1.5%	2.4%	2.4%	2.4%	2.5%
加拿大	1.7%	2.2%	2.5%	1.2%	1.5%	1.9%
欧元区	−0.9%	−0.3%	0.9%	1.6%	1.5%	1.6%
英国	1.2%	2.2%	2.9%	2.2%	1.9%	2.2%
德国	0.6%	0.4%	1.6%	1.5%	1.5%	1.6%
法国	0.2%	0.7%	0.2%	1.1%	1.1%	1.3%
意大利	−2.8%	−1.7%	−0.3%	0.8%	1.0%	1.1%
日本	1.7%	1.4%	0.0%	0.5%	0.5%	−0.1%
新兴和发展中经济体	5.3%	4.9%	4.6%	4.0%	4.1%	4.6%
巴西	1.9%	3.0%	0.1%	−3.8%	−3.8%	0.0%
俄罗斯	3.5%	1.3%	0.7%	−3.7%	−1.8%	0.8%
印度	5.6%	6.6%	7.2%	7.3%	7.5%	7.5%
中国	7.7%	7.7%	7.3%	6.9%	6.5%	6.2

数据来源:IMF,2016 年 4 月。

根据表 6-6 中的数据,全球及主要区域的经济前景具体表现为以下几个方面。

首先,从全球来看,2012—2015 年,经济增长持续走低,但预计在未来 2 年中有所回升。

其次,2012 年以来,发达经济体的经济增长相对较好,2014 年和 2015 年增长率分别达到 1.8%和 1.9%,预期近 2 年会持续稳定而温和地增长,2016 年和 2017 年预测值分别为 1.9%和

2.0%。

就 G7 成员国来看，美国、德国、法国、意大利、英国的经济表现较好，但加拿大经济出现衰退、日本经济增长则持续乏力：①预期美国经济增长在未来 2 年内将延续 2015 年趋势，2016 年和 2017 年增长率将分别为 2.4%和 2.5%。②欧元区的表现趋势与美国类似，预期 2016 年和 2017 年增长率分别为 1.5%和 1.6%（2015 年增长率为 1.5%）；同样，德国和法国经济增长也将持续，2016 年增长率将分别为 1.5%和 1.1%，2017 年则分别为 1.6%和 1.3%；预期意大利的经济增长持续向好，2016 年和 2017 年增长率将分别达到 1.0%和 1.1%。英国的经济增长预期会出现温和的下降，2015 年增长率为 2.2%，预期 2016 年和 2017 年分别为 1.9%和 2.2%。③加拿大经济在 2012—2014 年增长持续走高，2014 年为 2.5%；但受国内需求和外贸出口双双下滑影响，2015 年经济增长率仅为 1.2%，预期 2016 年和 2017 年增长率将回升至 1.5%和 1.9%。④日本经济增长仍乏力，2015 年增长率为 0.5%，预期 2016 年和 2017 年分别为 0.5%和−0.1%。

最后，新兴和发展中经济体的经济增长在 2015 年持续减速，仅为 4.0%，预期在 2016 和 2017 年将有所改观，增长率分别为 4.1%和 4.6%。

就“金砖四国”而言：受大宗商品价格萧条、国内消费萎靡等影响，巴西正面临严重经济衰退，2015 年经济增长为−3.8%，预期 2016 年和 2017 年增长率分别为−3.8%和 0；因油价下跌和地缘政治紧张局势仍在持续，俄罗斯的经济状况也趋于恶化，2015 年经济增长为−3.7%，预期 2016 年增长率为−1.8%，2017 年则可能达到 0.8%。印度的经济表现在金砖四国中最好，2012—2015 年持续保持增长态势，2015 年增长率进一步上升至 7.3%，预期 2016 年和 2017 年分别为 7.5%。源于结构转型和诸多外部不确定性，中国经济增长进一步趋缓，2015 年增长率为 6.9%，预期 2016 年和 2017 年将进一步下滑至 6.5%和 6.2%。

2）全球就业展望：ILO

国际劳工组织（ILO）发布的“全球就业与社会展望 2016”（World Employment and Social Outlook：Trends 2016）显示，全球经济增长迟缓对就业也产生了不利影响（见表 6-7）。

表 6-7　**全球分区域（国家）的失业率和失业人口预测**

区域及国家 \ 年份		失业率				失业人口（百万人）		
		2014	2015	2016	2017	2015	2016	2017
全球及主要经济体	全球	5.8%	5.8%	5.8%	5.7%	197.1	199.4	200.5
	发达经济体	7.1%	6.7%	6.5%	6.4%	46.7	46.1	45.3
	新兴经济体	5.5%	5.6%	5.6%	5.6%	135.3	137.7	139.1
	发展中经济体	5.5%	5.5%	5.5%	5.5%	15.1	15.6	16.1
	G20	5.5%	5.4%	5.4%	5.3%	123.9	124.3	123.8
	G20 发达经济体	7.3%	6.8%	6.6%	6.5%	42.2	41.2	40.2
	G20 新兴经济体	4.9%	4.9%	4.9%	4.9%	81.7	83.1	83.6
	欧盟 28 国（EU-28）	10.2%	9.4%	9.2%	9.1%	23.2	22.7	22.2
	欧元区 19 国（EU-19）	11.6%	10.9%	10.7%	10.4%	17.5	17.1	16.7

（续表）

区域及国家 \ 年份		失业率				失业人口(百万人)		
		2014	2015	2016	2017	2015	2016	2017
ILO区域及部分国家	**阿拉伯国家**	10.1%	10.1%	10.2%	10.2%	5.3	5.5	5.6
	沙特阿拉伯	5.9%	5.8%	5.7%	5.7%	0.7	0.7	0.7
	中西亚	9.1%	9.2%	9.4%	9.4%	6.8	7.0	7.1
	土耳其	9.9%	10.3%	10.5%	10.4%	3.0	3.1	3.1
	东亚	4.5%	4.5%	4.5%	4.6%	42.1	42.4	42.7
	中国	4.6%	4.6%	4.7%	4.7%	37.3	37.7	38.1
	日本	3.5%	3.3%	3.2%	3.1%	2.2	2.1	2.0
	韩国	3.5%	3.7%	3.5%	3.4%	1.0	0.9	0.9
	东欧	6.8%	6.9%	7.0%	6.9%	10.2	10.3	10.1
	俄罗斯联邦	5.2%	5.8%	6.2%	6.1%	4.4	4.7	4.6
	拉丁美洲和加勒比地区	6.4%	6.5%	6.7%	6.7%	19.9	21.0	21.2
	阿根廷	7.3%	6.7%	6.9%	6.7%	1.3	1.4	1.4
	巴西	6.8%	7.2%	7.7%	7.6%	7.7	8.4	8.4
	墨西哥	4.9%	4.3%	4.1%	4.0%	2.5	2.4	2.4
	北非	12.5%	12.1%	11.8%	11.6%	8.8	8.8	8.8
	北美	6.3%	5.5%	5.1%	4.9%	10.0	9.3	9.0
	加拿大	6.9%	6.9%	6.8%	6.8%	1.4	1.4	1.4
	美国	6.3%	5.3%	4.9%	4.7%	8.7	7.9	7.7
	北欧、南欧和西欧	10.7%	10.1%	9.9%	9.7%	21.8	21.4	21.0
	法国	10.3%	10.6%	10.4%	10.0%	3.1	3.0	2.9
	德国	5.0%	4.6%	4.6%	4.7%	2.0	2.0	2.0
	意大利	12.7%	12.1%	12.0%	11.5%	3.0	3.0	2.9
	英国	6.1%	5.5%	5.4%	5.5%	1.8	1.8	1.9
	东南亚和太平洋地区	4.3%	4.4%	4.3%	4.2%	15.1	15.2	15.1
	澳大利亚	6.1%	6.3%	6.3%	5.8%	0.8	0.8	0.7
	印尼	5.9%	5.8%	5.7%	5.6%	7.3	7.3	7.3
	南亚	4.2%	4.1%	4.1%	4.0%	28.8	29.1	29.4
	印度	3.5%	3.5%	3.4%	3.4%	17.5	17.5	17.6
	撒哈拉以南非洲	7.3%	7.4%	7.5%	7.5%	28.2	29.4	30.4
	南非	24.9%	25.1%	25.5%	25.7%	5.1	5.3	5.4

数据来源：ILO，“全球就业与社会展望 2016”，表 6-8 同。

由表 6-7 中的数据我们可以得出以下几个方面的结论。

(1) 从全球来看,2015 年失业率为 5.8%,总失业人口增加 70 万人,达到 1.97 亿人;尽管失业率状况较 ILO“全球就业与社会展望 2015”略有下降,但失业人口较次贷危机前的 2007 年仍高出 2 700 万人。全球失业率的下降主要归功于发达经济体的贡献(对应失业人口占全球将近 1/4),其失业率从 2014 年的 7.1%下降到 6.7%;从 G20(特别是其中的发达经济体)、欧盟 28 国、欧元区 19 国的失业率也可看出发达经济体失业率有所下降。与此同时,新兴经济体的失业率则略有上升,2014 年和 2015 年分别为 5.5%和 5.6%。

预计全球失业率在 2016 年和 2017 年将分别为 5.8%和 5.7%,较 2015 年持平或略有下降;失业人口则分别为 1.99 亿人和 2.01 亿人,较 2015 年进一步上升。发达经济体的良好表现预期将得以继续,2016 年和 2017 年的失业率预计会进一步下降(分别为 6.5%和 6.4%),失业人口预计分别为 4 610 万人和 4 530 万人。新兴经济体和发展中经济体的失业率预计在 2016 年和 2017 年将分别稳定在 5.6%和 5.5%。其中,新兴经济体的失业人口预计会进一步上升,2016 年和 2017 年将分别达到 1.38 亿人和 1.39 亿人。

(2) 分区域来看,北非、北欧、南欧和西欧(主要是意大利和法国),阿拉伯国家的失业率近期均在 10%以上,2015 年分别为 12.1%,10.1%和 10.1%;2016 年预计分别为 11.8%,9.9%和 10.2%;2017 年预计分别为 11.6%,9.7%和 10.2%。中西亚、撒哈拉以南非洲、东欧、拉丁美洲和加勒比地区、北美近期的失业率在 5%以上,2015 年分别为 9.2%,7.4%,6.9%,6.5%和 5.5%;2016 年预计分别为 9.4%,7.5%,7.0%,6.7%和 5.1%;2017 年预计分别为 9.4%,7.5%,6.9%,6.7%和 4.9%。东亚、东南亚和太平洋地区、南亚近期的失业率均在 5%以下,2015 年分别为 4.5%,4.4%和 4.1%;2016 年预计分别为 4.5%,4.3%和 4.1%;2017 年预计分别为 4.6%,4.2%和 4.0%。

从失业人口来看,东亚,撒哈拉以南非洲,南亚,北欧、南欧和西欧等区域的失业人口较多,除北欧、南欧和西欧外,其他三个区域 2015—2017 年的失业人口呈上升趋势。

(3) 分国别来看,南非、意大利、法国和土耳其近期的失业率均在 10%以上,2015 年分别为 25.1%,12.1%,10.6%和 10.3%;2016 年预计分别为 25.5%,12.0%,10.4%和 10.5%;2017 年预计分别为 25.7%,11.5%,10.0%和 10.4%。巴西、加拿大、阿根廷、澳大利亚、沙特阿拉伯、俄罗斯联邦、印尼、英国和美国等的失业率近期在 5%以上。其中:美国 2015 年失业率为 5.3%,预期 2016 年和 2017 年将进一步下降到 4.9%和 4.7%;加拿大 2015 年失业率为 6.9%,预计 2016 年和 2017 年分别为 6.8%和 6.8%;英国 2015 年失业率为 5.5%,预计 2016 年和 2017 年分别为 5.4%和 5.5%;俄罗斯联邦 2015 年失业率为 5.8%,预计 2016 年和 2017 年分别为 6.2%和 6.1%。其余国家近期的失业率在 5%以下。其中:中国失业率在 2015 年为 4.6%,预计 2016 年和 2017 年分别为 4.7%和 4.7%;日本 2015 年失业率为 3.3%,预计 2016 年和 2017 年分别为 3.2%和 3.1%;德国 2015 年失业率为 4.6%,预计 2016 年和 2017 年分别为 4.6%和 4.7%;印度 2015 年失业率为 3.5%,预计 2016 和 2017 年将分别为 3.4%和 3.4%。

作为人口大国,中国和印度的失业人口较多,2015 年失业人口分别为 3 730 万人和 1 750 万人,2016 年预计分别为 3 770 万人和 1 750 万人,2017 年预计分别为 3 810 万人和 1 760 万人。

2. 美国就业与经济发展概况

随着近期美国经济的稳步恢复,其就业状况也有所好转。图 6-5 为 2005 年 1 月以来的美国国内失业率走势:2005 年 1 月失业率为 5.3%,在次贷危机爆发前,美国失业率相对平稳且处于较低水平;2007 年 1 月和 6 月均为 4.6%,随后因次贷危机而失业率迅速攀升;2009 年 10 月高达 10%,随后又开始缓慢回落;2016 年 5 月为 4.7%,仍然略高于危机前水平。

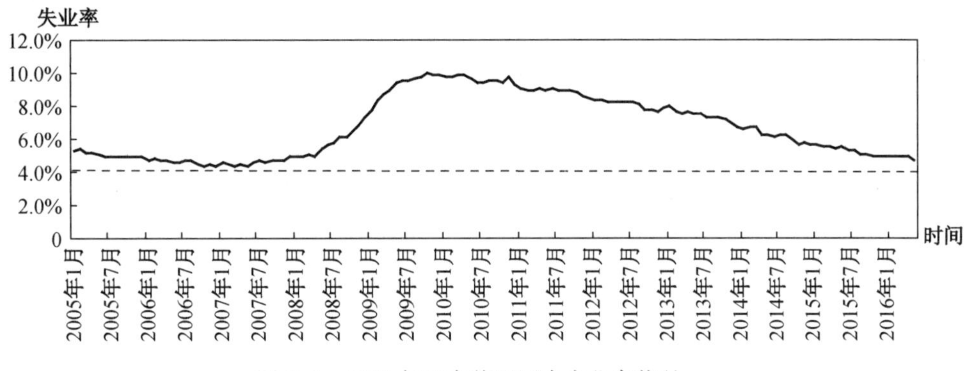

图 6-5　2005 年以来美国国内失业率状况

数据来源与说明:US. Bureau of Labor Statistics,经季度调整;图 6-6 至图 6-8 同。

失业人口也表现出和失业率完全一致的走势(未列示,数据来源相同),具体为:2005 年 1 月,全美失业人口规模为 778.4 万人;危机爆发前相对平稳,2007 年 1 月和 6 月分别为 711.6 万人和 697.9 万人;2009 年 10 月则攀升至 1 535.2 万人,随后趋于回落;2016 年 5 月仍为 743.6 万人,略高于次贷危机爆发前(即 2007 年 6 月)水平。

图 6-6 列示的平均失业周期(Average Duration of Unemployment,单位:周,季度调整)和图 6-5 的走势也大致相同。

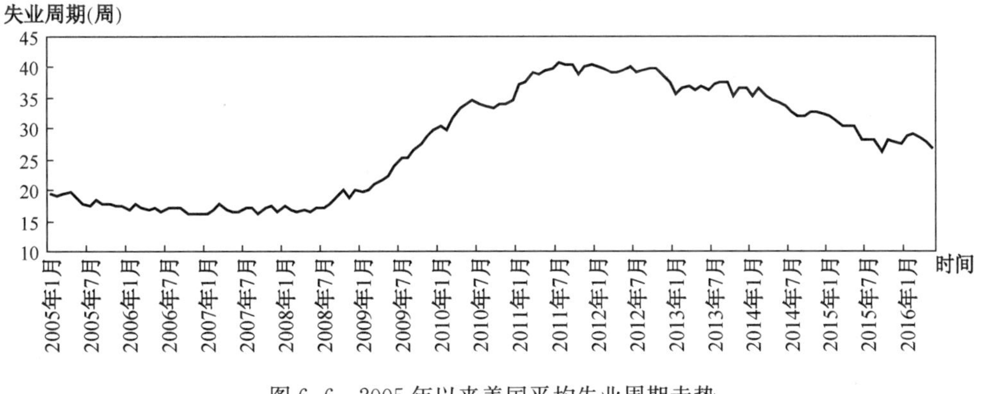

图 6-6　2005 年以来美国平均失业周期走势

由图 6-6 可知:2005 年 1 月,美国平均失业周期为 19.5 周,随后缓慢下降,2007 年 1 月和 6 月分别为 16.3 周和 16.5 周;该指标值从 2008 年 7 月开始上升(当月为 17.0 周),2011 年 7 月上升到 40.7 周;随后趋于回落,2016 年 3～5 月分别为 28.4 周、27.7 周和 26.7 周,仍显著高于危机爆发前的水平。

图 6-7 列示了 2005 年 1 月以来美国"非农就业人数"(All Employees: Total Nonfarm,单位:万人)及其同比增长率的月度数据走势。

如图 6-7 所示,从非农就业人口来看,2005 年年初为 13 279.4 万人;随后缓慢上升,2007

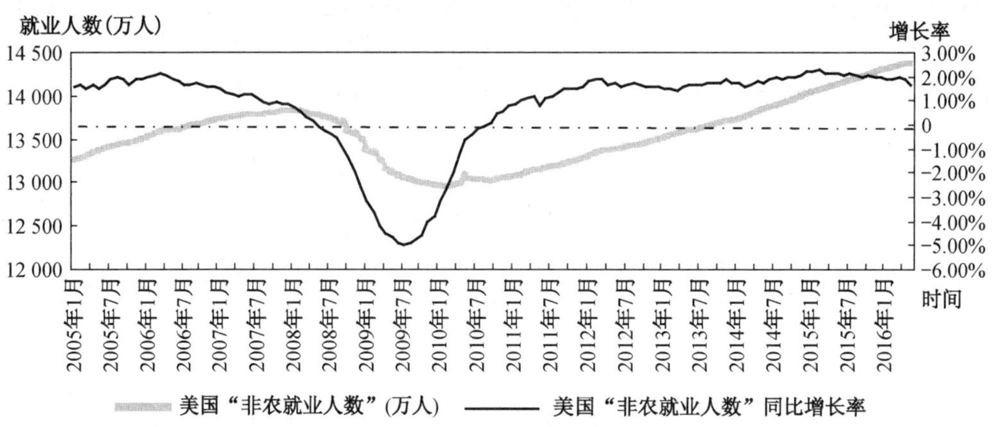

图 6-7 2005 年以来美国非农就业状况

年 1 月、6 月分别为 13 750.6 万人和 13 808.5 万人;此后又因次贷危机冲击而趋于回落,2010 年 2 月仅为 12 973.3 万人;而后开始强劲回升,2016 年 5 月为 14 389.4 万人,为近年来的最高值。

就非农就业人口的同比增长率来看,2005 年之后基本上趋于下降;受次贷危机影响,2008 年 5 月开始负增长(为−0.1%),2009 年 7 月探底至−4.95%;随后该指标值开始上升,2010 年 9 月开始正增长(为 0.09%);2012 年之后增长率较为平稳,但近期略有下降,2016 年 3~5 月增长率分别为 1.96%,1.86%和 1.69%。

图 6-8 为 2006 年以来美国“私人部门周总工时指数”(Indexes of Aggregate Weekly Hours of All Employees: Total Private;基期即 2007 年为 100)和“私人部门平均周总工时”(Average Weekly Hours of All Employees: Total Private)的走势。

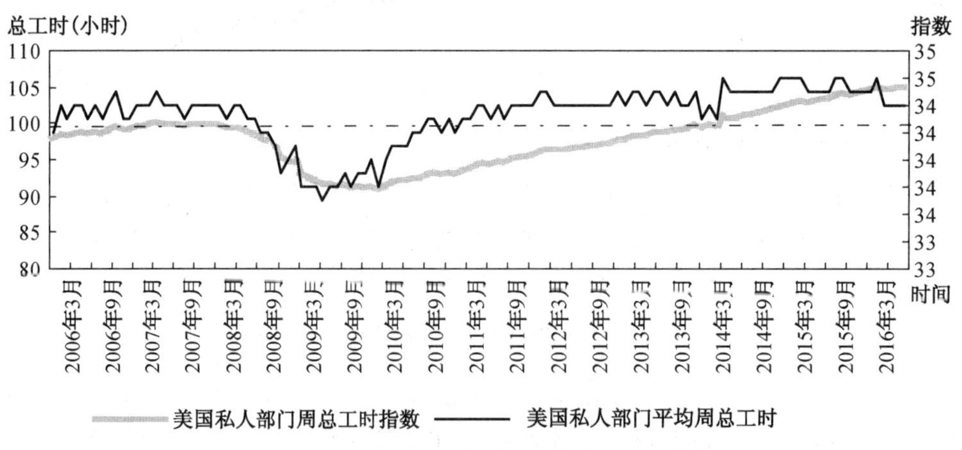

图 6-8 美国近期私人部门周总工时及其指数走势

据图 6-8 可知:“私人部门周总工时指数”与上述非农就业人数走势类似,该指数在 2008 年之前大致在 100 左右,2007 年 1 月和 6 月分别为 99.4 和 100.3;但随后下降,最低点为 2010 年 2 月的 88.5;随后稳步回升并于 2014 年重回 100 以上,2015 年 3~5 月分别为 105.0,105.1 和 105.2,超过危机前水平。

就“私人部门平均周总工时”而言，2006 年 3 月至 2008 年 11 月期间均在 34 小时/周以上。其中，2007 年 1 月和 6 月分别为 34.3 小时和 34.5 小时；但从 2008 年 6 月开始下滑（当月为 34.4 小时/周），至 2009 年 6 月仅为 33.7 小时/周；随后该指标值开始上升，并于 2010 年 3 月重回 34 小时/周，2016 年 1 月为 34.6 小时/周，2～5 月均为 34.4 小时/周。

图 6-9 给出了 2005 年以来美国的劳动参与率走势。

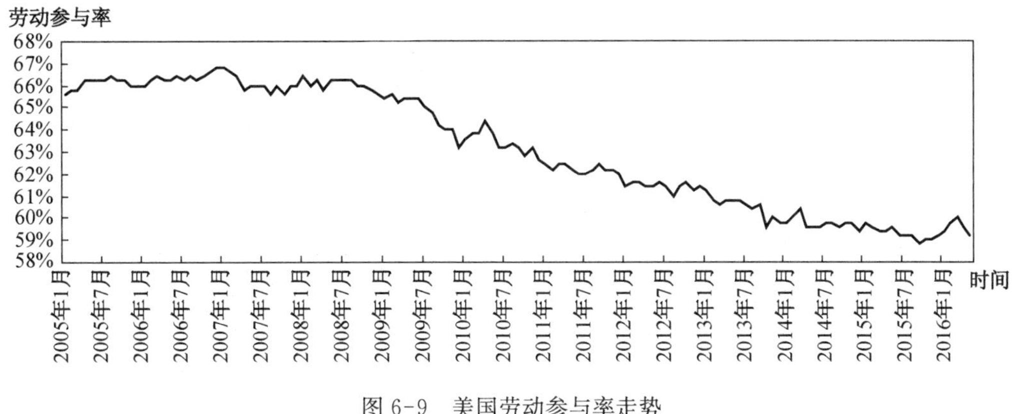

图 6-9　美国劳动参与率走势

如图 6-9 所示，美国劳动参与率在 2005 年 1 月为 65.8%，在 2005—2008 年相对平稳，但随后下降，在 2016 年 3～5 月分别为 63.0%，62.8%和 62.6%，这表明适龄劳动力参与度下降。

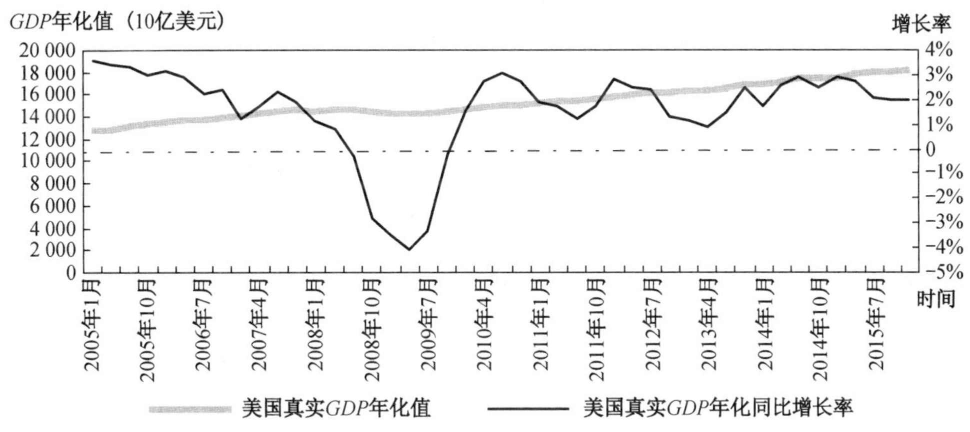

图 6-10　近期美国真实 GDP 及其增长走势

数据来源与说明：US. Bureau of Economic Analysis，均为经季节调整的年化值。

图 6-10 为 2005 年以来美国真实 GDP 及其同比增长率趋势表现：从经济总量来看，真实 GDP 因次贷危机影响，自 2008 年第二季度开始下滑，至 2009 年第二季度达到低位，随后一路攀升，2015 年全年为 17.947 万亿美元，2016 年第一季度为 18.230 万亿美元（年化值）。

从经济增长率来看，真实 GDP 同比增长率（年化值）因次贷危机影响，至 2008 年第三季度开始出现连续六个季度的负增长（最低为 2009 年第二季度的－4.1%）；2010 年第一季度开始，增长率回归 1%之上，随后开始缓慢上升，2010 年第三季度一度达到 3.1%；但随后在相对高位上出现震荡，且近期有下滑趋势，2015 年第一季度至第四季度分别为 2.9%，2.7%，2.1%

和 2.0%，2016 年第一季度为 2.0%，大致回归到次贷危机前水平（2007 年第一季度和第二季度分别为 1.7%和 2.3%）。

为进一步考察美国近期经济波动，借鉴 Baker，Bloom 和 Davis（2016）提出的美国经济政策不确定性指数（Economic Policy Uncertainty Index），大致趋势如图 6-11 所示。

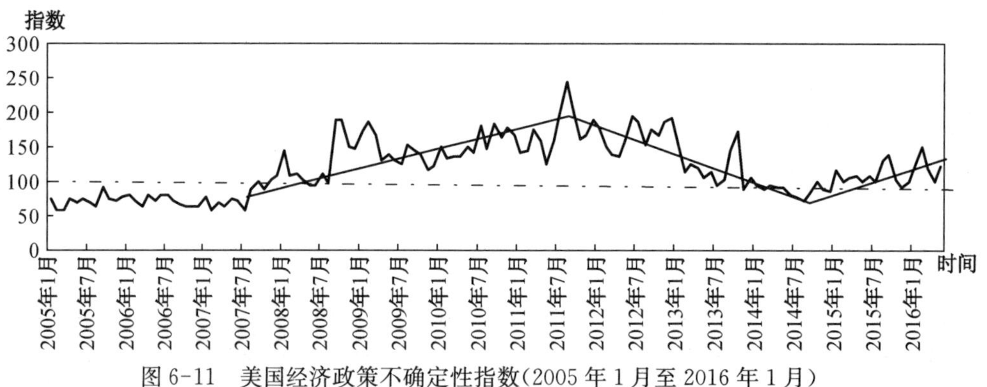

图 6-11　美国经济政策不确定性指数（2005 年 1 月至 2016 年 1 月）

数据来源：http://www.policyuncertainty.com。

如图 6-11 所示：2005 年年初至 2007 年年底次贷危机爆发之前，美国经济政策不确定性指数均处于低位，2007 年 8 月为 89.10；随后因次贷危机影响开始大幅攀升，2007 年年底以来基本上都在 100 以上，2011 年 8 月的“债务上限”危机更是使得不确定性指数达到了 245.13 的最高值；2013 年之后不确定性指数有所下降，2014 年 8 月仅为 71.26；但随后趋于缓慢上升，2016 年 1～5 月分别为 122.74，149.72，119.52，101.34 和 122.14。

3. 欧洲与日本的就业与经济发展概况

1）欧洲失业率与经济增长概况

图 6-12 列示了 2005 年以来欧元区 19 国和欧盟 28 国的修正失业率（Harmonised Unemployment Rates）走势。图中显示：2005 年 1 月，欧元区 19 国和欧盟 28 国的修正失业率分别为 9.1%和 9.0%；此后趋于下降，2008 年 3 月分别为 7.2%和 6.8%（最低点）；后因次贷危机影响而上升；尽管此后有微弱下行（2011 年 4 月分别为 9.9%和 9.5%），但仍因欧债危机

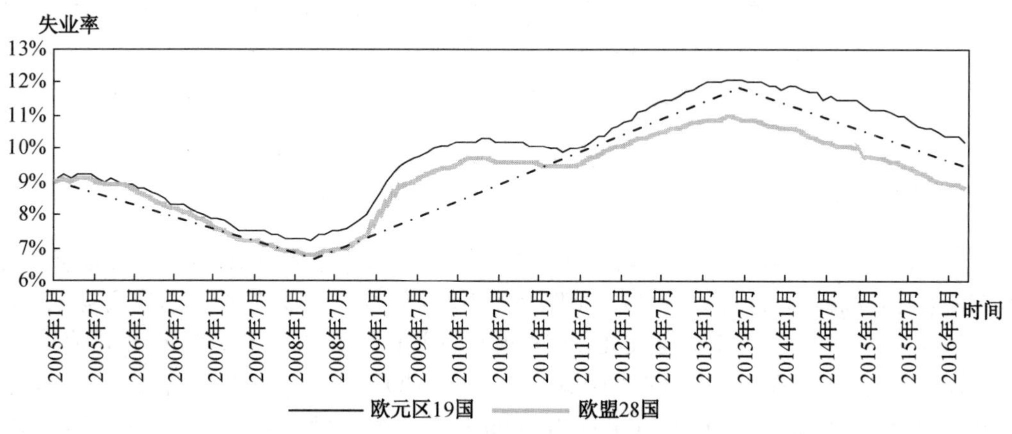

图 6-12　欧洲失业率概况

数据来源：OECD，失业率为“修正失业率”，数据经季节调整。图 6-14、图 6-16 和图 6-18 同。

再次上升，2013 年 4 月和 5 月份分别为 12.1%和 11.0%（最高点）；在此之后再次下降，2016 年 1～3 月，欧元区 19 国修正失业率分别为 10.4%，10.4%和 10.2%，欧盟 28 国失业率分别为 8.9%，8.9%和 8.8%，仍显著高于次贷危机前水平。

与上述修正失业率对应的是欧元区 19 国和欧盟 28 国的经济增长走势，如图 6-13 所示。

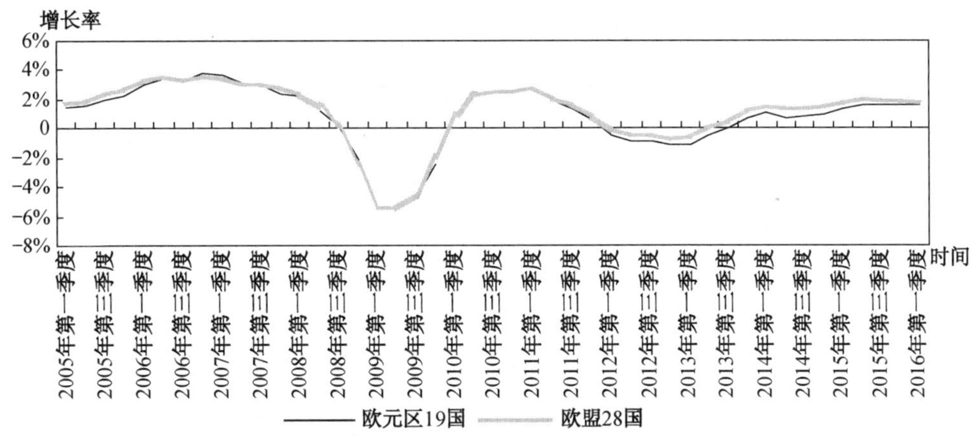

图 6-13　欧洲 GDP 季度同比增长率概况

数据来源：OECD，数据为经季节调整值；图 6-15、图 6-17 和图 6-19 同。

由图 6-13 可知：次贷危机爆发前，欧元区 19 国和欧盟 28 国的 GDP 增长率缓慢上升，2015 年第一季度分别为 1.41%和 1.68%，2006 年第四季度曾高达 3.78%和 3.53%；但随后因次贷危机而趋于下降，2008 年第三季度仅为 0.18%和 0.16%，此后步入负增长，2009 年第一季度深度衰退到－5.54%和－5.42%；而后触底反弹，2011 年第一季度经济增速一度回升至 2.83%和 2.82%；但随后因欧债危机而趋于下降，2013 年第一季度曾跌至－1.16%和－0.61%；在此之后经济增长缓慢恢复，2016 年第一季度增长率分别为 1.53%和 1.72%，但仍低于次贷危机前水平。

2）欧洲主权债务危机国家的失业率与经济增长情况

图 6-14 给出了受欧债危机影响较大的五国，即葡萄牙、爱尔兰、意大利、希腊和西班牙的修正失业率走势：①对希腊（Greece）而言，2015 年 1 月失业率为 10.3%，而后趋于缓慢下降，2008 年 5 月为 7.3%，但随后上升，2013 年 7 月和 9 月曾一度达到 27.9%；此后趋于下降，2016 年 1 月仍为 24.4%。②对西班牙（Spain）而言，2015 年 1 月失业率为 10.1%，而后缓慢下降，2007 年 5 月为 7.9%，但随后上升，2013 年 2～5 月曾一度达到 26.3%；此后趋于下降，2016 年 1～3 月分别为 20.5%，20.5%和 20.4%。③对爱尔兰（Ireland）而言，2015 年 1 月失业率为 4.2%，而后趋于缓慢上升，2008 年年初约为 5%；随后趋于快速上升，2012 年年初前后高达 15%；此后趋于下降，2016 年 1～3 月分别为 8.9%，8.8%和 8.6%。④葡萄牙（Portugal）的失业率在 2005 年年初为 8.3%，此后趋于上升，2013 年 1 月高达 17.5%；此后趋于下降，2016 年 1～3 月约为 12.1%。⑤意大利（Italy）2005 年年初的失业率为 7.7%，此后下降，2007 年 4 月为 5.7%；而后上升，2010 年 4 月为 8.6%；随后出现短期下降，2011 年 4 月为 7.8%；此后再次上升，2014 年 11 月为 13.1%；近期再趋下降，2016 年 3 月为 11.4%。

总体而言，上述五国自 2005 年以来的失业率基本上呈现“降—升—降”的趋势，即在次贷危机爆发前的失业率均处于低位，受次贷危机及其后的欧债危机影响而上升，此后再次下降，

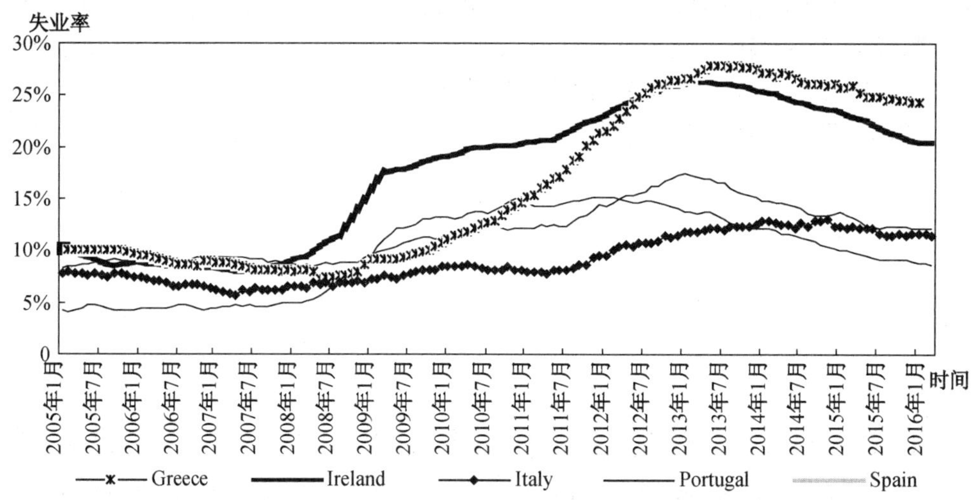

图 6-14　受欧债危机影响较大的欧洲 5 国之失业率状况

但近期仍处于相对高位。就国别而言，希腊和西班牙的失业率近期更是在 20%以上，境况堪忧，而爱尔兰的状况相对最好，但也将近 9%。

图 6-15 给出了上述欧洲五国在 2005 年第一季度至 2015 年年底前后的 GDP 增长率。

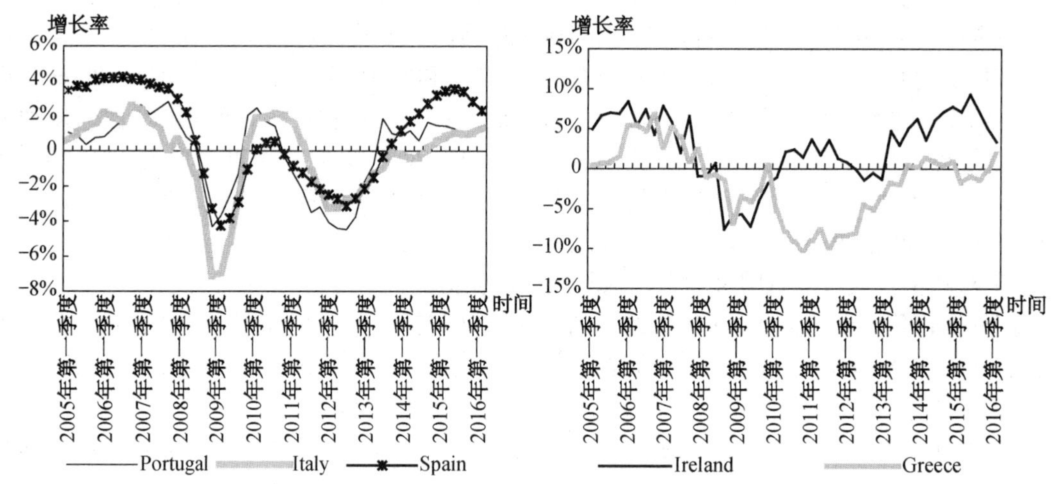

图 6-15　受欧债危机影响较大的欧洲五国之 GDP 增长率

由图 6-15 可知：一方面，葡萄牙、意大利和西班牙的经济增长趋势较为一致，受次贷危机和欧洲主权债危机的影响，呈现明显的 W 形，近期虽有明显恢复，但仍显著低于次贷危机前的发展水平；2016 年第一季度，葡萄牙、意大利和西班牙的 GDP 增长率分别为 0.91%，0.95%和 3.39%，2016 年全年经济增长率分别为 1.17%，1.02%和 2.83%，预计 2017 年为 1.34%，1.36%和 2.31%。另一方面，爱尔兰的经济增长虽然也有 W 形趋势，但不甚明显，特别是主权债危机的冲击并不明显，2016 年第一季度 GDP 增长率为 7.17%，但 2016 年和 2017 年将分别下降为 5.02%和 3.38%；近期希腊的经济增长在上述五国中表现最为不佳，2015 年第三季度至 2016 年第一季度 GDP 增长率分别为－1.71％，－0.86％和－1.43％，2016 年和 2017 年将分别为－0.24％和 1.87％。

3）德国、法国和英国的失业率和经济增长状况

图 6-16 给出了德国、法国和英国的“修正失业率”走势。

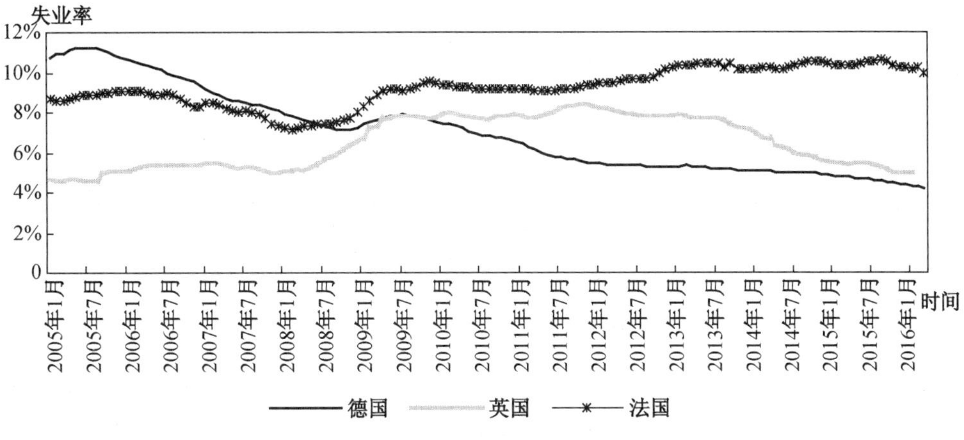

图 6-16 德国、法国和英国的失业率状况

由图 6-16 可见：德国失业率自 2005 年以来基本上处于下降趋势，2005 年 1 月为 10.7％，2016 年 1～3 月分别为 4.3％，4.3％和 4.2％；英国失业率自 2005 年年初以来经历了先升后降趋势，2005 年 7 月为 4.7％且随后上升，2011 年 11 月曾达到 8.4％，而后趋于下降，2016 年 1 月为 5.0％；法国的失业率在 2005 年 1 月为 8.7％，随后趋于下降，2008 年 2 月为 7.1％，而后趋于缓慢上升，2016 年 1～3 月分别为 10.1％，10.2％和 10％。就失业率而言，近期德国表现最好，法国则有一定压力。

图 6-17 为德国、法国和英国在次贷危机前后及近期的 GDP 增长率走势。

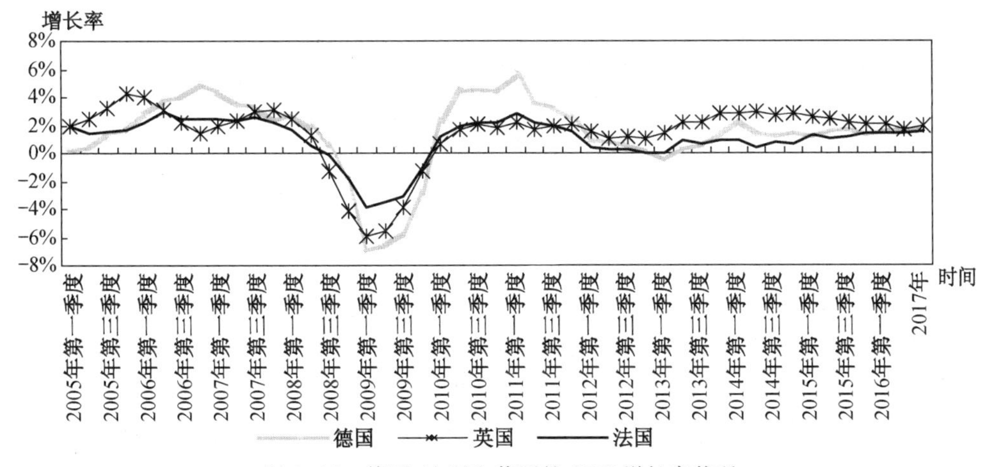

图 6-17 德国、法国和英国的 GDP 增长率状况

由图 6-17 可见：德国、英国和法国的经济增长均因次贷危机而重度下挫，且随后回调，但近期增长率仍较低，2016 年第一季度，德国、英国和法国的增长率分别为 1.61％，2.01％和 1.36％，2016 年分别为 1.64％，1.70％和 1.41％，2017 年将分别为 1.71％，1.96％和 1.49％。

4）日本的失业率和经济增长状况

图 6-18 给出了日本的“修正失业率”走势。

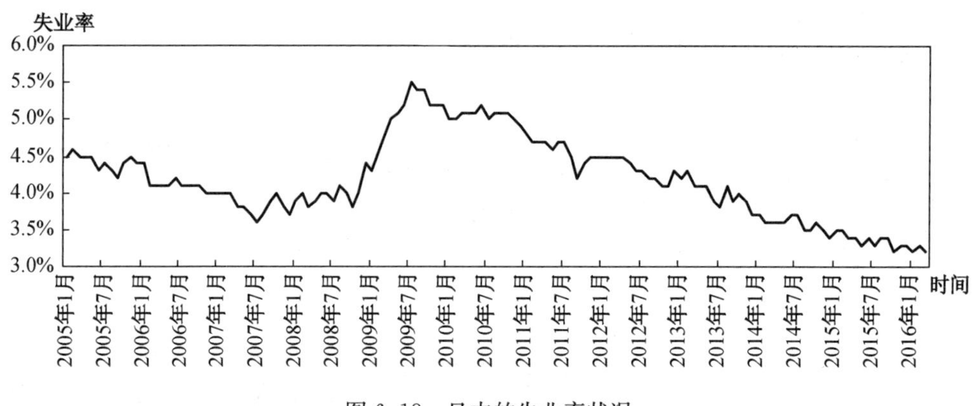

图 6-18　日本的失业率状况

由图 6-18 可见：2005 年年初日本失业率为 4.5%，而后趋于下降，2007 年 6 月仅为 3.6%，随后因次贷危机而急速攀升，2009 年 7 月为 5.5%；随后失业率一路下降，2016 年 1～3 月分别为 3.2%，3.3%和 3.2%。

图 6-19 为日本在次贷危机前后及近期的 GDP 增长率走势。

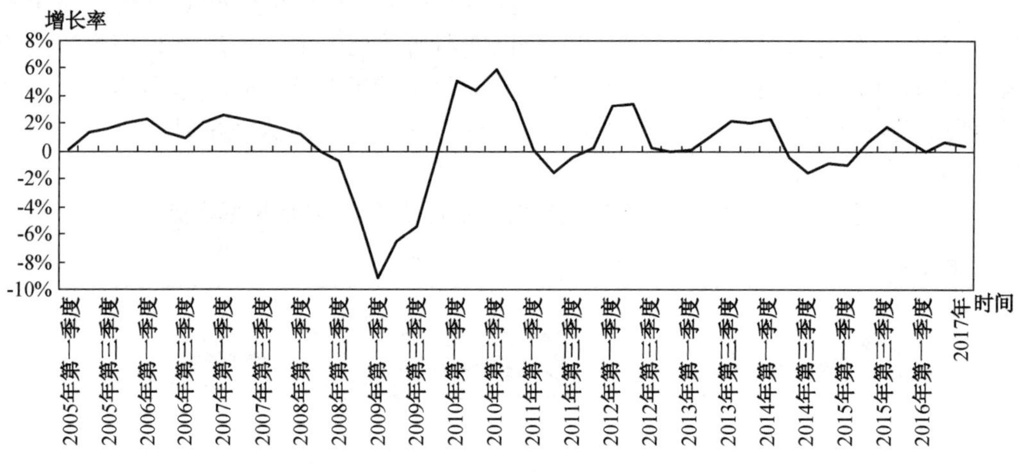

图 6-19　日本的真实 GDP 同比增长率状况

由图 6-19 可见：日本的 GDP 增长率在次贷危机前尚可，2007 年第二季度为 2.36%，但随后因次贷危机而急速下降，2009 年第一季度为－9.21%，随后虽然强劲反弹，2010 年第一季度和第三季度曾一度达到 5.12%和 5.90%，但此后再次趋于下降且有较大起伏，2015 年第四季度为0.85%，2016 年第一季度仅为－0.05%；2016 年为 0.67%，2017 年预计为 0.36%。

三、风险因素识别

劳动力表现为经济增长的引致性需求，且劳动力市场“供大于求”即为失业（就业风险）。由此，唐海燕（2011）从社会再生产角度，基于劳动力市场的供给与需求，分析了就业风险影响因素，主要包括：城镇劳动力的供给状况；产出、产业结构与就业的关系；消费、投资与出口对就业的影响。本部分将沿用该分析框架，结合近期宏观经济数据分析就业风险。

（一）劳动力供给对就业的影响

1. 人口抚养比与劳动参与率

从劳动力供给来看，我们主要关注人口抚养比、适龄劳动力比重、劳动参与率等指标走势，图 6-20 列示了 1995—2014 年相关指标的走势。

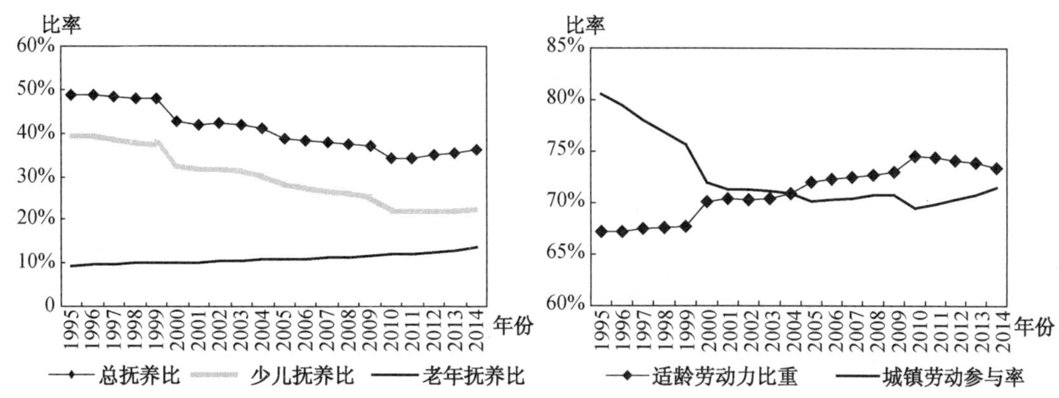

图 6-20　1995—2014 年中国人口抚养比和劳动参与率情况

数据来源：据《中国统计年鉴》整理，界定“15～64 岁人口”为“工作年龄段人口”，用以计算劳动参与率。

根据图 6-20，从抚养比来看，少儿抚养比的下降和老年抚养比的上升趋势较为明显，两者的交互作用导致总抚养比整体上也趋于下降，2010 年为 34.2%；但在 2010 年之后，因为老年抚养比的上升更为明显，并导致总抚养比逐步上升，2014 年为 36.2%。

与总人口抚养比对应，适龄劳动人口呈现先增后减的趋势，转折点同样在 2010 年（当年为 74.5%），2014 年则下降为 73.4%。与总人口抚养比趋势较为类似，城镇劳动参与率先趋于下降，2010 年仅为 69.49%，而近年来有所上升，2014 年为 71.49%。

因此，随着中国逐渐步入老龄化社会，社会总抚养比会不断上升、适龄劳动力不断减少，劳动参与率也会因此有所上升，这在一定程度上可缓解就业压力，但不利于劳动力供给。

2. 城镇化与城乡差距对比

本研究主要关注城镇就业风险，从城镇劳动力供给角度来看，城镇化进程、城乡收入差距等因素均会加大城镇就业压力，表 6-8 给出了 2005—2014 年以来中国城镇化率、三大产业的劳动生产率（对数值）以及城乡收入差距相关指标。

表 6-8　**2005—2014 年城镇化与城乡差距指标**

年份	城镇化率	劳动生产率（元/人，对数值）			“非农—农业”劳动生产率比（倍）	城乡收入比（倍）	城乡 Gini 系数
		第一产业	第二产业	第三产业			
2005	42.99%	9.16	11.03	10.66	12.26	3.22	0.28
2006	44.34%	9.25	11.09	10.77	12.76	3.28	0.28
2007	45.89%	9.33	11.17	10.89	12.39	3.33	0.28

（续表）

年份	城镇化率	劳动生产率(元/人,对数值)			"非农—农业"劳动生产率比(倍)	城乡收入比(倍)	城乡 Gini 系数
		第一产业	第二产业	第三产业			
2008	46.99%	9.42	11.22	10.97	11.74	3.31	0.28
2009	48.34%	9.49	11.29	11.04	11.63	3.33	0.27
2010	49.95%	9.54	11.38	11.15	11.21	3.23	0.26
2011	51.27%	9.62	11.45	11.21	10.70	3.13	0.25
2012	52.57%	9.70	11.50	11.26	10.13	3.10	0.25
2013	53.73%	9.79	11.56	11.30	9.75	3.03	0.24
2014	54.77%	9.89	11.64	11.31	9.56	2.97	0.23

数据来源：根据《中国统计年鉴》各年度数据整理，其中，城乡 Gini 系数据陈建东、侯文轩、邹高禄(2009)方法进行测算。

由表 6-8 中数据可见：①城镇化率（即城镇人口占比）呈现逐年递增趋势，2005 年该指标为 42.99%，2011 年首次突破 50%（为 51.27%），2014 年达到 54.77%，2015 年则进一步增加至 56.1%（表中未列示）。②第一产业、第二产业、第三产业的劳动生产率（对数值）均呈上升趋势，且第二产业、第三产业的劳动生产率明显高于第一产业。其具体表现为：2005 年三大产业的劳动生产率（对数值）分别为 9.16，11.03 和 10.66；2014 年则分别为 9.89，11.64 和 11.31。因此，城镇化率、非农产业劳动生产率的逐年上升，在一定程度上吸引了更多农村劳动力流入城市，增大了就业压力。③城乡收入比、城乡 Gini 系数和"非农—农业"劳动生产率的走势大致相同，基本上呈现逐年下降趋势：2005 年三个指标值分别为 3.22 倍、0.28 倍和 12.26 倍，2014 年则分别为 2.97 倍、0.23 倍和 9.56 倍。这说明近年来农村就业的报酬上升相对较快、城乡差距进一步缩小，并在一定程度上解释了农民工返乡的现象。

综合而言：城镇化率、非农生产率的上升表明城镇就业压力在一定程度内仍将存在，但城乡收入比、城乡 Gini 系数和"非农—农业"劳动生产率则表明这一就业压力在近期有所缓和。

（二）产出与产业结构对就业的影响

根据奥肯定律，经济增长和失业率之间应该存在反向关系，但经济增长对就业的拉动作用在中国的有效性并未得到普遍认同（谭菊华，2013；石昶和宋德勇，2012）。此外，也有研究认为，不同产业经济增长的就业效应存在差异（黄波，2012），这也为经济结构调整的就业导向找到了一定的依据。

表 6-9 考察了 2005 年以来中国经济增长、产业结构与就业的关系，包括经济增长和各产业增长的就业弹性、各产业结构就业偏差、产业与就业结构的调整变化这 3 组指标。需要指出

表 6-9　**2005—2014 年经济增长、产业结构与就业的关系**

年份	总就业弹性	第一产业就业弹性	第二产业就业弹性	第三产业就业弹性	第一产业就业结构偏差	第二产业就业结构偏差	第三产业就业结构偏差	产业结构 Moore 值(度)	就业结构 Moore 值(度)
2005	0.05	−0.79	0.52	0.26	−0.738 2	0.969 3	0.318 5	4.453 0	7.508 5
2006	0.03	−0.94	0.47	0.21	−0.748 6	0.880 8	0.301	3.180 1	8.060 9
2007	0.03	−1.08	0.46	0.07	−0.745 9	0.742 3	0.325 3	3.657 4	7.261 4

（续表）

年份	总就业弹性	第一产业就业弹性	第二产业就业弹性	第三产业就业弹性	第一产业就业结构偏差	第二产业就业结构偏差	第三产业就业结构偏差	产业结构Moore值(度)	就业结构Moore值(度)
2008	0.03	－0.51	0.19	0.27	－0.738 9	0.718 9	0.292 4	0.209	4.567 9
2009	0.04	－0.86	0.25	0.32	－0.740 6	0.642 8	0.303 5	5.394 2	5.677 6
2010	0.03	－0.78	0.29	0.19	－0.737 8	0.608 8	0.277 5	1.666 4	5.357 4
2011	0.04	－1.15	0.3	0.38	－0.726 1	0.564 2	0.241 5	0.409 4	7.248 3
2012	0.05	－0.69	0.38	0.19	－0.716 4	0.484 2	0.260 4	4.623 4	4.647 1
2013	0.05	－1.63	－0.04	0.85	－0.700 4	0.451	0.218 7	5.345 1	10.107 4
2014	0.05	－1.41	－0.04	0.74	－0.689 1	0.428 8	0.185	4.244 2	8.711 9

数据来源：据《中国统计年鉴》各年度数据整理计算。

的是，研究选取了Moore结构值来衡量相邻2年间产业结构或就业结构的调整情况，该指标值越大，表明产业结构或就业结构的变化程度越大（王庆丰和党耀国，2010）。

由表6-9中数据可见：2005年以来，中国经济增长的总体就业弹性偏低，仅在0.03到0.05之间，这说明经济增长的总体就业效应并不明显，也似乎并未达到政策制定和实施者的预期效果，更是与中国近年来就业形势相对较好的事实不符。

进一步分析不同产业的就业弹性，从绝对值来看，三大产业的就业弹性较总产出就业弹性有了显著提升，说明考察经济增长的就业效应时应区分不同产业：①第一产业就业弹性一直为负，且近年来绝对值较大，2013年和2014年分别为－1.63和－1.41，说明农业发展并未很好吸纳就业，这也与中国城镇化趋势进程以及农民工就业市场的表现一致；②第二产业就业弹性在2005—2012年间为正，在0.2～0.5，但2013年和2014年均为－0.04，这说明第二产业产值增加在近年来对就业的增加效应也不明显；③第三产业就业弹性则一直为正，这说明第三产业发展对就业一直存在显著的正效应，在2013年和2014年分别高达0.85和0.74，这说明在新常态下发展第三产业不仅能"稳增长"，更能有效"促就业"。

"就业偏差"被定义为：产业GDP比重/产业就业比重－1。就表6-9中的数据来看，中国三大产业就业偏差表现不一：第一产业的就业结构偏差持续为负，说明相对产出而言就业人口相对偏高；第二产业、第三产业的就业结构偏差为正，且第二产业就业结构偏差更大，说明第二产业为资本和技术密集型产业，对劳动力的要求较少；第三产业的就业结构偏差相对较小且有下降趋势，说明第三产业吸纳就业能力越来越强，但仍有一定空间。

最后我们来看产业结构和就业结构的隔年变化：产业结构Moore值的变动存在较大的波动，2013年和2014年分别为5.345 1和4.244 2，这说明三大产业的产出结构时而稳定、时而有较大变动；就业结构Moore值相对产业结构更大，且同样有较大变动，2013年和2014年分别为10.107 4和8.711 9，这说明三大产业的就业结构更不稳定，且近年来变动较大。

在证实第二产业、第三产业，特别是后者在促就业方面具有重要作用的基础上，接下来进一步分析近期总体经济发展环境与发展状况，以及各产业经济增长的趋势表现。

首先来看Baker，Bloom，Davis和Wang(2013)构造的中国经济政策不确定性指数(EPU：Economic Policy Uncertainty Index for China)，图6-21列示了其2005年1月以来的走势。

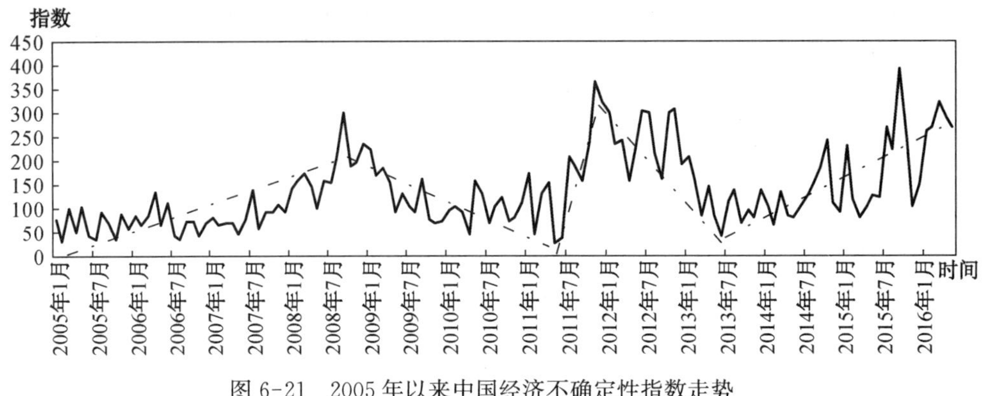

图 6-21　2005 年以来中国经济不确定性指数走势

数据来源：http://www.policyuncertainty.com。

由图 6-21 可见，2005 年年初以来，中国经济不确定性指数大致表现为“升—降—升—降—升”的趋势：在次贷危机前后，该指标值在 2008 年 9 月和 2011 年 11 月分别有 2 个高点，分别为 298.39 和 363.52，其中前一个高点可解释为次贷危机冲击导致的不确定性增加；后一个高点发生在 2011 年 12 月中央经济工作会议前，那时中国经济在经历 2010 年 10.4%的增速后，已确定趋于下滑通道，因而不确定性也增大。中国经济不确定性指数在 2011 年 11 月之后回落，2013 年 6 月仅为 40.40；但近期该指数值又开始上升且有较大波动，2016 年 1～5 月分别为 261.94，269.02，323.16，286.79 和 267.46。

我们再来看 2005 年以来中国 GDP 季度增长率的走势，如图 6-22 所示。

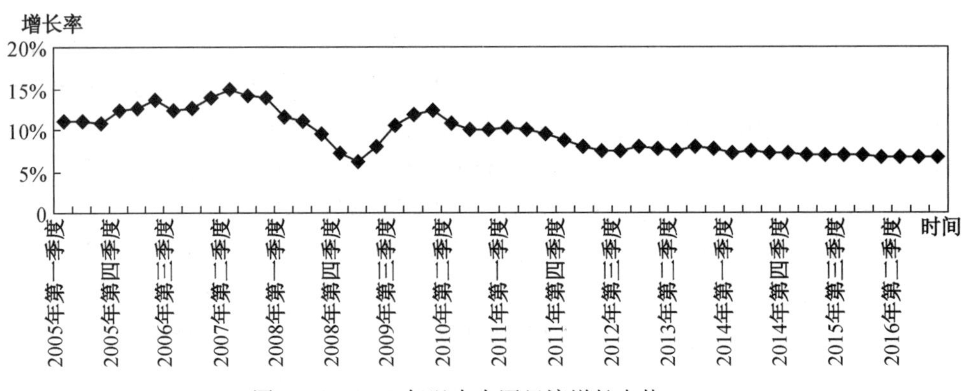

图 6-22　2005 年以来中国经济增长走势

数据来源：根据 Wind 资讯整理，图 6-23 至图 6-29 同。

由图 6-22 可见：因次贷危机影响，中国 GDP 增长率在 2007 年年中之后趋于下降，经由短暂探底之后反弹，2010 年第一季度 GDP 当季同比增长率曾高达 12.2%，但随后步入下行通道，2015 年第四季度为 6.80%、2016 年第一季度为 6.70%，预计 2016 年第二季度至第四季度将分别为 6.64%，6.60%和 6.54%。由此可见，经济增长的持续走低为就业带来了严峻考验。

图 6-23 分别列示了 2005 年年初以来工业增加值增长率、2009 年 7 月以来克强指数走势，其走势与上述 GDP 季度增长率相当吻合，具体为：图 6-23a 列示了 2005 年 1 月以来工业增加值同比增长率，可见其走势和 GDP 季度同比增长率一致，尽管在次贷危机后一度冲高到

2010 年 1 月的 29.20%，但随后滑落，2016 年 1～4 月仅分别为 5.87%，4.91%，6.80%和 6.0%。图 6-23b 为 2009 年 7 月以来克强指数走势，其自 2009 年 11 月冲高到 30.88 后趋于下降，2016 年 2～4 月仅分别为 1.90，5.61 和 4.53。

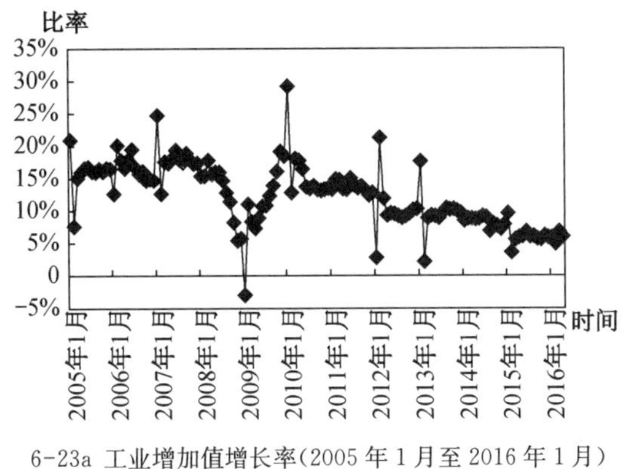

6-23a 工业增加值增长率(2005 年 1 月至 2016 年 1 月)

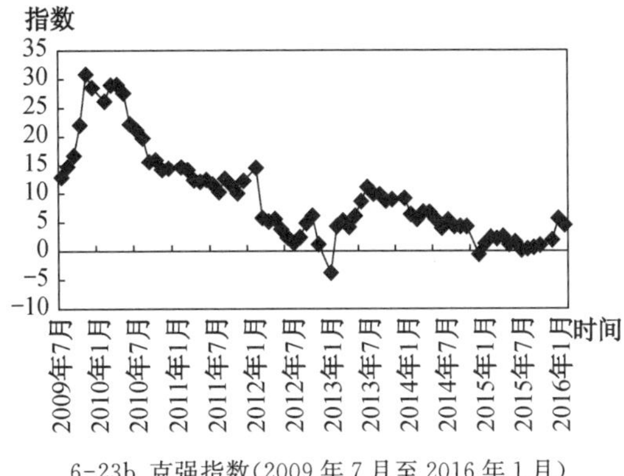

6-23b 克强指数(2009 年 7 月至 2016 年 1 月)

图 6-23 工业增加值增长率与克强指数走势

图 6-24 列示了 2005 年第一季度以来，三大产业 GDP 累计同比贡献率与拉动情况。

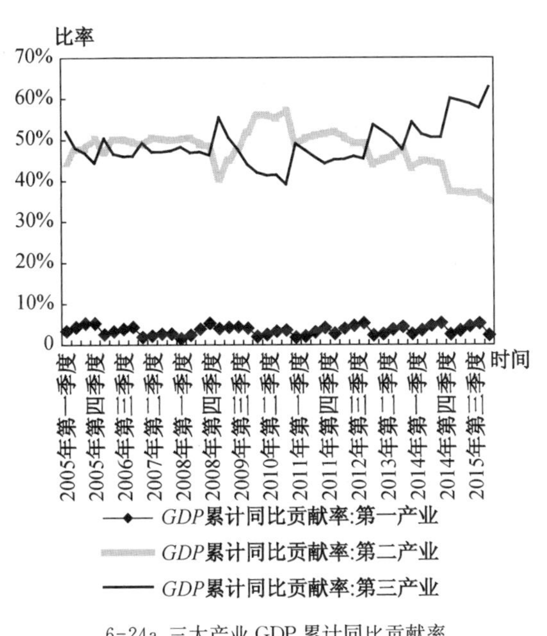

6-24a 三大产业 GDP 累计同比贡献率

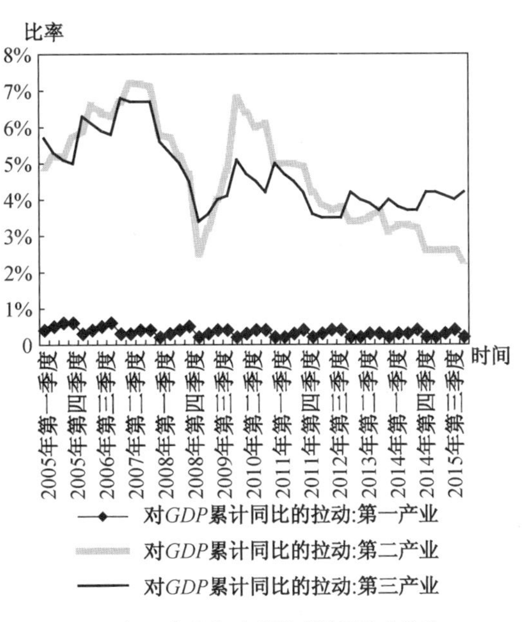

6-24b 三大产业对 GDP 累计同比的拉动

图 6-24 2005 年以来中国三大产业对 GDP 累计同比增长的贡献度与拉动

由图 6-24 中图 6-24a 可见，就三大产业对 GDP 累计同比贡献率而言：第一产业占比较为稳定，均在 5%以下，少数季度略高于 5%，2015 年第四季度和 2016 年第一季度分别为 5.20%和 2.30%；第二产业对 GDP 累计同比贡献率近年来稳中有降，其中 2010 年第四季度曾一度达到 57.20%，但随后下落，2015 年第四季度和 2016 年第一季度分别为 37.10%和 34.90%；第三产业对 GDP 累计同比贡献率近年则稳中有升，2010 年第四季度仅为 39.20%，随后趋于上升，2015 年第四季度和 2016 年第一季度分别为 57.70%和 62.80%。

由图 6-24 中图 6-24b 可见，就三大产业对 GDP 累计同比拉动而言：第一产业对 GDP 增长的拉动较为稳定，均在 1%以下，2015 年第四季度和 2016 年第一季度分别为 0.4%和 0.2%；第二产业、第三产业对 GDP 增长的拉动在 2013 年年底之前较为一致，2013 年第四季度均为 3.7%，但随后出现分化，第三产业对 GDP 增长的拉动显著高于第二产业，2015 年第四季度和 2016 年第一季度，第二产业对 GDP 增长的拉动分别为 2.60%和 2.30%，同期，第三产业对 GDP 增长的拉动分别为 4.0%和 4.2%。考虑到第三产业的就业弹性为正且较大，结合其对 GDP 贡献率、对 GDP 增长的拉动增强，均有利于促进就业。

（三）消费、投资和出口对就业的影响

从产出分配的角度，消费、投资和出口通过拉动经济增长对就业均具有促进作用。图 6-25列示了 2005 年 1 月以来社会消费品零售总额的同比增长及消费者信心指数趋势。

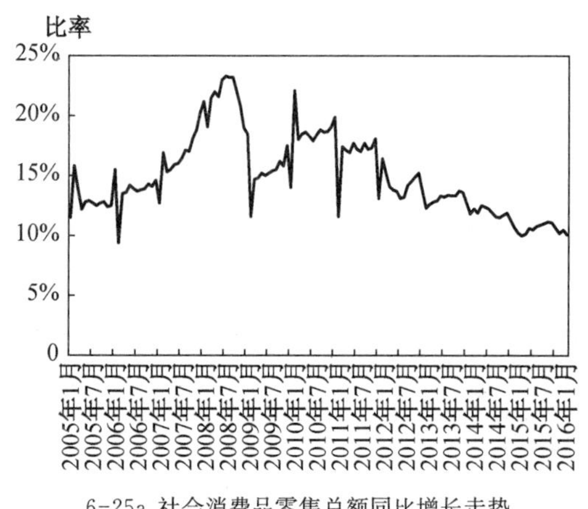

6-25a 社会消费品零售总额同比增长走势

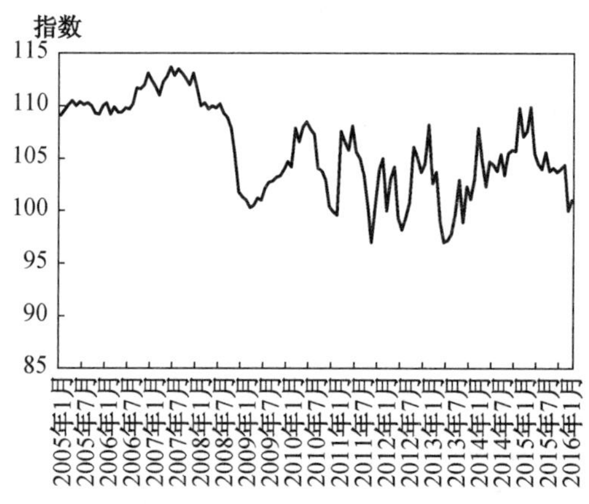

6-25b 消费者信心指数走势

图 6-25　2005 年以来中国社会消费品零售总额同比增长及消费者信心指数走势

由图 6-25 中图 6-25a 可见：社会消费品零售总额的同比增长率在次贷危机前有较为显著的上升，在 2008 年 7 月曾高达 23.30%；此后因次贷危机而深度下滑，2009 年 2 月仅为 11.60%；随后虽有所上升，但很快又步入下降通道，2016 年 2～4 月分别为 10.20%，10.50%和 10.10%。

图 6-25 中图 6-25b 给出了 2005 年以来消费者信心指数走势：在次贷危机前消费者信心指数较高，2007 年 6 月曾高达 113.7，但随后因次贷危机而急速下滑，2009 年 3 月仅为 100.3；后来虽然有所回升，但 2010 年 3 月至 2013 年 2 月期间有较大的震荡起伏，并在此之后再次下降，2016 年 1～4 月分别为 104.0，104.4，100.0 和 101.0。社会消费品零售总额增长率、消费者信心指数的近期趋势和新常态下经济增长乏力吻合，为促就业带来不利影响。

图 6-26 为 2005 年以来固定资产投资完成额累计同比以及房地产投资完成额累计同比增长率走势。

由图 6-26 可见：固定资产投资完成额在次贷危机前维持较高水平（大约在 25%以上），次贷危机爆发后，为稳定增长而追加投资，2009 年 6 月固定资产投资完成额同比增长率一度高达 33.60%，但 2015 年 12 月仅为 10%，2016 年 2～4 月分别为 10.2%，10.7%和 10.5%。房地产投资累计完成额的表现和总体经济增长趋势较为一致，2008 年 6 月增幅曾达到 33.5%，但随后深度下调，2009 年 2 月仅增长 1%；而后出现快速回升，2010 年 6 月曾达到 38.1%的增

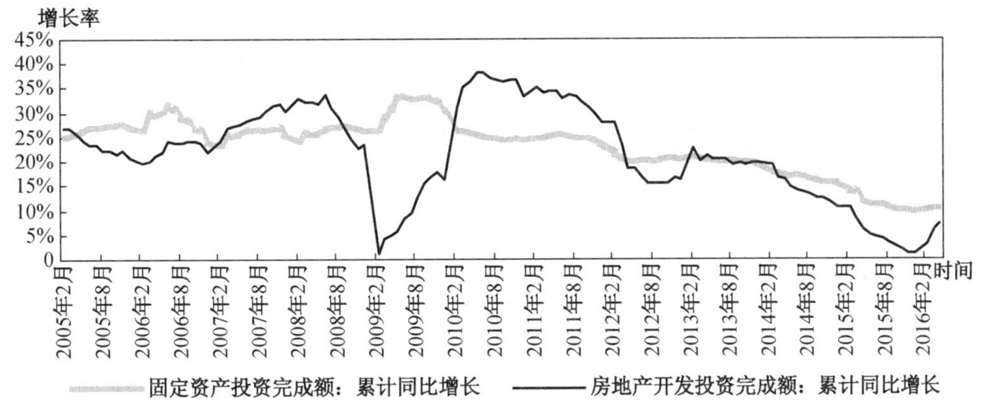

图 6-26 2005 年以来中国固定资产和房地产投资完成额同比增长走势

长水平；但随后再次下滑，2015 年 12 月仅为 1%；受惠于 2016 年年初房地产刺激政策，2016 年 2～4 月分别回落到 3%，6.2%和 7.2%。

图 6-27 进一步给出了 2005 年以来新增固定资产投资完成额同比增长与 PMI 指数走势。

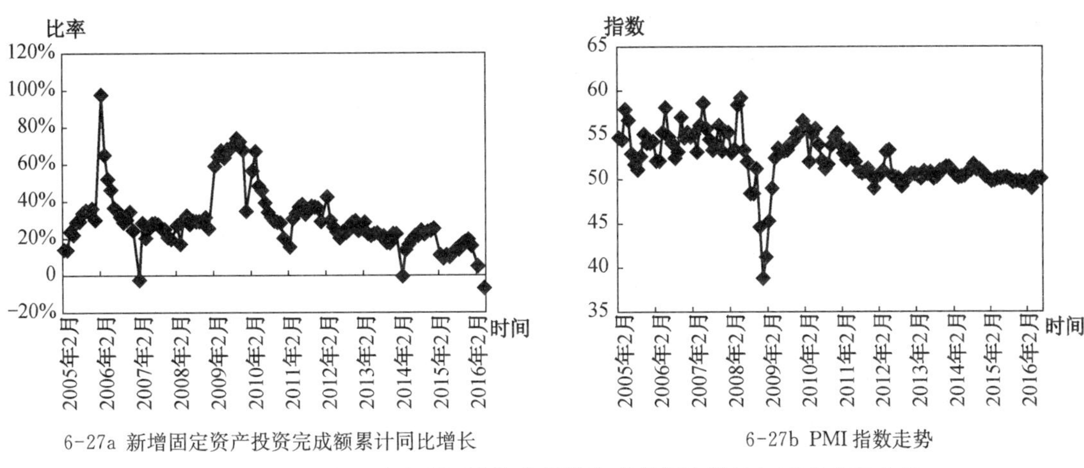

6-27a 新增固定资产投资完成额累计同比增长

6-27b PMI 指数走势

图 6-27 2005 年以来新增固定资产投资完成额同比增长与 PMI 指数走势

由图 6-27 中图 6-27a 我们可以看出，除个别月份外，新增固定资产投资完成额累计同比增长率在次贷危机前较为稳定，该指标在次贷危机后因刺激经济增长措施而上升，随后趋于回落，2015 年 12 月为 15.90%，2016 年 2 月和 4 月则分别只有 4.90%和－6.80%。由图 6-27 中图6-27b可知，PMI 指数和图 6-26 中的房地产投资完成额同比增长走势一致，2016 年 1～5 月分别为 49.4，49.0，50.2，50.1 和 50.1，表现相对疲软。总体而言，固定资产投资、PMI 指数的上述表现趋势表明近期投资乏力，对经济增长和就业存在较为不利的影响。

图 6-28 为 2005 年以来月度出口金额及同比增长率走势。

由图 6-28 可知，次贷危机之前（2008 年年中），中国出口贸易金额呈上升趋势，此后因次贷危机影响而下降，随后再次上升，且有较大起伏，2016 年 1～4 月分别为 1 770.03 亿美元、1 260.40亿美元、1 606.69 亿美元和 1 727.58 亿美元。就出口金额的同比增长率而言，2005 年年初至次贷危机爆发前已缓慢下降，且因次贷危机而深度探底，2009 年 5 月仅为－26.51%，随后快速上升，2010 年 2 月和 5 月曾分别达到 45.63%和 48.44%，但随后趋于回

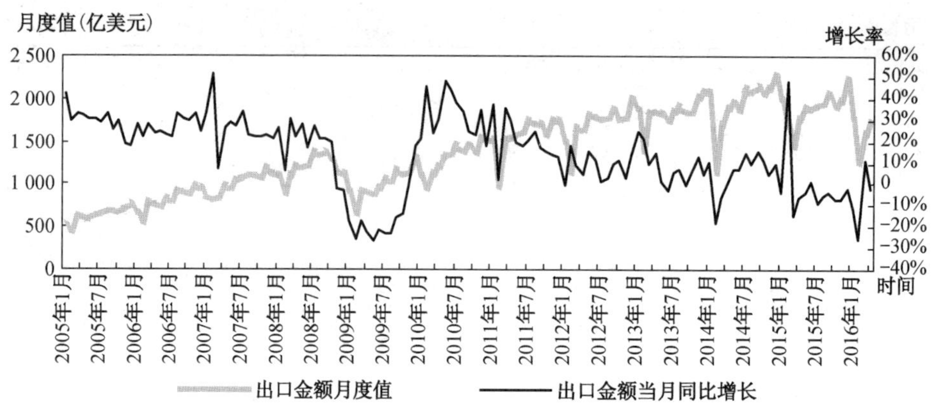

图 6-28　2005 年以来中国出口金额及其同比增长走势

落且有较大起伏，2016 年 1～4 月分别为－11.40％，－25.40％，11.40％和－1.80％。

图 6-29 所示的人民币对美元汇率走势表明，自 2005 年 7 月汇改以来，人民币对美元基本上处于升值状态，但 2015 年 7 月(当月汇率为 6.116 7￥/＄)之后，人民币相对美元有贬值趋势，2016 年 3～5 月分别为 6.506 4￥/＄，6.458 9￥/＄和 6.531 5￥/＄。

以上有关出口和人民币对美元汇率的近期走势表明：出口增速下行对经济增长和就业不利，人民币对美元的贬值一定程度上利于出口和经济增长，对就业有一定的正效应。

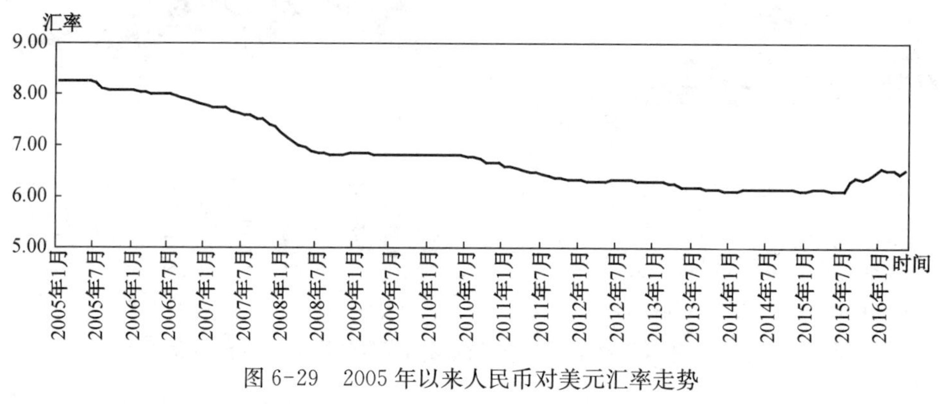

图 6-29　2005 年以来人民币对美元汇率走势

四、就业风险度量与预测

由于经济结构转型将带来表征长期就业风险的自然失业率的上升，而国内外经济发展不确定性的存在，也将使得表征短期就业风险的周期性失业率产生较大波动。因此，本研究将结合结构突变检验方法、HP 滤波方法分离长、短期城镇失业率，并据此划分长短期就业风险等级，进而选取影响就业的系列宏观经济变量，采用排序 Logit/ Probit 模型测度就业风险，最后利用宏观经济数据预测 2016 年和 2017 年的长短期就业风险等级。

(一) 长短期就业风险度量与预测：方法与数据

1. 指标与数据

由于中国城镇调查失业率数据尚未连续公布，而城镇登记失业率并不能很好地反映真实失业状况，故本研究仍借鉴蔡昉等(2004)的方法计算中国城镇调查失业率。

对于影响城镇就业的宏观经济指标而言，依据既往研究报告的做法选取 14 个指标，包括：

(1) 考察城镇劳动力供给对就业的影响，选取城市化率、城乡收入比、城乡 Gini 系数、“非农业—农业”劳动生产率对比以及城镇劳动生产率 5 个指标；

(2) 考察产出及产业结构对就业的影响，选取 GDP 增长率、第二产业比重和第三产业比重 3 个指标；

(3) 考察产出结构对就业的影响，选取资本形成率、最终消费率、出口占 GDP 比重和人民币对美元汇率 4 个指标；

(4) 为纳入宏观财政和货币政策对就业影响的指标，选取国家财政支出占 GDP 比例和 M2 占 GDP 比例 2 个指标，具体指标选取如表 6-10 所示。

表 6-10 就业风险影响因素的宏观指标选取情况

代　码	指标说明	代　码	指标说明
N_unemp	长期就业风险等级	Secind_GDP	第二产业比重
C_unemp	短期就业风险等级	Thirdind_GDP	第三产业比重
Urb_R	城市化率	Cap_GDP	资本形成率(按支出法核算 GDP)
Inc_UR	城乡收入比	Cons_GDP	最终消费率(按支出法核算 GDP)
Gini_UR	城乡 Gini 系数	Export_GDP	出口占 GDP 比重
Prod_UR	“非农业—农业”劳动生产率对比	Lnexch_R	人民币对美元汇率(对数值)
Prod_Urb	城镇劳动生产率	Fics_GDP	国家财政支出占 GDP 比例
Gr_GDP	GDP 增长率	M2_GDP	M2 占 GDP 比例

数据来源与说明：相关指标数据区间为 1978—2014 年度，主要源于《中国统计年鉴》，城乡 Gini 系数按照陈建东等(2009)的方法测算。

2. 城镇调查失业率的分解及长短期就业风险等级划分

借鉴 Bai 和 Perron(1998，2003，2004)等提出的方法检验城镇调查失业率的内生结构突变点，选取含常数项和时间趋势项的“纯结构突变模型(pure structural change model)”：

对已知的 T 个时间序列观测 (y_t, z_t)，构造如下对含 m 个结构突变点的线性模型：

$$y_t = z_t\delta_j + u_t \text{，} t = T_{j-1}+1,\cdots,T_j \text{ 且 } j = 1,\cdots,m+1 \text{，并设定 } T_0 = 0 \text{、} T_{m+1} = T \tag{6-1}$$

式中 z_t —— q 阶列向量；

$\delta_j(j=1,\cdots,m+1)$ ——待估系数；

u_t ——扰动项。

与一般线性回归模型不同，m 个突变点对应的划分 $(T_1, \cdots, T_m)$ 需要同时被估计。

首先通过全局最小化残差平方和估计得到可能的多个突变点，其次根据 F 统计量的上确界检验(Sup$F$)、双极大值检验(UDmax 和 WDmax)、序贯检验(Sup$F(l+1\mid l)$)等统计量进行估计效果判别，具体检验策略为：先用 UDmax 或 WDmax 检验是否至少存在 1 个突变点，若是，再用 Sup$F(l+1\mid l)$ 依次检验是否存在 2 个以上突变点。在内生结构突变点检验基础上，可以得到模型拟合值(即长期或自然失业率)、残差(即短期或周期性失业率)。

作为对照，同时选取 HP 滤波方法对城镇调查失业率进行分解，以获取长期趋势即自然失业率、短期成分即周期性失业率。

按照上述方法，在获取长短期失业率序列的基础上，分别按 5 分位数进行风险等级划分，得到对应的长短期就业风险等级。

（二）长短期就业风险的估计与预测结果

1. 基于结构突变模型分离长短期失业率

按照上述方法，对城镇调查失业率进行含多个结构突变点的判别，同时考虑到城镇调查失业率时间序列总共 37 个观测，为此将截断参数（trimming parameter）选取为 0.2，并设置最大结构突变点数目 $M=3$。借鉴 Bai 和 Perron（1998）的 GAUSS 程序，多个结构突变点判别的统计量值如表 6-11 所示。

表 6-11 **对城镇调查失业率序列的结构突变点判别统计量**

统计量	统计量值	10%临界值	5%临界值	1%临界值
supF(0 VS 1)	70.767	9.370	10.980	14.920
supF(0 VS 2)	117.651	7.910	8.980	11.300
supF(0 VS 3)	136.062	6.430	7.130	8.950
UDmax	136.062	9.660	11.160	14.920
WDmax at 10%	198.275	10.460	—	—
WDmax at 5%	209.532	—	12.150	—
WDmax at 1%	226.821	—	—	16.520
supF(2|1)	43.591	10.920	12.550	16.690
supF(3|2)	12.861	11.900	13.460	17.410

根据表 6-11 中的数据，按照 supF 统计量值，突变点数目 $m=1\sim3$ 在 1%显著性水平下通过检验；UDmax 和 WDmax 在最大突变点数目为 3 时，也在 1%显著性水平下通过检验；supF(2|1)、supF(3|2)分别在 1%和 10%显著性水平下通过检验。

总体而言，根据序贯检测结果，显示在 5%和 10%显著性水平下有 3 个突变点，在 1%显著性水平下有 2 个突变点。另外，根据程序给出的信息准则统计量 BIC 和 LWZ，也应选取 3 个突变点。综上，我们判断城镇调查失业率序列于 1978—2014 年存在 3 个突变点，即分别在 1988 年、1997 年和 2005 年发生突变。

表 6-12 列示了序贯统计量检验所确定的相应参数估计，由表中数据可知，大部分参数的估计效果相对较好。

表 6-12 **选取 3 个突变点时的模型参数估计结果（5%的显著性水平）**

参数	δ_{11}	δ_{21}	δ_{12}	δ_{22}	δ_{13}	δ_{23}	δ_{14}	δ_{24}
估计值	5.542	−0.401	0.566	0.187	6.222	0.002	−3.190	0.253
标准差	0.359	0.053	1.162	0.072	2.109	0.086	2.374	0.072
t 值	15.429	−7.563	0.487	2.603	2.950	0.028	−1.344	3.521
P 值	0.000	0.000	0.630	0.014	0.006	0.978	0.189	0.001

图 6-30 给出了城镇调查失业率、根据上述突变点模型分解所得的长短期失业率以及按照 HP 滤波方法所得的长短期失业率的走势。

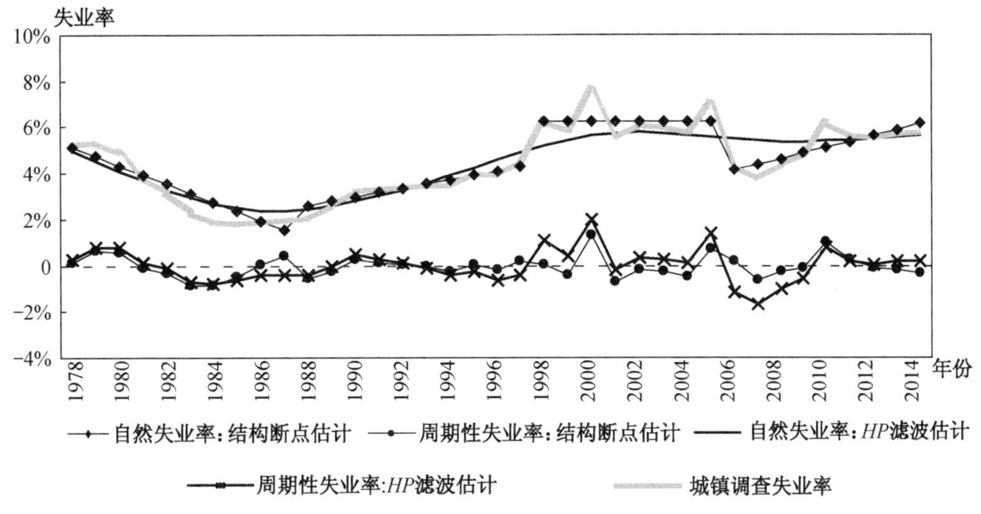

图 6-30 1978—2014 年间的城镇调查失业率及其潜在趋势

由图 6-30 可见，按照结构突变点分解方法，所得的 3 个突变点将城镇失业率序列划分为 4 个不同的区间，与城镇调查失业率的总体趋势一致，对应的长期失业率即自然失业率呈现如下规律：1978—1987 年，长期失业率呈现下降趋势；1988—1997 年，长期失业率呈现上升态势；1998—2005 年，长期失业率"跳跃"攀升到较高水平，表现为在高位波动震荡；2006—2014 年，长期失业率在重返相对低位后重新开始爬升，目前处于相对较高水平。与结构突变断点拟合优度对应，短期失业率即周期性失业率（绝对值）在第一个、第三个和第四个区间较大，在第二个区间则相对较小。此外，按 HP 滤波所得结果与结构突变点分离法所得结果的趋势完全一致，但就长期失业率而言更为平滑。

基于上述趋势分解所得，1978—2014 年短期失业率和长期失业率数值，作为划分短期和长期失业风险的标准，按 5 分位数得到城镇长短期就业风险 5 类等级标准如表 6-13 所示。

表 6-13 **1978—2014 年长短期就业风险分类**

安全等级		高度安全	安全	值得关注	危险	高度危险
风险等级		1	2	3	4	5
基于突变点方法分解	长期就业风险：基于城镇自然失业率 5 分位数	3.080%以下	3.080%～3.975%	3.975%～4.860%	4.860%～6.273%	6.273%以上
	短期就业风险：基于周期性失业率绝对值 5 分位数	0.101%以下	0.101%～0.208%	0.208%～0.327%	0.327%～0.627%	0.627%以上
基于 HP 滤波方法分解	长期就业风险：基于城镇自然失业率 5 分位数	2.879%以下	2.879%～4.143%	4.143%～5.387%	5.387%～5.584%	5.584%以上
	短期就业风险：基于周期性失业率绝对值 5 分位数	0.151%以下	0.151%～0.313%	0.313%～0.470%	0.470%～0.794%	0.794%以上

需要说明的是，由于失业率缺口（短期失业，或周期性失业）为负对应于通胀、为正对应于紧缩，即短期失业率的绝对值过大是不利的。因此，对基于短期失业率 5 分位数划分的短期就业风险等级是按照其绝对值来进行确定的。

2. 影响长短期就业风险的经济因素分析

我们首先用逐步回归法（向后剔除法，显著性水平为 10%）来剔除对长、短期失业率影响并不显著的变量，结果分别如表 6-14 和表 6-15 所示。

表 6-14 **运用向后剔除法多元回归分析影响自然失业率的因素**

基于突变点方法分解					基于 HP 滤波方法分解				
变量	系数	标准差	*T* 值	*P* 值	变量	系数	标准差	*T* 值	*P* 值
Cons_gdp	0.218 1	0.051 4	4.240 0	0.000 0	*Cap_gdp*	−0.108 8	0.014 3	−7.630 0	0.000 0
Export_gdp	0.107 4	0.032 5	3.300 0	0.003 0	*Export_gdp*	0.043 0	0.017 2	2.500 0	0.019 0
Fics_gdp	0.149 2	0.056 1	2.660 0	0.013 0	*Fics_gdp*	0.160 9	0.025 0	6.450 0	0.000 0
Lnexch_r	−5.119 1	1.348 2	−3.800 0	0.001 0	*Lnexch_r*	−2.161 8	0.600 9	−3.600 0	0.001 0
M2_gdp	0.081 8	0.015 6	5.260 0	0.000 0	*M2_gdp*	0.042 2	0.006 8	6.190 0	0.000 0
Prod_urb	5.404 2	0.814 4	6.640 0	0.000 0	*Prod_urb*	3.299 5	0.606 5	5.440 0	0.000 0
Thirdind_gdp	0.127 6	0.073 7	1.730 0	0.094 0	*Secind_gdp*	0.108 6	0.057 1	1.900 0	0.068 0
Urb_r	−0.751 5	0.099 3	−7.570 0	0.000 0	*Thirdind_gdp*	0.095 5	0.033 9	2.820 0	0.009 0
常数项	−47.013 1	8.048 3	−5.840 0	0.000 0	*Urb_r*	−0.452 7	0.071 6	−6.320 0	0.000 0
					常数项	−22.237 1	1.818 1	−12.230 0	0.000 0

表 6-15 **运用向后剔除法多元回归分析影响周期性失业率（绝对值）的因素**

基于突变点方法分解					基于 HP 滤波方法分解				
变量	系数	标准差	*T* 值	*P* 值	变量	系数	标准差	*T* 值	*P* 值
Cons_gdp	0.067 8	0.021 6	3.130 0	0.004 0	*Cap_gdp*	−0.102 2	0.024 8	−4.130 0	0.000 0
Gr_gdp	0.045 9	0.019 6	2.340 0	0.026 0	*Gr_gdp*	0.066 3	0.024 8	2.680 0	0.012 0
Thirdind_gdp	−0.038 6	0.019 6	−1.970 0	0.057 0	*M2_gdp*	−0.011 9	0.006 0	−1.970 0	0.058 0
Urb_r	0.057 3	0.018 2	3.140 0	0.004 0	*Secind_gdp*	0.083 6	0.034 4	2.430 0	0.021 0
常数项	−4.659 4	1.697 2	−2.750 0	0.010 0	*Urb_r*	0.086 9	0.030 6	2.840 0	0.008 0
					常数项	−1.515 6	1.592 3	−0.950 0	0.349 0

由表 6-14 可知，就影响自然失业率（长期失业率）的因素而言：对基于结构突变点判别所得结果，劳动力供给相关的 2 个指标（Urb_r 和 Prod_urb）、产出分配相关的 3 个指标（Cons_gdp、Export_gdp 和 Lnexch_r）、宏观政策相关的 2 个指标（Fics_gdp 和 M2_gdp）、第三产业产

值占比(Thirdind_gdp)累计 8 个指标显著影响长期失业率。

对基于 HP 滤波分解法所得结果，有 9 个宏观经济指标对长期失业率存在显著的影响，其中有 7 个与结构突变分解法所得结论一致，具体为：上述 2 个劳动力供给相关指标、2 个宏观政策相关指标的影响仍存在；对产出分配相关指标，出口对应的 2 个指标仍显著，但消费的影响不显著，而投资影响(Cap_gdp)的显著性增强；产业结构指标中，除第三产业外，第二产业产值占比的显著性也增强。

由表 6-15 可知，就显著影响周期性失业率(短期失业率)的因素而言：对基于结构突变点判别所得结果，城镇化比率(Urb_r)、经济增长速度(Gr_gdp)、第三产业产值占比(Thirdind_gdp)和消费占比(Cons_gdp)4 个指标存在显著影响；对基于 HP 滤波分解法所得结果，除了 Urb_r 和 Gr_gdp 的影响仍显著存在外，第二产业产值占比(Secind_gdp)、投资(Cap_gdp)和广义货币(M2_gdp)占比也存在显著影响。

3. 长短期就业风险的度量与预测

以上述显著影响长短期失业风险的宏观经济指标为自变量，以表 6-13 界定的长短期就业风险等级为因变量，采用排序 Logit/Probit 模型估计参数，表 6-16 给出了基于结构突变点分解方法所得长期就业风险等级判别的参数估计结果。

表 6-16 **据排序 Logit/Probit 模型估计长期失业率等级的结果：基于突变点方法分解**

变量	排序 *Logit* 模型估计				排序 *Probit* 模型估计			
	系数	标准差	*Z* 值	*P* 值	系数	标准差	*Z* 值	*P* 值
Cons_gdp	1.450	0.565	2.560	0.010	0.783	0.299	2.620	0.009
Export_gdp	0.876	0.318	2.760	0.006	0.447	0.154	2.900	0.004
Fics_gdp	1.691	0.618	2.740	0.006	0.965	0.350	2.760	0.006
Lnexch_r	−32.096	14.338	−2.240	0.025	−16.940	7.473	−2.270	0.023
M2_gdp	0.742	0.259	2.860	0.004	0.406	0.136	2.990	0.003
Prod_urb	37.525	13.741	2.730	0.006	20.670	7.210	2.870	0.004
Thirdind_gdp	0.883	0.517	1.710	0.088	0.462	0.286	1.620	0.106
Urb_r	−6.164	2.115	−2.910	0.004	−3.377	1.102	−3.070	0.002
断点 1	349.989	120.951	模型估计效果：似然函数值(*LL*)=−14.89；似然比(*LR*)=89.16，对应 *P* 值=0.00；伪 R^2=0.750		192.474	63.817	模型估计效果：似然函数值(*LL*)=−15.10；似然比(*LR*)=88.74，对应 *P* 值=0.00；伪 R^2=0.746	
断点 2	358.414	123.632			197.076	65.182		
断点 3	365.589	125.924			201.296	66.467		
断点 4	371.959	127.415			204.556	67.126		

根据表 6-16 中的数据可知，各参数估计效果较好，影响长期就业风险等级的各宏观经济变量的符号也与表 6-14 一致。表 6-17 进一步给出了基于结构突变点分解方法所得短期就业风险等级判别的参数估计结果。

表 6-17　**据排序 Logit/Probit 模型估计短期失业率等级的结果:基于突变点方法分解**

变量	排序 *Logit* 模型估计				排序 *Probit* 模型估计			
	系数	标准差	*Z* 值	*P* 值	系数	标准差	*Z* 值	*P* 值
Cons_gdp	0.428	0.158	2.700	0.007	0.261	0.092	2.840	0.005
Gr_gdp	0.238	0.137	1.740	0.082	0.153	0.081	1.870	0.061
Thirdind_gdp	−0.299	0.136	−2.200	0.028	−0.198	0.081	−2.430	0.015
Urb_r	0.375	0.129	2.910	0.004	0.241	0.078	3.070	0.002
断点 1	27.973	12.152	模型估计效果:似然函数值(*LL*)= − 53.64;似然比(*LR*)=11.66,对应 *P* 值=0.020;伪 R^2 = 0.098		16.973	7.010	模型估计效果:似然函数值(*LL*)= − 53.45;似然比(*LR*)=12.03,对应 *P* 值 = 0.017;伪 R^2=0.101	
断点 2	29.156	12.184			17.686	7.023		
断点 3	30.104	12.240			18.267	7.048		
断点 4	31.524	12.352			19.093	7.095		

由表 6-17 可知,短期失业率等级的模型估计效果也较好,但模型整体效果相对较弱。

表 6-18 和表 6-19 分别给出了基于 HP 滤波方法分解所得长短期就业风险等级估计结果。

表 6-18　**据排序 Logit/Probit 模型估计长期失业率等级的结果:基于 HP 滤波方法分解**

变量	排序 *Logit* 模型估计				排序 *Probit* 模型估计			
	系数	标准差	*Z* 值	*P* 值	系数	标准差	*Z* 值	*P* 值
Cap_gdp	−0.968	0.356	−2.720	0.007	−0.527	0.182	−2.900	0.004
Export_gdp	0.677	0.420	1.610	0.107	0.386	0.225	1.720	0.086
Fics_gdp	1.526	0.686	2.230	0.026	0.818	0.378	2.160	0.030
Lnexch_r	−21.140	14.925	−1.420	0.157	−12.117	8.177	−1.480	0.138
M2_gdp	0.446	0.170	2.620	0.009	0.241	0.087	2.770	0.006
Prod_urb	33.339	19.088	1.750	0.081	18.764	10.470	1.790	0.073
Secind_gdp	−0.360	1.146	−0.310	0.753	−0.280	0.649	−0.430	0.666
Thirdind_gdp	0.324	0.531	0.610	0.541	0.169	0.298	0.570	0.571
Urb_r	−4.585	2.249	−2.040	0.041	−2.552	1.215	−2.100	0.036
断点 1	180.765	77.691	模型估计效果:似然函数值(*LL*)= − 17.57;似然比(*LR*)=83.80,对应 *P* 值 = 0.00;伪 R^2 = 0.705		97.586	41.249	模型估计效果:似然函数值(*LL*)= − 18.02;似然比(*LR*)= 82.89,对应 *P* 值=0.00;伪 R^2 = 0.697	
断点 2	189.695	81.617			102.241	43.268		
断点 3	197.396	82.237			106.459	43.511		
断点 4	201.153	82.380			108.436	43.528		

表 6-19 **据排序 Logit/Probit 模型估计短期失业率等级的结果:基于 HP 滤波方法分解**

变量	排序 *Logit* 模型估计				排序 *Probit* 模型估计			
	系数	标准差	*Z* 值	*P* 值	系数	标准差	*Z* 值	*P* 值
Cap_gdp	−0.460	0.147	−3.140	0.002	−0.260	0.083	−3.140	0.002
Gr_gdp	0.288	0.149	1.930	0.054	0.155	0.080	1.940	0.052
M2_gdp	−0.075	0.033	−2.250	0.025	−0.040	0.019	−2.060	0.040
Secind_gdp	0.388	0.180	2.150	0.031	0.221	0.104	2.130	0.033
Urb_r	0.484	0.178	2.720	0.007	0.265	0.103	2.560	0.010
断点 1	8.508	8.096	模型估计效果:似然函数值(*LL*)=−51.89;似然比(*LR*)=15.16,对应 *P* 值=0.010;伪 R^2=0.128		4.741	4.656	模型估计效果:似然函数值(*LL*)=−52.15;似然比(*LR*)=14.64,对应 *P* 值=0.012;伪 R^2=0.121	
断点 2	9.788	8.114			5.474	4.656		
断点 3	10.759	8.141			6.045	4.661		
断点 4	12.280	8.215			6.914	4.700		

由表 6-18 和表 6-19 可知:除第二产业、第三产业产值占比不显著外,其他影响因素的参数估计效果尚可;短期失业率等级的模型估计效果较好,但整体估计效果同样相对较弱。

以各长短期就业风险等级影响因素的近 3 年移动平均值为基础,按上述表 6-17 至表 6-19参数估计结果,对 2016 年和 2017 年中国城镇长短期就业风险进行预测,所得结果由表 6-20和表 6-21 给出。

表 6-20 **2016—2017 年中国城镇长短期就业风险预测:基于突变点方法分解**

长期风险等级			1	2	3	4	5
对应长期失业率			3.080%以下	3.080%~3.975%	3.975%~4.860%	4.860%~6.273%	6.273%以上
长期就业风险预测(基于自然失业率 5 分位数分类)	排序 Logit	2016	0.000	0.000	0.006	0.763	0.231
		2017	0.000	0.000	0.005	0.727	0.268
	排序 Probit	2016	0.000	0.000	0.004	0.715	0.282
		2017	0.000	0.000	0.003	0.678	0.320
短期风险等级			1	2	3	4	5
对应短期失业率			0.101%以下	0.101%~0.208%	0.208%~0.327%	0.327%~0.627%	0.627%以上
短期就业风险预测(基于周期性失业率绝对值 5 分位数分类)	排序 Logit	2016	0.133	0.201	0.230	0.278	0.157
		2017	0.132	0.200	0.230	0.280	0.159
	排序 Probit	2016	0.118	0.200	0.225	0.282	0.175
		2017	0.116	0.199	0.224	0.283	0.177

表 6-21 **2016—2017 年中国城镇长短期就业风险预测:基于 HP 滤波方法分解**

长期风险等级			1	2	3	4	5
对应长期失业率			2.879%以下	2.879%～4.143%	4.143%～5.387%	5.387%～5.584%	5.584%以上
长期就业风险预测(基于自然失业率 5 分位数分类)	排序 Logit	2016	0.000	0.000	0.033	0.563	0.403
		2017	0.000	0.000	0.019	0.437	0.544
	排序 Probit	2016	0.000	0.000	0.042	0.557	0.401
		2017	0.000	0.000	0.021	0.459	0.519
短期风险等级			1	2	3	4	5
对应短期失业率			0.151%以下	0.151%～0.313%	0.313%～0.470%	0.470%～0.794%	0.794%以上
短期就业风险预测(基于周期性失业率绝对值 5 分位数分类)	排序 Logit	2016	0.012	0.029	0.060	0.237	0.663
		2017	0.019	0.045	0.089	0.299	0.549
	排序 Probit	2016	0.006	0.030	0.073	0.249	0.643
		2017	0.011	0.049	0.103	0.292	0.544

据表 6-20 和表 6-21 可知,依据排序 Logit 和 Probit 模型预测所得结果完全相同:无论是基于突变点方法分解,还是基于 HP 滤波分解,所得长期失业率等级的判别结果较为一致,2016 年和 2017 年长期就业风险处于 4 级(历史较高位置)的概率最大,应予以一定关注;根据同期短期失业率等级的预测概率,基于突变点方法分解所得就业风险的预测等级为 4 级、基于 HP 滤波分解的预测等级为 5 级,值得特别关注。

五、结论

本研究表明,近期及未来 1～2 年内,国内外的就业风险状况可总结如下。

(1) 从国内大中城市劳动力市场调查数据、中国人民大学中国就业研究所研发的就业市场景气指数来看:①就市场总体状况而言,近期就业压力仍存在,且与宏观经济走弱一致,企业用工需求、劳动力求职意愿整体上仍比较低迷。②分区域来看,近期各地区就业形势普遍不容乐观,且东中部地区(特别是东部)经济与就业依旧领跑,而西部发展则遇冷。③分行业来看,近期制造业、批发和零售业、住宿和餐饮业等六大行业仍为用人主体行业;从增长趋势来看,伴随着经济增长迟缓和结构调整,信息传输计算机服务和软件业、金融业等行业的用人需求有所增长,而制造业、建筑业、批发和零售业等传统行业用人需求下降。④2015 年年底以来劳动力市场对技师、高级技师的需求有持续增长趋势,但市场对初、中、高级专业技术职称劳动力的用人需求却持续下降,再次印证了就业市场的严峻。

(2) 全球及重点区域的就业(失业)与经济发展态势表明:近期发达经济体增长势头有所减弱,且新兴市场和低收入国家继续面临增长阻力,预计全球经济增长将延续 2015 年的疲软态势。全球经济增长迟缓对就业也产生了不利影响,2015 年失业率为 5.8%,总失业人口增加 70 万人(达到 1.97 亿人),较次贷危机前的 2007 年仍高出 2 700 万人。

分国别来看:①近期美国经济稳步恢复,就业状况有所好转,失业率、失业人口、平均失业周期等指标均持续回落，但仍高于危机爆发前水平；此外，其非农就业人口、私人部门周总工时和 GDP 增速均稳步上升，总体态势良好；但其劳动参与率持续下降，近期经济政策不确定性有所上升。②欧元区、欧盟的失业率近期趋于下降，但同样高于次贷危机前水平；经济增长尽管有缓慢上升，但仍低于危机前水平。考察受债务危机困扰的 5 个国家，尽管近期失业率有所下降(尤其是爱尔兰)，但希腊、西班牙的失业率仍高企，且经济形势与失业率表现一致。对德国、英国和法国而言，近期德国就业表现最好、法国则有一定压力；3 国经济增长尽管近期均有所回调，但增长率仍偏低。③日本的失业率持续下降，2016 年 3 月仅为 3.2%，但其经济增长下滑明显，2016 年第一季度 GDP 仅为−0.05%，前景不容乐观。

(3) 影响近期国内就业的宏观风险因素识别：①从劳动力供给来看，中国正逐渐步入老龄化社会，抚养比不断上升、适龄劳动力不断减少，而劳动参与率也会因此有所上升，这在一定程度上可缓解就业压力，但不利于劳动力供给。此外，尽管城镇化进程加快、非农劳动生产率上升不利于城镇就业，但城乡收入比、城乡 Gini 系数等指标近期趋于下滑，对城镇就业有正效应。②从产出与产业结构来看，中国经济增长的总体就业弹性偏低，经济增长趋缓、经济政策不确定性上升，均不利于就业，但产业结构的优化特别是第三产业的快速发展和重要性加强则有利于就业。③从产出分配来看，消费与投资的下滑，外贸出口的波动频繁与下行不利于经济增长和就业，而人民币对美元的贬值对就业有一定的正效应。

(4) 就业风险度量与预测：①分别采用含结构突变点的计量模型、HP 滤波方法对城镇失业率进行长短期分解，发现结构断点分别位于 1988 年、1997 年和 2005 年，且近期自然失业率一直处于阶段性上升、周期性失业率存在较大波动，隐含着较大的就业风险。②按照分解所得长短期失业率界定就业风险等级，以影响就业的宏观经济指标为自变量，综合采取逐步回归和排序 Logit/Probit 模型进行参数估计与长短期就业风险预测，结果认为，2016 年和 2017 年长期就业风险处于 4 级(历史较高位置)的概率最大，而同期短期失业率(绝对值)处于 4 级(基于突变点方法分解)或 5 级(基于 HP 滤波分解)的可能性相对较高。③政策含义：新常态下，与经济结构调整对应的自然失业率攀升在未来一段时间内会长期存在，与经济增长下滑对应的周期性失业也会有较大波动，政策制定与实施者应对此予以密切关注。

参考文献

[1] 蔡昉，都阳，高文书. 就业弹性、自然失业和宏观经济政策——为什么经济增长没有带来显性就业[J]. 经济研究，2004(9).

[2] 陈建东，侯文轩，邹高禄. 1978—2008 年中国城乡居民之间收入基尼系数的演化趋势[Z]. 西南财经大学工作论文，2009.

[3] 丁大建，耿林，崔鈺雪. 劳动力市场的自然观察与 CIER 指数研究[J]. 就业与劳动关系季刊(台湾)，2012(9).

[4] 黄波. 后危机时代中国城镇长短期就业风险的度量与预测[J]. 中国人口科学，2012(5).

[5] 石昶，宋德勇. 隐性失业影响中国就业增长与经济增长的关系吗[J]. 经济学家，2012(5).

[6] 谭菊华. 经济增长、产业发展与劳动就业：来自中国的证据检验[J]. 经济问题，2013

(6).

[7] 唐海燕. 中国经济运行风险研究报告 2011[M]. 上海：立信会计出版社，2011.

[8] 王庆丰，党耀国. 基于 Moore 值的中国就业结构滞后时间测算[J]. 管理评论，2010(7).

[9] BAI J，PERRON P. Estimating and testing linear models with multiple structural changes [J]. Econometrica，1998，66(1).

[10] BAI J，PERRON P. Computation and analysis of multiple structural change models [J]. Journal of Applied Econometrics，2003，18(1).

[11] BAI J，PERRON P. Multiple structure change models：a simulation analysis [Z]. Working Paper，Boston College & Boston University，2004.

[12] BAKER S R，BLOOM N，DAVIS S J. Measuring economic policy uncertainty [J]. Quarterly Journal of Economics，2016，forthcoming.

[13] BAKER S R，BLOOM N，DAVIS S J，and Wang X. A measure of economic policy uncertainty for china [Z]. Working Paper，University of Chicago，2013.

[14] ILO. World employment and social outlook：Trends 2016 [EB/OL]. http://www.ilo.org/global/publications/books/WCMS_435176/lang-en/index.htm.

[15] IMF. World economic outlook (WEO) update，January 2016：Subdued Demand，Diminished Prospects [EB/OL]. http://www.imf.org/external/pubs/ft/weo/2016/update/01/index.htm.

[16] IMF. World economic outlook (WEO)，April 2016：Too Slow for Too Long [EB/OL]. http://www.imf.org/external/pubs/ft/weo/2016/01/.

第七章　国际收支失衡风险

一、绪论

2015至2016年上半年中国国际收支遭遇了自20世纪90年代初以来最严峻的危机与挑战。从国内经济增长速度持续下滑，资本市场大幅波动，外汇储备不断下降，人民币贬值和资本外流压力不断增加到欧洲负利率和美元加息，以及英国脱欧等一系列事件的影响，中国国际收支运行的内外部环境和风险与以往年份相比出现了明显的不稳定因素与风险压力。

（一）中国国际收支运行的国际经济环境分析

2015年以来，中国面临的国际国内环境与以前年份相比更加严峻复杂，除美国外的其他大部分国家和地区经济增长持续低迷，在欧元区和日本，金融危机的影响仍未消除，这些地区的经济增长时断时续，欧洲移民潮、巴黎恐怖袭击，以及英国脱欧对英国和欧元区经济都造成了一定的负面影响。2015年全球各国GDP平均增速2.9%，复苏温和而曲折，复苏格局分化明显，但艰难中出现了诸多积极信号。首先是美国经济复苏势头依然较好，美联储结束量化宽松货币政策后进入加息通道，2015年12月17日美联储加息，将联邦基金利率提高0.25个百分点，这是自2006年6月以来美联储的第一次加息，这意味着美国将进入新一轮加息周期。美联储此次升息有两大目标：一是增加投资、创造就业；二是控制通膨率。2016年以来美联储多次开会讨论加息问题，未来美联储加息概率依然很大。其次是欧洲经济依然存在不确定性，特别是英国脱欧对欧盟和英国经济造成新的不确定性。最后是新兴经济体经济格局差异较大，部分新兴经济体面临内生增长动力不足、资产价格下跌甚至资本外流等多重困难，特别是2015年下半年以来，国际大宗商品价格下跌对资源依赖型出口国造成很大冲击，巴西经济的下滑对2016年夏季奥运会的正常举办都造成了影响。

整体来看，虽然美国经济复苏势头较为强劲，但受欧洲债务危机、全球经济大宗商品价格下滑，以及中国经济增速下滑等影响，2016年全球经济仍将依然在底部徘徊，经济复苏的不确定因素依然很多，经济运行风险下行依然没有完全解除，特别是新经济体国家经济去杠杆依旧艰辛，发达经济体经过危机后重新洗牌后有望率先走出低谷，新的一轮全球竞争格局博弈仍将存在很大变数。

（二）中国国际收支运行的国内经济环境分析

2015年，中国经济面临国内外复杂多变的政治和经济环境，依然保持了较好的增长速度，国内生产总值全年增长6.9%，但增速比2014年下降了0.5%，保持经济增长的动力依然不够强劲，同时，居民消费价格涨幅逐月回落，通胀压力解除，但通缩迹象显现（见图7-1）。中国经济增长放缓、结构性矛盾凸显，去库存、去产能和去杠杆形势依然严峻。2015年，中国金融市场动荡加剧，股票市场大幅波动，人民币汇率单边走低，贬值压力急剧加大，资本外流加大，外汇储备急剧下降,金融体系整体风险压力加大,银行不良资产明显上升。

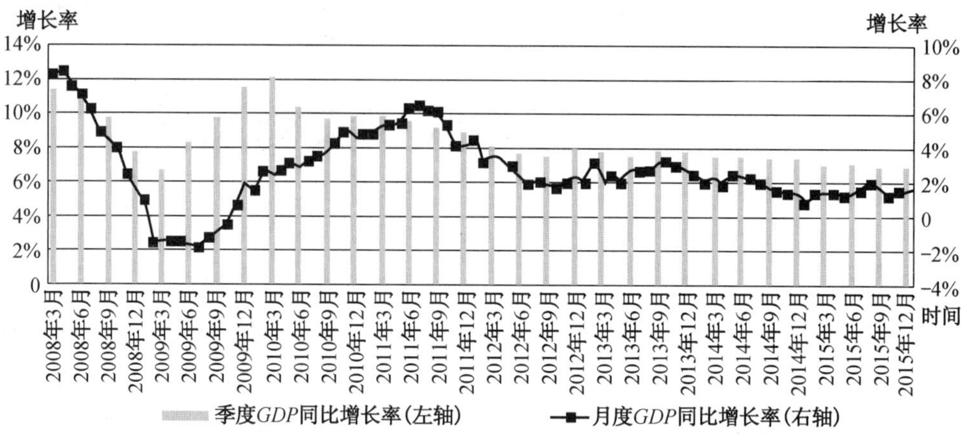

图 7-1　中国季度 GDP 和月度 CPI 增长率(2008—2015 年)

数据来源:中国国家统计局。

2015 年中国国内生产总值为 676 708 亿元①,比 2014 年增长 6.9%(见图 7-2)。其中,第一产业增加值 60 863 亿元,增长 3.9%;第二产业增加值 274 278 亿元,增长 6.0%;第三产业增加值 341 567 亿元,增长 8.3%。全年人均国内生产总值 49 351 元,比 2014 年增长 6.3%,全年国民总收入 673 021 亿元。

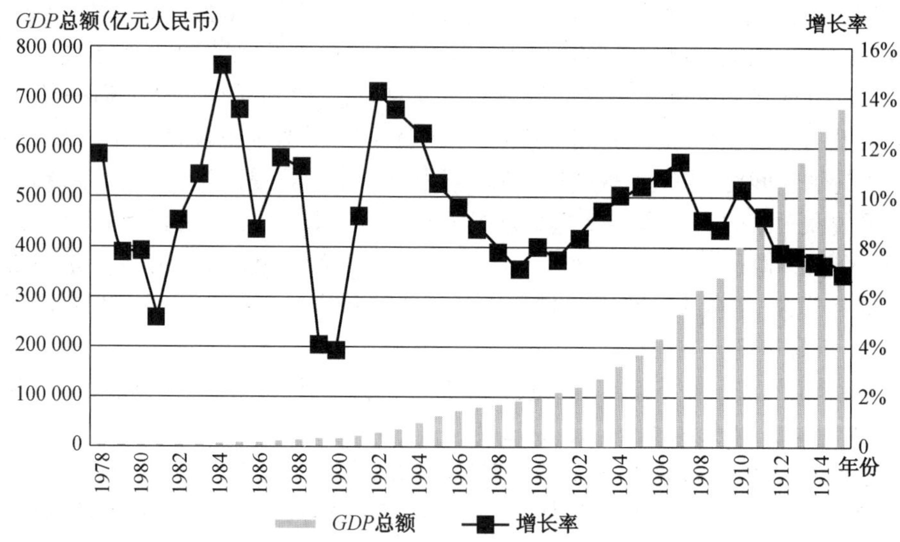

图 7-2　中国 GDP 总额与 GDP 增长率(1978—2015 年)

数据来源:中国国家统计局。

2015 年中国一般公共预算收入为 152 217 亿元,比 2014 年增加 8 324 亿元,增长 5.8%。

① 此处指人民币元为计价货币单位,本书中凡是没有标明具体货币单位名称的数据都指人民币元。

其中税收收入为 124 892 亿元，增加 5 717 亿元，增长 4.8%。

2015 年中国金融市场运行总体平稳。年末广义货币供应量(M2)余额为 139.2 万亿元人民币，比 2014 年年末增长 13.3%；流通中货币(M0)余额为 6.3 万亿元，增长 4.9%。2015 年全年社会融资规模增量为 15.4 万亿元，按可比口径计算，比 2014 年减少 4 675 亿元。2015 年年末全部金融机构本外币各项存款余额为 139.8 万亿元人民币，比年初增加 15.3 万亿元，其中人民币各项存款余额为 135.7 万亿元，增加 15.0 万亿元。全部金融机构本外币各项贷款余额 99.3 万亿元，增加 11.7 万亿元，其中人民币各项贷款余额 94.0 万亿元，增加 11.7 万亿元。

2015 年年末中国国家外汇储备 33 304 亿美元，比 2014 年年末减少 5 127 亿美元。全年人民币平均汇率为 1 美元兑 6.228 4 元人民币，比 2014 年贬值 1.4%。

二、中国国际收支运行状况分析

(一) 中国国际收支运行状况与特征分析①

1. 2015 年中国国际收支运行状况分析

2015 年，中国国际收支震荡起伏，国际收支多年以来的总体平衡格局完全打破，全年中国国际收支总差额为－1 547 美元，与 2014 年差额达 3 807 亿美元(见图 7-3)。

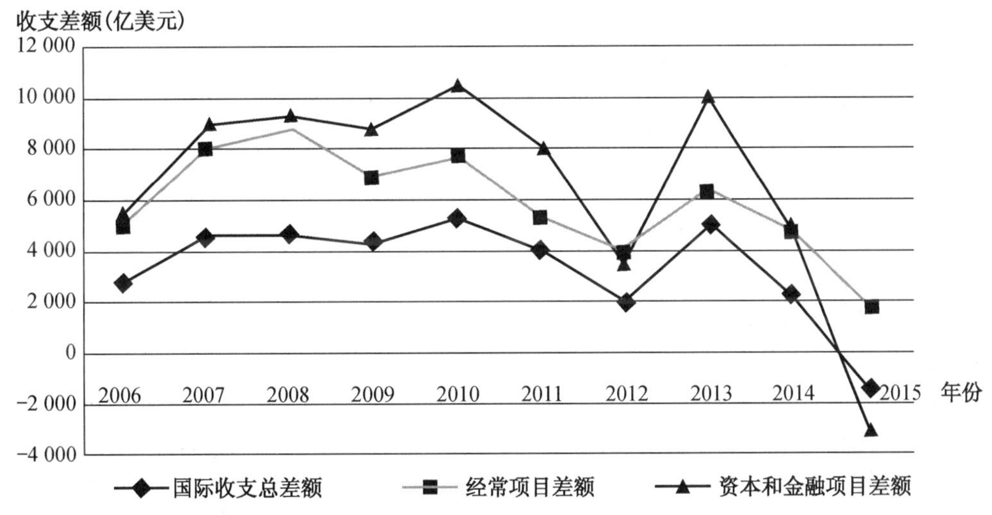

图 7-3　中国国际收支差额结构图(2006—2015 年)

数据来源：中国国家外汇管理局。

从经常项目和资本项目分别来看，2015 年，中国国际收支呈现“经常账户顺差、资本和金融账户逆差”的格局。其中，经常账户仍保持较大顺差，全年顺差为 3 306 亿美元，同比增长 19%，占国际收支总差额比重为 214%，与 GDP 之比为 3%，但仍保持在国际公认的合理范围之内。资本和金融账户逆差 4 853 亿美元，占国际收支总差额比重 314%，与 GDP 之比为 4.5%(见表 7-1)。

① 参见中国国家外汇管理局 2015 年中国国际收支报告。

表 7-1 **2006—2015 年中国国际收支顺差结构**

单位：亿美元

项目＼年份	2006	2007	2008	2009	2010	2011	2012	2013	2014	2015
国际收支总差额	2 811	4 474	4 607	4 417	5 247	4 016	1 836	4 943	2 260	－1 547
经常项目差额	2 318	3 532	4 206	2 433	2 378	1 361	2 154	1 482	2 274	3 306
占国际收支总差额比重	82%	79%	91%	55%	45%	34%	117%	30%	123%	－214%
与 GDP 之比	8.5%	10.1%	9.3%	4.9%	4.0%	1.9%	2.6%	1.6%	2.7%	3.0%
资本和金融项目差额	493	942	401	1 985	2 869	2 655	－318	3 461	514	－4 853
占国际收支总差额比重	18%	21%	9%	45%	55%	66%	－17%	70%	－23%	314%
与 GDP 之比	1.8%	2.7%	0.9%	4.0%	4.8%	3.6%	－0.4%	3.6%	－0.4%	－4.5%

数据来源：中国国家外汇管理局，中国国家统计局。

(1) 2015 年，中国国家外汇管理局根据《国际收支和国际投资头寸手册》(第六版)编制了新的国际收支平衡表，由于资本和金融项目编制结构方式的改变，中国国家外汇管理局不再公布国际收支交易规模，因而无法得到 2015 年中国国际收支资本和金融项目交易总规模。但就经常项目来看，2015 年中国国际收支经常项目交易总规模为 50 554 亿美元，较 2014 年的 53 787亿美元减少 3 233 亿美元，降幅为 6.5%，这主要反映了国内经济增速下滑，对外需求减弱，进口显著下降。

(2) 货物贸易维持稳定增长，货物贸易顺差继续扩大。2015 年，货物贸易顺差增长较快。全年货物贸易出口 21 428 亿美元，进口 15 758 亿美元，分别较 2014 年下降 5%和 13%；顺差 5 670亿美元，增长 30%(见图 7-4)。

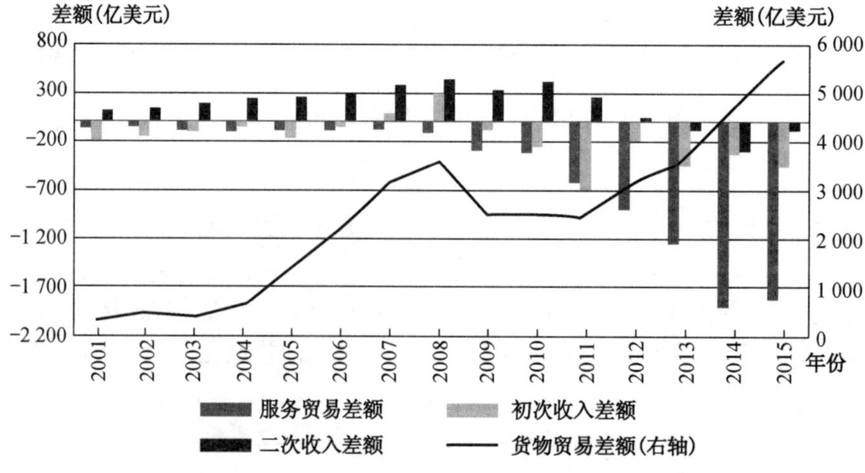

图 7-4 经常项目主要子项目的收支状况(2001—2015 年)

数据来源：中国国家外汇管理局。

2015年中国进出口增速明显下滑。进出口总额有所回落。2015年,受需求低迷、大宗商品价格下跌等多重因素的影响,中国进出口总额较2014年下滑8.0%,而2014年增长3.4%,其中,出口和进口分别下降2.9%和14.2%。中国外贸依存度(即进出口总额/GDP)为36.4%,下降5.1个百分点,为2010年以来的最低水平(见图7-5)。

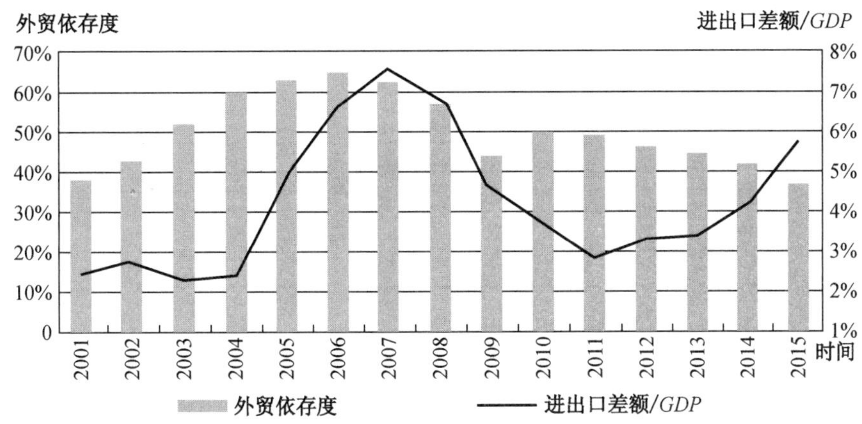

图7-5 中国进出口总体情况与外贸依存度(2001—2015年)

数据来源:中国海关总署,中国国家统计局。

进出口顺差继续扩大。2015年,中国进出口顺差5 932亿美元,较2014年增长54.9%,为历史最高值;进出口顺差与GDP之比为5.5%,增加1.8个百分点。进口价格走低是进出口顺差扩大的主要因素。在国内工业品和国际大宗商品价格普遍下跌的情况下,全年月均进口价格指数回落11.6%(见表7-2)。

表7-2 **2015年货物进出口总额及其增长速度**

指 标	金额(亿元)	比上年增长
货物进出口总额	245 741	−7.0%
货物出口额	141 255	−1.8%
其中:一般贸易	75 456	2.1%
加工贸易	49 553	−8.8%
其中:机电产品	81 421	1.1%
高新技术产品	40 737	0.4%
货物进口额	104 485	−13.2%
其中:一般贸易	57 323	−15.9%
加工贸易	27 772	−13.7%
其中:机电产品	50 111	−4.5%
高新技术产品	34 073	0.6%
货物进出口差额(出口减进口)	36 770	—

数据来源:中国国家统计局。

进出口市场结构总体趋于平衡。中国对发达国家进出口保持稳定，2015 年中国对欧盟和美国出口分别增长－3.0%和 4.5%。中国对日本、东盟、印度和俄罗斯出口增速分别为－8.3%，3.1%，8.5%和－34.5%(见表 7-3)。

表 7-3　**2015 年中国对主要国家和地区货物进出口额及其增长速度**

国家和地区	出口额(亿元)	比上年增长	进口额(亿元)	比上年增长
欧盟	22 096	－3.0%	12 985	－13.6%
美国	25 425	4.5%	9 238	－5.4%
东盟	17 221	3.1%	12 097	－5.4%
中国香港	20 589	－7.7%	797	2.8%
日本	8 424	－8.3%	8 881	－11.4%
韩国	6 291	2.1%	10 847	－7.1%
中国台湾	2 785	－2.0%	8 904	－4.6%
印度	3 612	8.5%	831	－17.2%
俄罗斯	2 161	－34.5%	2 066	－19.1%

数据来源：中国国家统计局。

(3) 2015 年中国服务贸易收支总额达到 7 130 亿美元，比 2014 年增长 14.6%。其中，服务出口 2 882 亿美元，增长 9.2%；服务进口 4 248 亿美元，增长 18.6%。服务贸易逆差继续扩大，全年服务进出口逆差 1 366 亿美元(见图 7-6)。

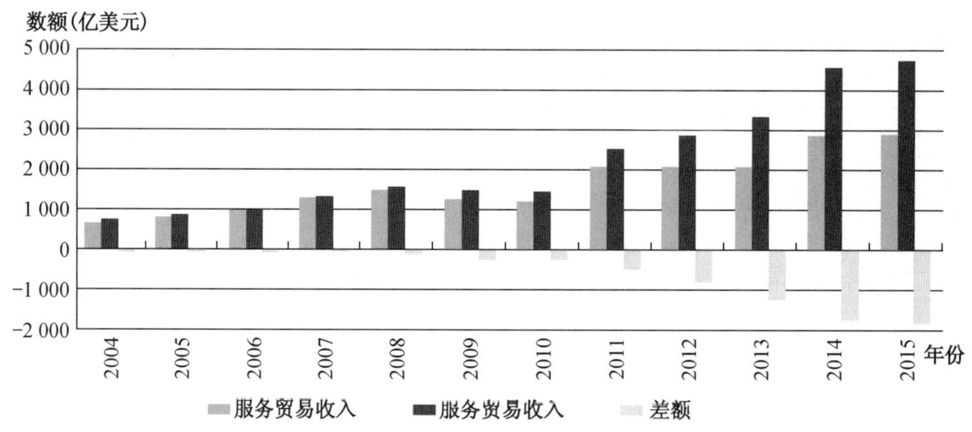

图 7-6　中国服务贸易收支情况(2004—2015 年)

数据来源：中国国家外汇管理局。

(4) 在收益项目初次收入转为逆差，二次收入呈现逆差①。2015 年，初次收入项下收入 2 278亿美元，较 2014 年下降 5%；支出 2 732 亿美元，增长 21%；逆差 454 亿美元，2014 年为

① IMF《国际收支和国际投资头寸手册》(第六版)将经常项下的“收益”名称改为“初次收入”，将“经常转移”名称改为“二次收入”。

顺差 133 亿美元。2015 年，二次收入项下收入 359 亿美元，较 2014 年下降 13%；支出 446 亿美元，增长 12%；逆差 87 亿美元，2014 年为顺差 14 亿美元(见图 7-7)。

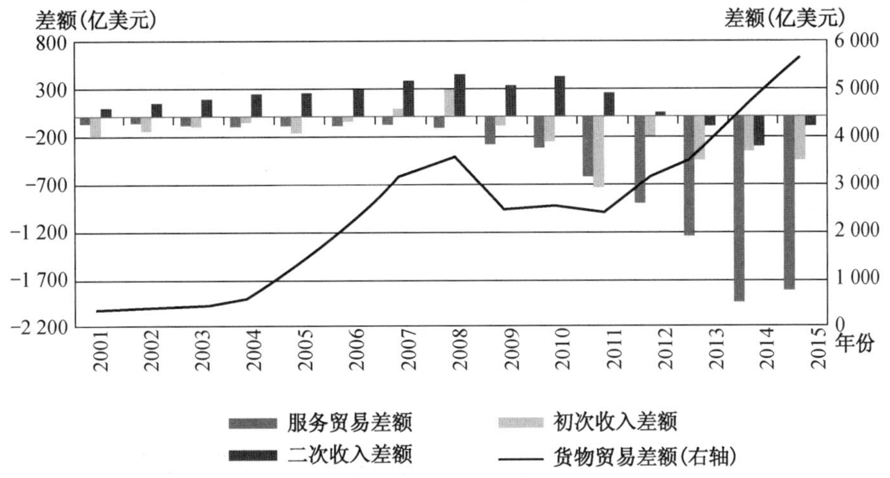

图 7-7　中国收益项目差额和经常转移项目差额收支状况(2001—2015 年)

数据来源：中国国家外汇管理局。

(5) 直接投资继续表现为顺差。按国际收支统计口径，2015 年，直接投资顺差 621 亿美元，较 2014 年下降 57%。其中，直接投资资产净增加 1 878 亿美元，较 2014 年多增 53%，是直接投资顺差下降的主要原因；直接投资负债净增加 2 499 亿美元，较 2014 年少增 7%(见图 7-8)。

(6) 2015 年证券投资为逆差 665 亿美元，2014 年为顺差 824 亿美元(见图 7-8)。其中，中国对外证券投资净流出 732 亿美元，较 2014 年增长 5.8 倍；境外对中国证券投资净流入 67 亿美元，下降 93%。其他投资逆差大幅扩大。

(7) 2015 年，其他投资为逆差 4 791 亿美元，较 2014 年扩大 72%(见图 7-8)。其中，中国对外的贷款、贸易信贷和资金存放等资产净增加 1 276 亿美元，下降 61%；境外对中国的贷款、贸易信贷和资金存放等负债净减少 3 515 亿美元，2014 年为净增加 502 亿美元。

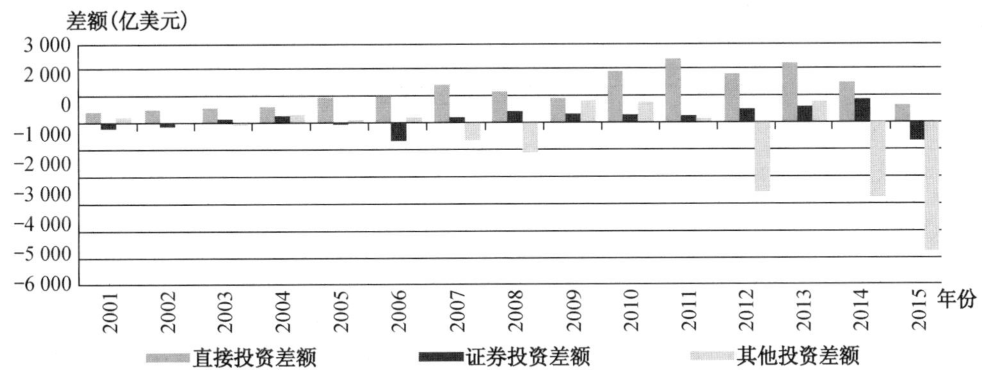

图 7-8　中国资本和金融项目主要子项目的收支状况(2001—2015 年)

数据来源：中国国家外汇管理局。

(8) 储备资产在2015年下降较为明显，2016年中期降幅有所减缓。2015年，中国储备资产减少3 429亿美元。其中，外汇储备资产减少3 423亿美元(见图7-9)，2014年为增加1 188亿美元。截至2015年年末，中国外汇储备余额33 304亿美元，较2014年年末下降5 127亿美元。到2016年6月底，中国外汇储备余额为32 051.62亿美元，比2015年年底下降1 252亿美元。

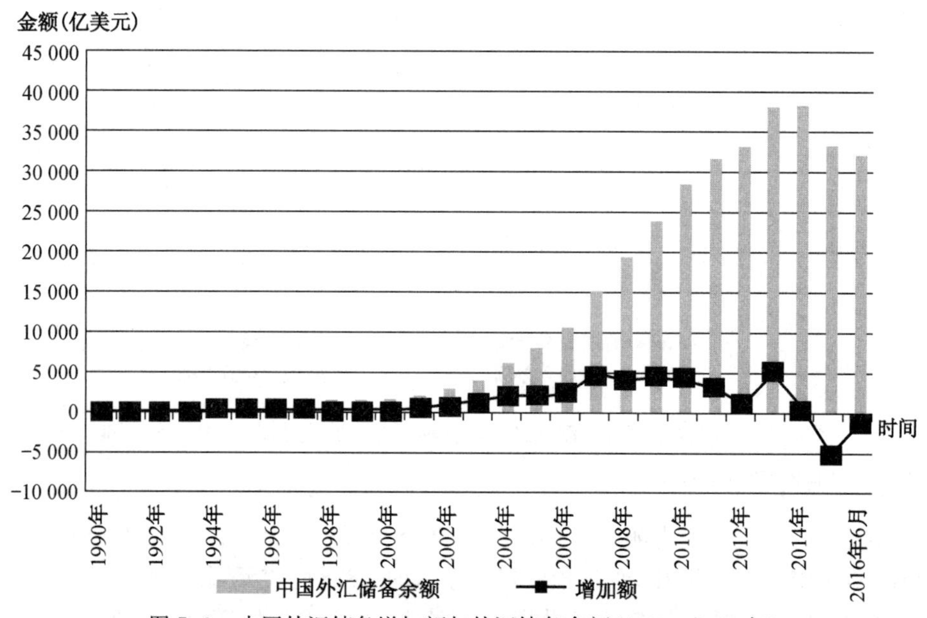

图7-9　中国外汇储备增加额与外汇储备余额(1990—2015年)

数据来源：中国国家外汇管理局。

(9) 净误差与遗漏额为负。中国净误差与遗漏规模一直在合理范围内。2008—2013年，中国平衡表中的该比例每年基本在2%左右；2015年中国国际收支净误差与遗漏项目余额为—1 882，误差占比已经略超5%，这一现象值得有关部门的注意和警觉(见图7-10和表7-4)。

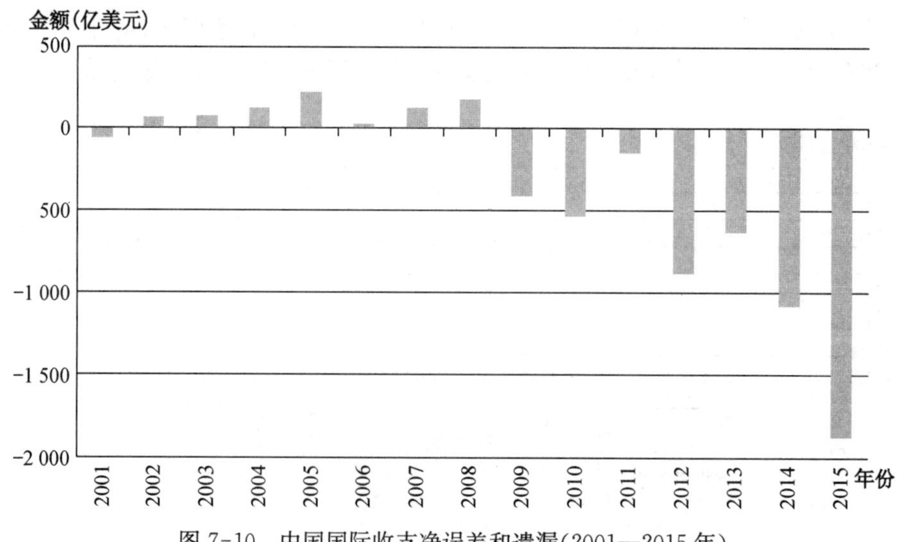

图7-10　中国国际收支净误差和遗漏(2001—2015年)

数据来源：中国国家外汇管理局。

表 7-4　**2015 年中国国际收支平衡表**

单位:亿美元

项　目	行次	2015 年
1. 经常账户	1	3 306
贷方	2	26 930
借方	3	−23 624
1. A 货物和服务	4	3 846
贷方	5	24 293
借方	6	−20 447
1. A. a 货物	7	5 670
贷方	8	21 428
借方	9	−15 758
1. A. b 服务	10	−1 824
贷方	11	2 865
借方	12	−4 689
1. B 初次收入	13	−454
贷方	14	2 278
借方	15	−2 732
1. C 二次收入	16	−87
贷方	17	359
借方	18	−446
2. 资本和金融账户	19	−1 424
2. 1 资本账户	20	3
贷方	21	5
借方	22	−2
2. 2 金融账户	23	−1 427
资产	24	−491
负债	25	−936
2. 2. 1 非储备性质的金融账户	26	−4 856
2. 2. 1. 1 直接投资	27	621
资产	28	−1 878
负债	29	2 499
2. 2. 1. 2 证券投资	30	−665
资产	31	−732

（续表）

项 目	行次	2015 年
负债	32	67
2.2.1.3 金融衍生工具	33	−21
资产	34	−34
负债	35	13
2.2.1.4 其他投资	36	−4 791
资产	37	−1 276
负债	38	−3 515
2.2.2 储备资产	39	3 429
3. 净误差与遗漏	40	−1 882

资料来源：中国国家外汇管理局。

根据国际惯例，国际收支平衡表中净误差与遗漏占同期货物进出口额的比重一般不宜超过正负 5%。随着国际收支交易规模的扩大，净误差与遗漏绝对数也会相应增加，高频数据比低频数据误差会更大。

2. 2014—2015 年中国国际收支运行的主要特征

2014 年和 2015 年，中国面对错综复杂的国际形势和不断加大的经济下行压力，中央坚持稳中求进的工作总基调，主动适应经济发展新常态，经济运行总体平稳，经济结构优化，改革开放向纵深迈进，经济分别保持了 7.4%和 6.9%的中高速增长。

2014 年以来，尤其是 2014 年下半年以来，中国经常账户顺差、资本和金融账户逆差的国际收支格局基本形成。2014 年下半年至 2015 年，中国经常账户顺差 5 045 亿美元，资本和金融账户逆差 5 835 亿美元，净误差与遗漏为−2 940 亿美元，储备资产累计下降 3 731 亿美元。对外债务去杠杆化已开启并持续了一段时间，逐步释放了前期积累的短期资本流入风险。2014 年下半年至 2015 年年末，外国来华非直接投资累计净流出 3 468 亿美元，相当于 2003—2013 年持续净流入规模的 30%，相当于在 2009—2013 年主要发达经济体 QE 期间净流入规模的 43%。也就是说，过去十年左右的非直接投资净流入中已有三四成流出了中国。但在中国企业对外贸易总体提升、投融资渠道不断拓宽的情况下，此类境外融资缩减后预计仍将保留一个合理正常的规模。

中国对外总资产继续增加，官方储备资产和市场主体对外资产“一降一升”。2014 年下半年至 2015 年，中国对外资产总体增加了 2 672 亿美元。其中，企业等市场主体的直接投资资产增加 2 633 亿美元，相当于 2003—2013 年 11 年增加额的 66%；证券投资资产增加 865 亿美元，相当于过去 11 年间增加额的 70%；贷款等其他投资资产增加 2 870 亿美元，也达到了过去 11 年间增加额的 28%。以前在人民币升值预期下，中国市场主体不愿意持有对外资产，但在人民币汇率双向波动环境下，增加对外资产的积极性大幅提升，成为储备资产下降的主要原因，这也是“藏汇于民”的必然过程。

从国际收支交易规模来看，2014 年，中国国际收支交易总规模为 10.486 4 万亿美元，较 2013 年的 8.272 6 万亿美元增加 2.21 万亿美元，增幅为 27%；1982—2014 年，中国国际收支交易总规模由540亿美元升至10.4864万亿美元，占GDP的比重由19%升至101%。在经常项目方面，2014年，中国经常项目顺差与GDP之比为2.1%，较2013年增加0.5个百分点，仍处于国际公认的合理水平之内(见图7-11)；国际收支口径的储备资产增加1178亿美元，相当于GDP的1.1%，较2013年回落3.4个百分点。中国政府努力促进国际收支平衡取得新进展。

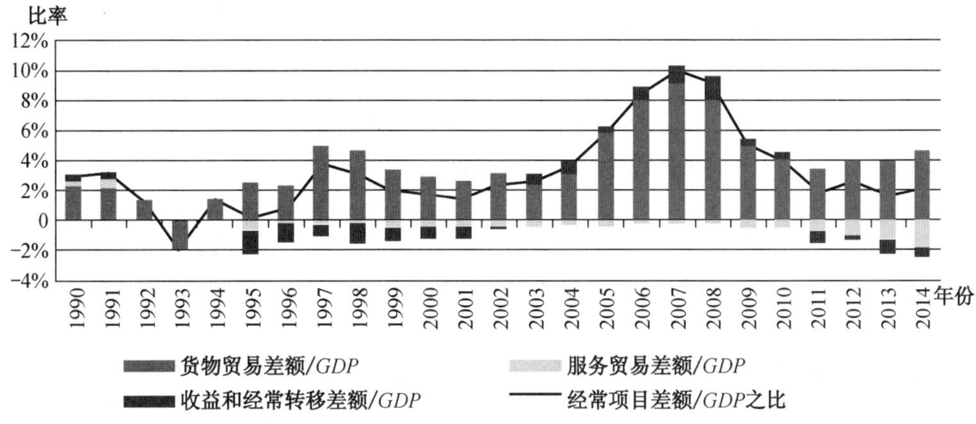

图7-11 中国经常项目差额与GDP之比及其结构(1990—2014年)

资料来源：中国国家外汇管理局。

2015年，中国经常账户顺差3306亿美元，其中，货物贸易顺差5670亿美元，服务贸易逆差1824亿美元，初次收入逆差454亿美元，二次收入逆差87亿美元。资本和金融账户逆差1424亿美元，其中，资本账户顺差3亿美元，非储备性质的金融账户逆差4856亿美元，储备资产减少3429亿美元(见图7-12)。

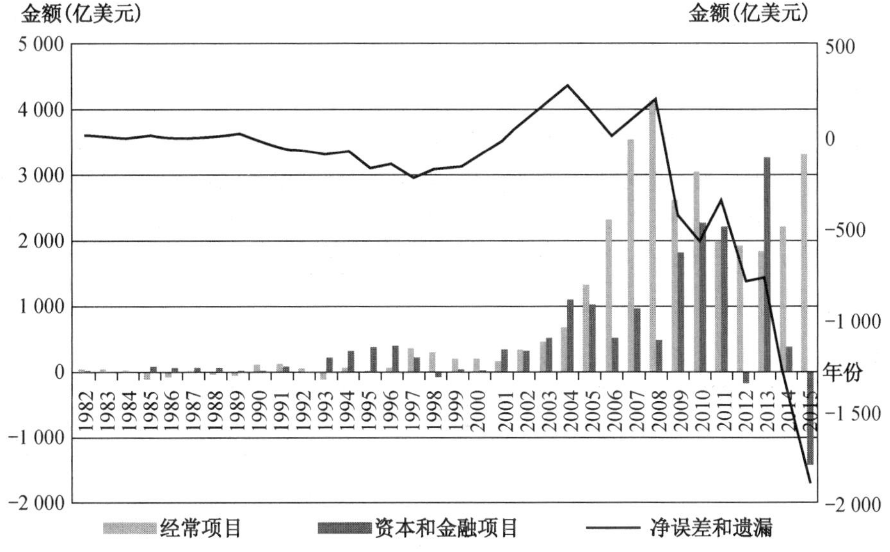

图7-12 中国国际收支顺差逆差及误差和遗漏项目(1982—2015年)

在人民币国际化方面。中国作为全球第二大经济体,人民币国际使用的领域和范围逐步扩大,为全球金融市场发展注入了新活力,境外主体持有人民币资产的需求明显上升,人民币国际地位不断提升。这既是对中国经济发展信心的体现,也是对中国改革开放成效的肯定,实质上反映了人民币国际化的发展加快。

自 2009 年 7 月人民币国际化启动以来,人民币跨境结算规模持续高速增长,结算额从 2009 年的 36 亿元人民币扩大到 2014 年的近 10 万亿元人民币,人民币已成为中国第二大跨境收付货币。据环球银行金融电信协会(SWIFT)统计,2015 年 5 月,人民币稳居全球第 5 大支付货币,较 2012 年年初排名提高 14 位;市场占有率达到 2.18%,是 2012 年年初的 8.7 倍;但随着 2015 年中国国内金融市场的波动加大和新的人民币汇改机制的启动,人民币汇率的波动性和贬值预期与压力加大,人民币跨境交易结算有所减缓。2015 年上半年,以人民币进行结算的跨境货物贸易、服务贸易及其他经常项目、对外直接投资、外商直接投资分别发生 3 万亿元、3 711 亿元、1 670 亿元、4 866 亿元,而 2016 年上半年,以人民币进行结算的跨境货物贸易、服务贸易及其他经常项目、对外直接投资、外商直接投资分别发生 2.17 万亿元、4 992 亿元、5 226亿元以及 6 766 亿元。

总之,中国国际收支不平衡矛盾依然突出,但仍然属于预期的可承受的调整。随着人民币汇率形成机制市场化改革推进,中央银行逐步退出常态式外汇市场干预,必然是贸易顺差越大、资本流出越多。“藏汇于民”体现了市场主体持汇意愿增强,符合调控目标和改革方向,有利于外汇供求平衡、改善宏观调控。“债务去杠杆化”也有利于企业部门减少货币错配,更好应对资本流动冲击。

3. 2016 年第一季度中国国际收支状况

2016 年第一季度,中国经常账户顺差 2 569 亿元人民币,资本和金融账户逆差 11 亿元人民币。其中,非储备性质的金融账户逆差 8 051 亿元人民币,储备资产减少 8 048 亿元人民币。

按美元计值,2016 年第一季度,中国经常账户顺差 393 亿美元。其中,货物贸易顺差1 039 亿美元,服务贸易逆差 576 亿美元,初次收入逆差 41 亿美元,二次收入逆差 28 亿美元。资本和金融账户逆差 2 亿美元。其中,资本账户逆差 1 亿美元,非储备性质的金融账户逆差 1 233 亿美元,储备资产减少 1 233 亿美元。

自公布 2016 年第一季度中国国际收支平衡表起,国家外汇管理局在现有美元和人民币的基础上公布以特别提款权(SDR)计值的国际收支平衡表,折算汇率为国际货币基金组织官方网站公布的美元兑 SDR 季度平均汇率。2016 年第一季度,中国经常账户顺差 283 亿 SDR,资本和金融账户逆差 1 亿 SDR。其中,非储备性质的金融账户逆差 887 亿 SDR,储备资产减少 887 亿 SDR(见表 7-5)。

表 7-5 **2016 年第一季度中国国际收支平衡表**

项 目	行次	2016 年第一季度(亿元人民币)	2016 年第一季度(亿美元)	2016 年第一季度(亿 SDR)
1. 经常账户	1	2 569	393	283
贷方	2	35 818	5 486	3 946
借方	3	−33 249	−5 093	−3 663

（续表）

项　目	行次	2016 年第一季度（亿元人民币）	2016 年第一季度（亿美元）	2016 年第一季度（亿 SDR）
1. A 货物和服务	4	3 022	463	333
贷方	5	32 025	4 905	3 528
借方	6	−29 003	−4 442	−3 195
1. A. a 货物	7	6 786	1 039	748
贷方	8	27 787	4 256	3 061
借方	9	−21 001	−3 217	−2 313
1. A. b 服务	10	−3 764	−576	−415
贷方	11	4 238	649	467
借方	12	−8 002	−1 226	−881
1. B 初次收入	13	−268	−41	−29
贷方	14	3 276	502	361
借方	15	−3 544	−543	−390
1. C 二次收入	16	−186	−28	−20
贷方	17	517	79	57
借方	18	−703	−108	−77
2. 资本和金融账户	19	−11	−2	−1
2.1 资本账户	20	−7	−1	−1
贷方	21	12	2	1
借方	22	−19	−3	−2
2.2 金融账户	23	−3	0	0
资产	24	878	134	97
负债	25	−881	−135	−97
2.2.1 非储备性质的金融账户	26	−8 051	−1 233	−887
2.2.1.1 直接投资	27	−1 062	−163	−117
资产	28	−3 747	−574	−413
负债	29	2 685	411	296
2.2.1.2 证券投资	30	−2 670	−409	−294
资产	31	−1 439	−220	−159
负债	32	−1 231	−189	−136
2.2.1.3 金融衍生工具	33	67	10	7

（续表）

项　目	行次	2016 年第一季度（亿元人民币）	2016 年第一季度（亿美元）	2016 年第一季度（亿 SDR）
资产	34	−111	−17	−12
负债	35	178	27	20
2.2.1.4 其他投资	36	−4 387	−672	−483
资产	37	−1 873	−287	−206
负债	38	−2 513	−385	−277
2.2.2 储备资产	39	8 048	1 233	887
3. 净误差与遗漏	40	−2 558	−392	−282

资料来源：中国国家外汇管理局。

（二）中国国际收支运行的历史轨迹探析

上面我们重点分析了 2015 年中国国际收支运行状况和面临的问题与挑战。一国国际收支失衡和失衡风险是各种因素长期综合作用的结果，仅依据对 2015 年和当前中国国际收支运行状况的分析是难以评价中国国际收支长周期失衡情况的，所以我们根据国际收支的账户特性，主要从中国国际收支经常项目差额失衡情况，资本与金融项目差额失衡情况以及总差额失衡情况三个方面，探析中国国际收支在改革开放三十多年的运行轨迹与特征及失衡原因等问题。

1. 中国国际收支经常项目差额失衡轨迹探析

经常项目差额是国际收支平衡表中最重要的收支差额。在开放宏观经济中，经常项目的差额概括了一国的净债务人或债权人的地位，能够清楚地反映一国对外部经济的依赖程度。

1）中国国际收支经常项目交易规模状况分析

从 2001—2015 年期间，中国国际收支经常项目差额累计达到 29 949 亿美元，同期国内生产总值为 758 003.53 亿美元，经常项目顺差占 GDP 的比重平均为 3.95%。把时间再拉长到 1990—2013 年这段区间来看，中国国际收支经常项目差额累计达到 25 913 亿美元，同期国内生产总值总计为 628 957 亿美元，经常项目顺差占 GDP 的比重平均为 4.1%。在 2008 年以前，中国经常项目差额与中国 GDP 基本上同步增长和上升，从 2008 年开始两者之间的走向发生逆转，中国 GDP 增长继续向上，经常项目差额开始下降（见图 7-13），总体呈现缩小趋势，但资本与金融项目差额与 GDP 之比却总体呈现扩大趋势（见表 7-6）。这一方面反映了中国对外出口增长较快，另一方面也反映了各种投资和资本流入和流程频繁并且波幅加剧。

表 7-6　**中国国际收支经常项目及其子项目交易规模（2001—2015 年）**

单位：亿美元

年份	经常项目	货物	服务	初次收入	二次收入
2001	6 184	4 981	726	379	97
2002	7 396	6 071	862	316	146
2003	9 932	8 318	1 020	400	193

（续表）

年份	经常项目	货物	服务	初次收入	二次收入
2004	13 327	11 278	1 346	446	257
2005	16 731	13 908	1 582	941	300
2006	20 631	17 216	1 928	1 146	340
2007	25 818	21 246	2 523	1 582	446
2008	30 594	25 081	3 060	1 855	594
2009	27 081	21 591	2 884	2 099	515
2010	35 882	29 086	3 111	2 588	562
2011	43 719	35 641	4 209	3 011	859
2012	47 267	37 922	4 726	3 630	989
2013	51 446	40 781	5 365	4 148	1 151
2014	53 787	48 062	5 738	4 601	1 125
2015	50 554	44 740	7 554	5 010	805

数据来源：中国国家外汇管理局。

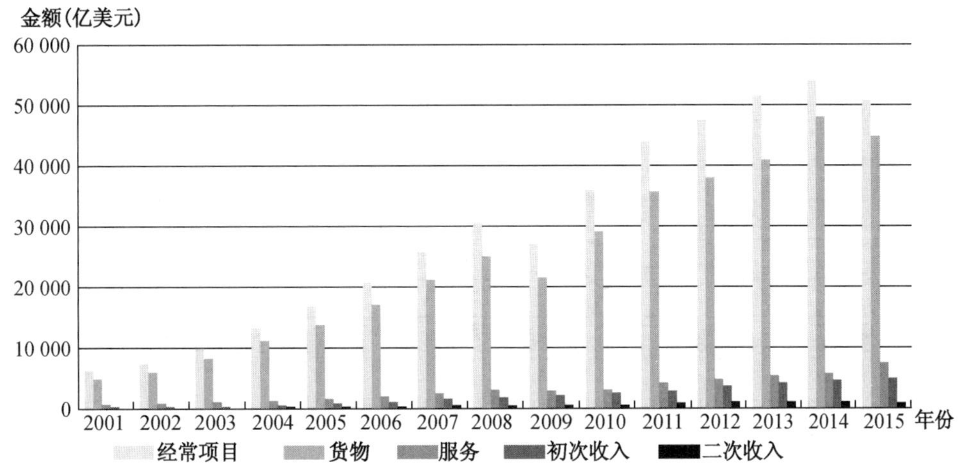

图 7-13　中国国际收支经常项目及其子项目交易规模(2001—2015 年)

数据来源：中国国家外汇管理局。

2）中国国际收支经常项目差额失衡的时间分布分析

从 1982 年正式发布国际收支报告以来，中国国际收支经常项目差额除 1984 年、1985 年、1988 年、1989 年和 1993 年五年外（见图 7-14），绝大部分时间保持顺差结构。

1994 年以来，随着中国经济的持续改革和开放，国民经济总量和国内生产总值快速上升，中国已经成为全球第二大经济体和第二大贸易国，中国连续 21 年保持经常项目顺差，经常项目顺差额也持续不断扩大和上升，中国经常项目差额在 2008 年达到创纪录的峰值 4 206 亿美元。随着中国经济发展方式和经济结构调整的转变，经常项目差额近年来有所放缓和收窄，但

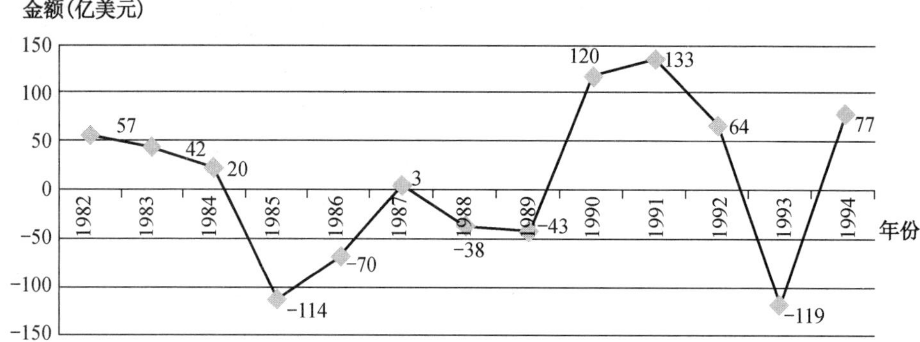

图 7-14　中国国际收支经常项目主要逆差年份分布

数据来源：中国国家外汇管理局。

仍保持着较大顺差规模，到 2015 年年底中国经常项目差额为 3 306 亿美元，比 2014 年增长 19%(见图 7-15)。

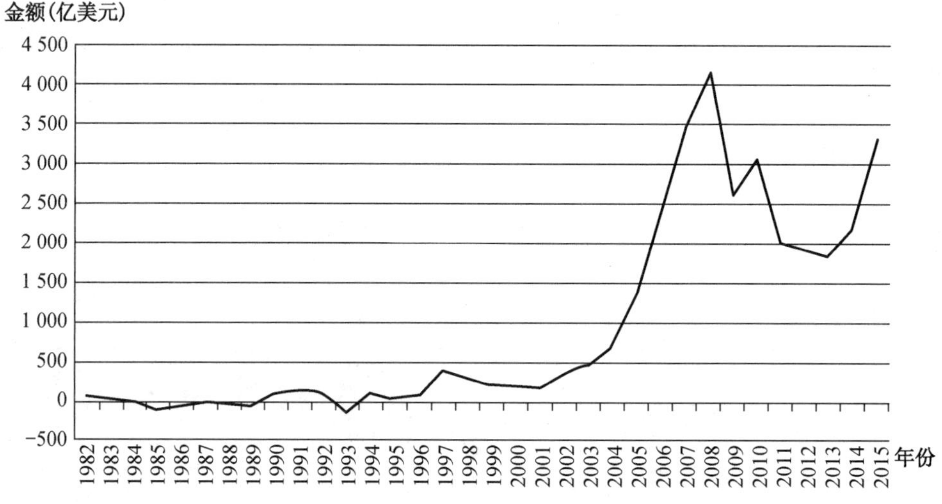

图 7-15　中国国际收支经常项目主要顺差年份分布(1994—2015 年)

数据来源：中国国家外汇管理局。

总的来看，1982—2015 年，中国国际收支经常项目有 29 年保持顺差，5 年为逆差，且顺差额远远大于逆差额(见图 7-16)，这种保持多年的顺差失衡状况是中国经济改革开放的巨大成就，特别是加入 WTO 后经常项目顺差快速上升，改革开放红利和劳动力红利急剧释放。但随着这些红利的减弱甚至消失，要保持经常项目的长期快速增长现在看来已经越来越难以为继。

3) 中国国际收支经常项目差额结构失衡分析

中国国际收支经常项目结构失衡主要表现在多年来中国货物项目基本上为贸易顺差且顺差差额巨大，而对于中国国际收支服务项目贸易多年来一直保持逆差，且逆差规模不断扩大和上升。

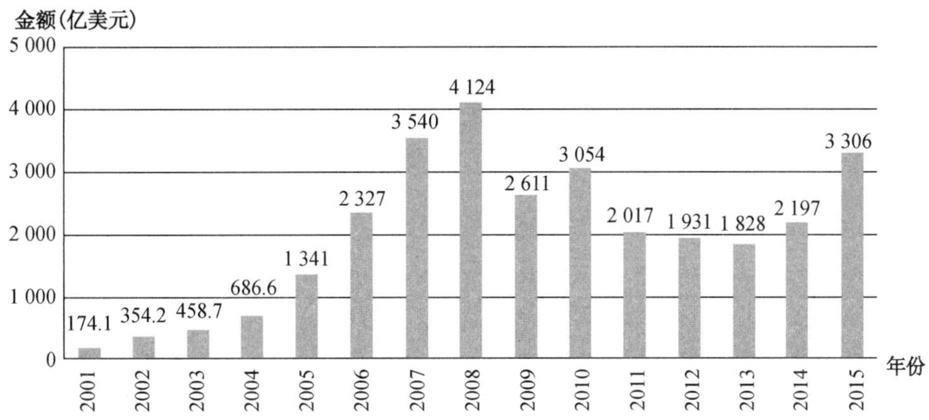

图 7-16 加入 WTO 后中国国际收支经常项目差额总体分布情况(2001—2015 年)

数据来源:中国国家外汇管理局。

货物贸易一直是中国经济快速发展的重要引擎,2001—2015 年中国进出口货物平均增长速度保持在 20%左右,而同期中国 GDP 的平均增速约为 10%,货物出口高于同期 GDP 增长率 10 个百分点。1981—2015 年中国进出口货物累计总额达 406 901.9 亿美元,累计出口货物达 217 238 亿美元,累计进口货物 189 663.9 亿美元,累计实现顺差 27 573.8 亿美元(见表 7-7 和图 7-17),占中国外汇储备总额的 58%。这表明多年来的巨额外汇储备累积主要依赖货物出口获得,更通俗地讲,中国的外汇储备积累主要依靠资源和资源再加工等产品出口获得,因而中国在外汇储备增加的同时国内资源的存量在减少,环境在污染,生态在变差。

表 7-7 **中国进出口额和贸易顺差变化情况(1981—2015 年)**

单位:亿美元

年份	出口额	进口额	进出口额	贸易顺差
1981	220.1	220.2	440.3	−0.1
1982	223.2	192.9	416.1	30.3
1983	222.3	213.9	436.2	8.4
1984	261.4	274.1	535.5	−12.7
1985	273.5	422.5	696	−149
1986	309.4	429	738.4	−119.6
1987	394.4	432.2	826.6	−37.8
1988	475.2	552.7	1 027.9	−77.5
1989	525.4	591.4	1 116.8	−66
1990	620.9	533.5	1 154.4	87.4
1991	719.1	637.9	1 357	81.2

（续表）

年份	出口额	进口额	进出口额	贸易顺差
1992	849.4	805.9	1 655.3	43.5
1993	917.4	1 039.6	1 957	—122.2
1994	1 210.1	1 156.2	2 366.3	53.9
1995	1 487.8	1 320.8	2 808.6	167
1996	1 510.5	1 388.3	2 898.8	122.2
1997	1 827.9	1 423.7	3 251.6	404.2
1998	1 837.1	1 402.4	3 239.5	434.7
1999	1 949.3	1 657	3 606.3	292.3
2000	2 492	2 250.9	4 742.9	241.1
2001	2 661	2 435.5	5 096.5	225.5
2002	3 256	2 951.7	6 207.7	304.3
2003	4 382.3	4 127.6	8 509.9	254.7
2004	5 933.6	5 613.8	11 547.4	319.8
2005	7 620	6 601.2	14 221.2	1 018.8
2006	9 690.8	7 916.1	17 606.9	1 774.7
2007	12 180.2	9 558.2	21 738.4	2 622
2008	14 285.5	11 330.9	25 616.4	2 954.6
2009	12 016.6	10 055.6	22 072.2	1 961
2010	15 779.3	13 948.3	29 727.6	1 831
2011	19 038	16 603	35 641	1 551
2012	20 569	17 353	37 922	3 216
2013	22 096	19 504	41 600	2 592
2014	25 242	22 616	47 858	2 626
2015	24 293	20 447	44 740	3 846

数据来源：中国国家统计局。

数据显示，中国货物进出口增长除受 2008 年金融危机影响在 2009 年出现大幅下降外，其他大部分时间大大快于经济增长速度，中国经济增长速度波动幅度远远小于外贸增长速度。这表明在经济发展中过度依赖国际经济将会对中国经济产生较为强烈和严重的影响和制约。中国外贸发展不仅在国内经济社会发展中发挥着重要作用，也为全球贸易增长和经济复苏作出了积极贡献。

相对于货物贸易的持续顺差，中国国际收支服务贸易多年来持续逆差。在中国国际收支经常项目中货物贸易占全部经常项目差额过高，而服务和收益以及经常转移项目差额占经常项目差额的比例则过低。这反映了中国经常项目差额过分依赖货物贸易，服务项目绝对数在

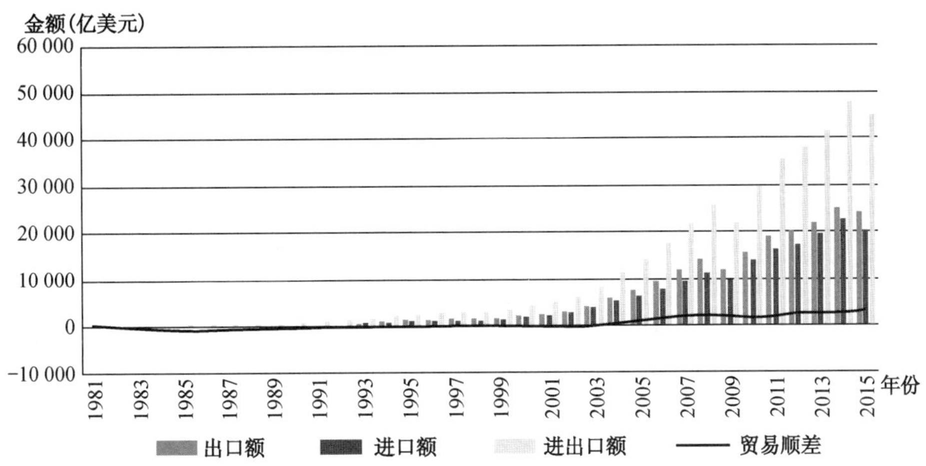

图 7-17　中国货物贸易进出口额与差额(1981—2015 年)

数据来源:中国国家统计局。

持续增长,但多年来中国服务项目一直处于逆差状况,且逆差一直呈持续不断扩大趋势。

总的来看,1982—2013 年的绝大多数年份,中国出口增长速度远大于收入增长水平和居民消费水平,而居民对收入增长的低预期和谨慎的消费行为又导致居民储蓄规模不断扩大和上升,储蓄大于国内投资,而投资又过度依赖政府刺激,进而造成国内市场需求不足、积极出口、扩大外需等,这就导致经常项目持续高额顺差。中国的 GDP 增长在过去主要依赖出口拉动和政府投资,2008 年国际金融危机爆发后,政府扩大 4 万亿元人民币投资,又再次扮演了投资拉动经济增长的发动机。中国经济过去 30 多年的发展轨迹清晰地显示了出口和投资与国内生产总值的高度关联度(见图 7-18)。

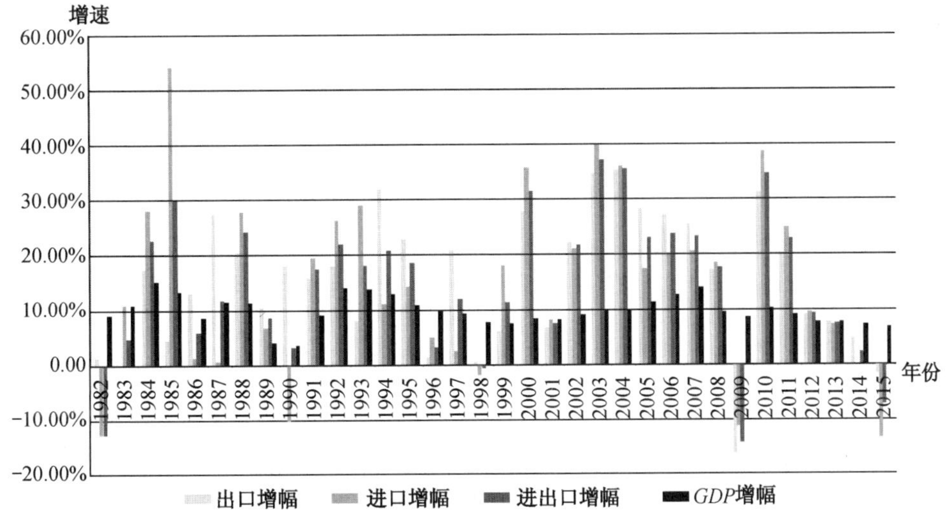

图 7-18　中国货物出口、进口和进出口增速与 GDP 增速(1982—2015 年)

资料来源:中国商务部、中国国家统计局。

2. 中国国际收支资本与金融项目差额失衡轨迹分析

随着经济全球化和金融自由化的迅猛发展，金融作为现代经济核心的地位和功能愈加凸显和重要。作为反映国际经济和国际金融发展状况和程度的国际收支状况成为反映一国对外经济交易总规模和发展水平的重要标尺和风向标。国际收支资本和金融项目全面系统地记录了一国资本与金融项目的总交易规模和平衡状况，是一国经济重要的晴雨表和预警器。

1）中国国际收支资本和金融项目交易规模分析

进入 21 世纪以来，中国已经基本完成了现代金融体系架构搭建，以银行为核心，证券、保险、信托和基金等为主体的金融体系结构和市场结构得以初步建立和完善，金融市场得到了空前发展和壮大。经济总量和金融资产总量稳步增加，截至 2016 年 6 月末，中国银行业国内总资产 203.3 万亿元人民币，同比增长 16.6%；中国银行业金融机构 3 月末总负债 187.3 万亿元人民币，同比增长 16%。截至 2016 年第二季度末，中国广义货币供应量 M2 余额达 149.05 万亿元人民币，同比增长 11.8%，增速与上月末和 2015 年同期持平。

与中国金融市场同步发展的是中国国际收支资本和金融项目，由较为稳定的直接投资主导中国国际资本和金融收支结构阶段已经结束，资本和金融项目开始受到国际金融危机的显著影响，表现出诸多的不稳定性和风险性。资本和金融项目交易规模由 2001 年的 1 642 亿美元增加到 2014 年的 51 077 亿美元，2014 年资本与金融项目交易总规模为 238 087 亿美元，平均年交易规模为 17 006 亿美元(见图 7-19)。2015 年受中国金融市场动荡影响，国际收支交易规模有所减缓。

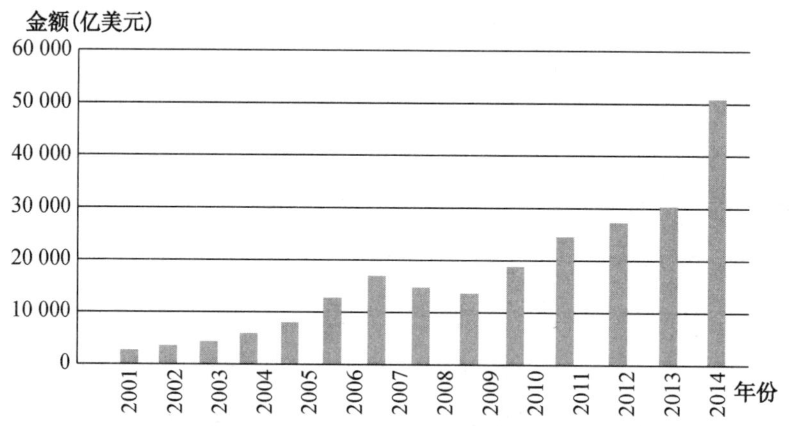

图 7-19　中国国际收支资本与金融项目交易规模(2001—2014 年)

数据来源：中国国家外汇管理局。

在资本和金融项目中，各个子项目交易规模在 2012 年均创历史新高，其中直接投资交易规模 4 247 亿美元，占比最大。近年来随着全球金融市场的宽松量化政策，证券投资和其他投资大量增加且波动加剧，尤其是其他投资，其在 2001—2014 年的大部分年份出现较大规模的资本净流出，特别是 2012 年全年净流出 2 600 亿美元，创该项目资本流出历史新高(见表 7-8)。

表 7-8 中国国际收支资本和金融项目交易规模与差额(2001—2015年)

单位:亿美元

年份	资本和金融项目(差额)	直接投资(差额)	证券投资(差额)	其他投资(差额)
2001	1 642(348)	567(374)	242(−194)	832(169)
2002	2 243(323)	593(468)	149(−103)	1 500(−41)
2003	3 865(527)	638(472)	132(114)	3 095(−59)
2004	5 760(1 107)	689(531)	208(197)	4 864(379)
2005	8 130(1 010)	1 425(1 059)	489(−49)	6 175(−40)
2006	13 459(526)	1 637(1 029)	1 588(−676)	10 193(133)
2007	17 921(951)	2 033(1 431)	1 093(187)	14 759(−697)
2008	15 481(463)	2 591(1 217)	927(427)	11 927(−1 211)
2009	13 841(1 808)	2 301(703)	1 575(387)	9 919(679)
2010	19 900(2 260)	3 038(1 249)	1 031(240)	15 781(724)
2011	25 754(2 211)	2 698(1 704)	842(196)	21 125(255)
2012	27 734(−168)	4 247(1 911)	1 181(478)	22 258(−2 600)
2013	31 280(3 262)	5 107(1 850)	1477(605)	24 637(776)
2014	51 077(382)	6 618(2 807)	2 504(824)	41 916(−2 528)
2015	15 030(−1 424)	4 377(621)	964(−665)	6 219(−4 791)

数据来源:中国国家外汇管理局。

2）中国国际收支资本与金融项目失衡时间分析

从1982年中国正式发布国际收支报告以来,中国国际收支资本与金融项目差额只有在1983年、1984年、1992年、1998年、2012年和2015年这六年出现逆差(见图7-20),其他年份均保持顺差,其差额基本特征是逆差额度较小,顺差额度较大。但从2014年开始,资本与金融

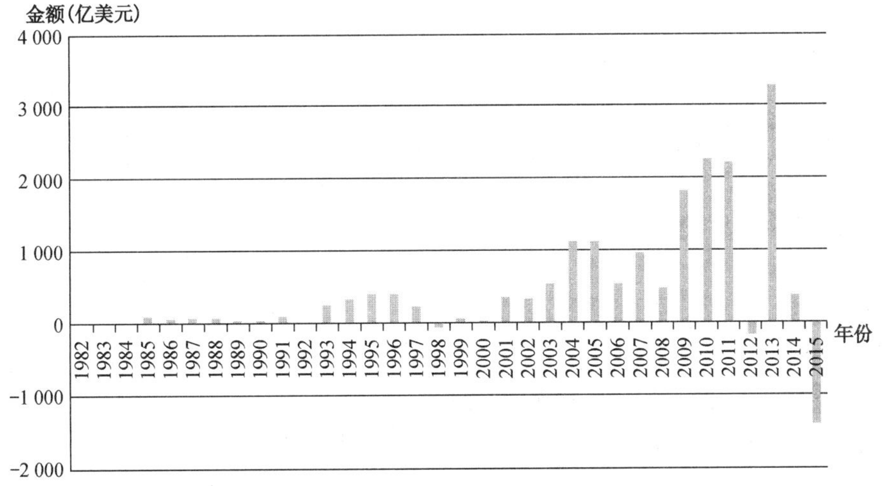

图7-20 中国国际收支资本与金融项目失衡时间分布情况

数据来源:中国国家外汇管理局。

项目顺差急剧减少，到 2015 年资本与金融项目逆差急剧扩大，创下 34 年间最大逆差。从长期分布来说，中国国际收支资本与金融项目的失衡主要表现为顺差结构较大，即资本流入较多而流出较少。

在 2015 年以前，中国国际收支资本与金融项目失衡分布时间与经常项目失衡相比基本相同或相近，两个项目在 34 年间都出现过 5 次失衡年份，其基本特征是逆差失衡，主要发生在中国国内经济紧缩调整时期和国际经济、国际金融危机时期，且受国际金融危机影响较大，特别是资本与金融项目更易受到国际金融危机的影响，但 2015 年中国国际收支资本与金融项目逆差的急剧扩大和创历史纪录将意味着长期以来的中国国际收支资本与金融项目持续顺差将彻底结束，未来资本与金融项目逆差将会成为新常态(见图 7-21)。

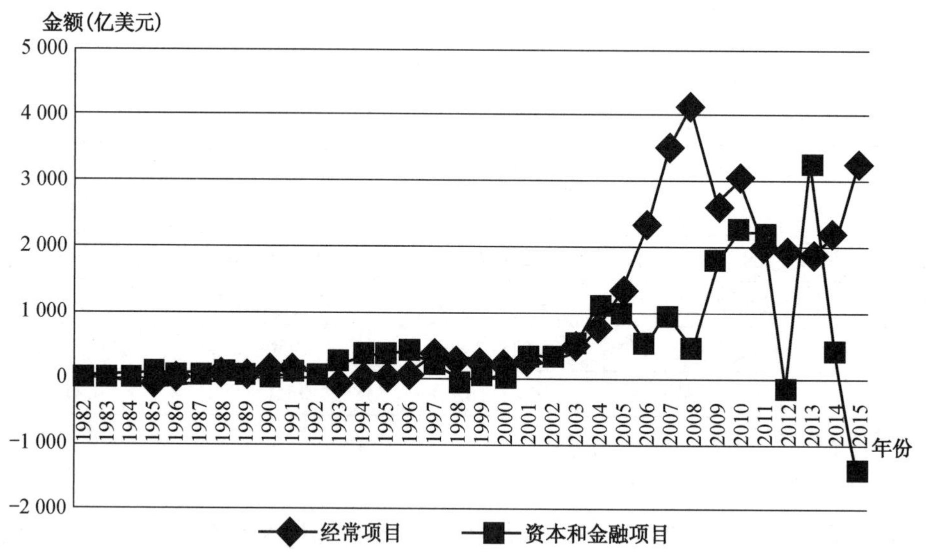

图 7-21　中国国际收支经常项目和资本与金融项目差额失衡分布情况(1982—2015 年)

数据来源：中国国家外汇管理局。

3) 中国国际收支资本与金融项目结构失衡分析

在中国国际收支资本与金融项目中，直接投资是中国传统的顺差项目，证券投资和其他投资差额受短期跨境资本流动影响起伏较大，这种格局同样与结构性、政策性因素密切相关。

从政策结构来看，自改革开放以来，中国各级政府大力鼓励和吸引外国直接投资，1994 年以后，随着金融、财税和外贸改革的更进一步深入，大量外国资本流入中国市场，中国国际收支资本与金融项目彻底扭转了逆差并且连续多年持续顺差。当时，中国为调整产业结构，在市场换技术发展的思路下，不断改善投资环境，同时利用具有比较优势的劳动力成本和一系列优惠政策来吸引外商直接投资。中国经济的高速增长和良好的市场经营环境，使外商直接投资企业获得了丰厚的利润，在这种情况下，外商直接投资的增长是理所当然的。由于“两头在外”，加工贸易条件下的出口额必然大于进口额，贸易顺差即为加工生产带来增加值，这必然带来国际收支经常项目顺差。反映在中国国际收支资本与金融项目方面就是中国的资本与金融项目呈现为资本净流入(见图 7-22)。

从资本流向结构来看，加入世界贸易组织后，中国的市场更加全面开放，中国国际收支资

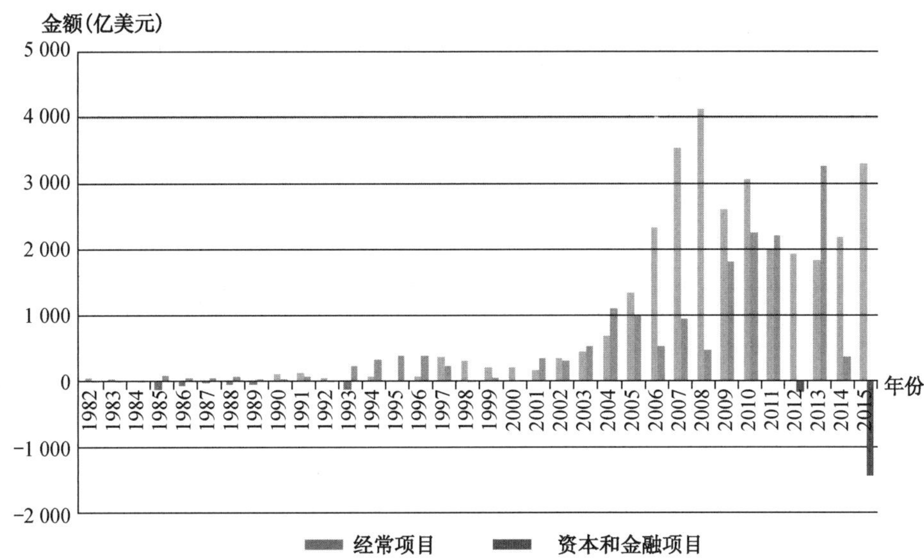

图 7-22　中国国际收支资本与金融项目与经常项目差额对比(1994—2015 年)

数据来源:中国国家外汇管理局。

本与金融项目的交易规模更加迅速上升和扩大,中国积极参与国际要素市场资源配置,大量资本进入中国内地市场,同时,中国金融机构和企业也积极走向国际市场,资本双向流动和交易规模急剧扩大。从 1982—2015 年年底,中国国际收支资本与金融项目累计实现顺差15 589.6 亿美元,同期中国国际收支经常项目累计实现顺差 31 272.8 亿美元。

3. 中国国际收支总差额失衡轨迹探析

1) 中国国际收支总差额失衡比例与规模分析

一国的国际收支平衡不是绝对的,而失衡则是相对的。一般来讲,一国国际收支很难做到绝对平衡,不是顺差就是逆差,只不过是顺差和逆差的程度大小而已。

从国际收支交易总规模来看,1982—2014 年,中国国际收支交易总规模由 540 亿美元升至 10.486 4 万亿美元,占 GDP 的比重由 19%升至 101%。伴随着中国经济进一步发展和开放,中国国际收支交易总规模在未来仍会保持持续扩大和上升,特别是在服务等项目的交易规模将会持续放大。中国国际收支交易规模的快速增长只是反映了中国与世界其他经济体经济交往的总量和程度,它说明了中国经济与世界其他国家的政治经济等交易往来愈加密切和繁荣,相互间的依赖程度更加紧密,但并不能反映中国国际收支的失衡程度和风险。

2) 中国国际收支总差额失衡时间与结构分布分析

自 1978 年改革开放以来的大部分年份,中国国际收支总差额处于顺差状况,这当中只有 1985 年、1986 年和 1989 年发生逆差,逆差额分别为 24.5 亿美元、10.9 亿美元和 6 亿美元。中国国际收支在较长时期保持了经常项目和资本与金融项目的双顺差,但情况在 2012 年出现了明显转化,多年来一直处于顺差的资本与金融项目在 2012 年发生了 168 亿美元的逆差,2015 年,中国国际收支资本与金融项目逆差总额达到创历史纪录的 1 424 亿美元,这标志着中国长期以来保持的国际收支双顺差格局就此结束,中国在今后将交替出现国际收支资本与金融项目的顺差和逆差。

从 1994 年中国外汇体制改革以来，中国国际收支持续顺差，特别是 2001 年中国加入世界贸易组织以来，国际收支不但延续“双顺差”格局，而且顺差规模持续急剧扩大。2015 年，中国国际收支状况在总体上相对改善，国际收支总顺差为 1 882 亿美元(见图 7-23)。

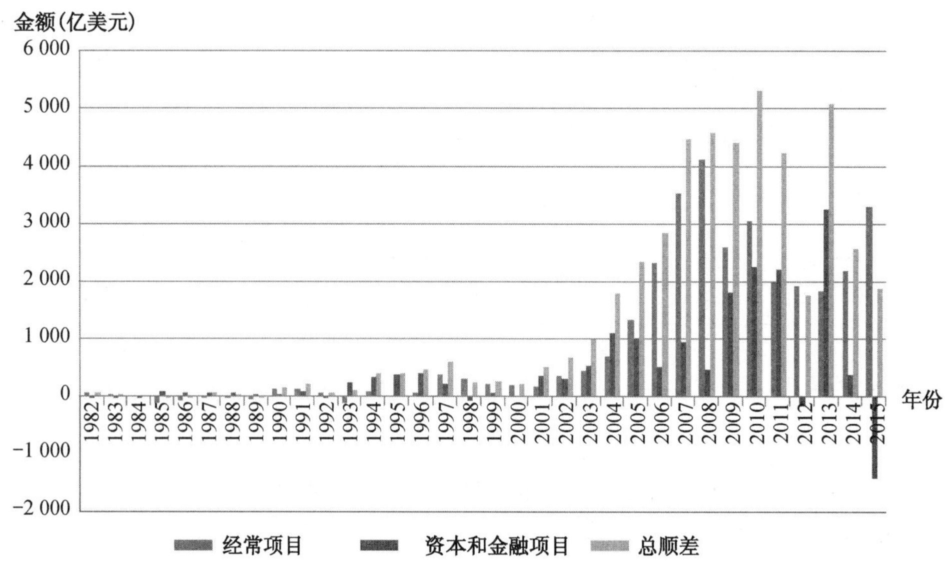

图 7-23　中国国际收支长期失衡结构分布图(1982—2015 年)

数据来源：中国国家外汇管理局。

关于净误差和遗漏。在 1982—2015 年，中国国际收支净误差和遗漏呈不规则变化，从 2003 年开始中国国际收支净误差和遗漏项目上下波动幅度加大，2003—2008 年年初呈现净流入状态，从 2008 年年中开始，由于美国次贷危机和欧洲债务危机的持续干扰与影响，中国国际收支净误差和遗漏项目连续出现资本净流出现象，且流出规模迅速扩大和上升，2013 年为－776亿美元，2014 年这一数字达到了－1 401 亿美元，2015 年更是再创新高达到了－1 882亿美元。这些情况被归结为统计误差、货币折算问题，以及可能存在的洗钱行为，从 2014 年和 2015 年的误差和遗漏数据分析，洗钱行为活跃可能更好地解释这一现象(见图 7-24)。

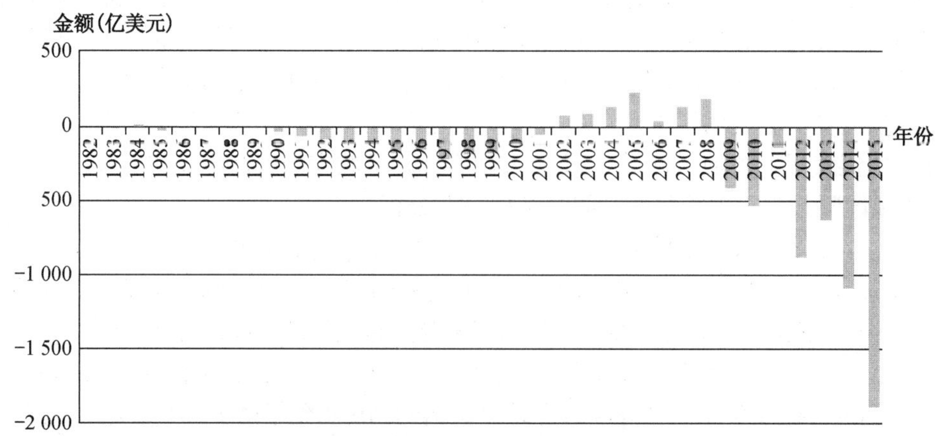

图 7-24　中国国际收支净误差和遗漏(1982—2015 年)

数据来源：中国国家外汇管理局。

从整体结构与比例来看，中国国际收支误差与遗漏项目在全部国际收支交易规模中只占非常微小的部分，并未超过国际公认的临界线(见图 7-25)。但由于中国金融监管体系还有诸多不完善之处，统计误差和漏洞也存在不完善之处。随着中国持续的经济增长和国际收支交易规模继续不断扩大，未来中国国际收支的误差和遗漏项目余额将会进一步扩大，对此产生的风险和不确定性需密切观察和跟踪。

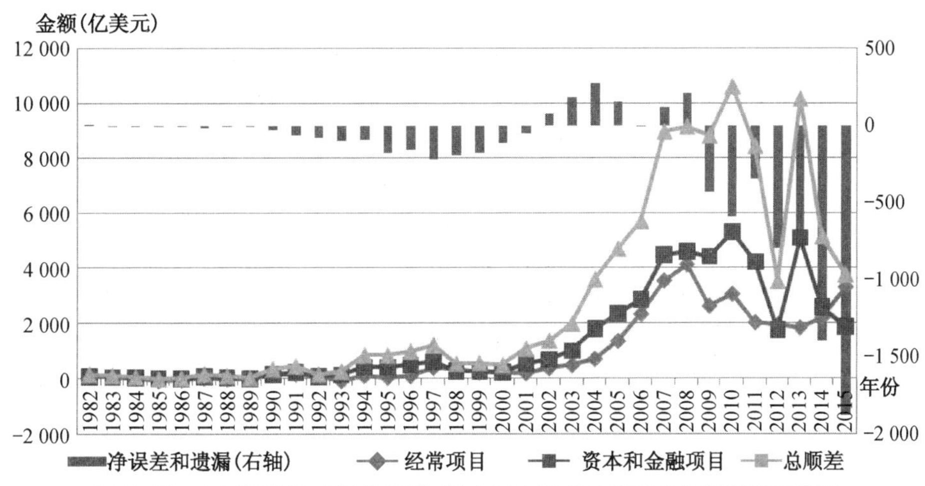

图 7-25　中国国际收支经常项目、资本与金融项目和误差与遗漏项目差额

数据来源：中国国家外汇管理局。

3) 中国国际收支失衡原因分析

中国国际收支长期顺差失衡主要是长期以来的政策导向造成的，中国经济的改革开放是经济市场化的过程，但由于受长期以来的计划经济思想影响，中国经济市场化的过程包裹了过多政府干预的思想与行为。我们长期以来过度重视与依赖投资和出口对经济的拉动作用，忽视了消费对推动经济的拉动效应，扭曲了市场经济规律，扭曲了消费的真谛。如果再早 10 年左右刺激消费，平衡投资和出口，转变经济发展方式，则中国国际收支状况所反映的外部均衡就会更加健康。反过来，外部均衡更加健康的话，国内经济矛盾也会相应大大降低。

从理论视角来看，中国国际收支长期失衡的原因，首先，这是在经济全球化背景下，中国参与国际分工的必然结果，中国良好的投资环境、低廉的劳动力等生产要素价格，促使跨国公司在全球分工布局中，逐步将加工制造环节向中国转移，带动了中国外资的流入和进出口顺差的增长；其次，这是中国经济处于工业化、城镇化和国际化进程中的阶段性特征；再次，这是中国储蓄持续大于投资，国内需求不足的外在表现，内在表现是政府收税太多，花钱太多，没有把钱花到应该花的地方，造成居民预防性储蓄过多，影响了国内需求和消费水平提升到更高层次。

总而言之，中国国际收支由改革开放初期的双逆差发展到 20 世纪 90 年代中期以来较长时期“双顺差”格局，再到 2012 年开始的经常项目顺差和资本项目逆差交替时期，这一格局在今后相当长时期将会延续，伴随着中国国际收支资本与金融项目逆差演化的不确定性，今后国际收支资本与金融项目的风险将会明显加大，防范和控制这一风险也显得尤为迫切。

三、风险度量与预测

随着中国经济转型的深入发展，中国经济与世界其他国家的关系越来越紧密，经济的开放程度日益扩大,对中国宏观经济分析也应该纳入全球一体化的环境之中,突破传统经济的分析框架,以促使中国实现内部与外部的双重均衡。中国国际收支失衡与国际收支风险是多方面的,对中国宏观经济增长造成潜在的不确定性风险也是多方面的。

(一) 风险度量

1. 国际收支的贸易收支项目失衡风险度量

1) 国际收支账户分析基础

国际收支是一国在一定时期内全部对外经济交易的系统的货币记录。国际收支账户是国际收支记录的基础,与此相关联的是国民收入账户。国民收入账户记录了与一个国家的收入和产出有关的全部交易。影响一国国民收入账户变化的因素主要有四个:①消费 (C),指私人部门为满足日常的需要而用于生活的支出。② 投资或储蓄(I 或 S),指私人部门的收入除消费外剩余部分。从供给角度看,它表现为储蓄(S);从需求角度看,它表现为投资(I)。私人部门的投资和消费的区分是,一般将企业的购买视为投资,个人和家庭的购买归为消费。③ 政府支出(G),包括军费开支、公共福利费开支和行政事业费开支。④ 商品和劳务的进出口净额。

封闭经济的国民收入均衡,可用如下关系式表示:

$$Y = C + I + G \tag{7-1}$$

式中 Y—— 国民收入;
C—— 消费;
I—— 投资;
G—— 政府开支。

这个关系式中不涉及国际收支。开放经济的国民收入均衡,可用如下关系式表示:

$$Y = C + I + G + X - M \tag{7-2}$$

式中 X——商品和劳务出口;
M——商品和劳务进口。

这个关系式说明在开放经济中,国际收支与国民收入有着密切的联系,商品和劳务进出口额所占的比重越大,内外经济相互作用的程度就越深。在西方发达国家的经济中,贸易总额常占国民生产总值的较高比重。

国际收支是国际经济社会中一种货币现象,它与一国货币供给有紧密联系。货币供给的变化对国民收入、利息率、投资等都有影响。一般来说,货币供应量 M 增加→利息率 (i) 下降 → 投资(I) 增加 → 国民收(Y) 增加;货币供应量减少 → 利息率上升 → 投资减少 → 国民收减少。

在封闭经济中,货币供给基本上等于本国信贷量 (D)。开放经济中的货币供给包括两部分:国内信贷量和国际货币与国内货币的交换量。后者即为国际储备(U) 与汇率(E) 之积。国际收支差额就意味着国际储备的变化,在汇率不变的条件下,国际储备的变化必然引起货币供给的变化,其关系式可以表示为:

$$M = D + R \cdot E \tag{7-3}$$

上述这些基本的关系式表明了国际收支与宏观经济变量投资、消费、出口,以及货币政策之间的基本关系,是国际收支失衡分析的基础。

2）贸易收支决定模型

贸易收支为出口与进口之差，影响出口的因素包括世界经济活动水平、出口价格水平和出口供给能力；影响进口的因素包括国内经济活动水平、进口价格水平和进口替代能力。因此，当我们在仅考虑汇率变动对出口价格水平和进口价格水平的影响时，从贸易收支的决定模型可知，中国贸易收支在理论上由世界总出口水平、国内产出水平、汇率水平，以及出口供给能力、进口替代能力等决定。即：

$$TB = EX - IM = f(+EXW, -IGDP, +REX, +S, -K) \tag{7-4}$$

式中　EXW—— 世界总出口水平；

$IGDP$—— 本国总需求；

REX—— 人民币兑美元汇率水平；

S—— 本国对出口的供给能力；

K ——本国对进口的替代能力。

中国转型经济时期所取得的一个显著成就是：通过不断实施对外开放政策，外商直接投资持续流入中国，这不但提高了进口替代能力，而且增强了出口供给能力。由于三资企业生产了大量以前需要进口的商品，使中国的进口替代能力大大提高，因此在实际估计工业制成品进口时采用累计直接投资作为反映进口替代能力的解释变量。在此，采用累计外商直接投资，KDI 同时表示出口供给能力 S 和进口替代能力 K，随着外商直接投资的增加，出口供给能力上升，意味着出口增加；进口替代能力也上升，意味着进口减少，因而贸易收支上升。引入累计外商直接投资之后，贸易收支决定模型为：

$$TB = EX - IM = f(+EXW, -IGDP, +REX, +KXDI-1) \tag{7-5}$$

表 7-9 给出了关于中国贸易收支决定模型的计量分析结果，模型采用 1980—2015 年年度的数据，因变量 TB 为贸易收支，自变量包括世界总出口水平 EXW，中国国内生产总值指数 $IGDP$(2000 年 = 100)，累计外商直接投资 $KXDI$，以及人民币兑美元汇率水平。

表 7-9　**贸易收支决定模型**

自变量	因变量：TB			
	模型 1：1980—1994 年	模型 2：1980—2002 年	模型 3：1980—2007 年	模型 4：1980—2015 年
EXW	0.013(3.5)	0.016(3.3)	0.049(7.1)	0.054(8.6)
$IGDP$	−7.45(−4.2)	−4.8(−2.6)	−14.6(−4.6)	−15.3(−5.1)
$KXDI(-1)$①	—	0.220(3.6)	0.368(2.8)	0.346 8(2.7)
REX	79.9(2.9)	—	—	—
常系数	−97.4(−1.9)	−145.6(−2.3)	−468.6(−2.8)	−473.6(−2.8)
调整后 R^2	0.587	0.861	0.912	0.937 8
$D.W.$	1.279	1.369	1.010	1.150

① 括号内数字为 t-统计值。

模型结果显示，中国贸易收支的影响因素在1994年前后发生了显著变化，模型1给出了1980—1994年的实证结果，以世界总出口额表示外部总需求、以国内生产总值指数表示的国内总需求和以人民币兑美元汇率表示的汇率水平对贸易收支产生显著影响。模型2至模型4将实证区间延伸到1994年之后，实证结果显示，由于人民币兑美元汇率自1994年之后长期保持稳定，汇率水平对贸易收支的影响并不显著，但是，随着外商直接投资不断进入中国，以累计外商直接投资表示的出口供给能力和进口替代能力对贸易收支产生了显著影响。

模型2给出了1980—2002年的实证结果。与模型1相比，在加入WTO之前，以世界总出口额表示的外部总需求对贸易收支的影响并未发生显著变化。但是，如果进一步考虑加入WTO之后的近几年时间，在一个更长的样本区间里，外部总需求对贸易收支的影响效果显著上升，从模型3和模型4的实证结果可以看出，贸易收支对世界总出口的反应系数已经从加入WTO之前的0.016上升到0.054。累计外商直接投资对贸易收支的影响也表现如此。随着实证区间的延伸，考虑加入WTO之后的近几年间的模型3和模型4与仅考虑WTO之前的模型相比较，累计外商直接投资对贸易收支的影响效果也显著上升了。

根据模型4的结果，世界总出口水平增长1亿美元，将使贸易收支增加0.054亿美元；而中国的产出水平每增长1个百分点，将使贸易收支下降15.3亿美元。也就是说，实证结果表明，中国贸易收支顺差随着外部总需求的增加而增加，而中国自身的经济增长对其则表现出抑制作用。实证结果还进一步表明，累计外商投资所表现出的三资企业的出口供给能力和进口替代能力不断加强，累计外商直接投资增加1亿美元，贸易收支增加0.346 8亿美元。

2. 国际收支失衡的货币因素分析与度量

2016年6月末，中国国家外汇储备余额为3.205 2万亿美元(见图7-26)，居全球第一，比2015年同期有所下降。巨额外汇储备是中国多年来改革开放和市场经济发展的显著成果，有力地支持和保证了强大的国家信用和经济发展。同时，多年来外汇储备单边增长、无休无止，的确成为中国宏观经济稳定运行的一大隐患，巨额外汇储备又成了中国的软肋，美国动辄就要

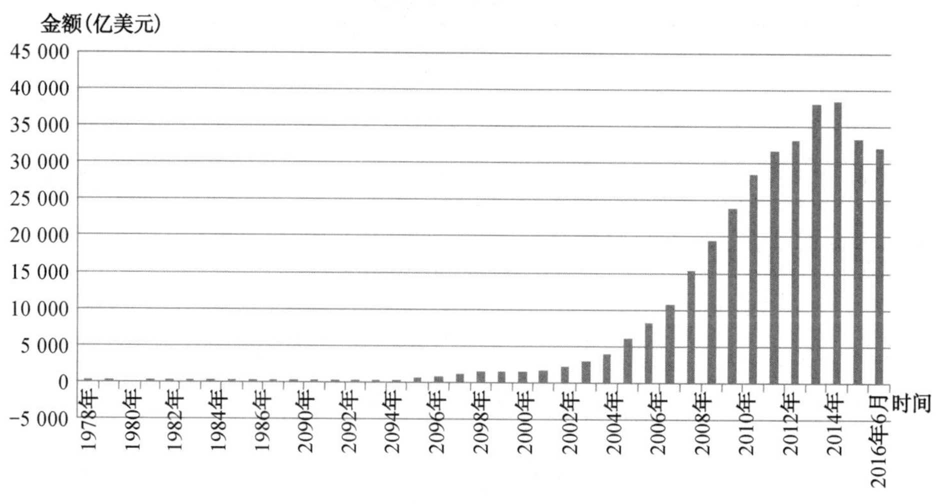

图7-26 中国外汇储备余额变化情况(1978年—2016年6月)

进行货币超发和贬值。西方通过债务和货币贬值来赖债，巨额外汇储备本身就成为烫手的山芋和"核武器"。可喜的是，随着人民币国际化的不断加深，人民币作为结算和交易货币的使用范围越来越广，中国长期以来外汇储备快速上升的势头已经开始扭转，特别是 2015 年 8 月新的汇率改革以后，人民币汇率 1 年来基本呈单向贬值趋势，未来人民币依然存在一定的贬值预期与压力。

多年来中国货币当局不得不持续买入因国际收支顺差带来的外汇资产，这导致与国际储备相对应的货币当局对外净资产快速增加。货币当局的主要资产包括国外净资产 FS、对政府债权 LG、对其他存款性公司债权 LB 和对其他金融性公司债权 $\ln MF$ 等，主要负债包括基础货币 MB、政府存款 DG 和发行债券 DB 等。货币当局的国外净资产 FS 与其他各项资产和负债共同决定了基础货币，而不断增加的国外净资产主要是由持续上升的外汇储备形成的。

中国多年来实行的外汇结售汇制度和近年来的人民币升值预期是中国国际收支顺差持续增长的重要因素，持续的国际收支顺差必然引起基础货币投放的被动增加，货币供应量也必然出现乘数倍增。2016 年 6 月末，中国广义货币供应量 M2 余额为 1 490 491.83 亿元（见图 7-27）。

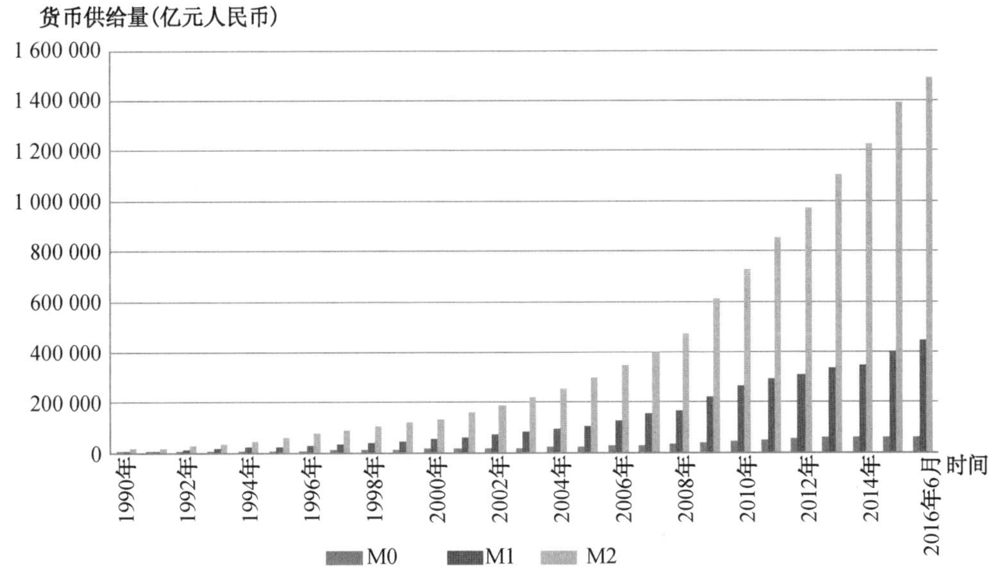

图 7-27 中国货币供给量变化情况（1990 年—2016 年 6 月）

数据来源：中国人民银行。

根据费雪交易方程式：$V = PT$，在一定时期内货币流通速度 V 和社会总交易量 T 稳定的情况下，货币供应量 M 的大幅度增长必然引起物价水平的上涨。2009 年以来，中国货币供给量持续快速增长引起物价水平持续上升，政府的调控政策使得货币供给增速明显下降，物价上涨也得到明显控制。当前中国货币政策调控面临着对内经济转型和稳定经济增长的重任，与对外实现国际收支平衡的艰难抉择。在此，我们从外汇储备与 M0，M1 及 M2 之间关系上分析内外均衡联系与制约情况（见表 7-10）。

表 7-10　**中国货币供应量(1990 年—2016 年 6 月)**

单位:亿元人民币

时间	M0	M1	M2
1990 年	2 644.4	6 950.7	15 293.40
1991 年	3 177.8	8 633.3	19 349.90
1992 年	4 336	11 731.5	25 402.20
1993 年	5 864.7	16 280.4	34 879.80
1994 年	7 288.6	20 540.7	46 923.50
1995 年	7 885.3	23 987.1	60 750.50
1996 年	8 802	28 514.8	76 094.90
1997 年	10 177.6	34 826.3	90 995.30
1998 年	11 204.2	38 953.7	104 498.50
1999 年	13 455.5	45 837.3	119 897.90
2000 年	14 652.65	53 147.15	134 610.26
2001 年	15 688.8	59 871.59	158 301.92
2002 年	17 278.03	70 881.79	185 006.97
2003 年	19 745.99	84 118.57	221 222.82
2004 年	21 468.3	95 970.82	253 207.70
2005 年	24 031.67	107 278.76	298 755.67
2006 年	27 072.62	126 035.13	345 603.59
2007 年	30 334.32	152 519.17	403 401.30
2008 年	34 218.96	166 217.13	475 166.60
2009 年	38 246.97	221 445.81	610 224.52
2010 年	44 628.17	266 621.54	725 851.79
2011 年	50 748.50	289 847.73	851 590.94
2012 年	54 659.77	308 664.23	974 148.8
2013 年	58 574.44	337 291.05	1 106 524.98
2014 年	60 259.53	348 056.41	1 228 374.81
2015 年	63 216.58	400 953.44	1 392 278.11
2016 年 6 月	62 818.89	443 643.70	1 490 491.83

数据来源:中国人民银行。

在此,把外汇储备(*RE*)与 M0、M1 及 M2 等数据作图,结果发现其大致成正相关,然而增长率即斜率是不同的(见图 7-28)。

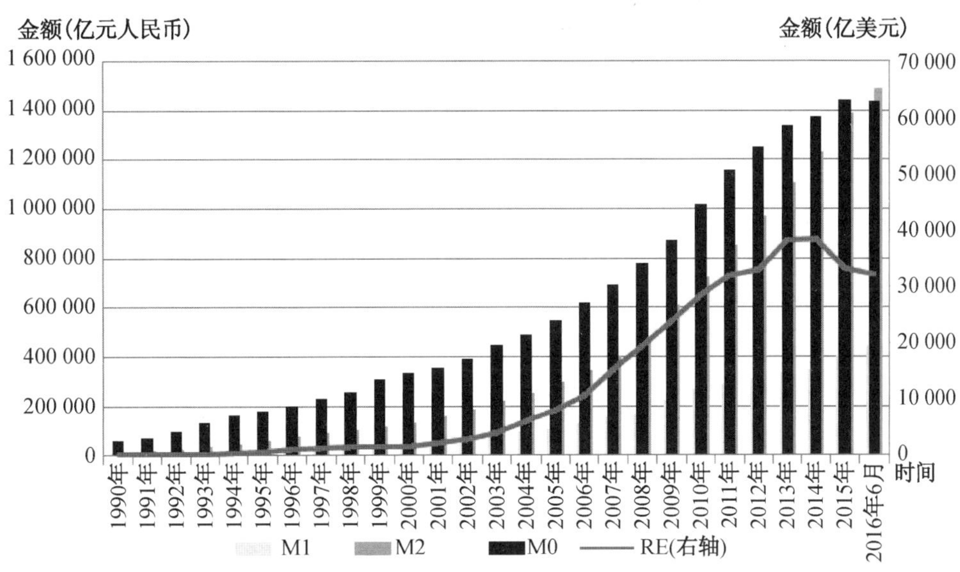

图 7-28　中国外汇储备与 M0、M1 及 M2 关系图(1990 年—2016 年 6 月)

对 *RE* 和 *M*0、*M*1、*M*2 进行相关性检验得出下列结论(见表 7-11)。

表 7-11　**RE 和 M0/M1/M2 相关性检验**

		RE	*M*0	*M*1	*M*2
RE	*Pearson* 相关性	1	.975** ①	.993**	.994**
	显著性(双侧)		.000	.000	.000
	N	23	23	23	23
M0	*Pearson* 相关性	.974**	1	.995**	.994**
	显著性(双侧)	.000		.000	.000
	N	23	23	23	23
M1	*Pearson* 相关性	.990**	.994**	1	.998**
	显著性(双侧)	.000	.000		.000
	N	23	23	23	23
M2	*Pearson* 相关性	.992**	.993**	.999**	1
	显著性(双侧)	.000	.000	.000	
	N	23	23	23	23

检验表明，*RE* 和 *M*0、*M*1、*M*2 各个数据之间均存在较强的相关性，接下来我们对外汇储备与各因素之间的关系进行进一步探讨。取对数并检验其平稳性(见表 7-12)。

① ＊＊表示在.01 水平(双侧)上显著相关。

表 7-12　外汇储备额与货币供给平稳性检验

变量	检验方法	*t-Statistic*	*Prob*	平稳度
ln *M*0	Augmented Dickey-Fuller test statistic	−3.456 739	0.818 9	平稳＊＊＊
ln *M*1	Augmented Dickey-Fuller test statistic	−3.135 643	0.867 3	平稳＊＊＊
ln *M*2	Augmented Dickey-Fuller test statistic	−2.445 317	0.783 9	平稳＊＊＊

注：平稳＊＊＊表示在 1% level 上可信。

可以看出，以上数据都是一阶平稳的，先来对 ln M0，ln M1，ln M2 和 ln *RE* 进行估计并分析其关系，可得结果：

$$\begin{gathered}\ln M0 = 0.304\,006 \ln RE - 0.195\,897 \ln RE(-1) + 0.336\,872 \ln RE(-2) + 6.156\,527\, C \\ (3.805\,368) \quad (-1.785\,786) \quad (4.506\,784\,4) \quad (70.126\,4) \\ (0.881\,241) \quad (0.709\,876) \quad (0.778\,742) \quad (0.792\,305)\end{gathered} \tag{7-6}$$

R-squared = 0.992 679

Durbin-Watson stat = 1.169 741

$$\begin{gathered}\ln M1 = 0.379\,437 \ln RE - 0.148\,994 \ln RE(-1) + 0.368\,967 \ln RE(-2) + 6.463\,567\, C \\ (3.807\,564) \quad (-1.099\,789) \quad (4.008\,763) \quad (57.937\,46) \\ (0.099\,845) \quad (0.137\,439) \quad (0.093\,719) \quad (0.112\,937)\end{gathered} \tag{7-7}$$

R-squared = 0.995 321

Durbin-Watson stat = 1.949 677

$$\begin{gathered}\ln M2 = 0.412\,357 \ln RE - 0.098\,438 \ln RE(-1) + 0.324\,867 \ln RE(-2) + 7.052\,346\, C \\ 4.219\,987 \quad -0.725\,364 \quad 3.5845\,71 \quad 64.256\,9 \\ 0.098\,937 \quad 0.135\,631 \quad 0.093\,14 \quad 0.112\,243\end{gathered} \tag{7-8}$$

R-squared = 0.995 127

Durbin-Watson stat = 1.828 125

对比上述三个关系式，可以认为外汇储备变动对于货币投放有着明显的影响，然而影响程度却不同，当期 M2 对于当期外汇储备最为敏感，M1 和 M0 影响则会依次递减。虽然目前来看，外汇占款进入流通领域是不完全的，然而，它的影响却是长期存在的，中国人民银行近年来多次频繁调整存款准备金利率，到 2011 年 6 月 20 日已经调整到 21.50%，其中一个重要目的就是为了冲销外汇占款问题。2014 年以来，中国人民银行又多次降低存款准备金率，外汇占款下降也是其中原因之一。

2015 年 8 月汇率改革以来，随着人民币中间价格机制的逐步形成，人民币汇率的市场化程度有所提高，但伴随着中国经济增速的放缓和人民币贬值压力的增大，一方面外汇储备和外汇占款减少，另一方面货币供给量依然平稳增长，其结果是这两种的平稳性关系依然得到保持。

3. 国际收支失衡的对外净资产风险度量

对外净资产（Net Foreign Asset，NFA）是一国国际投资头寸表中对外资产与对外负债之差，也称净头寸。中国在 1992—2002 年的对外净资产连续 11 年为负，为对外净债务国。自

2003年起，中国的对外净资产开始为正，成为对外净债权国。中国对外净资产为正，主要是高比例的储备资产，以及1998年开始为正的债务型净资产，2004年以来呈较快上升的趋势，主要是中国持有外国中长期债券的上升。2004—2013年，中国对外净资产从2 764亿美元增长至19 716亿美元，年均增速为27%。其中，2004—2007年年均增速高达63%。2014年年末，中国对外金融资产为664 087亿美元，对外负债46 323亿美元，分别较2013年年末增长7%和16%，对外金融开放度(即对外金融资产与负债之和/国内生产总值)为107%，较2013年上升1.5个百分点；对外净资产为17 764亿美元，较2013年年末减少2 196亿美元，与国内生产总值之比为17%，较2013年下降3.9个百分点。

2015年年末，中国对外金融资产62 189亿美元，对外负债46 225亿美元，分别较2014年年末减少3%和4%；对外净资产为15 965亿美元，较2014年年末略减63亿美元(见图7-29)，其中，由交易引起的净资产增加1 427亿美元(记录在国际收支平衡表中)，由汇率和价值重估等非交易因素引起的净资产减少1 490亿美元。

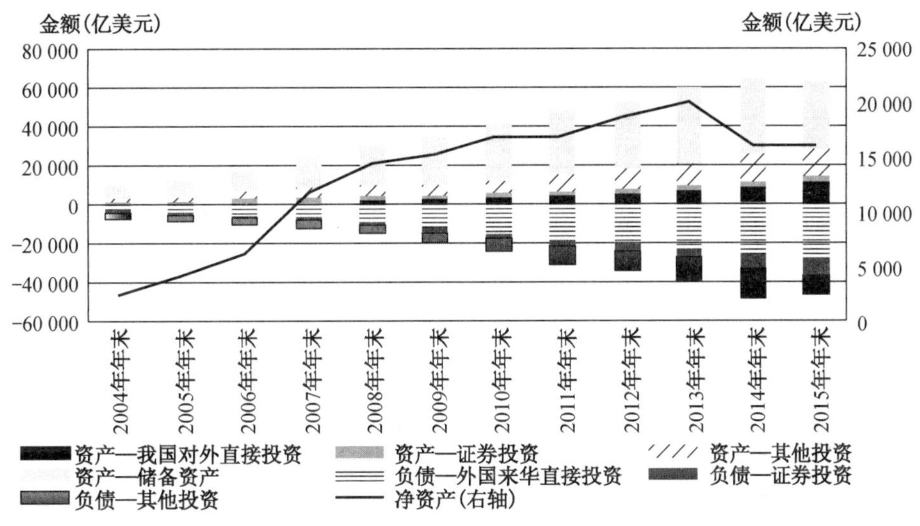

图7-29 中国对外金融资产、负债及净资产状况(2004—2015年)

数据来源：中国国家外汇管理局。

2015年年末，中国全口径外债余额为14 162亿美元，从期限结构看，中长期外债余额为4 956亿美元，占35%；短期外债余额为9 206亿美元，占65%。从机构部门看，广义政府债务余额为1 114亿美元，占8%；中央银行债务余额为430亿美元，占3%；其他接受存款公司(银行)债务余额为6 120亿美元，占43%；其他部门债务余额为4 272亿美元，占30%；直接投资：公司间贷款债务余额为2 226亿美元，占16%。从债务工具看，贷款余额为3 216亿美元，占23%；贸易信贷与预付款余额为2 721亿美元，占19%；货币与存款余额为3 315亿美元，占23%；债务证券余额为2 332亿美元，占16%；特别提款权(SDR)分配额为97亿美元，占1%；直接投资：公司间贷款余额为2 226亿美元，占16%；其他债务负债余额为255亿美元，占2%。从币种结构看，本币(人民币)外债余额为6 567亿美元，占46%；外币外债余额(含SDR分配额)为7 595亿美元，占54%。在外币登记外债余额中，美元债务占80%，欧元债务占7%，日元债务占4%，SDR和港币等其他外币债务合计占比9%。

2015年，中国外债负债率(即外债余额与当年国内生产总值之比)为13.03%，债务率(即外债余额与当年国际收支统计口径的货物与服务贸易出口收入之比)为58%，偿债率(即中长期外债还本付息与短期外债付息额之和与当年国际收支统计口径的货物与服务贸易出口收入之比)为5.01%，短期外债与外汇储备的比例为27.64%，以上外债风险指标均在国际公认的安全线3以内。

对外金融资产主要集中在货币当局，以外汇储备为主。高额的储备资产主要来源于经常项目和资本项目“双顺差”的多年累积。保持充足的外汇储备对确保国际清偿能力，维护国家经济金融安全具有重大意义。此外，其他形式的外汇资金运用占比较低，这也显示出中国扩大对外投资渠道尚有较大潜力。数据还显示，到2015年年底，中国持有国外证券投资比例持续增大，其中持有美国国债1.246万亿美元，仍为美国国债第一大债权国(见表7-13)。

随着中国外汇储备的日渐增加，外汇储备的保值与增值压力日益增大，因而造成国家对外投资冲动加大，这往往会造成风险的过多积累。在缺乏更好的投资手段时，对外投资的结果表现为对外净资产的增加，其中以对美国国债的购买最为明显。

表7-13 中国外汇储备与中国持有美国国债数量

单位:亿美元

年　份	外汇储备	持有美国国债
2000	1 655.74	603
2001	2 121.65	786
2002	2 864.07	1 184
2003	4 032.51	1 590
2004	6 099.32	2 229
2005	8 188.72	3 100
2006	10 663.40	3 969
2007	15 282.49	4 776
2008	19 460.3	7 274
2009	23 991.52	8 948
2010	28 473.3	11 601
2011	31 811.48	11 519
2012	33 115.89	12 028
2013	38 213.15	12 670
2014	38 430.18	12 443
2015	33 303.62	12 460

资料来源:中国国家外汇管理局，美国财政部。

从表7-13可以看出，外汇储备的增长伴随着美国国债持有数的增加。这说明，在中国外汇储备投资的选择中，美国国债一直是外汇储备投资的重要选择，虽然随着外汇储备规模的不断增加，中国购买美国国债的数量也不断增加，但美国国债占中国外汇储备的比例基本保持稳定,2000—2014年,中国持有美国国债占外汇储备的比重最高为2002年的41%,最低为2007年的31%,大部分年份为35%~38%,最高持有美国国债占外汇储备的年平均比重为37%。截至2015年12月,中国持有美国国债1.246万亿美元,持有余额较前略有上升,但由于2015年中国外汇储备下降,使持有美国国债占中国外汇储备的比例上升到37.41%(见图7-30)。

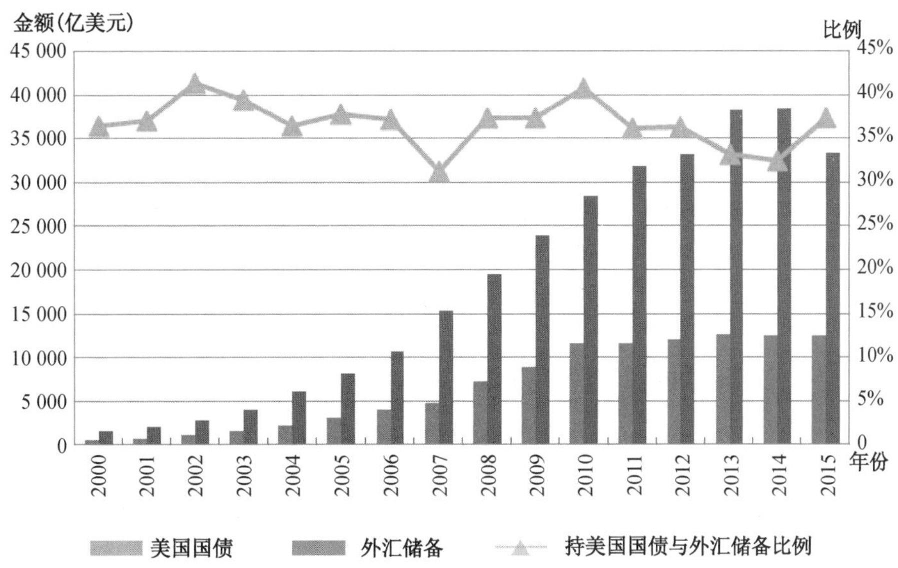

图7-30 中国持有美国国债与外汇储备对比(2000—2015年)

资料来源:中国国家外汇管理局,美国财政部。

对上述数据变量进行Pairwise Granger Causality Tests,如下所示。

Pairwise Granger Causality Tests
Date: 07/16/15 Time: 15:53
Sample: 2000 2015
Lags: 2

Null Hypothesis:	Obs	F-Statistic	Probability
RE does not Granger Cause AD	11	10.022 7	0.012 34
AD does not Granger Cause RE		0.348 29	0.719 52

可以看出,在alpha=0.05的显著性水平下,外汇储备是持有美国国债的格兰杰原因,由此证实了外汇储备的增加是购买美国国债的推动力,然后进行回归找出它们之间的关系。

$$ATS = 0.152\,283RE + 0.581\,692RE(-1) - 0.229\,79RE(-2) - 0.398\,229RE(-3) + 11.222\,95\,C \qquad (7\text{-}9)$$

$$R\text{-}squared = 0.990\,558$$

$$Durbin\text{-}Watson\ stat = 2.033\,856$$

美国国债数量与上期外汇储备成正相关关系,上期外汇储备增加将导致购买更多国债。但2015年外汇储备下降并未构成持有美国国债明显变化,这可能与目前还没有其他比美国国债更加稳定的投资与保值产品有关。

热钱流入与流出是中国外汇收支失衡的另一影响因素,热钱流入对外汇储备积累和经济增长有增加作用，而热钱流出则有减少作用。热钱由贸易顺差、直投净流入、境外投资收益、境外上市融资和外汇储备增量计算得出。2001—2013年，中国热钱流动占外汇储备增加额和占GDP增加额的年平均比重分别为－27.39%和－8.11%。2012年，热钱净流出占外汇储备增加额的比重高达－134.88%，占GDP增加额的比重也达到－19.44%，是较长时期以来少有的异常水平。热钱流出对外汇储备和经济增长的抵减作用增强，反映出民间或企业及个人对外汇持有的偏好不断增强，进而形成外汇资金从更多由官方海外持有向更多由非官方海外持有变化的格局。2015年中国跨境资本流动呈现年度大量流出的状况，与人民币汇率改革与人民币贬值预期密切相关，2016年上半年这一态势有所缓和，但人民币贬值预期与资本流出压力依然存在。

另外，2015年11月30日，国际货币基金组织决定将人民币纳入SDR货币篮子。SDR货币篮子相应扩大至美元、欧元、人民币、日元和英镑这5种货币，人民币在SDR货币篮子中的权重为10.92%，美元、欧元、日元和英镑的权重分别为41.73%，30.93%，8.33%和8.09%，新的SDR篮子将于2016年10月1日生效。人民币加入SDR，有助于增强SDR的代表性和吸引力，完善现行国际货币体系，增强国际货币和金融体系的活力，从而更好地支持中国和全球经济的发展和稳定，对中国和世界是双赢的结果。

（二）风险预测

国际收支风险是在国际收支状况可能恶化的情况下出现的风险，其包括国际收支自身存在的风险和可能对宏观经济运行产生的不利影响，以及宏观经济失衡本身对国际收支失衡的反作用。国际收支风险具有客观性，其伴随着国际经济活动和国际贸易与资本流动而产生，是一种常态状况。国际收支风险具有扩散性，其不是某种孤立的系统内风险，可以通过某些传导机制进行扩散。国际收支风险具有可识性，其可以通过一些国际经济金融指标被认知。尽管在实践中准确预测国际收支风险存在较大难度，但国际收支风险在一定程度上是可预测的。

基于上述中国国际收支结构分析和数量分析，我们在发掘和论证检验中国国际收支失衡各个变量之间的相互关系和相互影响的作用机理下，来设计国际收支风险监测与预警指标，建立中国国际收支风险指数，对中国面临的国际收支风险进行预测。

1. 国际收支失衡风险指标的筛选

根据相关的风险监测和预警理论，国际收支风险预测最基本的要素是确定相关的国际收支风险指标，通过观测这些指标对国际收支出现的异常变动进行分析和监测，进而预测可能发生的国际收支风险及其对宏观经济运行产生的不确定性。然而，影响国际经济金融稳定的因素十分复杂，而且各种因素的相对重要性及相互作用也因一国的发展水平、开放程度、经济周期、经济结构以及政府干预程度的不同而大相径庭。

在借鉴和吸收相关风险监测和预警系统的研究成果之上，我们基于对中国国际收支失衡风险的传导机制进行的理论和实证研究，制定了7项国际收支风险指标。其中，反映国际收支自身风险的4项指标为出口增长率、FDI增长率、贸易收支/GDP和(FDI＋经常收支)/GDP，反映国际收支对宏观经济不利影响的3项指标为对外开放度、国际储备变动/GDP和国际储备变动/基础货币变动。

2. 国际收支失衡风险度量指数

国际收支风险指标体系确定后，要进一步对每一个指标确定不同风险状态的临界值。确定国际收支风险指标临界值较为困难，国际上有公认标准的，临界值的确定将根据国际标准来确定，没有国际标准的，将根据中国经济不同发展阶段的特征，结合国际收支运行的特点，计算出该指标的最高值、最低值和平均值，并确定上下浮动比例，或者采用自回归移动平均ARMA模型，利用时间序列过去值的加权求和来建立一个平稳的时间序列模型，以确定单个指标的临界值(见表7-14)。在此根据风险指标所处安全状态的不同给出具体得分。处于安全状态的得0分；处于关注状态的得1分；处于风险状态的得2分；处于预警状态的得3分。然后，将各风险指标得分进行加总，得到国际收支风险指标体系的综合得分。

表7-14　**国际收支风险指标及其临界值**

风险指标	风险状态			
	安全	关注	风险	预警
出口增长率	5%～10%	−5%～5%，10%～20%	−15%～−5%，20%～30%	−15%以下，30%以上
FDI 增长率	5%～10%	−5%～5%，10%～20%	−15%～−5%，20%～30%	−15%以下，30%以上
贸易收支/*GDP*	−2%～+3%	−3%～−2%，3%～6%	−5%～−3%，6%～8%	−5%以下，8%以上
(*FDI*+经常收支)/*GDP*	0～+5%	−2%～0%，5%～8%	−3%～−2%，8%～10%	−3%以下，10%以上
对外开放度	30%以下	30%～50%	50%～70%	70%以上
国际储备变动/*GDP*	−1%～+3%	−2%～−1%，3%～6%	−3%～−2%，6%～9%	−3%以下，9%以上
国际储备变动/基础货币变动	25%以下	25%～40%	40%～60%	60%以上

基于国际收支风险指标体系的综合得分，在此对国际收支风险指数进行分级。国际收支风险共分5个等级：安全、较安全、一般、较危险和危险。其相关的国际收支风险指数为1～5，而所对应的综合得分区间根据表7-15给出。国际收支风险指数从低到高，意味着国际收支风险不断加大。

表7-15　**国际收支风险指数分级**

风险等级	风险指数	综合得分	含　义
安　全	1	0～4	收支适度
较安全	2	5～8	收支相对适度，不会有大的风险
一　般	3	9～12	收支有一定风险，出现各种对宏观经济不利的影响
较危险	4	13～16	须立即重视收支风险的存在，施行各种措施进行调节
危　险	5	17～21	收支风险极大，须采取紧急措施纠正

3. 2016年中国国际收支风险指数预测

2016年，中国经济仍将在转型发展中艰难前行，国际收支将继续呈现“经常账户顺差、资本和金融账户逆差”的格局。经常账户将保持一定规模的顺差。第一，货物贸易将维持顺差。从出口看，全球经济延续缓慢复苏态势，有助于稳定中国的外需，人民币汇率的贬值也将在一定程度上改善出口状况。从进口方面看，由于美元总体强势和全球市场需求不振，国际大宗商品价格仍会在低位徘徊震荡，使 2016 年进口价格反弹区间有限；同时，中国新型经济业态的变化导致内需还会保持相对稳定，人民币汇率贬值预期和压力使进口变化幅度有限，进口规模仍会低于出口。第二，服务贸易等项目将持续呈现逆差状况。中国居民境外旅游、留学等消费需求仍会较高，旅行项目依旧是最主要的逆差来源。2016 年，经常账户将在货物贸易主导下持续顺差，与 GDP 之比仍会处于国际公认的合理区间。

2016 年中国国际收支资本和金融账户将继续呈现逆差，跨境资本流动有望总体趋稳。一方面，中国国内外宏观经济金融环境更加复杂。另一方面，支撑中国国际收支平稳运行的因素依然较多。2016 年中国经济增长目标仍将保持较高速增长，但相比以往经济增速仍在下滑。外汇储备在 2014 年流失较大，但仍较充裕。在此国际国内背景下，我们对 2016 年各项国际收支风险指标进行预测，给出了 2016 年各项国际收支风险指标的预测区间。

2016 年中国经济整体仍将继续保持较高增长态势，经济增长目标为 6.5%～7%，居民消费价格指数（CPI）涨幅大约在 3%以内。2016 年，中国中央银行将继续实施稳健的货币政策，全年 M2 增速将保持在 12%左右。根据可获得的信息和数据，我们预测 2016 年中国出口增长率在 2%～5%，FDI 增长率在 2.5%～5%。近年来全球大宗商品出现了供过于求，大宗商品价格特别是石油价格不断走低，2016 年中国贸易收支/GDP 将保持相对平稳，预计将保持在 2.5%～4.5%。由于外商直接投资稳步增长，经常收支也因贸易收支等有所回升，（FDI＋经常收支）/GDP 将相对平稳，2016 年这一指标为 3%～6%。2016 年中国对外开放度[（出口＋进口）/GDP]为 45%～56%。另外，大宗商品和资源品价格的走低导致经常收支小幅下降，FDI 和对外投资增加导致资本收支下降，中国国际储备增速将存在很大不确定性，2016 年中国国际储备变动/GDP 基本维持在 2%～3.5%；中国国际储备变动/基础货币变动也将回落到 28%～36%（见表 7-16）。

表 7-16 **2016 年国际收支风险指标预测区间及其风险状态**

风险指标	预测区间	风险状态	各项得分
出口增长率	2%～5%	关注	1 分
FDI 增长率	2.5%～5%	关注	1 分
贸易收支/*GDP*	3%～4.5%	关注	1 分
（*FDI*＋经常收支）/*GDP*	3%～6%	关注	1 分
对外开放度	45%～56%	关注	1 分
国际储备变动/*GDP*	2%～3.5%	关注	1 分
国际储备变动/基础货币变动	28%～36%	关注	1 分

根据上述预测结果，我们可以判断各项国际收支风险指标所处的风险状态及其相应得分。出口增长率于 2016 年所处的风险状态为“关注”，得 1 分；FDI 增长率于 2016 年所处的风险状态为“关注”，得 1 分；贸易收支/GDP 于 2016 年所处的风险状态为“关注”，得 1 分；（FDI＋经常收支）/GDP 于 2016 年所处的风险状态为“关注”，得 1 分；对外开放度于 2016 年所处的风险状态为“关注”，得 1 分；国际储备变动/GDP 于 2016 年所处的风险状态为 “关注”区间，得 1 分；国际储备变动/基础货币变动 2016 年所处的风险状态为“关注”，得 1 分。

将上述 7 项国际收支风险指标得分进行加总，并按照表 7-14 给出的国际收支风险分级标准，我们得到2016年中国国际收支风险体系的综合得分区间为7分，与此相对应的国际收支风险指数等级为较安全。根据我们对风险程度的定义，较安全是指“收支相对适度，不会有大的风险”，这就意味着中国国际收支在2016年虽然相对安全，不会存在较大的风险，但遭遇风险的可能性比以往加大。由于当前国内经济仍处于经济转型和结构调整的攻坚阶段，面临的国内国际各种矛盾和问题依然尖锐复杂，中国国际收支依然面临着比以往任何一年更为艰巨的挑战，但总体风险依然可控。

四、风险管理

（一）中国国际收支管理形势展望

2016年，世界经济总体上依然存在许多变数和不确定性，经济走势在震荡中寻求复苏，各经济体之间的博弈与国际竞争愈加激烈。中国经济依旧在艰难中进行结构调整和战略转型，三期叠加的转型已经转变为新常态，但转型的艰难和缓慢也成为一种新常态，去库存、去产能和去杠杆的压力依然严重和紧迫。

从全球来看，世界经济持续低速增长，风险因素有所增多，形势更加错综复杂。世界经济仍处于国际金融危机后的深度调整期，增长动力有限，各国差异明显。美国结束量化宽松后的加息进程已经于2015年年底开始，2016年的加息动作一直剑悬屋顶，国际市场大宗商品价格自2016年年初探底回升后上升动能依然乏力，地缘政治动荡和地区冲突加剧，以及恐怖主义给世界经济增加了新的风险。首先，主要经济体走势分化。美国经济修复增长一枝独秀，内生动力逐步恢复，劳动力市场、金融市场持续向好，经济进入稳步增长轨道。欧元区受到了新的挑战，英国脱欧事件给英国和欧洲带来影响依然扑朔迷离，债务危机和难民危机依然紧紧困扰着欧洲地区。其次，美元升值扰动国际金融市场资本流动和价格波动。随着美国彻底退出量化宽松货币政策，资本回流美国市场已经愈加明显，美元持续升值，美元资产的相对收益率大幅提高，导致全球金融市场风险溢价上升。人民币汇率受美国加息和美元升值影响，自2015年下半年以来一直处于贬值下行轨道。最后，大宗商品价格下跌将进一步延缓全球经济复苏的步伐。石油和黄金价格在2015年下半年和2016年年初以来的大幅下跌，引发了新一轮其他大宗商品价格的大幅波动和下跌，虽然大宗商品价格在2016年年中有所回升，但后续上升依旧乏力。

从中国国内看，中国经济长期向好的基本面虽然没有发生根本改变，但经济改革和转型的压力和困难不但没有减少反而有所增加。总的来看，2016年中国经济形势突出体现在以下几个方面：①外部需求仍不稳固，导致进出口贸易不稳定，国内难以通过外部经济有效带动。世界经济的缓慢复苏为中国提供了一定的外部需求。但就中国国内来说，多年来累计形成的粗放型发展为中国经济结构转型制造了诸多困境和难题。②国内需求很不平衡，工业产能过剩矛盾突出，企业融资难问题加剧，企业债务高企不下，特别是地方债务依然难以化解，一线城市的房地产泡沫给经济添加更多的不确定性和风险。③金融市场急剧动荡，股票市场大起大落，债务违约频频发生，银行不良资产大幅上升，互联网金融“跑跑”事件此起彼伏，人民币汇率贬值和下行压力驱使资本流出加剧，造成外汇储备较大幅度下降。为此，中央经济工作会议提出的2016年经济社会发展主要是抓好“去产能、去库存、去杠杆、降成本、补短板”五大任务。

（二）结论及政策建议

2016年，中国国际收支将继续呈现“经常账户顺差、资本和金融账户逆差”的格局。经常账户将保持一定规模顺差，预计出口仍将大于进口，货物贸易仍将保持较大比例顺差，但服务贸易将继续维持多年来的逆差局面，而且存在服务贸易逆差继续扩大的可能性。随着人民币汇率形成机制的改革和人民币贬值预期的持续递延，资本项目热钱流动将继续活跃，中国企业海外投资活动的加大将更进一步加剧资本的跨境流动，预计 2016 年中国国际收支资本和金融项目资金波幅将加大，逆差将进一步扩大。外汇管理部门将主动适应国际收支形势的新常态，以促进国际收支平衡为目标，以防范跨境资本冲击为前提，继续促进贸易投资便利化，积极推动外汇市场发展，稳步推进人民币资本项目可兑换等关键改革，加快构建宏观审慎管理框架下的外债和资本流动管理体系，完善外汇储备经营管理。在此背景下，促进国际收支基本平衡、防范跨境资本冲击风险仍是未来的主要政策方向。

(1) 从国际视野来看，观察当前和今后世界经济形势，必须联系国际金融危机的大背景。国际金融危机影响具有长期性，2008 年金融危机留下的后遗症到今天为止依然存在和影响着国内外经济，特别是中国 4 万亿投资留下的毒瘤依然严重影响着中国经济改革与转型。要转变经济发展方式，调整经济结构，努力创造和维护政治关系友好、经贸规则有利、发展空间广阔的良好环境。

(2) 从中国国内宏观经济全局来看，坚持稳中求进、改革创新，必须继续实施积极的财政政策和稳健的货币政策，努力做好“三去一降一补”，认真做好创新驱动和转型发展。要保持货币信贷及社会融资规模合理增长，改善和优化融资结构和信贷结构，提高直接融资比重，推进利率市场化和人民币汇率形成机制改革，积极努力采取多种方式和途径，努力化解各种金融风险，特别是商业银行的不良资产和地方债务，增强金融运行效率和服务实体经济能力。

(3) 从中国国际收支风险管理层面来看，要根据国内外金融市场的最新发展和变化，动态实时地采取应变措施，根据经常项目和资本与金融项目的不同情况采取更加灵活有效的措施和手段努力保持国际收支平衡。建立健全可持续的国际收支平衡机制，着力推动外汇管理改革创新，继续简政放权，促进贸易投资便利化，发挥市场在外汇资源配置中的决定性作用，把稳定出口和扩大进口结合起来，推动对外贸易平衡发展。

(4) 从国际收支运行微观监管来看，探索建立宏观审慎管理框架下的外债和资本流动管理体系，防范跨境资金双向流动风险，进一步增强外汇管理服务实体经济和防范金融风险的能力。在人民币汇率贬值预期和压力加大的背景下，要密切注视和监管短期跨境资本流动，不断完善跨境资金流动监管体系，充实和完善政策预案，抑制投机性热钱频繁并过度流入和流出，防范跨境资本双向流动冲击，减少对中国经济的冲击和影响，在新常态发展背景下做好中国国际收支平衡，努力防范和化解国际收支失衡风险。

经济全球化和一体化加速深化和发展的同时，去全球化和去一体化等各种形态的保护主义和孤立主义倾向开始复苏和抬头，在未来很长时期内，这两种势力将会在不同的时空和时点碰撞和交错，全球经济的剧烈动荡起伏将是不可避免的，2016 年 6 月 23 日上演的英国脱欧事件对国际金融市场的剧烈扰动就是一个很好的脚本。中国经济保持增长的动力依然存在，但增长速度相对稳步趋缓是不可改变的长期趋势，中国国际收支将继续保持经常项目顺差和资本与金融项目逆差格局，并且存在个别年份出现双逆差的可能性。国际经济运行中的各种风险和不确定性将会明显增加，国内经济也将面临挑战，更加复杂多变，中国国际收支形势的复杂性也将会增加，未来几年随着人民币跨境贸易结算、双边直接兑换、汇率市场化的日益加快，中国国际收支的结构性风险将会更加凸显，但中国国际收支整体风险则因这些改革措施和政策的有效实施反而会逐步有所降低和减弱，中国国际收支失衡等风险将会得到根本改善。

附表 1

中国国际收支年度平衡表(1982—1997年)

单位:亿美元

项目＼年份	1982	1983	1984	1985	1986	1987	1988	1989	1990	1991	1992	1993	1994	1995	1996	1997
一、经常账户差额	57	42	20	−114	−70	3	−38	−43	120	133	64	−119	77	16	72	370
贷方	254	254	293	301	312	405	479	502	608	705	856	922	1 264	1 543	1 814	2 184
借方	197	211	273	415	382	402	518	545	488	572	792	1 041	1 188	1 526	1 741	1 815
A. 货物和服务差额	48	26	1	−125	−74	3	−41	−49	107	116	50	−118	74	120	176	428
贷方	237	233	268	283	298	392	459	478	574	659	788	866	1 189	1 472	1 717	2 072
借方	189	207	267	408	372	389	500	528	467	543	738	983	1 116	1 353	1 541	1 644
a. 货物差额	42	20	0	−131	−91	−17	−53	−56	92	87	52	−107	73	181	195	462
贷方	211	207	239	251	258	347	411	432	515	589	696	757	1 026	1 281	1 511	1 827
借方	169	187	239	382	349	364	464	488	424	502	644	863	953	1 101	1 315	1 364
b. 服务差额	6	6	0	6	18	20	13	7	15	29	−2	−11	1	−61	−20	−34
贷方	26	26	29	31	40	44	49	46	59	70	92	109	164	191	206	246
借方	20	20	29	25	23	25	36	39	44	41	94	120	163	252	226	280
B. 收益差额	4	12	15	8	0	−2	−2	2	11	8	2	−13	−10	−118	−124	−110
贷方	10	15	19	14	9	10	15	19	30	37	56	44	57	52	73	57
借方	6	3	4	5	9	12	16	17	20	29	53	57	68	170	198	167
C. 经常转移差额	5	5	4	2	4	2	4	4	3	8	12	12	13	14	21	51
贷方	7	6	6	4	5	4	6	5	4	9	12	13	18	18	24	55
借方	2	1	2	2	1	2	1	1	1	1	1	1	4	4	2	3
二、资本和金融账户差额	−17	−14	−38	85	65	27	53	64	−28	46	−3	235	326	387	400	210

（续表）

项目 \ 年份	1982	1983	1984	1985	1986	1987	1988	1989	1990	1991	1992	1993	1994	1995	1996	1997
贷方	36	30	45	212	213	192	203	212	204	203	302	508	618	677	710	926
借方	53	44	83	127	148	164	150	148	232	157	305	274	291	290	310	716
A. 资本账户差额	0	0	0	0	0	0	0	0	0	0	0	0	0	0	0	0
贷方	0	0	0	0	0	0	0	0	0	0	0	0	0	0	0	0
借方	0	0	0	0	0	0	0	0	0	0	0	0	0	0	0	0
B. 金融账户差额	−17	−14	−38	85	65	27	53	64	−28	46	−3	235	326	387	400	210
贷方	36	30	45	212	213	192	203	212	204	203	302	508	618	677	710	926
借方	53	44	83	127	148	164	150	148	232	157	305	274	291	290	310	716
1. 直接投资差额	4	8	13	13	18	17	23	26	27	35	72	231	318	338	381	417
贷方	4	9	14	20	22	23	32	34	35	44	112	275	338	377	424	454
借方	0	1	1	6	5	6	9	8	8	9	40	44	20	39	43	38
1.1 中国在外直接投资差额	0	−1	−1	−6	−5	−6	−9	−8	−8	−9	−40	−44	−20	−20	−21	−26
贷方	0	0	0	0	0	0	0	0	0	0	0	0	0	0	0	2
借方	0	1	1	6	5	6	9	8	8	9	40	44	20	20	21	27
1.2 外国在华直接投资差额	4	9	14	20	22	23	32	34	35	44	112	275	338	358	402	442
贷方	4	9	14	20	22	23	32	34	35	44	112	275	338	377	424	453
借方	0	0	0	0	0	0	0	0	0	0	0	0	0	19	22	10
2. 证券投资差额	0	−6	−16	30	16	11	9	−2	−2	2	−1	31	35	8	17	69
贷方	0	2	9	30	16	12	12	1	0	6	9	50	45	18	34	92

（续表）

项目＼年份	1982	1983	1984	1985	1986	1987	1988	1989	1990	1991	1992	1993	1994	1995	1996	1997
借方	0	8	26	0	0	1	3	3	2	3	9	20	10	10	16	23
3. 其他投资差额	−21	−16	−34	41	32	0	20	40	−52	9	−74	−27	−27	40	2	−276
贷方	31	20	22	162	175	157	159	177	169	154	182	183	235	282	253	380
借方	52	35	56	120	143	157	138	137	221	145	256	210	262	241	251	655
三、储备资产变动额	−42	−27	5	54	17	−17	−5	−22	−61	−111	21	−18	−305	−225	−317	−357
贷方	1	0	7	56	19	0	1	1	0	0	24	1	0	0	0	0
借方	43	27	2	2	1	17	5	23	61	111	3	18	305	225	317	357
四、净误差与遗漏	3	−2	12	−25	−12	−14	−10	1	−31	−68	−83	−98	−98	−178	−155	−223
贷方	3	0	12	0	0	0	0	1	0	0	0	0	0	0	0	0
借方	0	2	0	25	12	14	10	0	31	68	83	98	98	178	155	223

附表 2

中国国际收支年度平衡表(1998—2015 年)[①]

单位:亿美元

项目＼年份	1998	1999	2000	2001	2002	2003	2004	2005	2006	2007	2008	2009	2010	2011	2012	2013	2014	2015
1. 经常账户	**315**	**211**	**204**	**174**	**354**	**431**	**689**	**1 324**	**2 318**	**3 532**	**4 206**	**2 433**	**2 378**	**1 361**	**2 154**	**1 482**	**2 774**	**3 306**
贷方	1 990	2 124	2 725	2 906	3 551	4 825	6 522	8 403	10 779	13 832	16 597	14 006	17 959	22 087	23 933	25 927	28 047	26 930
借方	−1 675	−1 913	−2 521	−2 732	−3 197	−4 395	−5 833	−7 080	−8 460	−10 300	−12 391	−11 574	−15 581	−20 726	−21 779	−24 445	−25 273	−23 624
1. A 货物和服务	**438**	**306**	**288**	**281**	**374**	**358**	**512**	**1 246**	**2 089**	**3 080**	**3 488**	**2 201**	**2 230**	**1 819**	**2 318**	**2 354**	**2 627**	**3 846**
贷方	1 888	1 987	2 531	2 721	3 330	4 480	6 074	7 733	9 917	12 571	14 953	12 497	16 039	20 089	21 751	23 556	25 242	24 293

① 附表 2 根据《国际收支和国际投资头寸手册》(第六版)编制。

（续表）

项目 \ 年份	1998	1999	2000	2001	2002	2003	2004	2005	2006	2007	2008	2009	2010	2011	2012	2013	2014	2015
借方	−1 449	−1 681	−2 243	−2 440	−2 956	−4 121	−5 562	−6 487	−7 828	−9 490	−11 465	−10 296	−13 809	−18 269	−19 432	−21 202	−22 616	−20 447
1. A. a 货物	**456**	**329**	**299**	**282**	**377**	**398**	**594**	**1 301**	**2 157**	**3 117**	**3 599**	**2 435**	**2 464**	**2 287**	**3 116**	**3 590**	**4 350**	**5 670**
贷方	1 637	1 693	2 181	2 329	2 868	3 966	5 429	6 949	8 977	11 316	13 500	11 272	14 864	18 078	19 735	21 486	22 438	21 428
借方	−1 181	−1 364	−1 881	−2 047	−2 491	−3 568	−4 835	−5 647	−6 820	−8 199	−9 901	−8 836	−12 400	−15 791	−16 619	−17 896	−18 087	−15 758
1. A. b 服务	**−18**	**−23**	**−11**	**−1**	**−3**	**−40**	**−82**	**−55**	**−68**	**−37**	**−111**	**−234**	**−234**	**−468**	**−797**	**−1 236**	**−1 724**	**−1 824**
贷方	251	294	350	392	462	513	645	785	941	1 254	1 453	1 226	1 175	2 010	2 016	2 070	2 805	2 865
借方	−268	−317	−362	−393	−465	−553	−727	−840	−1 008	−1 291	−1 564	−1 460	−1 409	−2 478	−2 813	−3 306	−4 528	−4 689
1. B 初次收入	**−166**	**−145**	**−147**	**−192**	**−149**	**−102**	**−51**	**−161**	**−51**	**80**	**286**	**−85**	**−259**	**−703**	**−199**	**−784**	**133**	**−454**
贷方	56	83	126	94	83	161	206	393	546	835	1 118	1 083	1 424	1 443	1 670	1 840	2 394	2 278
借方	−222	−228	−272	−286	−233	−263	−257	−554	−597	−754	−832	−1 168	−1 683	−2 146	−1 869	−2 624	−2 261	−2 732
1. C 二次收入	**43**	**49**	**63**	**85**	**130**	**174**	**229**	**239**	**281**	**371**	**432**	**317**	**407**	**245**	**34**	**−87**	**14**	**−87**
贷方	47	54	69	91	138	185	243	277	316	426	526	426	495	556	512	532	411	359
借方	−4	−4	−5	−6	−8	−10	−14	−39	−35	−55	−94	−110	−88	−311	−477	−619	−397	−446
2. 资本和金融账户	**−127**	**−33**	**−86**	**−125**	**−432**	**−513**	**−819**	**−1 553**	**−2 355**	**−3 665**	**−4 394**	**−2 019**	**−1 849**	**−1 223**	**−1 283**	**−853**	**−1 692**	**−1 424**
2. 1 资本账户	**0**	**0**	**0**	**−1**	**0**	**0**	**−1**	**41**	**40**	**31**	**31**	**39**	**46**	**54**	**43**	**31**	**0**	**3**
贷方	0	0	0	0	0	0	0	42	41	33	33	42	48	56	45	45	19	5
借方	0	0	0	−1	0	0	−1	−1	−1	−2	−3	−3	−2	−2	−3	−14	−20	−2
2. 2 金融账户	**−127**	**−33**	**−86**	**−125**	**−432**	**−512**	**−818**	**−1 594**	**−2 395**	**−3 696**	**−4 425**	**−2 058**	**−1 895**	**−1 278**	**−1 326**	**−883**	**−1 691**	**−1 427**
资产	−479	−452	−666	−541	−932	−1 212	−1 916	−3 352	−4 519	−6 371	−6 087	−4 283	−6 536	−6 136	−3 996	−6 517	−5 806	−491
负债	352	419	580	416	500	699	1 098	1 758	2 124	2 676	1 662	2 225	4 641	4 858	2 670	5 633	4 115	−936

（续表）

项目 \ 年份	1998	1999	2000	2001	2002	2003	2004	2005	2006	2007	2008	2009	2010	2011	2012	2013	2014	2015
2.2.1 非储备性质的金融账户	**−63**	**52**	**20**	**348**	**323**	**549**	**1 082**	**912**	**453**	**911**	**371**	**1 945**	**2 822**	**2 600**	**−360**	**3 430**	**−514**	**−4 856**
资产	−415	−367	−561	−67	−177	−150	−16	−845	−1 671	−1 764	−1 291	−280	−1 819	−2 258	−3 030	−2 203	−4 629	−3 920
负债	352	419	580	416	500	699	1 098	1 758	2 124	2 676	1 662	2 225	4 641	4 858	2 670	5 633	4 115	−936
2.2.1.1 直接投资	411	370	375	374	468	494	601	904	1 001	1 391	1 148	872	1 857	2 317	1 763	2 180	1 450	621
2.2.1.1.1 资产	−26	−18	−9	−69	−25	0	−20	−137	−239	−172	−567	−439	−580	−484	−650	−730	−1 231	−1 878
2.2.1.1.2 负债	438	388	384	442	493	495	621	1 041	1 241	1 562	1 715	1 311	2 437	2 801	2 412	2 909	2 681	2 499
2.2.1.2 证券投资	−37	−112	−40	−194	−103	114	197	−47	−684	164	349	271	240	196	478	529	824	−665
2.2.1.2.1 资产	−38	−105	−113	−207	−121	30	65	−262	−1 113	−45	252	−25	−76	62	−64	−54	−108	−732
2.2.1.2.2 负债	1	−7	73	12	18	84	132	214	429	210	97	296	317	134	542	582	932	67
2.2.1.3 金融衍生工具	0	0	0	0	0	0	0	0	0	0	0	0	0	0	0	0	0	−21
2.2.1.4 其他投资	−437	−205	−315	169	−41	−60	283	56	136	−644	−1 126	803	724	87	−2 601	722	−2 788	−4 791

（续表）

项目＼年份	1998	1999	2000	2001	2002	2003	2004	2005	2006	2007	2008	2009	2010	2011	2012	2013	2014	2015
2.2.1.4.1 资产	−350	−244	−439	208	−31	−180	−61	−447	−319	−1 548	−976	184	−1 163	−1 836	−2 317	−1 420	−3 289	−1 276
2.2.1.4.2 负债	120	−86	39	123	−39	−10	120	345	502	455	904	−150	619	1 887	1 923	−284	2 142	502
2.2.2 储备资产	**−64**	**−85**	**−105**	**−473**	**−755**	**−1 061**	**−1 901**	**−2 506**	**−2 848**	**−4 607**	**−4 795**	**−4 003**	**−4 717**	**−3 878**	**−966**	**−4 314**	**−1 178**	**3 429**
2.2.2.1 货币黄金	0	0	0	0	0	0	0	0	0	0	0	−49	0	0	0	0	0	0
2.2.2.2 特别提款权	−1	0	−1	−1	−1	−1	−2	0	2	−1	0	−111	−1	5	5	2	1	−3
2.2.2.3 IMF储备头寸	−13	13	4	−7	−11	−1	5	19	3	2	−12	−23	−21	−34	16	11	10	9
2.2.2.4 外汇储备	−51	−97	−109	−466	−742	−1 060	−1 904	−2 526	−2 853	−4 609	−4 783	−3 821	−4 696	−3 848	−987	−4 327	−1 188	3 423
2.2.2.5 其他储备资产	0	0	0	0	0	0	0	0	0	0	0	0	0	0	0	0	0	0
3. 净误差与遗漏	**−187**	**−178**	**−119**	**−49**	**78**	**82**	**130**	**229**	**36**	**133**	**188**	**−414**	**−529**	**−138**	**−871**	**−629**	**−1 083**	**−1 882**
贷方	0	0	0	0	78	82	130	229	36	133	188	0	0	0	0	0	0	0
借方	187	178	119	49	0	0	0	0	0	0	0	414	529	138	871	629	1 083	1882

资料来源：中国国家外汇管理局。

参考文献

[1] 中国国家外汇管理局. 2015 年中国国际收支报告[EB/OL]. http://www.safe.gov.cn/model_safe.

[2] 中国国家外汇管理局. 中国国家外汇管理局年报(2015)[EB/OL]. http://www.safe.gov.cn/model_safe.

[3] 中国国家外汇管理局. 中国跨境资金流动监测报告(2010—2014)[EB/OL]. http://www.safe.gov.cn/model_safe.

[4] 中国国家统计局. 中华人民共和国 2015 年国民经济和社会发展统计公报[EB/OL]. http://www.stats.gov.cn/

[5] 余永定,覃东海. 中国的双顺差性质、根源和解决办法[J]. 世界经济,2006(3).

[6] 李治国. 货币需求弹性、有效货币供给与货币市场非均衡模型——解析"中国之谜"与长期流动性过剩[J]. 经济理论与经济管理[J],2007(11).

[7] 方先明,裴平,张谊浩. 外汇储备增加的通货膨胀效应和货币冲销政策的有效性——基于中国统计数据的实证检验[J]. 金融研究,2006(7).

第八章　金融运行风险

一、绪论

金融运行风险是影响宏观经济运行风险的重要因素和关键因素，因此，对金融运行风险进行分析、度量和预测，是经济运行风险管理的重要内容。金融运行风险既影响宏观经济运行，同时也受宏观经济中各种冲击的影响，形成一种相互交替影响的动态效应。因此，只有把金融系统作为宏观经济的一部分，既研究源于其自身和实体经济冲击因素导致的金融运行风险，又研究金融运行风险对实体经济波动的传递效应，才能厘清金融运行风险的影响。

在研究思路上，一方面，我们通过金融运行对实体经济波动的影响来对金融运行风险进行评价和度量；另一方面，通过包括实体经济冲击等因素的分析来对未来的金融运行进行预测，这种思路如图 8-1 所示。

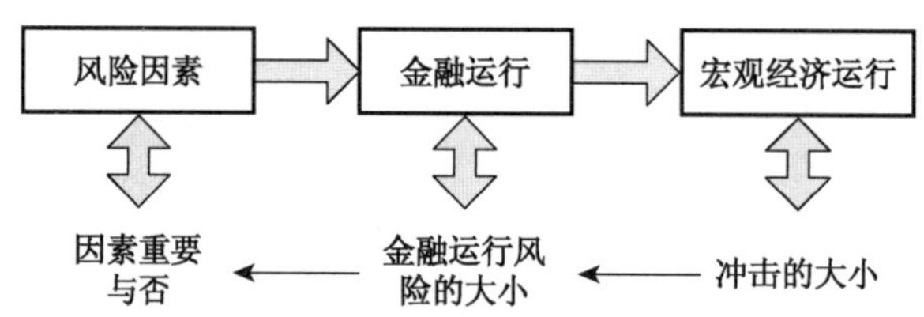

图 8-1　金融运行风险研究思路

自 2013 年以来，中国经济逐步进入新常态，在改变经济发展方式，依靠技术和组织创新的过程中，经济下行风险压力仍然比较大，CPI 和 PPI 仍然处于近年低位，因此对利用金融支持实体经济具有需求(如货币适度宽松)，但经过多年快速的发展，金融系统本身已经积累了不少问题，成为引发金融风险的因素，如较高的货币存量、房地产泡沫、人民币汇率贬值压力、股市的投机性，以及不利于中国经济稳定的外部环境等因素，因此存在较大风险。

为了刻画金融运行风险对宏观经济的影响，我们采用动态随机一般均衡模型(DSGE)方法，实证研究采用贝叶斯(Bayes)估计方法，基本步骤如下：

(1) 理论模型包括居民、企业、政府、金融、世界经济等主要部分，以此构建新凯恩斯模型，中间品厂商的定价策略使价格水平呈现黏性，名义工资的决定也具有相似特征。描述这些经济主体最优行为的为一系列一阶条件方程。

(2) 实证研究方面，采用月度数据对各数据进行去趋，计算其各期缺口对当期趋势的比例，用以反映对趋势的偏离程度。模型参数采用 Bayes 方法估计，采用 MCMC 方法，估计出模型中各参数的统计分布，以及各参数间的相关性，用以甄别影响金融运行风险的主要因子。模型参数估计所需要的计算程序采用 MATLAB 编写。

(3) 估计出参数以后，以金融运行对宏观经济的冲击的大小来度量金融运行风险，基本逻辑是:对产出的负向冲击越大、持续时间越长,则金融运行风险越大。通过历史数据,将金融运行风险的各影响因素的分布进行区域划分,给出不同区域及其概率,利用模型(及估计参数的均值)计算各影响因素在不同情况下对产出的影响,从而对金融运行风险进行评估与预测。

二、风险因素识别

我们需要从宏观上评估各种金融交易的集合是否稳定以及若不稳定将为宏观经济带来多大的冲击。因此,研究金融运行风险,需从金融总量结构框架出发,分析金融运行风险的基本机理,如图 8-2 所示。

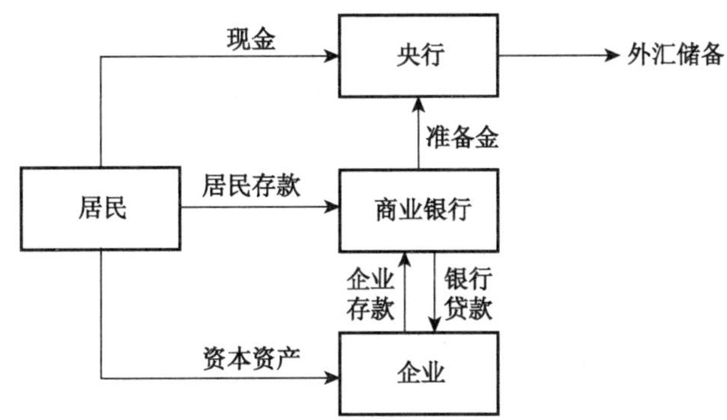

图 8-2　金融运行风险的基本机理

需要说明的是,我们的模型在处理存款时,将企业存款和居民存款合二为一,在不过多影响准确性的前提下简化问题。

参与金融运行的基本主体包括居民、央行、商行、企业,涉及现金、居民存款、资本资产、准备金、银行贷款、企业存款、外汇储备等基本的跨期交易合约。这些合约稳定,则金融系统相对稳定;反之,若这些交易合约的任何一类发生突然、显著的变化,则必然导致其他所有交易合约发生变化,从而导致金融系统不再稳定,产生金融运行风险。

商业银行处于中心地位,这是因为:一方面,中国的融资结构仍以银行贷款为代表的间接融资为主;另一方面,商业银行在货币创造过程中起到了关键作用。

此外,所有的跨期交易(零和博弈的衍生品交易除外)都涉及资金供给与资金需求,这种交易契约的稳定性的影响因素就成为金融运行风险的来源,以下我们对此进行详细分析。

(一) 资金需求方的风险因素

1. 贷款者的经营环境和经营绩效

目前,贷款者面临的外部环境尚不稳定。

从国内经济来看,自 2010 年以来,中国 GDP 增长率持续下降,从 12.1%下跌到 2015 年的 6.9%,再到 2016 年第一季度的 6.7%,已创下近 7 年来最低的增长率。由于中国经济已经进入了新常态,在追求质量、优化结构和产业升级的过程中,新的增长动力不足,发展速度有较明显的下降。经济增长放缓对企业来说即是面临的需求下降。在这种情况下,企业的经营绩效很难得到提高。

从世界经济环境来看,全球主要经济体的经济虽然处于复苏的通道,但各项指标尚有冲突,复苏的道路并不平坦。美国经济总体上处于复苏阶段,但经济数据时有反复(特别是就业数据)，影响其加息时机，从而成为全球资本流动不确定性及汇率波动的重要来源。2016 年第一季度欧盟经济温和扩张，但包括英国脱欧等一系列政治和社会问题增大了经济的不确定性。日本经济在“安倍经济学”的刺激下失业率呈持续下降的趋势，2016 年第一季度经济好于预期，但长期向好的趋势尚未明显。因此，以企业为主的贷款者面临的国外环境还存在各种不确定性。

由此可见，国外经营环境和利润空间仍不理想。

2. 国内投资与贷款需求

由于国内制造业产能过剩，在新的经济增长动力尚未真正建立起来时，企业自发的投资需求相对低迷，在这种情况下，企业因自发投资对贷款的需求有所下降。这实际上是国际国内经济环境以及企业本身对未来经济走势的预期造成的，这会在一定程度上抑制贷款余额增速。尽管如此，由于多年来的飞速发展，银行系统的贷款余额已经有了较大规模，即使增速下降，但余额增加绝对值仍然较高，从而积累了较高风险。

3. 货币与贷款

截至 2015 年 5 月，金融机构各类信贷余额 105 万亿元，其中，非金融部门(各类企业)贷款 72 万亿元，住户贷款 29 万亿元。从投向特点上看，企业短期贷款和票据融资增速上升，小微企业贷款增速高于同期各项贷款，服务业中长期贷款增速高位回落，“三农”贷款增长减缓、房地产贷款平稳较快增长，住户消费性贷款增速回升等比较明显。其中，银行对其他金融机构贷款余额的增长速度较快，可能有一部分资金流入投机性领域。

(二) 资金供给方的主要风险因素

1. 货币供给

广义货币(M2)余额 146.17 万亿元，同比增长 11.8%，增速比 2015 年同期高 1.0 个百分点；狭义货币(M1)余额 42.43 万亿元，同比增长 23.7%，增速比 2015 年同期高 19.0 个百分点；流通中货币(M0)余额 6.28 万亿元，同比增长6.3%。从货币余额增速来看，2016 年货币同比增速比较平稳。一个重要的风险因素是外汇储备增速下降，甚至有进一步下降的可能。由于多年来中国的基础货币投放是因为外汇储备的增加、维持汇率的相对稳定而投放的，这样，当外汇储备不像过去那样持续增长，则基础货币投放渠道就受到了一定限制。

2. 准备金

法定准备金率对货币乘数起着重要影响，上调法定准备金率说明货币调控从紧，反之则说明货币供给有所放松。2013 年出现了“钱荒”现象，2014 年和 2015 年法定准备金已经有了数次下调，目前来看准备金率仍然相对偏高，还有下降的空间，但前提是从银行系统释放的货币都得到了充分的利用。

3. 信用创造中的其他影响因素

1) 流通现金比例

居民的现金变动反映了其流动性需求的变化，当居民愿意持有现金时，必然对银行存款和股权等金融资产带来负向冲击。从信用创造角度来说，居民持币意愿增强，银行的流动性会变弱，必然对信用创造造成不利影响。如果这种状况是长期性的，则对实体经济也会造成不利冲击。

2) 投机性货币需求

从 2014 年下半年以来，中国股市发生了持续的上涨，虽然 6 月下旬到 7 月底指数有了一定幅度的下跌，但在近一年时间内，流入股市的投机性货币需求有了很大的提升，这从交易结算金余额即可看出。2014 年 6 月末，股票交易结算金余额为 6 180 亿元，2015 年 5 月末已达到 28 604 亿元，涨幅近 4 倍，2015 年 6 月发生股灾后投机性货币需求持续下降。流入二级市场的资金出于投机性盈利的目的，实际上流出了货币（信用）创造的过程。再考虑到有一部分资金还来自银行贷款，因此这部分资金若积累过多，则流入实体经济的资金就会受到挤压。此外，投机性货币需求受所谓“做空中国”等市场行为的影响，这个因素也需要考虑。

3）银行的放贷意愿

银行通过吸收存款等形式筹集的资金，上缴足额法定准备金后剩余的部分用以放贷。出于对风险和收益的考虑，当预期经济处于繁荣阶段时，银行的放贷意愿会比较强，而当预计经济相对疲软时，银行的放贷意愿就会下降。银行放贷意愿的波动会直接影响当期信贷余额增速的相对扩张或紧缩，从而影响流入实体经济的资金。

4. 价格性因素

从汇率上看，美元兑人民币汇率在 2015 年基本上在 6.2 左右波动，但进入 2016 年以来，人民币兑美元已经有较大幅度的贬值，而且离岸汇率和在岸汇率之间还时常出现较大差异①，此外，美元加息的预期一直存在，从而人民币贬值的压力也一直存在。从物价水平上看，2016 年上半年 CPI 相对 2015 年已有所上升，在实体经济持续低迷的情况下，这为货币政策的制定造成一定的困难。价格方面的因素表明经济资源配置存在着失效的情况，也为金融运行带来一系列的不确定性。

三、风险度量与预测

（一）基本模型

1. 居民

设代表性的居民个体的偏好是关于消费品 C_t、实际货币余额 M_t/P_t 和闲暇 $1-L_t$，其中 L_t 表示用于就业工作的时间比例。家庭最大化的对象是效用的预期贴现：

$$E\sum_{j=0}^{\infty}\beta^j\left[\frac{C_{t+j}^{1-\alpha}}{1-\alpha}+\frac{\gamma}{1-b}\left(\frac{M_{t+j}}{P_{t+j}^C}\right)^{1-b}+\chi\frac{(1-L_{t+j})^{1-\eta}}{1-\eta}\right] \tag{8-1}$$

家庭的预算约束为：

$$\frac{M_t}{P_t}+C_t+\frac{B_t}{P_t}+\frac{P_t^I}{P_t}K_t=\frac{M_{t-1}}{P_t}+\frac{B_{t-1}(1+i_{t-1})}{P_t}+(r_{t-1}-\delta)K_{t-1}+\frac{W_t}{P_t}L_t \tag{8-2}$$

我们采用三种基本产品的生产函数：中间品（如原料）、投资品（如机器设备等固定资产）和消费品。

式中 W_t—— 名义工资水平；

L_t—— 居民的劳动投入；

K_t—— 资本存量（包括厂商发行的债券和股票）；

P_t—— 消费品（属于最终商品）的名义价格水平；

i—— 名义利率；

π ——通胀率。

---

① 显示了国际市场对人民币汇率与国内的不一致甚至冲突，这反过来会增大人民币汇率的波动。

家庭选择消费、货币持有量、政府债券和资本以最大化终生效用，一阶条件满足：

$$C_t^{-\alpha}=C_{t+1}^{-\alpha}\beta(1+i_t)E\left(\frac{P_t}{P_{t+1}}\right) \tag{8-3}$$

$$\frac{\gamma\left(\frac{M_t}{P_t^C}\right)^{-b}}{C_t^{-\sigma}}=\frac{i_t}{1+i_t} \tag{8-4}$$

$$C_{t+1}^{-\alpha}\beta(r_{t-1}-\delta)E\frac{P_t}{P_{t+1}}=C_t^{-\alpha} \tag{8-5}$$

为了描述名义工资的黏性(Erceg, 2000)，将居民的劳动考虑为异质而又有一定相互替代性。在每一期，一部分居民(比例为 φ^w) 可以选择最优化自己的名义工资水平，另一部分居民则只能根据预期通胀率来调整名义工资[比例为$(1-\varphi^w)\phi^w$]，或只能将本期名义工资保留在上期的水平[比例为$(1-\varphi^w)(1-\phi^w)$]。因此，全社会工资水平为：

$$W_t^{1-\theta^w}=\varphi^w W_t^{*,1-\theta^w}+(1-\varphi^w)\phi^w(1+\pi_t^e)W_{t-1}^{1-\theta^w}+(1-\varphi^w)(1+\phi^w)W_{t-1}^{1-\theta^w} \tag{8-6}$$

式中 θ^w——不同劳动之间的替代弹性；

W_t^* ——最优化的工资水平(见 Erceg 等，2000)。

2. 厂商(企业)的行为

我们将厂商分为三类：最终品厂商、中间品厂商和投资品厂商。

1) 最终品厂商

最终品厂商是完全竞争的，生产同质的最终商品。最终商品的生产函数为：

$$Y_t^{1-\theta}=\int_0^1 y_{it}^{1-\theta}\mathrm{d}j \tag{8-7}$$

其中 θ 为中间品之间的替代弹性，而中间品种类被标准化为 $i\in[0,1]$。考虑进出口问题，则国内需求的最终品生产为

$$Y_{Ht}^{1-\eta}=\rho Y_{Ht}^{d,1-\eta}+(1-\rho)Y_{Ft}^{f,1-\eta} \tag{8-8}$$

式中 η—— 最终品的国际替代弹性；

Y_{Ht}^d—— 国内最终厂商由国内中间品生产的复合商品；

$Y_{Ft}^{f,1-\eta}$—— 进口的复合商品；

ρ——国内对国内复合商品的需求比例。

2) 中间品厂商

中间品厂商具有垄断竞争地位。假设在每一期都有部分厂商不能调整价格，采用 Calvo (1983)的价格黏性模型，在每一期，三种厂商分别有比例 φ 会保持原有的价格；剩余的$(1-\varphi)\phi$的比例则会对价格按预期通胀率进行调整，$(1-\varphi)(1-\phi)$ 比例的中间厂商维持上期价格。

首先厂商会考虑成本最小化，即在生产 $Y_t^i=F^i(K_t^i, L_t^i)$ 的前提下，使得工资支付和中间品成本最小化，转化为最优化问题：

$$\min_{L_t^i, K_t^i}\left\{\frac{W_t^i}{P_t^i}L_t^i+(r_t-\delta)K_t^i+\zeta_t^i[Y_t^i-F^i(K_t^i, L_t^i)]\right\} \tag{8-9}$$

式中 ζ_t^i—— 厂商的按照第 i 类商品计价的边际成本，只有当要素配置实现厂商的利润最大化时方为 1；

r_t—— 实际利率；

δ——折旧率。

该问题的一阶条件表明：

$$\varphi_t^i = \frac{W_t^i}{P_t^i F_L^i(K_t^i, L_t^i)} \tag{8-10}$$

$$\varphi_t^i = \frac{r_t - \delta}{F_K^i(K_t^i, L_t^i)} \tag{8-11}$$

其次，厂商的定价决策问题是选择 P_t^{*d} 和 P_t^{*f}，以最大化如下问题：

$$E\sum_{j=0}^{\infty}\Delta_{t+j}\left[\frac{P_t^{*d}}{P_{t+j}}Y_{t+j}^d + \frac{P_t^{*f}e_{t+j}}{P_{t+j}}Y_{t+j}^f - \varphi_t^i Y_{t+j}\right] \tag{8-12}$$

式中 Δ—— 贴现因子；

e——名义汇率。

3）投资品厂商

投资品厂商采用本国生产的最终品，以及现有的资本存量来生产投资品，投资品的生产函数为：

$$K_t = K_{t-1}(1-\delta) + I_t - CA(I_t) \tag{8-13}$$

式中 I_t—— 投资量；

CA ——调整成本。

为了引入金融的影响，我们考虑投资品厂商、中间品厂商均通过银行信贷获得融资。这样，信贷规模就成为影响投资、产品生产的因素，由此可以分析实体经济与金融风险之间的关系。

3. 金融系统与政府部门

将金融系统主要分为中央银行与商业银行两个层次（固然也包括居民、厂商等的储蓄、投资与融资行为，但从货币发行角度来看，可以抽象为这两个层次）。中央银行的作用是制定货币政策，主要是指货币发行，体现在其资产负债表上。中国中央银行主要联系如下基本业务：外汇资产（存量），设为 F_t；购买的国债（存量），设为 B_t^M；向商业银行发放的再贷款，设为 B_t^B；收取国债利息、再贷款利息（利率设为 i_t^B）、外汇资产收益（收益率设为 i_t^F），以及高能货币，设为 H_t；发行的中央银行票据，设为 B_t^C。高能货币包括发行的现金和商业银行的准备金。中央银行的资产负债表预算应满足：

$$\begin{aligned}&(F_t - F_{t-1}) + (B_t^M - B_{t-1}^M) + (B_t^B - B_{t-1}^B)\\&= i_{t-1}B_{t-1}^M + i_{t-1}^B B_{t-1}^B + i_{t-1}^F F_{t-1} + (H_t - H_{t-1}) + (B_t^C - B_{t-1}^C)\end{aligned} \tag{8-14}$$

等式左边表示中央银行的资产增量，右边表示负债与权益的增量。

商业银行的业务主要包括存贷款，设商业银行持有的外汇资产为 F_t^B，持有的国债为 $B_t^{M,C}$，各类贷款为 D_t，各类存款为 S_t，则其资产负债表预算应满足：

$$(F_t^B - F_{t-1}^B) + (B_t^{M,C} - B_{t-1}^{M,C}) + (D_t - D_{t-1}) = i_{t-1}^F F_{t-1}^B + i_{t-1} B_{t-1}^{M,C} + i_{t-1}^D D_{t-1} + (S_t - S_{t-1}) \tag{8-15}$$

等式的左边表示商业银行的资产增量，右边表示负债与权益的增量。这样 $D_t - D_{t-1}$ 就表示各类贷款余额增量。

政府部门面临着如下的预算约束：

$$G_t + i_{t-1} B_{t-1}^T = T_t + (B_t^T - B_{t-1}^T) \tag{8-16}$$

等式左边表示政府在商品、劳务及转移支付上的支出与债务利息支出，右边表示税收与政府债券的发行。

由于中央银行的属性，我们将其与政府部门合二为一，得到两者总体的预算约束：

$$G_t + (F_t - F_{t-1}) + (B_t^B - B_{t-1}^B) + i_{t-1} B_{t-1} = T_t + i_{t-1}^B B_{t-1}^B + i_{t-1}^F F_{t-1} + (H_t - H_{t-1}) + (B_t^C - B_{t-1}^C) + (B_t - B_{t-1}) \tag{8-17}$$

式中 B_t ——流通在公众和商业银行等机构的政府债券。

4. 世界经济

将本国以外的世界经济看作一个整体，本国与世界经济之间可以进行贸易和资本流动。从商品角度看，居民既可以选择国内消费品，也可以选择国外的消费品；厂商既可以选择国内的投资品，也可以选择国外的中间品和投资品；相似地，政府的购买也是如此。由此，本国按外币计价的净出口为：

$$EX_t = Y_{Ht}^f P_{Ht}^f - Y_{Ft}^f P_{Ft}^f \tag{8-18}$$

5. 技术冲击与货币冲击

当经济中开始出现风险积累时，实际上是经济的总供给与总需求之间出现了某种程度上的不匹配或失衡。当然，这种失衡是由许多种因素造成的。例如，若经济已经处于充分就业状态，但由于某种原因总需求旺盛、超过总供给时，物价就会上升，产出也上升，此时表现为经济“过热”。而当物价上升的预期已经形成时，则总供给曲线左移，导致物价进一步上升，从而产出下降回复到充分就业的产出水平；若经济处于充分就业状态，由于某种原因总需求萎缩，则经济就会发生相反的波动。因此，经济风险或短期经济波动的分析实际上是对经济与均衡产出状态的偏离的分析。

经济对总供给的冲击主要表现为对生产函数的冲击。原材料价格的下降、自然资源可获得性的增加、劳动力数量的增加，以及劳动力教育水平的提高，都会造成正面的总供给冲击；反之，原材料价格的上升、自然资源可获得性的下降，台风、霜冻、干旱、洪水、地震等自然灾害对工农业生产的破坏，以及劳动力数量的减少等，都会造成负面的总供给冲击。

总供给的冲击体现在生产函数中的 z_t 根据实际商业周期理论，我们假设它们服从如下过程：

$$z_t = \vartheta z_{t-1} + e_t \tag{8-19}$$

式中 ϑ ——常数，反映了前一期冲击对本期冲击的影响；

e_t ——白噪声。

经济中对总需求的冲击主要表现为对产品市场均衡(IS 曲线)与货币市场(或金融市场 LM 曲线)的冲击。减税和货币供应量的增加、政府支出的增加、出口需求的增加、对未来经济走势乐观的预期等都是正面的总需求冲击;反之,税收增大、政府支出减少、货币供应量下降、出口需求减少等则是负面的总需求冲击。在这些总需求冲击中,我们认为货币供给是受到宏观经济变量的影响而有所调整的,并设货币供给速率的扰动 $u_t = \mu_t - \mu_t^*$ 服从过程:

$$u_t = \xi u_{t-1} + \sum_i \psi z_{t-1} + e_t^M \tag{8-20}$$

式中　u_t ——货币供应速度;

ξ、ψ ——常数;

e_t^M ——白噪声;

ψ ——货币当局根据总供给的冲击作出的调整。

(二) 实证研究

采用中国 2006 年以来的消费、投资、政府支出、进出口、产出、通胀率,以及包括货币供求等在内的金融指标的季度数据,先去趋,获得对趋势偏离的百分比,作为实证研究数据(部分参数则根据现有文献进行校准)。该模型包含消费者、三类商品厂商、金融机构和政府部门的行为方程,将金融系统与实体经济结合起来,以分析金融系统运行是否符合实体经济的需要,用以判别金融运行风险。

1. 数据处理

对消费、投资、政府支出、进出口、产出、通胀率以及包括货币供求等在内的金融指标的季度数据,先去趋,获得对趋势偏离的百分比,作为实证研究数据(部分参数则根据现有文献进行校准)。该模型包含消费者、三类商品厂商、金融机构和政府部门的行为方程,将金融系统与实体经济结合起来,以分析金融系统运行是否符合实体经济的需要,用以判别金融运行风险。将部分季度数据(GDP)转换为月度数据,采用 Chow-Lin 法,具体处理见附录。

2. 参数估计

在进行参数估计之前,对各月度数据进行去趋,先进行季度调整,再采用 H-P 滤波方法去除趋势,剩下的残差与趋势相比较,得出当期对趋势的偏离比例。

我们采用 Bayes 方法来估计模型参数。假设需要估计的模型参数向量为 $\boldsymbol{\theta}$,数据集为 $\boldsymbol{Y}$,则根据 Bayes 法则,可得参数的条件概率密度为:

$$f(\boldsymbol{\theta} \mid \boldsymbol{Y}) = \frac{f(\boldsymbol{Y} \mid \boldsymbol{\theta})g(\boldsymbol{\theta})}{f(\boldsymbol{Y})} \tag{8-21}$$

式中　$g(\boldsymbol{\theta})$ ——参数的先验密度。

参数估计方法通过 Matlab 编程来实现。

(三) 风险度量与预测

1. 金融运行风险度量

我们将金融运行风险划为“高风险”“较高风险”“有风险”“风险关注”和“无风险”五个级别。2015 年总体金融运行风险在“较高风险”区间,如图 8-3 所示。

与 2015 年相比,我们评估 2016 年的金融运行风险有所上升,引起金融运行风险上升的主要原因有以下几个方面。

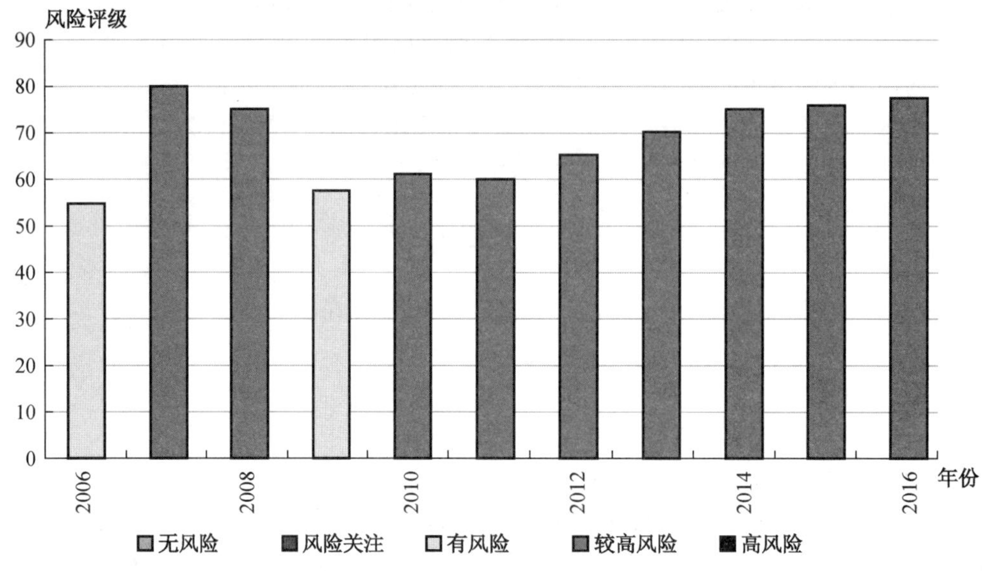

图 8-3 金融运行风险评级

1）国际经济、金融环境具有较大不确定性

美国和日本等主要经济体近年来采取量化宽松货币政策导致资本向新兴市场国家流入，中国采取了相应的应对措施，在维持经济持续增长的同时也使经济积累了相当风险。随着美国经济逐渐好转，其量化宽松货币政策逐渐终结，资本流入势头可能产生逆转而导致资本流出，如果发生持续资本流出，则金融系统将出现流动性不足。我们可以从近期中央银行外汇储备和人民币汇率的变动中看得出来国际经济环境通过国际收支对中国经济和金融风险带来的压力。

国际经济和金融环境主要通过资本流动、进出口对中国经济造成影响，并由宏观经济运行反过来影响金融风险。理论上，如果形成了货币贬值的市场预期，则国际资本迅速流出，货币会发生贬值，在很短的时间内，出口贸易尚不会因为本币贬值而增大，这样，外汇储备会迅速减少，增大主权信用风险，进一步强化货币贬值的预期。为了防止这种情形出现，货币供给必然会收缩（否则本国外汇储备会被耗尽），从而形成经济紧缩，发生衰退。此外，即使单纯地做空交易，在一定程度上扩大对货币的需求，使 LM 曲线左移，利率升高，也是可能引起经济紧缩的。如果资本项目完全封闭，则资本不能迅速流出，而只能通过扩大进口的方式逐渐流出，资本自由流动条件下贬值预期导致的经济紧缩（从而引起衰退）的情况就不易发生。中国资本项目没有开放，但存在热钱跨境流动的渠道，汇率制度是有管理的浮动汇率，因此若市场形成人民币贬值的预期，则资本会设法流出，而人民币贬值速度不会像完全浮动那么快速，因此资本流出会持续较长时间。如果为了防止长期的资本流出，则收缩货币提高利率成为必然，可能会导致经济紧缩，并且就会首先加大金融运行风险。从中国近年来热钱流动数据来看，基本上热钱主动流入都伴随人民币升值，股市相对上涨；热钱主动流出都伴随人民币贬值，股市下跌。由此可以看出，若资本流出，资产价格将会下跌，如果流出规模足够大，时间足够长，则会对实体经济造成危害。

从美国经济复苏的态势和美元指数走势来看，美元有进一步走强的趋势，因此资本回流美国，造成包括中国在内的新兴市场国家的资本外流的可能性相应增大。固然，如果人民币贬值，从长期来看能够通过出口增加而改善国际收支，但在短期内出口对国际收支无意义，反而可能引起进一步贬值的预期，从而形成恶性循环。加上国内仍然存在资产泡沫，很容易触发资本的流出。由此，国际经济与金融环境引发不确定性的可能性较大。

2) 房地产泡沫、地方政府债务的风险使宏观经济政策面临两难

房地产行业对国民经济具有广泛而深远的影响，还因为房地产行业涉及许多相关行业，上游包括钢铁、水泥等建筑材料，下游包括家居装潢、五金建材、电器和家电以及生产这些产品的化工、有色金属冶炼等；此外还包括房地产相关的设计、建筑、物业、中介机构、银行和其他金融机构等。这些行业包括主要的制造业和服务业，对就业、经济增长等宏观经济指标起到非常关键的作用。特别是 2012 年下半年至 2013 年出现了一轮普涨，进一步加大了地产泡沫化的程度，此后国家出台了相应的抑制措施。2014 年受经济下行等因素的影响，房地产市场出现了较大的分化，三线、四线城市仍然面临较大的下跌压力。但 2015 年下半年在“去库存”的刺激下，一线、二线城市出现进一步暴涨。过快的房价上涨使原本积累的泡沫进一步扩大，增大泡沫破灭的风险。一方面，房价不能快速下跌(影响经济)；另一方面，也必须控制房价过快上涨(否则泡沫破灭房价可能断崖下跌)。

房价对地方的财政收支有重要影响，地方政府的财政收入有很强的土地依赖，特别是 2009—2011 年，土地出让金的增速超过地方政府财政收入的增速非常明显，而且土地出让金占地方政府财政收入的比重近年来也不断上升。从债务资金来源上看，银行贷款和发行债券是地方政府债务资金的主要来源。由于近年来地方政府的财政收入面临困难，加上对土地出让金的依赖，而房地产泡沫又比较严重，因此，地方政府债务一旦发生违约，则会由于对居民信心带来严重影响而引发系列金融风险。此外，大量的影子银行资金流向房地产，包括城投项目。一旦房价发生持续性下跌，投向房地产的影子银行资金就面临违约风险。考虑到 20 万亿元左右影子银行规模较大(占银行贷款余额的 25%左右)，违约事件一旦蔓延，必然形成系统性的金融风险，再通过金融对宏观经济的影响，甚至有形成新的经济危机的可能。房地产、地方政府债务、影子银行之间相互关联交错，积累的风险在短期内难以消除，这也为宏观经济政策带来难题。

在这样的背景下，宏观经济政策的制定存着相互制约的因素。当前经济运行实际上伴随着主动去杠杆化的过程。目前的金融运行风险是过去经济问题长期积累的结果，特别是 2008 年以来的大规模刺激性政策，各地的投资急剧扩张，货币供给也迅速扩大，从而出现物价上涨，成本上升，在解决短期问题的时候，逐渐积累了各种问题和各种风险。金融作为实体经济的支持部门，其自身运行面临风险是正常的，如果总是通过改善其外部环境而长期忽视其自身建设，忽视其自身风险管理能力的培养，这样的金融系统的稳定性始终得不到提高，面临不确定性和冲击时甚至可能放大风险。

在目前的经济状况下，如果采取刺激性政策，对财政政策来说，因为地方政府债务已经有了较大规模，而如果放任地方政府随意举债，可能诱发较大风险；对货币政策来说，由于当前的货币存量已经很高，而且当前国际上还存在着做空中国的言论，因此，扩大货币有可能引发资本外逃，从而引起进一步的金融风险。目前宏观经济政策面临两难：如果继续从紧，特别是货币从紧，则经济下行压力比较大；而如果放松，则很可能重新回到原来的发展模式，原有风险暂时潜伏但长期积累。因此，政策须在经济下行与促进改革之间权衡，找到

合理的均衡点。但问题是这种均衡点的把握比较难,稍不注意就可能偏向某一边,即或者经济快速下行,或者重新回到原路,因此,维持这种均衡的成本较大,只能寻找新的改革着力点。其中,国企改革应该是相对合理的抓手,起助推作用的则是金融市场,而金融市场本身也是主要的风险因素。

3) 金融市场存在剧烈波动从而引发系统性风险的可能性

首先,中国金融市场成熟度不够,投机性较强。和世界上所有的金融市场一样,中国金融市场中也充斥着投机者、套利者。在认识到金融市场繁荣对宏观经济的重要性之后,大量的资金(包括来自毫无专业知识的群体的资金)涌入股市,投机心理促使融资交易,高倍杠杆导致风险大量积累,当杠杆交易比较普遍时,处于另一方向的投机,融券卖空的交易也开始逐步增多,同时,借助股指期货本身的杠杆作用,使金融市场中的投机性交易被逐渐扩大,泡沫越来越大,稳定性也就会越来越差。而一旦资产价格受到负向冲击,投机心理极易产生恐慌性抛售,从而加大冲击的影响。

其次,资本跨境流动增大金融市场的不确定性。美国的经济虽然近年来持续好转,但其经济数据时有反复,一再推迟加息,但加息的预期却不能消除,这成为影响资本跨境流动最重要的不确定性因素,即加息是确定的,时机具有不确定性。这会对人民币汇率产生持续的贬值压力,如果这种预期没有消除,则资本流出的压力将一直存在。资本流出将直接减少基础货币投放,致使货币被动紧缩,并导致投资者对金融资产的抛售,给金融市场带来波动。

中国的融资结构以银行贷款为代表的间接融资为主,直接融资所占比例比较小,加上软融资约束,在多年的经济发展中,这种模式使金融系统积累了大量的风险。国有企业的改革也需要利用资本市场等形式的外部治理来实现提高效率的目标。因此,发展完善高效的金融市场是解决这两个问题的关键,而促进从 2008 年以来就长期低迷的股票市场有序走向繁荣,则是重要的措施,因为只有繁荣的二级市场,才有助于催生繁荣的一级市场,才有利于企业获得足够的直接融资。

金融资产价格如果出现持续下跌,一方面,会导致企业的直接融资成本剧烈上升,从而只能回到银行融资,但如前文分析,银行融资渠道已经积累了较多问题和风险;另一方面,短期内的金融市场剧烈波动影响投资者预期,从而为国际国内做空中国资产力量带来机会。金融市场的严重衰退同样会导致银行惜贷、国内投资者货币需求相对金融资产需求的上升、资本通过各种渠道的流出等一系列后果,这种系统性风险可能为宏观经济带来严重的冲击后果。

2. 金融运行风险的压力测试与仿真结果

1) 信用(货币)创造的仿真结果

我们对有关指标进行了压力测试和仿真,以刻画其对经济运行的影响。模型中影响信用创造的外生冲击包括基础货币投放、居民的现金偏好(流动性偏好)、对金融市场的直接投资比例、存款比例、存款准备金比率,以及银行的风险偏好(贷款意愿)等。表 8-1 是各主要外生冲击对金融运行风险的影响。

货币的外生冲击与 2015 年相比,冲击的影响没有明显变化,可能的原因是目前经济已处于相对稳定的底部,货币冲击的结果也比较稳定。

表 8-1　　信用创造外生冲击对金融运行风险的仿真结果

基础货币冲击	金融运行风险变化	经济运行风险
−0.5%	上升，维持现级别	<0.2%
−1%	上升至上一级别中部	GDP 下降 0.3%～0.8%
−5%	上升至上一级别上部	GDP 下降 1%～2%
流动性偏好冲击	金融运行风险变化	经济运行风险
1%	上升，维持现级别	<0.2%
5%	上升至上一级别中部	GDP 下降 0.3%～0.8%
10%	上升至上一级别上部	GDP 下降 0.8%～1.5%
银行风险偏好冲击	金融运行风险变化	经济运行风险
1%	上升，维持现级别	<0.2%
5%	上升至上一级别中部	GDP 下降 0.3%～0.8%
10%	上升至上一级别上部	GDP 下降>1.5%

2）实体经济下行的仿真结果

假设制造业（我们的模型中采用中间品企业的 60%来替代）的需求分别萎缩 1%，5%，10%和 15%，不考虑政策干预，测试结果如表 8-2 所示。

表 8-2　　制造业需求萎缩对金融运行风险的仿真结果

需求下降	金融运行风险变化	经济运行风险
1%	上升，维持现级别	<0.2%
5%	上升至上一级别中部	GDP 下降 0.3%～0.8%
10%	上升至上一级别上部	GDP 下降 0.8%～1.5%
15%	上升至上一级别顶部	GDP 下降 2%～3%

制造业若面临需求萎缩会导致产出和投资需求下降、资产价格下跌，特别是在价格黏性下，产出下降的幅度比价格弹性条件中的下降幅度更大。制造业萎缩会对就业产生很大影响，失业率上升会进一步导致消费需求的紧缩。如果萎缩持续时间较长，则制造业相关的固定投资也会萎缩，从而进一步导致制造业的需求萎缩，由此导致金融运行风险上升。制造业萎缩的最直接、最主要的原因是金融危机导致内外两个市场需求都大幅萎缩，制造企业普遍陷入困境，影响了资金的周转效率，降低了资金的流动性，造成企业资金占用增加、还款难度加大、不良贷款增多。

模型目前尚不能综合考虑制造业萎缩对地方政府债务、影子银行等的影响，但它们之间有一定的相关性，制造业负向冲击导致宏观经济下行，居民收入减少，信心下降，资本也会流出，房价可能进一步下跌，地方政府的偿债能力降低，影子银行的脆弱性会进一步增加。

模型可以刻画制造业需求萎缩对资本市场的影响，对资本的相对价格会带来负向冲击，在不考虑其他因素的影响下，不会反过来对制造业造成影响；但若考虑到融资因素，则会进一步加剧制造业的萎缩①。

从目前来看，制造业需求萎缩超过 5%的概率很小，因此，实体经济下行对金融运行风险的预期影响仍然可控。

3）资本跨境流动的仿真结果

国际经济环境对短期金融风险的影响渠道主要是资本跨境流动。资本的净流出必然导致金融系统的流动性紧张：资本流出将减少外汇储备，从而减少基础货币，在存款准备金保持不变的情况下，商业银行的货币创造也将缩小，从而表现为 M2 的紧缩，通过货币与产出之间的联系，对经济运行产生冲击。

我们假设资本净流出规模分别占中国外汇储备的 1%，5%，10%和 15%这几种情况进行测试，不考虑宏观政策干预，人民币汇率维持正负 5%的波动区间，结果如表 8-3 所示。

表 8-3 **资本流出对金融运行风险的仿真结果**

资本流出/外汇储备	M2 紧缩	金融运行风险变化	经济运行风险
1%	0.2 万亿元～0.7 万亿元	上升，维持现级别	GDP 下降<0.2%
5%	1.2 万亿元～1.4 万亿元	上升至上一级别底部	GDP 下降 0.2%～0.5%
10%	2.5 万亿元～3 万亿元	上升至上一级别中部	GDP 下降 0.8%～1.6%
15%	3.5 万亿元～4.5 万亿元	上升至上一级别顶部	GDP 下降 1.8%～2.5%

从仿真结果可以看出，当外汇储备突然减少 5%时，短期内金融运行风险就将上升一个级别，并导致经济运行风险上升；当外汇储备突然减少 10%时，则短期内 GDP 受到的冲击折算为年将达到 1.2%左右，风险上升非常明显。此外，如果外汇储备减少是脉冲式的而非持续性的，则其影响不超过 2 个季度；但是如果考虑到人们预期改变带来的影响，则持续时间难以确定（经济有可能发散而非恢复初始均衡状态）。

需要说明的是，我们的模型显示在资本跨境流动中，货币乘数也会发生相应的变化：资本流出时货币乘数相应减小，资本流入时货币乘数相应增大，货币乘数的不稳定也因此成为金融运行风险的一个重要环节。

从历史数据来看，近年来，在大多数情况下，月度资本流出（以热钱表示）基本上属于 1%～5%的范围（所以，金融运行风险仍然可控）。尽管如此，目前国际上部分金融机构在做空中国经济，虽然其本质属于投机性交易，但这些金融机构为了实现自己投机成功的目的，可能引发中国经济下行从而实现影响与中国相关的资产价格及金融市场预期，有可能成为资本流出的重要驱动力量。

正如我们在仿真过程中发现的，一旦金融市场的预期受到影响，则资本流出对金融运行风险的影响可能很大。因此，从总体上应对资本净流出给予足够重视并严加防范。

4）房价波动的仿真结果

房价泡沫破灭压力是当前中国金融运行风险很重要的一个影响因素，假设中国房价分别下跌 5%，10%，15%和 20%，在不考虑宏观经济政策措施的情况下，通过本项目建立的模型对金融运行风险进行估计，结果如表 8-4 所示。

---

① 在这种情况下，政府会出台相应的措施。

表 8-4 房价波动对金融运行风险的仿真结果

房价下跌幅度	金融运行风险变化	经济运行风险①
5%	—	—
10%	上升,维持现级别	GDP 下降 0.5%~1.5%
15%	上升至上一级别底部	GDP 下降 1.5%~2%
20%	上升至上一级别中部	GDP 下降 2%~2.5%

需要说明的是,我们考虑了房地产与银行贷款、影子银行和地方政府债务之间的相关性,在仿真中分别设定它们的相关性如表 8-5 所示。

表 8-5 房价波动与银行贷款、财政收支和影子银行的相关系数设定

项目	房价波动	银行贷款	财政收支	影子银行
房价波动	1	0.1~0.2	0.5~0.7	0.4~0.6
银行贷款		1	—	—
财政收支			1	—
影子银行				1

由此可以看出,房价波动对金融运行风险具有较强的影响,特别是当房价下跌大于 15% 时,金融运行风险的级别将上升,宏观经济运行风险的影响也将变得不可忽略。

如果我们再考虑到房价波动对居民信心的影响,即居民预期也受影响、易形成恐慌性的羊群效应,则在一定时期内(政策干预出台前),金融系统可能出现发散式的动态演化,房价加速下跌,金融风险急剧上升,只有政府出台强硬的干预措施,才可能改变居民预期防止金融风险的进一步恶化。

房价下跌还对当前金融运行风险的另一个重要因素,即地方政府债务形成叠加效应。如果房价出现剧烈下跌,中央政府又不采取措施,则财政预算严重依赖土地出让金的许多地方政府将面临严重的财政危机,从而加剧已经积累的金融运行风险。

此外,影响金融运行风险还有其他因素,如股市波动,今年已不是最重要的风险因素,因此把相应的仿真结果置于附录。

四、结论与建议

2016 年金融运行风险比前两年有一定提高,其中的突出因素是货币余额较大、实体经济面临下行压力、资本外流等。过去我们有充分的政策空间,如基建、房地产、出口、股市,可以一个接一个地加杠杆,但现在这些空间已被陆续透支。为了应对面临的金融风险,我们给出如下建议。

(一)维持稳健的货币政策,提高金融运行效率

过高的货币余额带来的风险不言而喻,因此应尽量控制货币供给过快。但是,由于中国中

① 按月最大值折算为年计。

央银行的独立性相对较弱，因此，控制货币供给速度需要其他多方面的措施相配合。

在短期内，需要忍受适度的经济下行带来的不利影响，不能简单地对经济进行刺激，否则就会继续扩大货币供给，使已有的风险进一步累积。当然，这种忍受是有一定限度的，如果经济下行压力超过一定限度，则需采取必要的刺激措施，货币供给扩大也成为必然，这也是维护适度货币供给和贷款增速面临的难题。问题的关键可能在于，稳健的货币政策不仅能够维持币值的长期稳定，更重要的是稳定人们的预期，从而借助稳定的预期影响人们的行为，从而稳定经济，降低金融风险。

从长期来看，应进一步提高金融效率，避免只能依赖粗放、低效的货币投放来刺激经济发展的境况。提高金融效率，需要大力发展中国债券市场，深入推进股票市场上市制度改革（如注册制①），提高直接融资比例，转变社会融资方式，减轻对银行信贷方式的过度依赖，既形成银行体系利率市场化改革的外在压力，又能纾解银行体系改革的内在风险；改变以调控手段为主的货币政策思路，逐渐过渡为以利率价格手段为主；主动适时调整国家产业政策与财政投资进度，控制国内基础设施等固定投资的过快增长，避免信贷配给手段造成的不公平；鼓励发展服务于中小企业的地方性小型金融机构，打破金融领域与实体经济领域的市场垄断，为发挥市场在资源配置中的主导作用提供制度基础。总之，应设法让资金流入边际效率（或边际产出）最高的实体经济部门，提高金融效率。

（二）防止出现剧烈的资本流出

资本流出（甚至外逃）的重要原因是国内经济政策扭曲和制度缺陷，因此从长期来看，应从体制和政策环境等深层次上采取措施加以解决。

加强政府的宏观调控力度。推进国内金融改革的深化，减少在利率管理、市场准入、投资限制等方面的直接管制和行政干预，深化外汇市场改革，逐步放松外汇需求管理，逐步采用市场手段间接调控汇率和利率；将利率和汇率形成机制市场化，维持稳定而合理的实际汇率和实际利率；有效地化解银行不良资产，推出套期保值、规避风险的金融工具，减少居民的风险预期；改善投资环境，减少交易成本从而增强投资的吸引力。

监督和防范资本流动。加快建立现代企业制度，建立适应市场经济要求的国有资产管理体系，加强对国有资产运营状况的监督，完善公司治理结构。规范企业对外直接投资、买壳上市，以及国际并购中的资产评估和财务管理，加强对金融机构及境外国有资产存量运营的监督和管理；强化对涉外投资行为的监管力度，截堵资本外逃中通过贸易和资本项目的转移渠道，制订严格的收付汇纪律，实行严格的审批手续，加强对进出口重点部门、重点种类交易行为的管理；还应该推进税制改革，完善本国的税制，防止以逃避税收为目的的资本外逃。

加强资本管制的国际协调。与资本转移的目的国建立信息共享协议，共同制定一套全面的资本逃避衡量体系，为资本管理提供有效和及时的预警。将境外资产征税的属地原则与居民原则结合起来，改进境外资产的管理，加强与其他国家对突发性的资本外逃的共同防御。

我们认为，除非流动过于激烈，否则对短期的资本跨境流动可以不予以理会，这样有助于降低利用政策进行套利从而稳定金融秩序。

（三）消化房地产泡沫风险

目前房地产业面临的仍然是三线、四线城市供过于求而一线、二线上涨过快的压力，政府

---

①　虽然目前来看注册制推行未有进展，但我们认为势在必行。

有关部门必须采取措施防止泡沫破裂，同时也应防止未来泡沫进一步地扩大。

加强对房地产市场的宏观监控和管理。房地产兼有资产和消费品两重性，正因为如此，当房地产市场的投资十分活跃，容易产生房地产泡沫时，就必须加强对房地产市场的管理：首先，要加强对房地产建设的投资管理，根据收入的水平来确定投资规模，使房地产的产与销基本适应，不至于过多积压；其次，要加强房地产二级市场的管理，防止过分炒高楼市，使房地产泡沫剧增；最后，要加强分类指导，对房价下行压力较大的地区应积极支持改善型需求，避免房价发生断崖式下跌。

建立长期的全国统一的房地产市场运行预警预报制度。加强和完善宏观监控体系应当通过对全国房地产市场信息及时归集、整理和分析，就市场运行情况作出评价和预测，定期发布市场分析报告，合理引导市场，为政府宏观决策做好参谋。加快建立和完善房地产业的宏观监控体系，通过土地供应、税收和改善预售管理等手段进行必要的干预和调控。强化土地资源管理，根据房地产市场的要求，保持土地的合理供应量和各类用地的供应比例，控制地价。加强金融监管力度，合理引导资金流向。健全金融监管体系，增加监管手段，增强监管能力，提高监管水平；加强信用总规模的控制，不使社会总信用过度脱离实质经济的要求而恶性膨胀；加强投资结构的调控，通过利率、产业政策等引导资金流向生产经营等实质经济部门；加强外资和外债的管理，尽可能引进外资的直接投资和借长期外债。此外，推动房地产泡沫产生的资金绝大部分从银行流出，因此要加强对银行的监管，从源头上控制投机资本。

目前，我们采取的措施主要是针对房价上涨过快城市的需求的抑制，这样的做法从短期来看有一定效果，但也埋下了长期隐患，即未来放松，可能会导致下一轮的过快上涨。从金融系统角度来看，房地产泡沫的风险相对而言是外生的，对银行等金融机构只能采用金融市场中的有关工具来规避风险①。

附录

1. 居民的一阶条件

家庭选择消费、货币持有量、政府债券和资本以最大化终生效用，一阶条件满足：

$$C_t^{-\alpha}=C_{t+1}^{-\alpha}\beta(1+i_t)E\left(\frac{P_t}{P_{t+1}}\right)$$

$$\frac{\gamma\left(\dfrac{M_t}{P_t^C}\right)^{-b}}{C_t^{-\sigma}}=\frac{i_t}{1+i_t}$$

$$C_{t+1}^{-\alpha}\beta(r_{t-1}-\delta)E\frac{P_t}{P_{t+1}}=C_t^{-\alpha}$$

2. 中间品厂商一阶条件

最优时的一阶条件满足：

$$\varphi_t^i=\frac{W_t^i}{P_t^iF_L^i(K_t^i,L_t^i)},\ \varphi_t^i=\frac{r_t-\delta}{F_K^i(K_t^i,L_t^i)}$$

① 但目前中国有关工具较为欠缺，所以银行大多数情况下只能承受风险。

3. 月度数据插值处理

假设需要产生 T 个月度观察向量 $\boldsymbol{x}_m$，如 GDP，且 $\boldsymbol{x}_m$ 与一组月度观察 $\boldsymbol{x}_m$（如消费、投资、进出口等）相关，并具有关系 $\boldsymbol{x}_m=\boldsymbol{x}_m\boldsymbol{\alpha}+\boldsymbol{e}_m$，其中 $\boldsymbol{x}_m$ 包含一系列经济指标，如月度消费、投资、进出口、货币余额等；$\boldsymbol{e}_m$ 为 0 均值的残差，且具有自回归形式：

$$e_{mt}=\rho e_{mt-1}+v_{mt}$$

v_{mt} 是独立同分布的，具有 0 均值，方差为 σ^2，因此 $\boldsymbol{e}_m$ 的协方差为 $\Sigma_e=\dfrac{1}{1-\rho^2}\boldsymbol{V}_m$，其中：

$$\boldsymbol{V}_m=\begin{bmatrix}1 & \rho & \cdots & \rho^{T-1}\\ \rho & 1 & \cdots & \rho^{T-2}\\ \cdots & \cdots & \cdots & \cdots\\ \rho^{T-1} & \cdots & \cdots & 1\end{bmatrix}$$

$\boldsymbol{x}_m$ 与其季度观察 $\boldsymbol{x}$ 之间具有如下关系 $\boldsymbol{x}=\boldsymbol{C}\boldsymbol{x}_m=\boldsymbol{C}\boldsymbol{x}_m\boldsymbol{\alpha}+\boldsymbol{C}\boldsymbol{e}_m=\boldsymbol{X}\boldsymbol{\alpha}+\boldsymbol{e}$，其中，$\boldsymbol{X}=\boldsymbol{C}\boldsymbol{x}_m$，$\boldsymbol{e}=\boldsymbol{C}\boldsymbol{e}_m$，矩阵 $\boldsymbol{C}$ 为：

$$\boldsymbol{C}=\begin{bmatrix}1 & 1 & 1 & 0 & \cdots & \cdots & \cdots & \cdots & \cdots & 0\\ 0 & 0 & 0 & 1 & 1 & 1 & 0 & \cdots & \cdots & 0\\ \cdots & \cdots & \cdots & \cdots & \cdots & \cdots & \cdots & \cdots & \cdots & \cdots\\ 0 & \cdots & \cdots & \cdots & \cdots & \cdots & 0 & 1 & 1 & 1\end{bmatrix}$$

采用广义最小二乘估计，可生成月度数据：

$$\boldsymbol{x}_m=(\boldsymbol{X}^{\mathrm{T}}\hat{\boldsymbol{V}}^{-1}\boldsymbol{X})^{-1}(\boldsymbol{X}^{\mathrm{T}}\hat{\boldsymbol{V}}^{-1}\boldsymbol{x})+\hat{\boldsymbol{V}}_m\boldsymbol{C}^{\mathrm{T}}(\boldsymbol{C}^{\mathrm{T}}\hat{\boldsymbol{V}}_m^{-1}\boldsymbol{C})^{-1}\boldsymbol{e}$$

其中，$\hat{\boldsymbol{V}}$ 是与 $\boldsymbol{V}_m$ 对应的矩阵，将通过季度观察 X 的自回归系数估计出来。

4. 风险度量方法

风险指标权重描述影响该风险指标的下一级指标的影响，反映了各下级指标的重要程度，我们的确定思路如下。

首先，根据前文建立的基本模型，获得稳定均衡状态下各经济变量的稳定值，如稳定的人均产出、稳定的人均现金持有量、稳定的通胀预期等；其次，对经济中各个需要考察的状态变量，给定 1%的变动，则根据动态模型，可以计算出未来重新达到均衡前各状态变量的动态变化，因而也就能够确定各状态变量对其稳定值的偏离的大小。下面进行详细说明。

设稳定均衡下各状态构成的向量为 $\boldsymbol{X}^*=(x_1^*,\cdots,x_N^*)^{\mathrm{T}}$，那么一旦发生对稳态均衡的偏离，则各状态变量的动态方程可以在稳定均衡附近展开为：

$$x_{i,t+1}-x_{i,t}=\frac{\partial\varphi_i(\boldsymbol{x})}{\partial x_1}\bigg|_{x_i=x_i^*,\,i=1,\cdots,N}(x_{1,t}-x_i^*)+\cdots+\frac{\partial\varphi_i(\boldsymbol{x})}{\partial x_N}\bigg|_{x_i=x_i^*,\,i=1,\cdots,N}(x_{N,t}-x_N^*)$$

显然 $\dfrac{\partial\varphi_i(\boldsymbol{x})}{\partial x_i}\bigg|_{x_i=x_i^*,\,i=1,\cdots,N}$ 为常数，因此：

$$\boldsymbol{x}_{t+1}-\boldsymbol{x}_t=\boldsymbol{\Psi}(\boldsymbol{X}^*)(\boldsymbol{x}_t-\boldsymbol{X}^*)$$

其中 $\boldsymbol{\Psi}(\boldsymbol{X}^*)=\left(\dfrac{\partial\varphi_i(\boldsymbol{x})}{\partial x_i}\bigg|_{x=X^*}\right)_{N\times N}$，这样，由这些状态变量构成的动态系统就在稳定均

衡状态附近波动。为了将波动转换为无量纲形式，设任一状态变量 x_i 偏离其稳定值的百分比为 u_i，那么：

$$u_{i,t}=\frac{x_{i,t+1}-x_{i,t}}{x_i^*}$$

$$\frac{x_{i,t+1}-x_{i,t}}{x_i^*}=u_{i,t+1}-u_{i,t}$$

因此状态变量的线性动态可以转化为：

$$u_{i,t+1}-u_{i,t}=\sum_{j=1}^{N}\frac{x_j^*}{x_i^*}\frac{\partial\varphi_j(\boldsymbol{x})}{\partial x_j}\bigg|_{x=X^*}u_{j,t}$$

这是一组关于各状态变量对各自的稳定状态偏离百分比的变动线性方程，描述了我们所关注的经济在某些变量受到冲击后的动态调整过程。显然，各状态变量对其稳定值的偏离就是由 u_i 来描述的，u_i 越大，则该变量偏离稳定的程度越大，该变量对应的风险指标也越大，反之越小。

考虑各风险指标的权重。若以各经济变量的稳定值为参照（原点），$\boldsymbol{u}_t=(u_{1,t},\cdots,u_{N,t})^{\mathrm{T}}$ 反映了第 t 期的经济状态相对于稳定经济状态的位置，而 $\rho(\boldsymbol{u}_t)=\sqrt{\sum_{i=1}^{N}u_{i,t}^2}$ 则反映了第 t 期的经济状态相对于稳定经济状态的“距离”，该“距离”越大，则经济运行风险也越大。

给各个经济变量（或风险指标）指定权重的主要根据，是看该变量每变动 1%，对其他经济状态的影响程度如何。如果经济系统线性化已经完成，并且有关的系统参数也已经校准确定完毕，则该基本系统已经确定。若在期初人为地赋予某个 $u_{i,0}=1\%$，而 $u_{j,0}=0,\ j\neq i$，即经济在稳定状态时人为地给予某个变量 1% 的外生冲击，那么该经济系统就开始逐期调整直到重新稳定，当然，很可能在该冲击的影响还没有消除时，现实中很可能新的冲击又已出现。在认识中，我们可以识别出每一次冲击的“纯粹”的影响。而方程组 $u_{i,t+1}-u_{i,t}=\frac{\partial\varphi_i(\boldsymbol{x})}{\partial x_i}\bigg|_{x=X^*}u_{i,t}$ 描述各个经济指标如何逐期变化。当经济重新稳定时，可能是在第 T_i 期之后，那么在这 T_i 期内，经济一直处于失衡（有风险）的状态。我们采用 $\gamma_i=\sum_{j=0}^{T_i}\rho(\boldsymbol{u}_{t+j})$ 表示此 1% 的外生冲击对经济造成的总体影响，而采用 $\omega_i=\frac{\gamma_i}{\sum_{i=1}^{N}\gamma_i}$ 表示第 i 个经济变量（对应于某个或某些风险指标）对总体风险的贡献，因此我们采用 ω_i 作为各指标的风险权重。这样，一旦给出了各主要的风险指标，则风险总体指标对应的值就是以 ω_i 为权重的加权。

外生地给定经济变量 1% 的冲击后，经济重新稳定所需要的时间不同，因此不同的 i 对应不同的 T_i，而 T_i 的确定则完全通过对经济系统的计算机模拟来确定。很显然，T_i 越大表明该状态变量的影响时间越长。当经济重新稳定的时候，T_i 可能未必是整数。我们采用四舍五入的方式来近似代替，否则 γ_i 无法计算。我们主要以月度为时间单位，因此总体来说误差在可接受范围内。

5. 股市波动的仿真结果

截至2015年7月底，中国股票市场交易结算金余额超过3万亿元人民币，而沪深300指数在2014年以来出现快速上涨，2015年6月下旬以来又发生剧烈下跌。通常，股市的短期波动不会直接对实体经济造成影响，但如果下跌幅度过大、持续时间过长，在短期内会对实体经济造成冲击，因而其对金融运行风险的影响不容忽视。

我们对股市冲击的仿真考虑了如下几个因素：①居民持币意愿，即股票价格持续下跌的预期导致居民持币意愿增强；②银行信贷中流入股市的资金缩水，造成银行的风险厌恶程度上升，从而放贷意愿下降；③股票价格剧烈下降的预期会导致资本的流出。这几方面的因素导致企业融资成本上升，形成经济受到负向冲击的预期，反过来进一步恶化居民和银行的风险厌恶程度，由此影响实体经济运行。特别地，由于历史原因，中国股市中的融资主题主要是关系国计民生的国有企业，因此，负向的冲击带来的影响更值得重视。我们基于2015年第二季度数据的仿真结果如附表1所示。

附表1 **股市单月暴跌的仿真结果**

沪深300指数下降幅度	金融运行风险变化	经济运行风险
10%	上升，维持现级别	＜0.5%
30%	上升至上一级别底部	*GDP*下降0.3%～0.8%
50%	上升至上一级别上部	*GDP*下降0.8%～1.5%
70%	上升至上一级别顶部	*GDP*下降＞2%

6. 地方政府债务违约的仿真结果

地方政府债务在近年来因为其规模而备受关注，特别是部分地方政府为了地方经济的发展而大肆举债，并且，近年来部分地方政府的财政收支严重依赖土地出让金。地方政府债务发生违约，对经济造成的冲击主要在于居民信心，从而导致金融风险上升、流动性紧张。我们对地方政府债务违约比例分为1%，5%，10%和15%几种情况进行风险测算，结果如附表2所示。

附表2 **地方政府债务违约金融运行风险的仿真结果**

地方政府债务违约比例	金融运行风险变化	经济运行风险
1%	上升至本级顶部	*GDP*下降0～0.3%
5%	上升至上一级底部	*GDP*下降0.5%～0.8%
10%	上升至上一级中部	*GDP*下降0.8%～1.5%
15%	上升至上一级中上部	*GDP*下降1.5%～2%

事实上，地方政府债务存在违约风险已经引起市场的警觉，地方政府债务违约一旦发生，对居民信心产生的冲击比其他冲击可能更大，因此金融风险上升会比较明显，在中央政府不出台措施的情况下，这种冲击有可能进一步放大，从而影响实体经济。如果违约比例逐渐增大，则即使中央政府不出台措施，但居民对出台措施的预期会有所上升。因此，当地方政府债务违约比例逐渐上升时，金融风险和经济运行风险的上升并非非常剧烈；但这时候的居民预期并不稳定，很容易形成经济衰退的恶性循环。我们尚无法从模型中考虑地方政府债务违约反过来

对房价波动的影响，但直观地说，如果地方政府债务违约，具有投资属性的房产价格肯定会发生波动，而这种波动反过来又会进一步刺激包括政府债务违约等行为在内的金融风险的进一步加剧。

从仿真结果可以看出，股市剧烈下跌对实体经济的影响需要谨慎对待。由于金融市场往往是预期推动和自我实现的，所以在监管中应注重引导市场的预期。

7. 影子银行风险的仿真结果

影子银行资金的期限相对较短，融资成本相对较高，基本上是银行融资渠道紧缩后的一种替代或“创新”。为了简化，我们将影子银行当做一种直接融资来处理，并假设违约率分为0.5%，1%，5%和10%几种情况，不考虑“刚性兑付”，仿真结果如附表3所示。

附表3　**影子银行不同违约率对金融运行风险的仿真结果**
(不考虑与房价和地方政府债务的相关性)

需求下降幅度	金融运行风险变化	经济运行风险
0.5%	维持现级别	<0.05%
1%	上升，维持现级别	*GDP* 下降<0.2%
5%	上升至上一级别中部	*GDP* 下降 0.5%左右
10%	上升至上一级别上部	*GDP* 下降 0.5%～1%

从仿真结果来看，影子银行的违约对金融风险的影响相对不算大，但这是我们没有考虑其与房价波动和地方政府债务之间的相关性的结果①。如果考虑到它们之间的相关性，其对应的风险应该更大一些。

参考文献

[1] Yannick K. Financial fragility in emerging market countries: firm balance sheets and the productive structure. PSE Working Papers, 2005.

[2] Goodhart C A E, Sunirand P, Tsomocos D P. A time series analysis of financial fragility in the UK banking system[J]. Annals of Finance, 2006(2).

[3] Tsomocos D P. Equilibrium analysis, banking, and financial instability[J]. Journal of Mathematical Economics, 2003(3).

[4] Hoggarth G, Saporta V. Costs of banking system instability: some empirical evidence[J]. Financial Stability Review, 2001(6).

[5] Lagunoff R, Schreft S. A model of financial fragility[J]. Journal of Economic Theory, 2001(2).

[6] Goodhart C A E, Sunirand P, Tsomocos D P. A model to analyse financial fragility [J]. Economic Theory, 2006(1).

[7] Haldane A, Hall S, Saporta V. Tanaka M. Financial stability and macroeconomic

① 与地方政府债务相似，较难确定影子银行反过来对房价和地方政府债务的影响。

models[J]. Bank of England Financial Stability Review, 2004(6).

[8] Hoggarth G, Whitley J. Assessing the strength of UK banks through macroeconomic stress tests[J]. Bank of England Financial Stability Review, 2003(6).

[9] Fender L, Jacob G. Overview: global financial crisis spurs unprecedented policy actions [J]. BIS Quarterly Review, 2008(9).

[10] ALLEN F, GALE D. Bubbles and crises[J]. The Economic Journal, 2000(1).

[11] ERCEG, CHRISTOPHER J, DALE W. Henderson, Andrew T. Levin. Optimal monetary policy with staggered wage and Price contracts [J]. Journal of Monetary Economics, 2000(46).

[12] DAVID N D, Chetan Dave. Structural macroeconomics[M]. Princeton University Press, 2007.

第九章　财税风险

一、绪论

总体来说，2016年财税风险关注点在于国债风险和土地财政风险。在一般情况下，如果排除发行货币和增加税收两种弥补财政赤字的手段的话，那么发行国债就成为其唯一选择。但是，如果政府长期地将国债作为弥补赤字的手段，政府财政累计的还本付息额有可能会逐渐增加，政府财政收支就更难平衡，进而导致赤字和国债规模的双增长。因此，短期内，发行国债虽然可以弥补赤字，但长期内可能会扩大赤字，给财政带来风险。1980年以来的中国财政赤字和国债发行额的数据显示，1980年以来的中国财政赤字和国债发行规模都是增长的，而且这两个指标的绝对规模还有进一步扩大的趋势。中国的国债发行，短期内弥补了财政赤字，长期内扩大了财政赤字。本部分内容研究中国国债弥补财政赤字风险。

土地目前已成为中国地方政府实际拥有的最大价值的资产，其相关收益在地方政府财政收入中的地位也从分税制改革之初不起眼的小角色，发展成为地方政府颇为依赖的重要组成部分，成为了"土地财政"。随着房地产市场的升温和城镇化进程的推进，土地相关收益占据地方政府财政收入的比重越来越高。有了土地财政的保障，地方政府支出刚性就很难降低，财政支出缺口的问题就会被掩盖在土地财政之下。同时这一趋势发出一个信号，即地方政府不会让房价跌下去，从而吸引更多的企业和人员投身于房地产开发，导致资源涌入土地相关产业，产业结构失衡风险加大，并且土地财政依赖继续推高了城市里经营成本和生活成本，又会迫使对土地成本敏感的企业将机构整体或部分转移。本章着重讨论土地财政依赖与地方政府财政支出缺口、产业结构以及经营成本和生活成本的区域性差异和风险。

二、相关文献

(一) 国债与赤字

中外不少学者都研究了国债与财政赤字之间的关系问题，有学者认为发行国债可以弥补财政赤字，但也有少数学者持相反的观点。国内有不少学者就认为发行国债可以弥补赤字。安体富、菠景州和钱东人(1990)认为，发行国债是弥补财政赤字的基本手段，利大于弊。李海英(2003)认为，政府发行国债可以弥补财政赤字、避免通货膨胀。夏少刚(2004)认为，用国债弥补财政赤字不会引发通胀。曾青春、刘松竹(2006)认为，发行国债是政府弥补财政赤字、平衡财政收支的最佳方式。涂立桥(2008)认为，国债是弥补财政赤字的工具。谢旭人(2009)认为，可以通过增发国债来弥补不断扩大的财政赤字。杨晓华(2009)认为，在经济衰退时期，无论是增加公共投资还是降低消费者和投资者的税收负担，表现在预算上都有可能是赤字，最终需要通过发行国债来弥补。梁艳(2010)认为，通过国债筹资可以迅速、灵活、有效地弥补财政赤字。梁学平(2012)认为，国债和财政赤字是一对如影随形的经济现象，通过发行国债来弥补财政赤字是国债产生的主要原因。

国外也有不少专家学者认为发行国债可以弥补赤字。Miller 和 Norman C(1975)认为，政府债务规模的增加往往伴随着政府财政支出的不断扩张，而这也必然同时出现财政赤字。Sargent 和 Wallce(1981)认为，如果财政赤字由国债发行弥补，则将来势必要用比原本更多的铸币税去弥补①。Corsetti, Giancarlo, Roubini 和 Nouriel(1991)认为，在 1973—1990 年期间，OECD 国家的国债占 GDP 的比重不断提高，这与弥补财政赤字的能力不断增强有关。Ian P. King(1992)发现，若一个经济的增长是内生的，那么发行国债就可以弥补财政赤字。Sara Aliabadi, Alireza Dorestani 和 Aijana Abdyldaeva(2011)认为，依靠国债弥补赤字短期可行，但长期来看则不具有可持续性。Lance Taylor, Christian R. Proano, Laura de Carvalho 和 Nelson Barbosa(2012)研究发现，美国财政逆差(赤字总额减去利息支付)与经济增长和债务之间相互影响，债务增加规模小于减少的规模，国债规模仍然可以再进一步扩大。F. Van Der Ploeg(2005)认为，若政府发行的国债规模过大，就可能失去还债能力，为了避免债务违约，政府的财政赤字规模会有一个上限。Christopher S. Adam 和 David L. Bevan(2005)研究发现，财政赤字和债务存量之间具有交互效应，高债务是高赤字造成的结果。

（二）土地财政

土地财政是以与土地运行相关的收入为主的财政体制，其收入主要包括土地出让金、与建筑业和房地产业有关的相关税费。土地财政是中国现有的体制造成的地方财政过度依赖土地所带来的相关税费的非正常现象，是地方政府的可支配财力高度倚重土地及其相关产业税费收入的一种财政模式。因此，土地财政是从财政收入的角度定义的，即与土地相关的财政收入占地方整体财政收入的比例较高的一种财政模式。

首先，对于地方政府依赖土地财政的原因，我们马上会想到中国发展的重大战略——推进新型城镇化建设的背景。在推进这一重大战略时，巨大规模的资金以及筹集渠道是各级政府必须要解决的问题，同时也与各类经济实体和民众紧密相关。新型城镇化的核心是人的城镇化，其中主要是农民工的市民化。薛翠翠(2013)认为，基于中国财政分税制改革的现实，许多地方政府在财政收入上已经形成了依靠土地财政的路径依赖，在推进地方新型城镇化建设上，大多数地方政府仍然将目光和行动放到了土地财政上，土地出让收入仍是新型城镇化过程中非常重要的地方财政的支持，特别是在工业化和城市化尚未基本完成的地区，其地位与作用仍难以改变。地方政府取得的城镇土地使用税、土地增值税、耕地占用税、契税、房产税等税收性土地收入，也承担了筹资的重要功能。

其次，中国现行财政体制即分税制改革存在缺陷。现行的分税制使得地方政府的财权、事权不匹配，形成地方财政缺口，影响了地方财政的可持续性。而土地出让金全部纳入地方财政，因此地方政府有动机依赖土地财政来增加其可支配收入。郭珂(2013)和李郇(2013)分析了中国土地财政、财政缺口以及分税制之间的关系，孙秀林(2013)认为，地方政府行为受中央与地方关系的影响，尤其受分税制以来财税体制改革的影响。分税制集中财权使地方政府逐渐走向以土地征用、开发和出让为主的发展模式，从而形成了土地财政。

再次，官员晋升竞争助推了地方政府投资“经营”城市的热潮。土地财政实质上是财政体制与政治体制的内在缺陷造成的。唐鹏(2014)认为地方政府竞争推动了土地财政依赖，刘佳

① 通货的币面价值超出生产成本的部分被称为“铸币税”。

等(2012)基于晋升锦标赛理论视角,从地方政府官员晋升竞争角度出发,分析了官员晋升竞争对土地财政的影响。研究发现,地方政府官员晋升竞争是引发土地财政的根本原因,行政首长面对晋升竞争时更倾向于土地财政;相较东中部地区,西部地区官员在面对晋升竞争时更倾向于土地财政。范子英(2015)的研究也发现土地财政的真实原因是投资冲动,因为即使是中央指定用途的转移支付,都被用于生产性的基础设施建设,而不是基本公共服务的提供,而投资冲动也是源于官员晋升竞争。

三、风险识别

(一) 国债风险

中国实行改革开放以来,除 1985 年有少数盈余外,中国大部分年度均有赤字,且财政赤字规模越来越大。1993 年以前,财政赤字主要通过向中央银行透支或借款来弥补。1993 年 11 月 14 日,中共十四届三中全会通过的《中共中央关于建立社会主义市场经济体制若干问题的决定》明确规定,以后不允许再采用向中央银行借款的方式弥补财政赤字。因此,国内许多学者认为,在市场经济条件下,国债便成为"补缺口的上帝"(God of Gap)①,发行国债是弥补财政赤字和债务还本付息的唯一手段。中国自 1981 年对国内恢复国债发行以来,国债规模经历了平稳时期(1980—1994 年)和迅猛增加期(1995 年—至今)②。中国财政赤字和国债相关数据见图 9-1。

从图 9-1 中可以看出,整体上看,中国财政赤字规模、中国国债余额、内外债还本付息支出和国内外债务发行规模以 1994 年为分界点,在分界点前后呈现出不同的变化趋势。1994 年以前,中国财政赤字规模、中国国债余额、内外债务还本付息支出和国内外债务发行规模变化幅度非常小,1994 年以后上述几个指标都呈现出不断增加和扩大的趋势,财政风险进一步加大。具体来看:①1994 年以后,中国财政赤字规模不断增加。2007 年有盈余,但 2008 年后再次出现赤字,且规模进一步加大,到 2014 年,赤字规模达到历史性新高,约 11 415.5 亿元。赤字规模不断扩大可能是政府为应对 2008 年美国次贷危机而采取的扩张的财政政策,中央下调经济增长预期,以及经济下行所带来的财政收入增长变缓等原因所造成的③。②1994 年以后,国内外债务发行规模也不断扩大,2009 年超过 10 000 亿元,2010 年为 20 000 亿元。弥补短期财政赤字、借新债还旧债等都会造成国债发行规模的增加。③1994 年以后,债务还本付息支出规模呈现出不断增加的趋势,2009 年增加约 10 000 亿元。原因可能是历年债务发行规模不断膨胀,到期债务规模相应增加。④在 1980—1994 年,中国国债余额规模比较稳定,变化不大。1994 年以来,中国国债余额规模不断增加,2014 年总规模超过 95 000 亿元,规模达到历史性新高。

---

① 一般来讲,弥补财政赤字有三种方法:增加税收、向中央银行透支或借款、政府举借国债。但是增加税收实行起来比较困难,向中央银行透支或借款又会增加社会货币供应量,造成通货膨胀的经济风险,相对而言,发行国债是一种较好的方法,因而被普遍采用(张军,2009)。

② 由于在 1980 年有外债,1981 年恢复发行内债,为不损失数据,以更准确地表现出中国的国债变化趋势,本文相关数据以 1980 年为起点。

③ 2008 年 11 月 5 日召开的国务院常务会议确定了进一步扩大内需、促进经济增长的 10 项措施。初步计算,到 2010 年年底需投资约 4 万亿元。

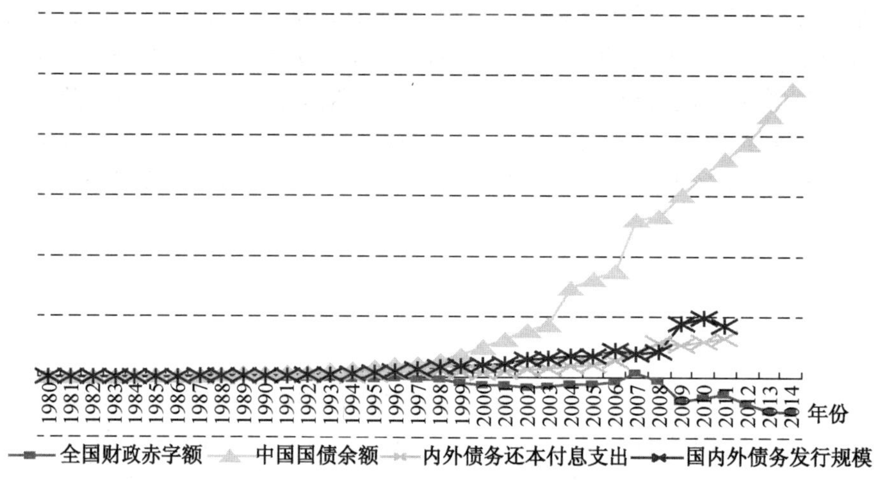

图 9-1 中国财政赤字和国债各绝对数指标数据(1980—2014 年)单位:亿元

资料来源及说明:①《中国统计年鉴》(2011)、历年《中国财政年鉴》;中国人大网 2000—2008 年中央决算的报告。②中华人民共和国财政部(http://www.mof.gov.cn/);国务院发展研究中心信息网(http://www.drcnet.com.cn/www/integrated/)。③从 2000 年开始,"内外债务还本付息支出"数据均为债务还本支出。从 2006 年起实行债务余额管理,国家财政预算不再反映债务还本支出。2006—2008 年"内外债务还本付息支出"按照 2009 年相对于 2005 年的数据计算的平均增长率测算所得。

中国财政赤字和国债各绝对数指标可以从总量上说明中国财政赤字和国债各绝对量的变化规律,但相对指标在一定程度上也可以从一个侧面说明中国财政赤字和国债的相对变化趋势(见图 9-2)。

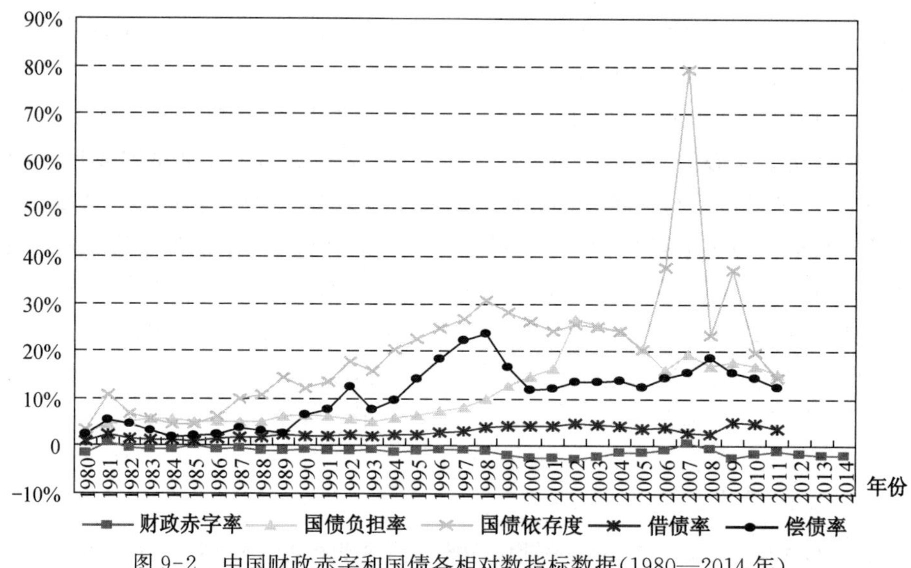

图 9-2 中国财政赤字和国债各相对数指标数据(1980—2014 年)

资料来源及说明:①《中国统计年鉴》(2011);历年《中国财政年鉴》;中华人民共和国财政部(http://www.mof.gov.cn/);国务院发展研究中心信息网(http://www.drcnet.com.cn/www/integrated/)。②财政赤字率=当年财政赤字额÷当年 GDP,国际公认控制线为 3%。③国债负担率=当年国债余额÷当年 GDP,一般认为不超过 45%。《马斯特里赫特条约》规定的上限为 60%。④国债依存度=当年国债发行额÷当年财政支出,国际公认警戒线为 25%~35%。⑤借债率=当年国债发行额÷GDP,国际公认上限为 10%。⑥偿债率=当年国债还本付息额÷当年财政收入,国际公认警戒线是 8%~10%。

从图 9-2 可以看出:①1980—2014 年,中国财政赤字率和借债率一般比较稳定,也都处于国际安全线以内。这说明,1980—2014 年,财政赤字额占 GDP 比重和当年国债还本付息额占当年财政收入比重变化不大。若从绝对量来看,财政赤字规模和国债还本付息额可能增加较大,但历年中国 GDP 和财政收入增速也较快,使得中国财政赤字率和借债率无明显变化。②1980—1992 年,偿债率、国债负担率和国债依存度也未发生明显的变化。但从 1993 年开始,国债负担率、国债依存度和偿债率呈现明显上涨的趋势,而且偿债率和国债依存度超过了国际警戒线。这说明 1980—1992 年,历年国债余额占 GDP 比重、历年国债发行额占当年财政支出比重以及历年国债还本付息额占当年财政收入比重变化不大。即使历年国债余额、历年国债发行额和历年国债还本付息额增量较大,但历年 GDP、历年财政总支出、历年财政总收入增量也较大,相关相对指标变化不大。但在 1993—2014 年间,由于历年国债余额、历年国债发行额和历年国债还本付息额增速分别快于历年 GDP、历年财政总支出和历年财政总收入,所以此期间的相关相对指标不断加大。

（二）土地财政风险

1. 土地财政规模及土地财政依赖度

1）土地财政规模

近年来,全国国有土地供应量在不断增加(如图 9-3 所示),除了偶有降低,应该说土地供应随着经济发展的需要在调整,这一趋势在 2013 年最为明显,不论是出让面积还是出让价款都达到了近年最高(见图 9-4)。

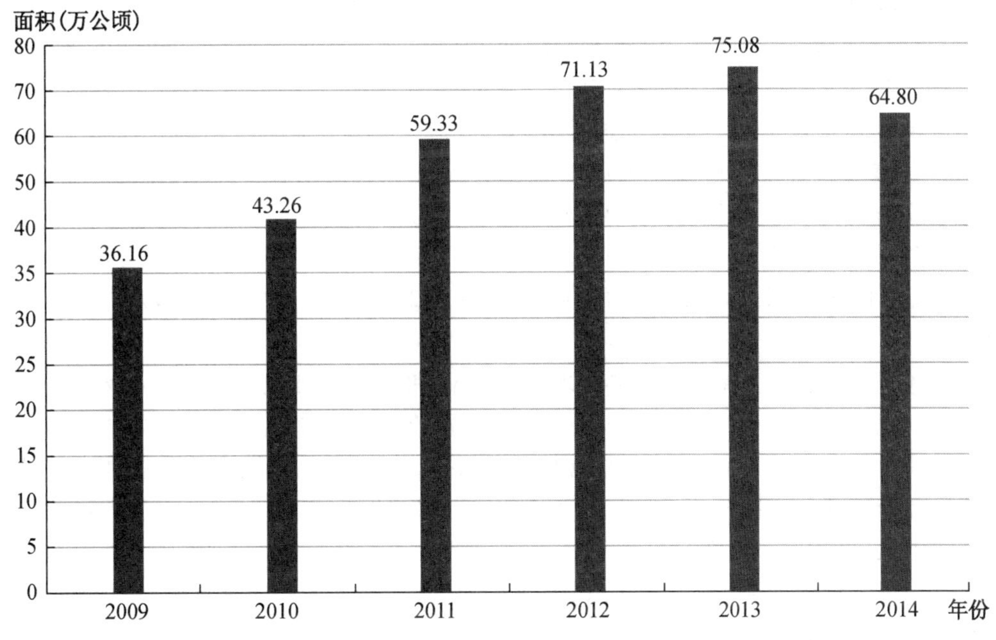

图 9-3 2009—2014 年全国国有建设用地供应情况

土地为经济发展提供资源,也为地方政府提供了方便可靠的稳定收入。地方政府从土地及其相关产业获得的收入甚为可观,与土地出让与开发相关的产业甚至成为地方经济的支柱产业。下面用统计数据来说明地方政府财政收入中来源于土地出让与开发的比例到底有多高。

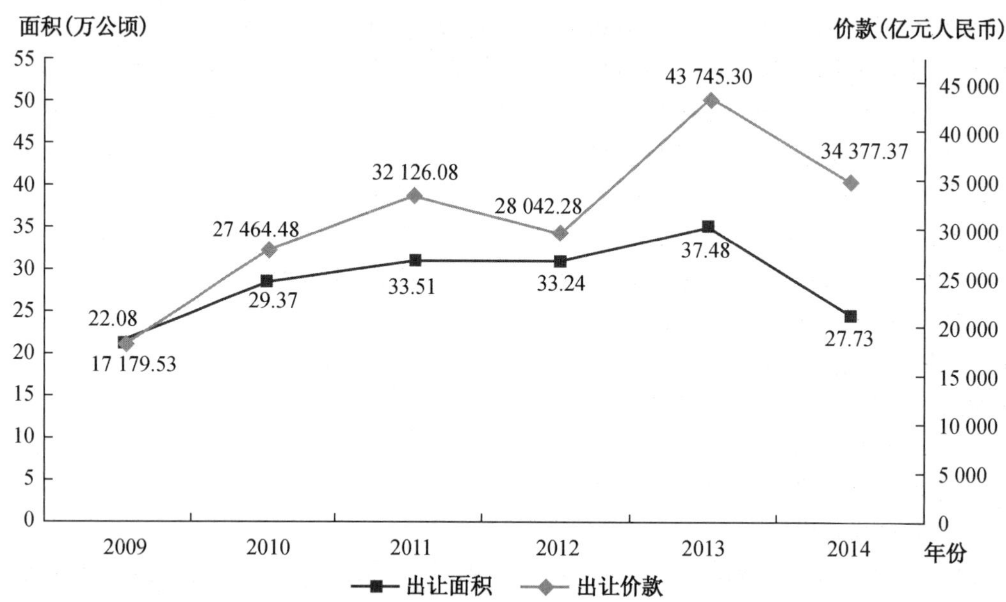

图 9-4　2009—2014 年全国国有建设用地出让情况

地方政府用土地抵押获得的贷款,需要用政府常规渠道获得的土地出让收入和土地、房产相关税收收入来偿还,因此本章将地方政府用土地抵押获得的贷款不计入收入,而只视作债务。本章土地财政收入只包括土地出让金收入和房地产相关税收。狭义房地产相关税收包括房产税、城镇土地使用税、土地增值税、耕地占用税和契税。将 2014 年全国各省市自治区狭义房地产税收与预算收入作一个结构性比较(见图 9-5),就会发现地方政府取得的一般性预算收入中来自房地产的五大税种收入占据了较大的比例,这一规律表现最为明显的是广东、江苏、山东、浙江、辽宁等省份,而一直处于风口浪尖的一线城市北京、上海,其来自房地产的税收收入占预算收入比例较高,但没有前述五省比例高。

如果将房地产税收范围扩大,加上来自建筑业和房地产开发行业的流转税和所得税,这种趋势和规律又会不一样。因此,广义房地产税收包括以上五种税种,再加上房地产业营业税及其附加和房地产企业所得税地方分享部分、建筑业营业税及其附加和建筑业企业所得税地方分享部分。同样将 2014 年全国各省市自治区广义房地产税收与预算收入作一个结构性比较(见图 9-6),就会发现这一规律得到了进一步印证。广东、江苏、山东、浙江、辽宁等省仍然是名列前茅,只不过北京、上海跟随其后,多了四川、湖北、河南、福建、安徽这些省份,它们的财政收入中来自建筑业、房地产业以及房地产保有、转让、交易等环节的税收比例也很高。

如果将地方政府土地出让收入和广义房地产税收加总起来,可以得到地方政府财政收入中来自土地相关收入和税收的总和(见表 9-1)。从表 9-1 可以看出,土地财政绝对规模最大的是江苏、广东、山东、浙江、北京等省市。

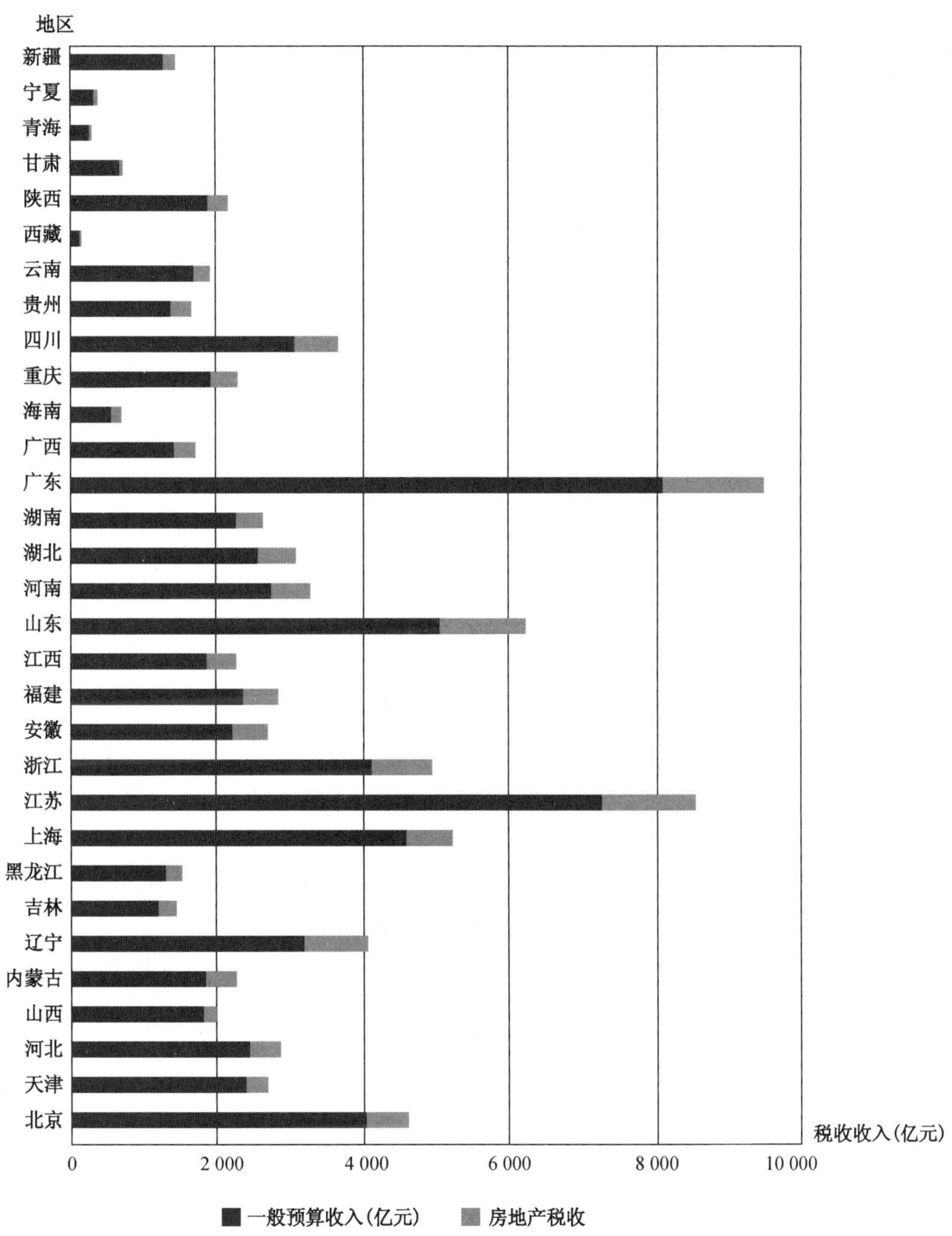

图 9-5　2014 年全国各地区一般预算收入及狭义房地产税收结构图

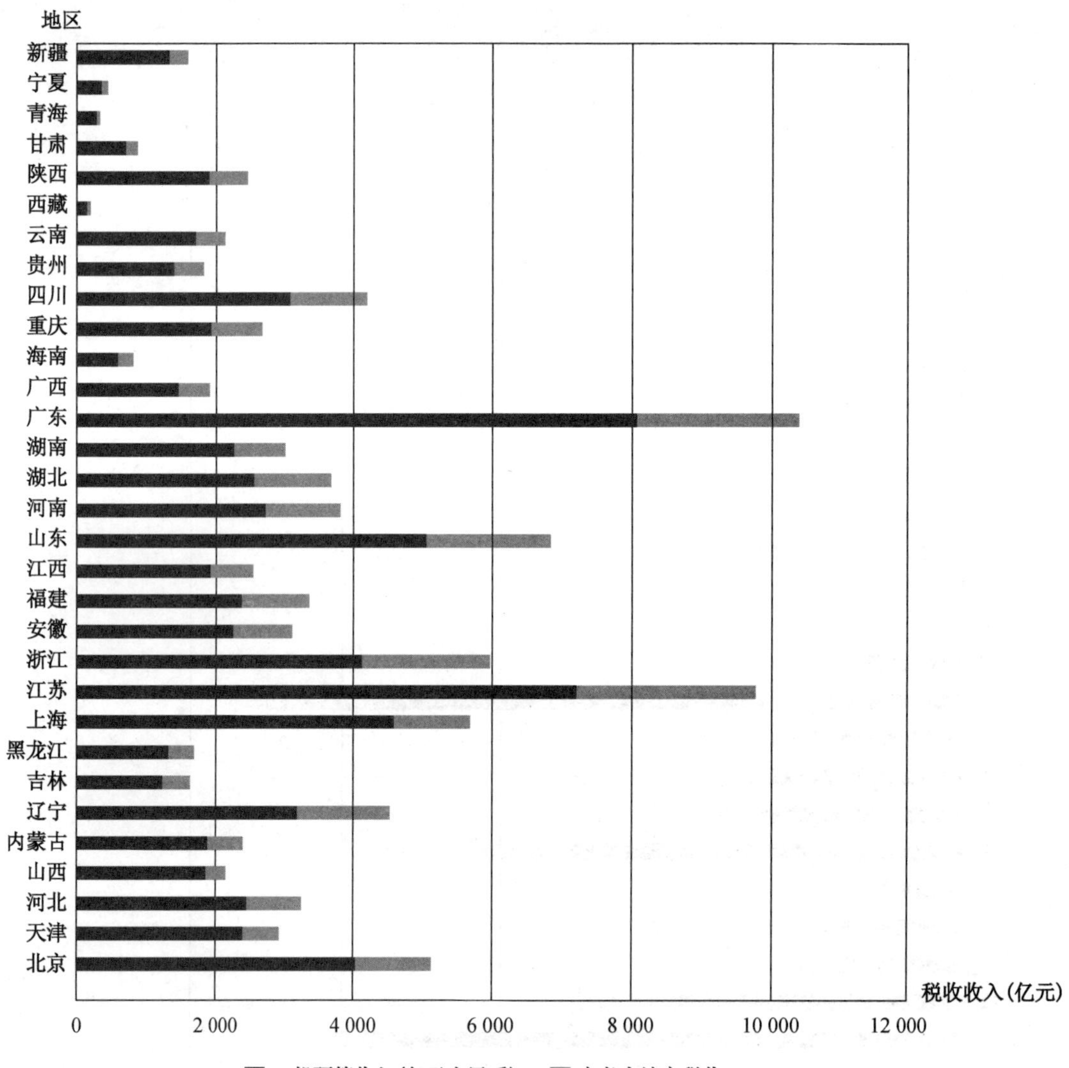

图 9-6 2014 年全国各地区一般预算收入及广义房地产税收结构图

表 9-1 **2014 年全国各地土地财政规模**

单位:亿元人民币

地区	广义房地产税收	狭义房地产税收	房地产业税收	建筑业税收	土地出让金	土地财政规模
北京	1 083.82	569.52	219.10	295.21	2 027.60	3 111.42
天津	547.69	316.00	96.65	135.04	802.00	1 349.69
河北	803.92	431.27	184.46	188.18	1 101.33	1 905.25
山西	322.82	172.73	42.53	107.56	442.36	765.18
内蒙古	546.38	423.48	63.89	59.01	369.09	915.47
辽宁	1 333.51	875.55	200.99	256.97	1 121.24	2 454.75

（续表）

地区	广义房地产税收	狭义房地产税收	房地产业税收	建筑业税收	土地出让金	土地财政规模
吉林	388.34	240.48	48.51	99.34	363.27	751.61
黑龙江	361.08	220.46	72.51	68.10	490.41	851.49
上海	1 112.56	629.63	279.96	202.97	1 486.36	2 598.92
江苏	2 571.83	1 286.11	448.40	837.32	4 430.71	7 002.54
浙江	1 839.39	815.52	344.61	679.26	2 332.98	4 172.37
安徽	869.62	467.11	217.44	185.07	1 813.77	2 683.39
福建	993.29	473.95	263.45	255.90	1 085.18	2 078.47
江西	650.85	389.62	105.41	155.82	1 013.95	1 664.80
山东	1 817.98	1 174.01	312.30	331.67	2 756.91	4 574.89
河南	1 069.65	541.64	227.08	300.94	1 422.54	2 492.19
湖北	1 103.21	516.03	206.92	380.26	1 266.56	2 369.77
湖南	755.78	376.18	137.95	241.65	1 033.29	1 789.07
广东	2 339.03	1 397.05	617.71	324.26	3 031.58	5 370.61
广西	474.14	294.73	91.92	87.49	631.30	1 105.44
海南	228.61	159.55	58.92	10.15	161.39	390.00
重庆	751.68	367.17	182.97	201.53	1 331.38	2 083.06
四川	1 124.81	597.22	259.83	267.76	1 554.68	2 679.49
贵州	435.74	295.47	82.22	58.05	661.01	1 096.75
云南	421.36	218.68	95.78	106.89	475.89	897.25
西藏	6.85	1.56	2.06	3.24	16.65	23.50
陕西	546.36	274.74	103.87	167.75	574.84	1 121.20
甘肃	171.12	68.63	34.94	67.55	192.75	363.87
青海	50.53	24.44	11.83	14.26	73.19	123.72
宁夏	94.84	44.19	27.90	22.75	97.73	192.57
新疆	286.51	156.00	54.63	75.88	215.41	501.92

资料来源：《中国统计年鉴(2015)》和《中国国土资源统计年鉴(2015)》。

注：由于分行业税收数据获得较为困难，房地产业税收计算以房地产业商品房销售额推算房地产业营业税及其附加，以房地产业经营利润推算企业所得税及地方可分享税额，并将两者加总；建筑业税收计算以建筑业营业收入额推算建筑业营业税及其附加，以建筑业经营利润推算企业所得税，并将两者加总。

2）土地财政依赖度

如果量化衡量土地财政的相对规模，即地方政府土地财政依赖度，我们可以用地方政府财政收入中来自土地相关收入的比例来表示，即：

$$\text{土地财政依赖度}=\frac{\text{地方政府来自土地的收入}}{\text{地方政府一般预算收入}+\text{土地出让金}}$$

其中：地方政府来自土地的收入＝土地出让金＋广义房地产税收。

用表 9-5 中的数字计算出 2014 年全国各省土地财政依赖度，具体见图 9-7。从图 9-7 显示的结果可以看出，土地财政依赖度排在前列的省份有 6 个，分别是安徽、浙江、重庆、湖北、福建和江苏，依赖度达到 60％以上。土地财政依赖度达到 50％以上的省份有 11 个，分别是河南、山东、四川、江西、辽宁、海南、湖南、贵州、广西、河北和北京。土地财政依赖度达到 40％以上的省份有 10 个，分别是广东、吉林、黑龙江、陕西、宁夏、上海、天津、甘肃、内蒙古和云南。剩余的 4 个省份是不依赖土地及其相关产业获得财政收入，或者有来自中央政府的转移支付，或者有其他能够获得资源收入的渠道，这些省份分别是青海、山西、新疆和西藏。由此可以得出结论为：全国有大部分省、市、自治区形成了依赖土地及其相关产业获得财政收入的财政模式。这种财政模式风险极高，如果在经济发展和上升时期不谨慎对待，那么在经济下滑阶段将爆发危机。

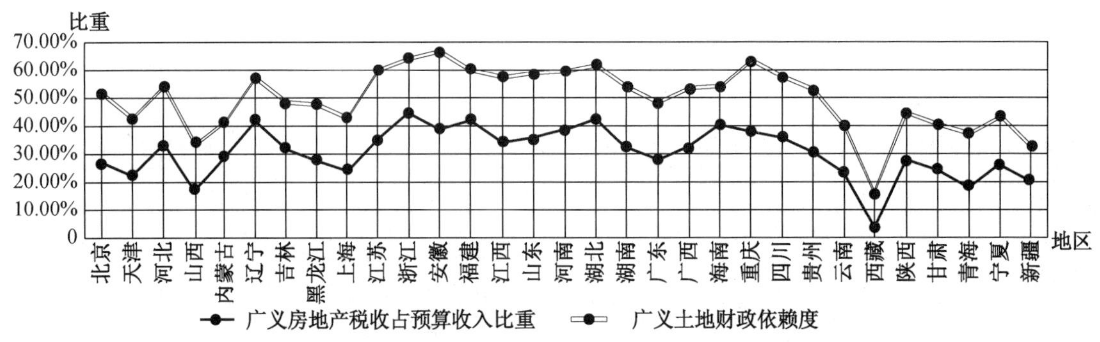

图 9-7　2014 年全国各省、市、自治区广义房地产相关税收收入占预算收入比重及土地财政依赖程度

2. 土地财政风险识别

虽然土地财政在过去一段时间具有积极的意义和价值，但是随着社会经济改革的深化发展，土地财政不可持续并引致产生风险的倾向也越来越明显。

1）财政支出缺口风险

土地财政主要来自土地出让金收入，土地出让金作为一次性的收入，主要用于解决地方财政一时性的困难，但一些地方将土地财政用于经常性的开支，很容易造成地方政府对土地财政的依赖，而不尽力去削减地方财政支出。在地方财政面临经济下滑带来的收入减少时不去努力削减地方财政开支，而是从其他渠道，特别是出售土地来获得收入，虽然便利、可靠、稳定，但不利于地方财政解决财政支出刚性的问题，容易导致更大的财政支出缺口。统计分析 2014 年全国各省地方政府一般预算支出与一般预算收入的缺口，结果如图 9-8 所示。

财政支出缺口最大的两个省份是四川和河南，超过了 3 000 亿元；其次是湖南、云南、安徽、湖北、河北、贵州、山东、黑龙江、陕西、广西、内蒙古、新疆、江西等省份，缺口都超过了 2 000亿元；财政支出缺口超过 1 000 亿元的省份有辽宁、甘肃、吉林、重庆、山西、江苏、青海、广东、西藏、浙江等省份；福建、宁夏、海南、北京、天津、上海等省市财政支出缺口不到 1 000亿元。

2）产业结构失衡风险

由于土地财政的存在，在“效益最大化”的利益机制驱动下，不少企业包括国有企业纷纷投资房地产行业，影响了经济转型升级。由表 9-2 与表 9-3 中的统计数据可知，2005—2014 年，从事房地产开发行业的单位一直在增长，同时从业人员人数也随之持续增长。从分省数据来看，与 2005 年相比，2014 年从事房地产开发企业的数量除了北京、上海两大城市有所减少，其他省份开发企业数量皆有较高增长；从事房地产行业人员的数量除了上海、天津有所降低，其他省份皆有较高增长，且增长率差异较大。

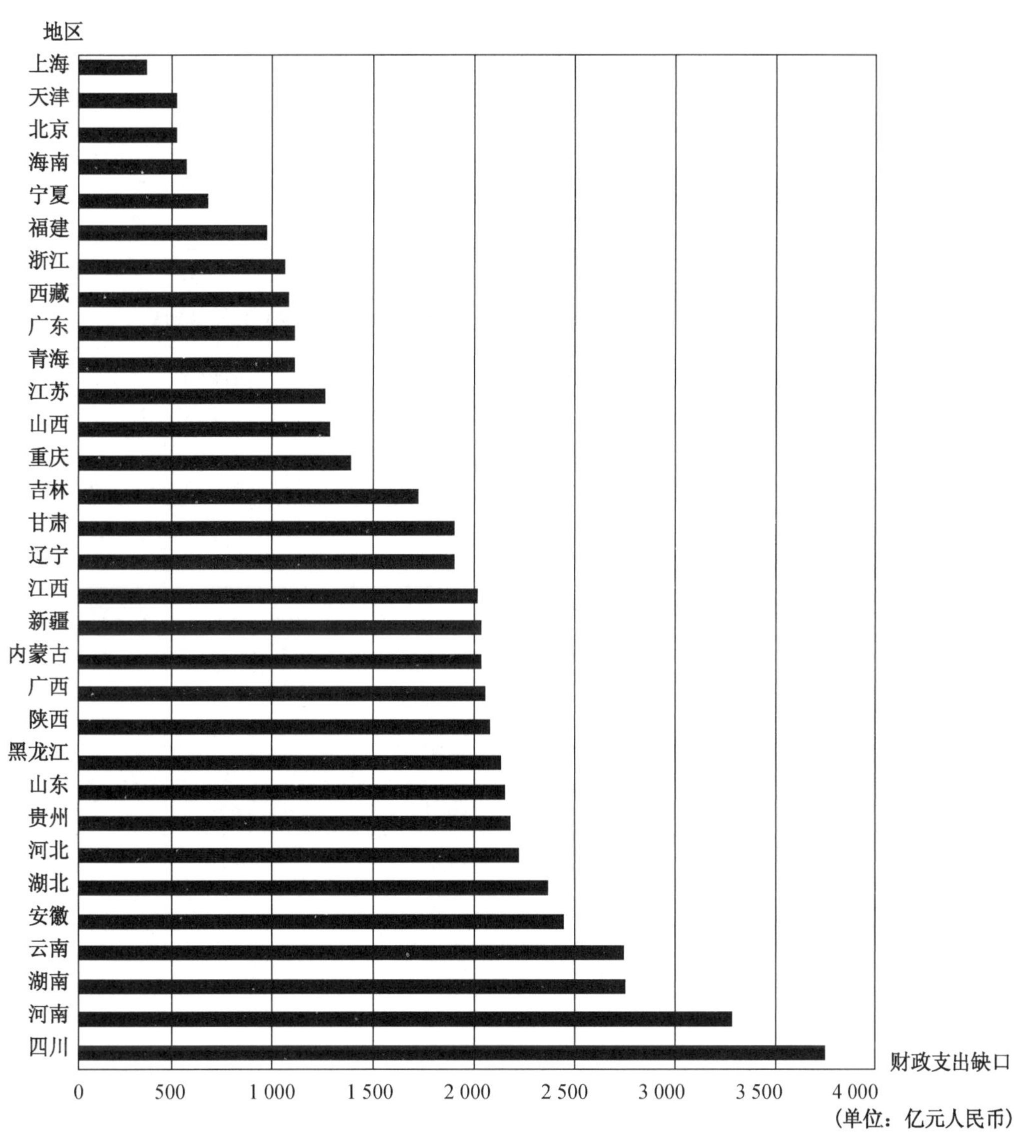

图 9-8　2014 年地方政府财政支出缺口

资料来源：中国国家统计局，中国统计年鉴(2015)。

表 9-2 2005—2014 年房地产开发企业与从业人员规模

年份	房地产开发企业个数(个)	房地产开发企业从业人数(人)
2005	56 290	1 516 150
2006	58 710	1 600 930
2007	62 518	1 719 666
2008	87 562	2 100 362
2009	80 407	1 949 295
2010	85 218	2 091 147
2011	88 419	2 256 964
2012	89 859	2 386 772
2013	91 444	2 591 814
2014	94 197	2 760 070

资料来源:国研网统计数据库。

表 9-3 2014 年全国各地房地产开发企业与从业人员增长率(以 2005 年为基数)

地区	开发企业增长率	从业人员增长率	地区	开发企业增长率	从业人员增长率
全国	67.34%	82.04%	河南	197.06%	218.71%
北京	−9.99%	11.72%	湖北	111.76%	93.01%
天津	27.93%	−4.50%	湖南	89.83%	71.02%
河北	189.73%	182.01%	广东	31.94%	50.12%
山西	107.62%	93.57%	广西	43.99%	113.33%
内蒙古	105.43%	80.70%	海南	285.62%	383.90%
辽宁	46.54%	88.96%	重庆	44.74%	41.17%
吉林	121.77%	138.45%	四川	42.59%	58.73%
黑龙江	105.14%	34.03%	贵州	76.86%	118.71%
上海	−27.71%	−25.34%	云南	218.06%	167.81%
江苏	79.24%	119.89%	西藏	114.29%	153.45%
浙江	79.85%	78.58%	陕西	108.04%	168.27%
安徽	95.44%	132.38%	甘肃	79.27%	105.29%
福建	26.35%	97.99%	青海	29.48%	94.53%
江西	13.87%	41.49%	宁夏	75.66%	113.21%
山东	109.71%	92.58%	新疆	139.15%	125.57%

资料来源:国研网统计数据库。

3）推动经营成本和生活成本上升风险

地方政府对土地财政的依赖直接推高了地价和房价，从而提高了企业经营成本和居民生活成本。深圳华为公司将制造和供应终端搬迁至东莞引起了众多议论，公众认为深圳的高地价和房价已经容不下一个华为。华为出面澄清总部并没有搬离深圳，但创造大量就业岗位的、需要较大工作空间的部门确实选择了地价和房价相对低的东莞。这说明高地价和高房价造成的经营成本和生活成本确实会影响企业运营机构的选址，地方政府土地财政依赖确实会造成经营成本和生活成本上升。

2014 年，全国各省市自治区土地出让单价过万的地区有北京、上海，其次是广东、天津、浙江、重庆、江苏、海南、福建、四川、安徽、辽宁、湖南、山东、江西等地，这些地区的土地出让单价均超过了1 000元（见表 9-4）。这里所统计的出让单价包括商业用地、工业用地、普通住宅用地、公租房用地以及高档住宅用地，所以平均下来的价格比大众心理价位要低，但这个价格可以说明各地出让价的相对水平以及各地经营成本和生活成本的相对水平。

表 9-4 **2014 年全国各省市自治区土地出让面积及单价**

序号	地区	出让价款（万元）	出让面积（公顷）	土地平均出让价（每平方米）
1	北京	20 276 041.51	1 523.81	13 306.148 08
2	上海	14 863 603.24	1 473.98	10 083.992 48
3	广东	30 315 827.11	11 868.27	2 554.359 406
4	天津	8 019 998.79	3 507.57	2 286.482 89
5	浙江	23 329 794.50	11 273.64	2 069.410 989
6	重庆	13 313 844.81	7 615.57	1 748.240 094
7	江苏	44 307 114.80	25 749.71	1 720.684 031
8	海南	1 613 889.09	991.99	1 626.920 725
9	福建	10 851 790.26	7 886.8	1 375.943 381
10	四川	15 546 826.79	12 014.18	1 294.039 775
11	安徽	18 137 696.72	14 674.64	1 235.989 211
12	辽宁	11 212 374.72	10 222.69	1 096.812 553
13	湖南	10 332 925.83	9 631.08	1 072.873 014
14	山东	27 569 112.48	26 637.32	1 034.980 714
15	江西	10 139 466.23	9 815.6	1 032.995 052
16	广西	6 313 009.20	6 674.82	945.794 673 1
17	陕西	5 748 392.61	6 263.77	917.720 894 9
18	河南	14 225 404.79	15 917.82	893.677 952 8

（续表）

序号	地区	出让价款（万元）	出让面积（公顷）	土地平均出让价（每平方米）
19	湖北	12 665 606.39	14 372.58	881.234 015 7
20	贵州	6 610 147.94	7 800.13	847.440 740 1
21	黑龙江	4 904 074.22	6 025.43	813.896 140 2
22	山西	4 423 551.22	5 453.86	811.086 317 4
23	河北	11 013 345.49	14 103.68	780.884 527 3
24	云南	4 758 924.45	6 130.04	776.328 449 7
25	吉林	3 632 684.98	4 819.62	753.728 505 6
26	青海	731 888.70	1 955.38	374.294 868 5
27	内蒙古	3 690 934.20	10 425.25	354.037 955 9
28	甘肃	1 927 530.52	6 660.18	289.411 175 1
29	宁夏	977 345.58	3 681.05	265.507 281 9
30	西藏	166 526.94	778.3	213.962 405 2
31	新疆	2 154 059.93	11 397.83	188.988 599 6

资料来源：《中国国有土地资源统计年鉴（2015）》。

如果从主要城市地价增长率角度来看，又有一些不同的特点。2014 年工业工地出让价格增长率超过 5％的城市有 16 个，尤以南京、杭州、广州、深圳等城市为代表，具体如表 9-5 所示。

表 9-5 **2014 年工业用地价格增长率超过 5％的城市**

序号	城市	工业用地价格增长率	序号	城市	工业用地价格增长率
1	南京	65.26％	9	顺德	8.95％
2	杭州	26.38％	10	上海	8.78％
3	广州	20.57％	11	海口	8.58％
4	深圳	14.67％	12	银川	8.30％
5	乌鲁木齐	12.18％	13	呼和浩特	6.96％
6	嘉兴	11.47％	14	大连	6.69％
7	太原	10.45％	15	齐齐哈尔	5.88％
8	安阳	9.73％	16	中山	5.16％

资料来源：《中国国有土地资源统计年鉴（2015）》。

2014 年商业用地价格增长率超过 5％的城市有 34 个，尤以太原、平顶山、青岛、保定、宜昌、广州、衡阳等城市为代表。具体情况如表 9-6 所示。

表 9-6　　**2014 年商业用地价格增长率超过 5%的城市**

序号	城市	商业用地价格增长率	序号	城市	商业用地价格增长率
1	太原	29.02%	18	包头	7.6%
2	平顶山	24.74%	19	银川	7.16%
3	青岛	14.51%	20	洛阳	7.14%
4	保定	13.92%	21	呼和浩特	7.06%
5	宜昌	13.91%	22	郑州	6.85%
6	乌鲁木齐	12.97%	23	安阳	6.57%
7	广州	12.74%	24	北京	6.38%
8	衡阳	11.93%	25	齐齐哈尔	6.34%
9	临沂	10.70%	26	张家口	5.99%
10	中山	10.27%	27	九江	5.91%
11	顺德	9.52%	28	襄阳	5.86%
12	开封	9.11%	29	潍坊	5.80%
13	锦州	8.66%	30	新乡	5.60%
14	枣庄	8.64%	31	石家庄	5.37%
15	株洲	8.30%	32	黄石	5.29%
16	西安	8.10%	33	湛江	5.06%
17	珠海	7.63%	34	上海	5.01%

资料来源:《中国国有土地资源统计年鉴(2015)》。

2014 年居住用地价格增长率超过 5%的城市有 34 个,尤以太原、平顶山、广州、青岛、新乡、顺德、锦州、深圳、合肥、上海、衡阳、保定等城市为代表。具体情况如表 9-7 所示。

表 9-7　　**2014 年居住用地价格增长率超过 5%的城市**

序号	城市	居住用地价格增长率	序号	城市	居住用地价格增长率
1	太原	37.63%	9	合肥	10.58%
2	平顶山	32.44%	10	上海	10.38%
3	广州	15.80%	11	衡阳	10.23%
4	青岛	12.24%	12	保定	10.00%
5	新乡	11.94%	13	株洲	9.21%
6	顺德	11.09%	14	珠海	8.77%
7	锦州	11.06%	15	乌鲁木齐	8.25%
8	深圳	10.89%	16	郑州	8.16%

（续表）

序号	城市	居住用地价格增长率	序号	城市	居住用地价格增长率
17	临沂	8.02%	26	黄石	6.33%
18	宜昌	7.99%	27	中山	5.89%
19	襄阳	7.32%	28	秦皇岛	5.84%
20	洛阳	7.11%	29	呼和浩特	5.83%
21	开封	6.94%	30	包头	5.82%
22	西安	6.89%	31	潍坊	5.76%
23	大连	6.84%	32	石家庄	5.57%
24	安阳	6.77%	33	长沙	5.02%
25	北京	6.77%			

资料来源:《中国国有土地资源统计年鉴(2015)》。

四、风险度量及预测

（一）国债风险

1. 理论分析

GDP、国债余额、国债还本付息额和国债发行额等都会对财政赤字产生影响。

与国债规模相关的各指标都会影响财政赤字规模,给财政带来风险。

(1) GDP对财政赤字的影响。国债是对GDP的再分配,反映了社会资源的再分配情况,是财政调节经济的重要手段。中国对数的国债发行规模与对数的国内生产总值之间存在着协整关系(张相虎和赵明清,2007)。国债是重要的金融政策手段,通过资金市场影响货币需求,进而调节社会需求水平,对经济产生扩张或抑制效应(杨晓华,2009)。笔者认为,经济规模的变化不可避免地会影响财政收入的多寡,进而影响财政赤字。

(2) 国债余额对财政赤字的影响。财政赤字和债务存量之间具有交互效应,高债务可能是高赤字不断加剧的结果(Christopher S. Adam 和 David L. Bevan, 2005)。笔者认为,国债余额规模越大,若当期的还本付息额不大,就不会大幅度扩大当期赤字规模。但若当期国债余额规模不大,则意味着未来还本付息额会更多,从长期看,将使未来的财政赤字规模扩大。

(3) 国债还本付息额对财政赤字的影响。偿还债务和主要预算类别之间存在一个显著的负向关系,债务偿还越多,用于社会服务的预算就会被削减,进而财政赤字规模就可能减小(Robert E. Looney, 1987)。当期国债还本付息额越多,意味着当期的财政支出压力就越大,若当期财政收入规模有限,那么当期财政赤字规模就会增加。但是,当期国债还本付息额越多,那么就意味着未来的国债还本付息额相对较小,减轻了未来财政支出压力,未来的财政赤字规模也会减小。因此,国债还本付息额规模过大会增加财政赤字规模。

(4) 国债发行额对财政赤字的影响。财政赤字扩大后,短期内可以依靠发行国债来弥补,(安体富等,1990;李海英,2003;夏少刚,2004;曾青春等,2006)。财政逆差(赤字总额减去利息支付)与经济增长和债务之间是相互影响的(Lance Taylor, Christian R. Proano, Laura de Carvalho 和 Nelson Barbosa, 2012)。但发行国债需要偿还利息,从而引起赤字的更大幅度增加并推动国债的不断膨胀。本章认为,国债规模扩大,每年的借债规模必然会不断增加,以后的还本付息压力会更大,财政赤字也必将不断增加。这样,如果在长期内将国债作为弥补赤字的办法,政府累计的还本付息额就会逐渐增加,进而导致赤字和国债规模的双增长。因此,国债发行额对财政赤字规模具有重要影响。

2. 实证分析

下面,利用多元线性回归模型分析国债风险指标对财政赤字的影响。含有多个解释变量的线性回归模型形式如下:

$$y_i = \beta_0 + \beta_1 x_{1i} + \beta_2 x_{2i} + \beta_3 x_{3i} + \cdots + \beta_k x_{ki} + \mu_i \quad (i = 1, 2, \cdots, n) \tag{9-1}$$

式中 y—— 被解释变量,也被称为因变量;

x—— 解释变量或自变量;

μ ——随机误差项(Random error term),也被称为误差项或扰动项;

n—— 样本个数;

β_0 ——常数项。

依据国债指标对财政赤字的理论分析,并结合多元回归模型形式,构建计量经济学模型:

$$deficit_t = C + \beta_1 gdp_t + \beta_2 debt_t + \beta_3 repay_t + \beta_4 issue_t + \mu_t \tag{9-2}$$

式中 $deficit$—— 财政赤字额;

gdp—— 经济总量;

$debt$—— 国债余额;

$repay$—— 国债还本付息额;

$issue$ ——国债发行额。

各经济变量是否会对财政赤字产生影响呢?需要进行格兰杰因果关系检验。检验结果如表 9-8 所示。

表 9-8 **格兰杰因果关系检验**

Null Hypothesis	*Obs*	*F-Statistic*	*Probability*	结论
gdp does not Granger Cause deficit	30	10.188 4	0.000 58	拒绝原假设
deficit does not Granger Cause gdp		2.736 80	0.084 18	接受原假设
debt does not Granger Cause deficit	30	7.583 37	0.002 67	拒绝原假设
deficit does not Granger Cause debt		0.465 14	0.633 37	接受原假设
repay does not Granger Cause deficit	30	13.513 2	0.000 11	拒绝原假设
deficit does not Granger Cause repay		5.931 58	0.007 80	拒绝原假设
issue does not Granger Cause deficit	30	31.116 8	1.6E−07	拒绝原假设
deficit does not Granger Cause issue		86.2786	6.0E−12	拒绝原假设

注:结论中的"拒绝原假设"和"接受原假设"是指 5%水平上的"拒绝原假设"和"接受原假设"。

从表 9-8 可以看出,经济总量、国债余额、国债还本付息额和国债发行额等变量,在 1%的水平上都会影响财政赤字。另外,在 5%的水平上财政赤字不会影响经济总量,也不会影响国债余额。因此，式(9-2)构建的多元回归模型设计合理。

进行格兰杰因果关系检验后，说明变量具有因果关系。非平稳的时间序列的组合可能是平稳序列，我们把这种组合后的平稳序列称为协整方程，并且这些非平稳的经济变量间具有长期稳定的均衡关系。协整检验的单位根检验结果见表 9-9。

表 9-9　**对各变量的单位根检验结果**

变量	滞后阶数	*ADF*	临界值			*P*-值	结论
			1%	5%	10%		
deficit	2	−4.104 7	−3.769 6	−3.004 8	−2.642 2	0.004 8	平稳
gdp	2	−3.009 5	−3.724 1	−2.986 2	−2.632 6	0.047 7	平稳
debt	0	−4.190 2	−4.356 1	−3.595 0	−3.233 5	0.014 4	平稳
repay	2	−3.617 7	−3.769 6	−3.004 9	−2.642 2	0.046 2	平稳
issue	2	−3.223 9	−3.737 9	−2.991 9	−2.635 5	0.049 5	平稳

注：结论中的“平稳”是指 5%水平上的“平稳”。

依据构建的实证模型，利用中国 1980—2011 年的相关数据，分别利用 OLS、TSLS 和 GMM 方法对模型进行估计，回归结果见表 9-10。

表 9-10　**实证分析主要变量描述性统计**

自变量	*OLS*	*TSLS*	*GMM*
C	75.004*** [0.767]	83.654*** [0.865]	—
gdp	−0.015* [−0.485]	−0.016* [−3.121]	−0.000 3*** [−0.163]
debt	−0.086* [−5.386]	−0.088* [−5.219]	−0.186* [−9.355]
repay	−0.052*** [−0.524]	−0.048*** [−0.477]	0.436* [12.446]
issue	1.049* [14.110]	1.079* [14.838]	0.794* [12.686]
AR(1)	−0.298** [−1.784]	−0.311** [−1.952]	0.775* [3.944]
AR(2)	−0.833* [−4.482]	−0.866* [−4.814]	−0.399* [−2.546]
R^2	0.954	0.954	0.913
D.W 值	1.526	1.565	2.178
F 值	79.326	79.184	—

注：①TSLS 方法和 GMM 方法选取的工具变量为 *Gdp*(−1)、*Debt-remain*(−1)、*Debt-repay*(−1)、*Debt-issue*(−1)、*C* 和 *t*。②中括弧内的数据是 *t* 值。③ *，* *，* * *，分别表示在 1%，10%和 20%的水平上显著。

从回归结果可以看出：①OLS方法回归的结果不理想。虽然R^2的值比较高，但由于D. W值小于2，可能存在自相关；自变量C、gdp和debt-repay的t值也不显著，未通过检验。②TSLS方法回归的结果也不理想。即使采用了Gdp(−1)、Debt-remain(−1)、Debt-repay(−1)、Debt-issue(−1)、C和t等工具变量，D. W值小于2，可能存在自相关；自变量C、Gdp、Debt-remain和Debt-repay的t值不显著，也未通过检验。③GMM方法采用gdp(−1)、Debt-remain(−1)、Debt-repay(−1)、Debt-issue(−1)、C和t等工具变量，剔除常数项这一不显著的变量后的回归结果比较理想，消除了序列相关，并且Gdp、Debt-remain、Debt-repay和Debt-issue的t值显著，通过检验。与OLS方法和TSLS方法相比，虽然拟合优度有所下降，但模型整体比较理想（见图9-9和图9-10）。

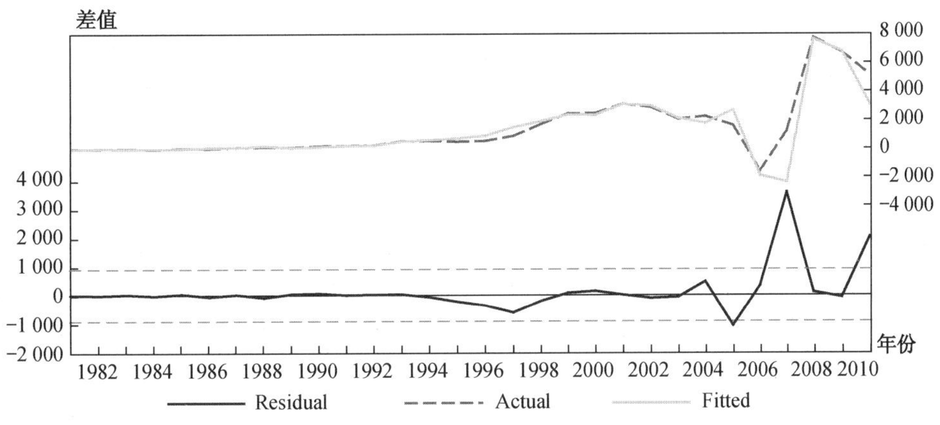

图9-9　GMM回归残差拟合图

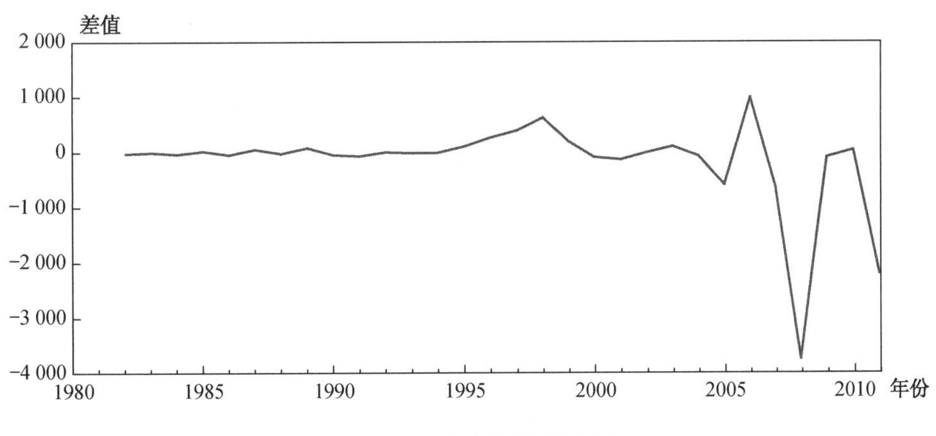

图9-10　GMM回归残差图

将依据GMM方法得到的回归结果代入所构建的GMM模型，结果如下：

$$deficit_t = -0.004gdp_t - 0.106debt_t - 0.445repay_t + 1.072issue_t + \mu_t$$
$$[-3.610]\qquad[-9.274]\qquad[-6.041]\qquad[23.022]\qquad(9-3)$$
$$\mu_t = 0.228\mu_{t-1} - 0.155\mu_{t-2} + \varepsilon_t$$
$$[4.155]\qquad[-3.037]$$

从 GMM 模型回归结果可以看出：①GDP 每增长 1 个单位，财政赤字将下降 0.004 个单位。这就是说，GDP 增长并未带来财政赤字的明显下降，这似乎可以理解为瓦格纳法则(Wagner's Law)的一个实例佐证①。②债务余额每增长 1 个单位，财政赤字将下降 0.106 个单位。可能的原因是，在短期内债务余额规模越大，说明当期还本付息额相对越小，财政赤字规模也就越小。但在长期，当期债务余额规模越大，会导致未来的还本付息额增加，进而导致未来赤字的扩大②。③债务还本付息额每增长 1 个单位，财政赤字将下降 0.445 个单位。当期还本付息额越多，未来还本付息的压力就越小。因此，财政赤字规模就会越小。④债务发行额每增加 1 个单位，财政赤字将增加 1.072 个单位。这说明国债发行规模越大将意味着政府还本付息的支出也就越大，这是长期观测得到的结果。从理论上讲，多出的 0.072 个单位(1.072－1)应属于付息部分的支出③。

3. 风险预测

自 Sims(1980)提出向量自回归(VAR)模型以来，该模型得到了广泛的应用和发展。该模型可以预测相关联的经济时间序列系统，特别是包含在该模型内的脉冲响应和方差分解也往往能够给出十分直观的经济含义，继而可以分析随机扰动项对变量系统的动态冲击。

1) VAR 模型的实证分析

下面，通过构建向量自回归(Vector Autoregressive，VAR)模型度量中国国债指标对财政赤字影响的冲击。该模型不以经济理论为基础，它采用多方程联立的形式，用内生变量对全部内生变量的滞后期进行回归，从而利用模型研究全部内生变量间的动态关系。滞后 P 阶的 VAR 模型表达式为：

$$y_1 = A_1 y_{t-1} + A_2 y_{t-2} + \cdots + A_p y_{t-p} + Bx_t + \mu_t \quad (t = 1, 2, \cdots, n) \tag{9-4}$$

式中 y_1——k 维内生变量向量；

x_t——d 维外生变量向量；

μ_t——k 维误差向量 A_1, A_2, …, A_p；

B——待估系数矩阵。

因而，也可以将 VAR 模型表达式写成如下形式：

$$\begin{pmatrix} y_{1t} \\ y_{2t} \\ \vdots \\ y_{kt} \end{pmatrix} = A_1 \begin{pmatrix} y_{1t-1} \\ y_{2t-1} \\ \vdots \\ y_{kt-1} \end{pmatrix} + A_2 \begin{pmatrix} y_{1t-2} \\ y_{2t-2} \\ \vdots \\ y_{kt-2} \end{pmatrix} + \cdots + A_p \begin{pmatrix} y_{1t-p} \\ y_{2t-p} \\ \vdots \\ y_{kt-p} \end{pmatrix} + B \begin{pmatrix} x_{1t} \\ x_{2t} \\ \vdots \\ x_{dt} \end{pmatrix} + \begin{pmatrix} \mu_{1t} \\ \mu_{2t} \\ \vdots \\ \mu_{kt} \end{pmatrix}, (t = 1, 2, \cdots, n) \tag{9-5}$$

---

① 19 世纪 80 年代，德国著名经济学家阿道夫·瓦格纳(Adolf Wagner)对 19 世纪许多欧洲国家、日本、美国的公共支出的增长情况作了考察后发现：随着人均收入水平的提高，政府支出占 GNP 的比重将会提高。这一思想被后人称为“瓦格纳法则”。这就是说，人均 GDP 越高，财政支出占 GNP 的比重越大。这样，就可能导致财政赤字的增加。虽然中国财政赤字规模会减小，但效果很不明显。与瓦格纳法则不一致的原因可能有二：①国情不同；②中国改革开放后经济增长速度非常快，经济增长带来的财政收入增加的确缩减了财政赤字规模，但效果并不明显。

② 详见下文债务余额对财政赤字规模的脉冲响应分析，脉冲响应分析证明了笔者的这一观点。

③ 虽然国债的利息率一般都会低于 7.2%，但是由于借新债还旧债的总和效果，可能会导致国债利息支出的增加，进而利息率也被拉升。

为了重点研究国债余额、国债还本付息额和国债发行额对财政赤字的动态影响，依据文章第三部分的理论分析，并且剔除经济增长对财政赤字的影响，选择滞后一期的 VAR 模型回归。在回归之前，先对其进行因果关系检验。检验结果如表 9-11 所示。

2）格兰杰因果关系检验

表 9-11　**VAR 模型格兰杰因果检验结果**

因变量：*Financial-deficit*			
自变量	Chi-sq	df	*P* 值
debt	1.492	1	0.222
repay	42.665	1	0.000
issue	35.133	1	0.000
因变量：*Debt-remain*			
自变量	Chi-sq	df	*P* 值
deficit	0.248	1	0.618
repay	0.012	1	0.912
issue	0.835	1	0.361
因变量：*Debt-repay*			
自变量	Chi-sq	df	*P* 值
deficit	17.956	1	0.000
debt	3.976	1	0.046
issue	13.559	1	0.000 2
因变量：*Debt-issue*			
自变量	Chi-sq	df	*P* 值
deficit	62.777	1	0.000
debt	13.492	1	0.000 2
repay	62.451	1	0.000

由格兰杰因果关系检验结果可以看出，在对债务还本付息额和债务发行额进行一阶差分后，其对财政赤字规模的影响非常显著，但债务余额的一阶差分对财政赤字规模的影响不显著。在对财政赤字规模、债务还本付息额和债务发行额进行一阶差分后，各变量对债务余额的影响不显著。在对财政赤字规模、债务余额和债务发行额进行一阶差分后，各变量对债务还本付息额的影响非常显著。在对财政赤字规模、债务余额和债务还本付息额进行一阶差分后，变量对债务发行额的影响显著。由上面的分析可以看出，VAR 模型中，以财政赤字规模、债务还本付息额和债务发行额为因变量的模型设置比较理想。但是，以债务余额为因变量的模型设

置不理想。从整体上看，构建的 VAR 模型是比较合理的。回归结果如表 9-12 所示。

表 9-12 **VAR 模型回归结果**

变量	*deficit*	*debt*	*repay*	*issue*
deficit(−1)	1.758*	−0.581**	−0.663*	1.908*
debt(−1)	0.053**	0.917*	0.056*	0.160*
repay(−1)	1.143*	0.093**	0.384*	1.372*
issue(−1)*	−1.231	0.911**	0.494*	−1.106*
C	337.047*	533.606**	104.827**	577.764*
R^2	0.904	0.982	0.989	0.987
F 值	61.15	344.25	593.57	480.33

注："*"表示 *t* 值大于 2，"**"表示 *t* 值小于 2。

将 VAR 模型回归结果代入构建的 VAR 模型，经过验证，需采用滞后 1 期的回归模型，回归结果如下：

$$
\begin{aligned}
deficit &= 337.05 + 1.76deficit(-1) + 0.05debt(-1) + 1.14repay(-1) - 1.23issue(-1) \\
t &= [2.15] \quad [7.25] \quad [1.22] \quad [6.53] \quad [-5.93] \\
debt &= 533.61 - 0.581deficit(-1) + 0.92debt(-1) + 0.09repay(-1) + 0.91issue(-1) \\
t &= [0.71] \quad [-0.50] \quad [4.37] \quad [0.11] \quad [1.10] \\
repay &= 104.83 - 0.661deficit(-1) + 0.06remain(-1) + 0.38repay(-1) + 0.49issue(-1) \\
t &= [1.04] \quad [-4.24] \quad [1.99] \quad [3.40] \quad [3.68] \\
issue &= 577.75 + 1.91deficit(-1) + 0.16debt(-1) + 1.37repay(-1) - 1.11issue(-1) \\
t &= [3.71] \quad [7.92] \quad [3.67] \quad [7.90] \quad [-5.93]
\end{aligned}
\tag{9-6}
$$

从上述回归结果可以看出，整体上看，回归结果比较理想，拟合优度也比较好。①在以财政赤字规模为因变量，以财政赤字规模、债务余额、债务还本付息额和债务发行额的前一期为自变量的方程中，只有国债发行额的前一期会缩小财政赤字规模，其他变量的前一期会扩大财政赤字规模[①]。这里的国债发行额弥补的是当期的财政赤字。②在以债务余额为因变量，以财政赤字规模、债务余额、债务还本付息额和债务发行额的前一期为自变量的方程中，只有财政赤字规模的前一期会缩小债务余额，债务还本付息额前期对债务余额影响不显著，而上一期的债务还本付息额和债务发行额增加会扩大债务余额规模。前一期的财政赤字规模越大，越能说明可能政府未大规模借债。因此，本期的债务余额也就越小，可能会造成未来债务余额规模的增大。③在以债务还本付息额为因变量，以财政赤字规模、债务余额、债务还本付息额和债务发行额的前一期为自变量的方程中，只有财政赤字规模的前一期会缩小还本付息额，其他变量的前一期都会扩大债务还本付息额。各自变量符号与理论相符。前一期的财政赤字规模越大，说明政府可能发行的国债规模越大。因此，本期的债务还本付息支出就越小。而上一期

① 这个结果与 GMM 回归结果的系数符号相反，主要原因是 GMM 回归方法用的都是当期变量，而 VAR 方法用的是滞后 1 期的变量。下面的脉冲响应分析更好地研究了各变量对赤字规模的动态冲击。

的债务余额、债务还本付息额和债务发行额越大，势必会造成本期债务还本付息规模的增大。④在以债务发行额为因变量，以财政赤字规模、债务余额、债务还本付息额和债务发行额的前一期为自变量的方程中，只有债务发行额的前一期会缩小当期债务发行额规模，其他变量的前一期会扩大债务发行额规模。各自变量符号与理论相符。前一期的债务发行额越大，那么本期用于弥补赤字的债务发行额也就越小①。而上一期的财政赤字规模、债务余额和债务还本付息规模越大，就必然造成本期债务发行额越多。

3）脉冲响应分析

根据 Ender 的研究，一个时间序列预测的误差方差是自身扰动及系统其他扰动共同作用的结果。因此，脉冲响应函数可以用来描述随机误差项的一个标准差的冲击对其他变量当前和未来取值的影响轨迹。脉冲响应函数（Impulse Response Function，IRF）研究的是在随机误差项上施加一个标准差大小的冲击后，对内生变量的当期和未来值所产生的影响程度，继而从动态反应中判断变量间的时滞关系。

为了更好地分析各变量对财政赤字规模的潜在和未来影响，利用脉冲响应进行分析。依据本文构建的 VAR 模型，通过给予各变量一个标准差大小的冲击，形成脉冲响应函数图如图 9-11、图 9-12 和图 9-13 所示。图中横轴代表冲击反应的响应期数，滞后期数为 10，纵轴表示内生变量对于冲击的响应程度。

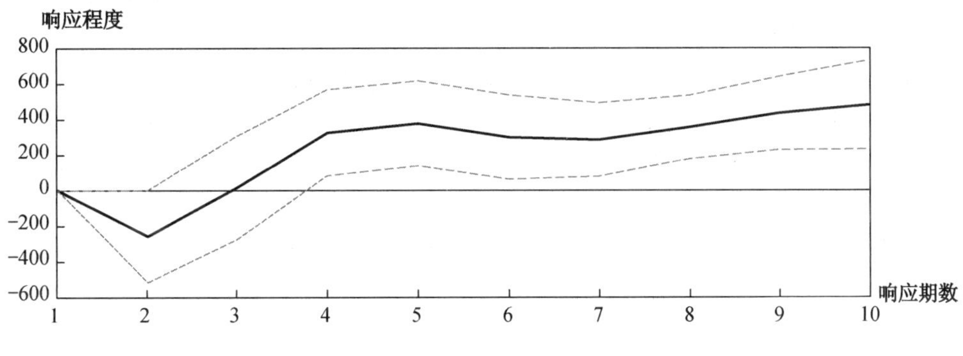

图 9-11　赤字对国债余额的脉冲响应

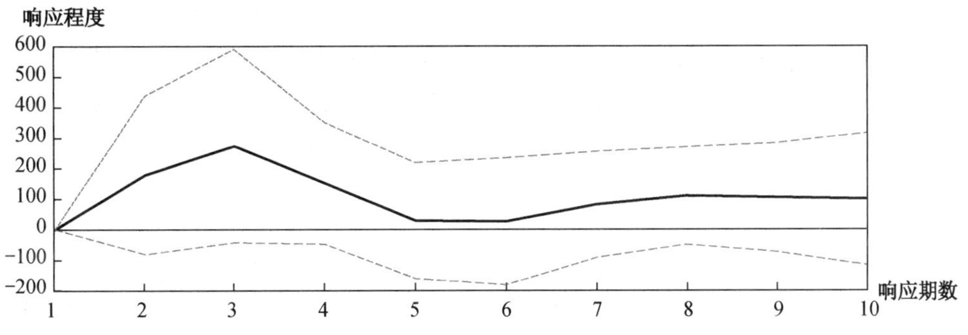

图 9-12　赤字对还本付息额的脉冲响应

① 这里指的是短期来看可以弥补赤字。

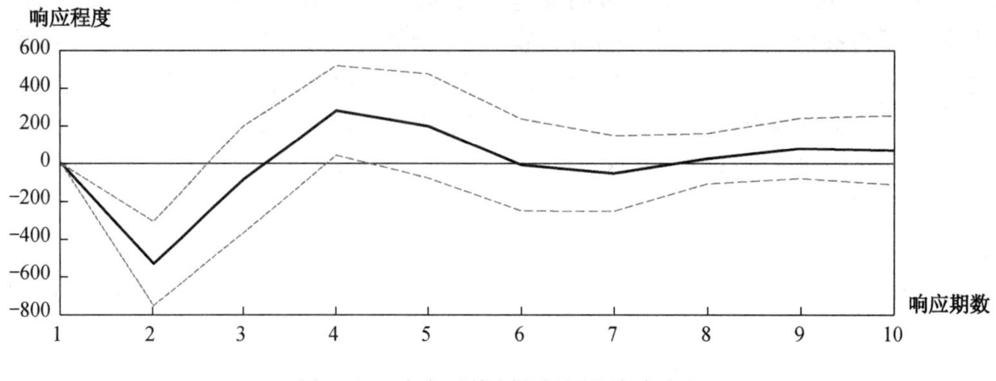

图 9-13　赤字对债务发行额的脉冲响应

从图 9-11 可以看出，给国债余额一个标准差大小的冲击，最初对赤字会产生较剧烈的负向影响，财政赤字规模减小，并在第 2 期末响应值达到最大，约 220 个单位，但随后 3～5 期影响程度逐渐转向正向，在第 5 期达到局部极大值，随后的第 6～8 期略微下降，最终趋向于一个比较大的正响应值，约 600 个单位。这说明中国国债余额的增长变动会对财政赤字的稳健性在随后的两期产生负向作用，减小财政赤字，但影响不具有长期性。第 2 期以后开始产生正向作用，会增加财政赤字。因此，给国债余额一个标准差大小的冲击，短期内会缩小赤字规模，但长期将导致赤字规模扩大。

从图 9-12 可以看出，从总体上看，均为正向影响。还本付息额越多，赤字在短期内越会迅速增加，但往后影响程度下降，在达到非常低的一个正向影响后，会逐渐上升到一个比较高的正向影响水平，约 100 个单位，并稳定下来。给还本付息额一个标准差大小的冲击，最初对赤字产生较剧烈的正向影响，并在第 3 期末响应值达到最大，约 250 个单位。但随后 4～5 期影响程度不断变小，最终趋向于一个非常小的正响应值，约 20 个单位。但在第 6 期后，正向影响逐渐加大，在第 8 期上升到一个比较稳定的水平，约 100 个单位。这说明中国还本付息额的增长变动在随后的几期都会对财政赤字产生正向作用。

从图 9-13 可以看出，给债务发行额一个标准差大小的冲击，最初对赤字会产生较剧烈的负向影响，并在第 2 期末响应值达到最大，约 500 个单位，使财政赤字规模大幅度缩小。但随后 3～4 期影响程度大幅度逐渐趋向于一个比较大的正响应值，总体上看为先负向影响再正向影响。这说明中国债务发行额的增长变动在随后的两期对财政赤字产生负向作用，但从第 3 期开始产生正向作用，在第 4 期达到局部极大值，随后的第 5～7 期略微下降，继而再上升，到第 9 期达到一个比较稳定的水平。因此，债务发行越多赤字越小，但随后赤字就会先上升再下降，继而再上升后达到一个比较稳定的正向影响值。

4）方差分解

方差分解（Variance Decomposition）同样可以研究 VAR 模型的动态特征。它通过分析每个结构冲击对内生变量变化产生影响的程度来评价不同结构冲击的重要性。VAR 模型中的方差分解可以给出随机误差项的相对重要信息。其基本思想是，将系统中的全部内生变量（k 个）的波动按其成因分解为各个方程新息（Innovation）相关联的 k 个组成部分，从而得到新息对模型内生变量的相对重要程度。因此，为了更好地分析各变量对财政赤字规模的动态影响，下面利用方差分解进行研究。

表 9-13 各变量对财政赤字影响的方差分解结果

时期	*deficit*	*debt*	*repay*	*issue*
1	100.00	0.00	0.00	0.00
2	72.55	4.84	2.31	20.31
3	69.11	4.49	7.16	19.25
4	66.47	8.66	6.50	18.37
5	62.29	23.95	5.78	17.99
6	59.90	17.24	5.58	17.28
7	57.73	19.91	5.63	16.73
8	55.34	23.36	5.70	15.60
9	52.55	27.60	5.53	14.32
10	49.47	32.13	5.30	13.10

数据来源：《中国统计年鉴(2015)》《中国国土资源统计年鉴(2015)》。

从表 9-13 可以看出，在第 1～3 期，除财政赤字规模本身以外，债务余额和债务还本付息额对财政赤字规模的贡献度都远不及债务发行额的贡献度。比如，在第 2 期，债务发行额的贡献度为 20.31%，而同期债务余额和债务还本付息额对财政赤字规模的贡献度分别为 4.84% 和 2.31%。但在第 3 期以后，债务还本付息额对财政赤字规模的贡献度略有下降，但贡献度依然比较稳定，在第 10 期的贡献度是 5.30%。债务发行额的贡献度虽略有下降，但贡献度即使在第 10 期依然高达 13.10%。但是，第 3 期以后，债务余额对财政赤字规模的贡献度整体上呈现出不断增加的趋势。

（二）土地财政依赖风险度量

1. 土地财政依赖风险假设、模型及数据来源

由上述土地财政风险识别可知，土地财政风险主要有三个方面：①财政支出缺口风险；②产业结构失衡风险；③成本上升推动风险。本部分主要从这三方面衡量土地财政依赖度对地方政府三方面风险的影响，并用地方各项数据来进行实证分析，建立三个模型：

$$
\begin{aligned}
Y_{1i} &= \alpha_{1i} + \beta_{1i}x_{1i} + \phi_{1i}x_{2i} + \varphi_{1i}x_{3i} + \mu_{1i} \\
Y_{2i} &= \alpha_{2i} + \beta_{2i}x_{1i} + \phi_{2i}x_{2i} + \varphi_{2i}x_{3i} + \mu_{2i} \\
Y_{3i} &= \alpha_{3i} + \beta_{3i}x_{1i} + \phi_{3i}x_{2i} + \varphi_{3}x_{3i} + x_4 + \mu_{3i}
\end{aligned}
\tag{9-7}
$$

式中 Y_{1i}—— 财政支出缺口风险；

Y_{2i}—— 产业结构失衡风险，这个变量本章用房地产从业人员率来代表某省对房地产业的依赖程度；

Y_{3i}—— 各省土地出让单位价格，衡量某省土地财政下企业经营成本和居民生活成本；

x_{1i}—— 各省土地财政依赖度；

x_{2i} ——人均 GDP 水平；

x_{3i}—— 各省人口；

x_4—— 虚拟变量，代表某地区是否是直辖市；

$\mu_{1,2,3,i}$ ——随机变量。

2. 模型计算结果及结论分析

1）土地依赖程度与财政支出缺口模型

$$Y_1 = 1\,403.458\,2 + 0.351\,8 * X_1 - 0.007\,5 * X_2 + 0.312\,9 * X_3$$
$$(0.000\,6) \quad (0.009\,3) \quad (0.002\,3) \quad (0.000\,0) \tag{9-8}$$
$$Adjusted\ R\text{-}squared = 0.962\,574 \quad Durbin\text{-}Watson\ stat = 1.856\,4$$

此模型表明:地方政府依赖土地财政的程度越高,其依赖土地财政、扩大财政支出造成的财政缺口越大,土地财政依赖程度与继续依赖并扩大财政支出倾向成正向关系。这一特征在人均 GDP 水平越低的地方表现得越为明显,人均 GDP 较低的地方,其地方财政支出缺口更高,两者是反向关系。人均 GDP 相同的情况下,人口越多的省份其财政支出缺口越大,证明了当地政府财政的压力和负担越重,需要财政投入的项目和金额越多。

2）土地依赖程度与产业结构失衡风险

$$Y_2 = 12.340\,8 * X_1 + 0.133\,8 * X_2 + 13.273\,6 * X_3$$
$$(0.000\,0) \quad (0.045\,9) \quad (0.000\,0) \tag{9-9}$$
$$Adjusted\ R\text{-}squared = 0.950\,221 \quad Durbin\text{-}Watson\ stat = 1.843\,6$$

此模型结果表明:地方政府土地依赖程度与从事房地产开发的人员成正相关,经济发展水平与房地产从业人员成正相关,同时人口数与从事房地产行业人员也是正相关。地方政府土地财政依赖程度会传递信号给公众,政府渴望从土地中持续获得稳定收入,与土地相关的行业必将能够在一段时间内保证有利可图,因此能够吸引大量的人员投身于房地产行业。这种趋势将会大大影响产业结构转型,资本和劳动力只投到当前有利的行业,而不顾长期的发展目标。经济发展水平高的地区也是这样的趋势,经济发展水平越高,其从事房地产业人员越多,表明这是一个房地产卖方市场。人口多的省份从事房地产人员也更多,因为人口多代表有潜在购房者和消费能力。

3）土地依赖程度与成本推动风险

$$Y_3 = 1.826\,3 * X_1 + 7.383\,2 * X_2 - 0.843\,2 * X_3 + 35.125\,4 * X_4$$
$$(0.040\,7) \quad (0.019\,9) \quad (0.095\,0) \quad (0.023\,1) \tag{9-10}$$
$$Adjusted\ R\text{-}squared = 0.966\,109 \quad Durbin\text{-}Watson\ stat = 1.956\,864$$

此模型表明:地方政府土地财政依赖程度与土地出让单价之间存在正相关关系,但是此关系不如与人均 GDP之间的关系显著,而且此模型中加入了直辖市虚拟变量,说明直辖市的土地出让单价更高,这是因为直辖市的人口数虽然不高,但是人口密度较高,且拥有较好的社会资源,房地产开发企业乐于在直辖市这样的大城市竞拍土地,也就推高了当地土地出让单价。另外,人口数与土地出让单价成负相关,不是因为人口越多的地区土地单价越便宜,而是因为多数人生活在直辖市以外的省份,这些省份虽然人口众多,但并不像北京、上海这样的城市能够吸引优秀人才前往发展事业,因此当地地价不能拍出高价。从这里可以看出,大城市地方政府对土地财政依赖度虽然没有那么高,有土地出让金之外的税收收入可以用来支付运行和建设开支,但是这些城市的地方政府仍有动力推动地价,以弥补城市不断发展所带来的公共品支出。

五、风险化解措施

(一) 国债风险化解措施

本部分利用 OLS、TSLS 和 GMM 单方程方法对中国国债指标对财政赤字的影响进行了分析。研究发现,发行国债会导致财政赤字扩大,给财政带来风险。这一结果与人们所普遍认为的弥补财政赤字相悖。随后,利用 VAR 多方程模型分析了中国国债指标对财政赤字影响的脉冲响应,研究发现,发行国债在短期内的确会缩小赤字规模,但长期将导致财政赤字规模的扩大,给财政带来较大风险。因此,从长期来看,发行国债不仅不会缩减财政赤字规模,反而会导致财政赤字规模的不断增加。为避免相应财政风险,我们提出以下研究建议。

(1) 促进经济增长。经济规模的变化不可避免地会影响财政收入的多寡,进而影响财政赤字。经济增长可能不会带来财政赤字的明显下降,但却可以为税收增长和货币发行提供坚实的经济基础,使政府可以通过增税和货币发行来弥补财政赤字。

(2) 降低国债余额。从短期看,要想降低当期赤字规模,当期的还债额就不宜过多,当期的国债余额就不能被大规模降低。从长期看,国债余额规模越大,未来还本付息额也就越大,财政赤字规模就可能增加。因此,从动态和长期来看,政府应尽可能地降低国债余额。

(3) 调整国债还本付息额。当期还本付息额越多,未来还本付息的压力就越小,未来财政赤字规模就会越小,但这会导致当期财政赤字规模增加。但是,若当期国债还本付息额越多意味着未来的国债还本付息额越小,减轻了未来财政支出压力,未来的财政赤字规模也会减小。因此,政府需要从更长远的角度来审视财政的还本付息额。

(4) 降低国债发行额。国债规模扩大,每年的借债规模必然会不断增加,以后的还本付息压力会更大,财政赤字也必将不断增加。这就是说,若政府长期地将国债作为弥补赤字的手段,累计的国债还本付息额就会逐渐增加,进而导致赤字和国债规模的双增长。因此,政府不宜大规模、长期地依赖国债弥补赤字,而是应尽可能地减少国债发行规模。

(5) 调整国债发行结构。如果国债发行结构过于单一,可能会使国债还本付息时间过于集中,偿债压力可能会过大,引发财政赤字的不断增加。因此,应当增加长期债券和短期债券的发行,改变目前单调的期限结构,实现国债期限结构的多样化和均衡化,使国债每年还本付息额与财政收入规律相符合。

(6) 完善国债偿债基金制度。偿债基金就像一个聚少成多的蓄水池,能形成稳定的偿债来源,而且按照一定的比例从预算收入或发债收入中提取偿债基金,还有利于直接制约国债的发行规模,避免达到过高的水平。

(二) 土地财政风险化解措施

伴随新型城镇化发展动力由政府推动为主向市场驱动为主的转变,过分依赖土地财政的传统城镇化模式已不可持续,亟需改革完善。

1. 提高税收性收入占比,减少对土地出让金依赖

继续深化房产税改革,改变地方政府融资渠道。中国税收体制改革应进一步深化,着力培养地方税源,完善地方政府融资渠道。应积极推进土地费改税,整合现有土地税种,增加土地保有环节税种,健全土地税制体系,同时要提高税率、规范税基、稳固税源,实现土地财政来源从“一次性”的土地出让收入向可持续的税收性土地收入的良性过渡,完成现行土地财政结构的平稳化。已在试点城市进行的房产税改革应继续施行,条件成熟后逐步向全国推广,将以土

地出让金为主的土地财政转变为以房产税等地方税种为主的长效财政体制，从而降低地方政府对土地市场的干预，转变地方财政的土地依赖，进而通过价格传导机制引导房地产价格合理化。

2. 加大财政体制改革，缩小地方财政收入缺口

地方财政收入缺口的降低依赖于财政体系的完备，包括各级政府财权与事权的分配方式，以及政府间转移支付是否合理有效。目前中国各级政府间的财权与事权分配并不相匹配，有财权无事权，或有事权无财权的现象继续存在，这导致了部分地方政府财政收入缺口难以弥补。同时，中国政府间转移支付制度也亟待完善，财政横向支付缺乏有效监管机制，没有形成高效的政府间转移支付体制。但是，财政制度的改革涉及问题众多，需要应对各利益相关者之间的博弈，因此应循序渐进，在现有基础上逐步加大改革力度。与此同时，地方财政收入缺口会随着财政体制改革的逐步深入相应减少，从而降低地方政府通过土地财政获取财政收入的动机和减少以此为借口。

3. 改革土地供应制度，增加土地供应

推进新型城镇化过程中，实现土地财政可持续发展，需要改革土地供应制度，进一步提升土地市场化水平，实现供地方式多元化和供地主体多元化。一是增加土地供应渠道，加快集体土地流转制度改革，实现农村、城市土地“同地、同权、同价”，建立城乡统一的建设用地市场。二是放开土地二级市场，让符合规划的土地，更多地依靠市场来配置，以解决土地供应瓶颈问题。三是建立地方土地收益基金制度，从社会公平和代际平衡的视角出发，在制度层面设置土地出让年限规模和收益分配方案，以供长期使用，防止透支未来。

4. 完善政府绩效考核制度

在现有的经济发展数量指标与政绩直接挂钩的激励下，地方政府常常不惜以积累巨大财政风险为代价来传递政绩接力棒。因此，完善政绩考核制度的核心，就是要对地方官员的政绩进行全面、客观和公正的评价，从中央到地方取消经济增长考核作为政绩考核标准，转变地方政府职能和治理理念。

参 考 文 献

[1] 安体富，菠景州，钱东人. 赤字弥补方式的最佳抉择——兼论国债发行方式的改革[J]. 财贸经济，1990(5).

[2] 李海英. 我国财政赤字与国债规模的现实性思考[J]. 延安大学学报(社会科学版)，2003(1).

[3] 夏少刚. 财政赤字与经济增长的定量研究[J]. 财经问题研究，2004(1).

[4] 曾青春，刘松竹. 财政赤字、国债及其挤出效应的IS-LM模型分析[J]. 金融与经济，2006(9).

[5] 涂立桥. 国债规模的研究[R]. 华中科技大学，2008.

[6] 杨晓华. 中国财政政策效应的测度研究[M]. 北京：知识产权出版社，2009.

[7] 梁艳. 中国国债规模影响因素的计量分析[J]. 商品与质量，2010(11).

[8] 梁学平. 可持续条件下中国国债与财政赤字关系研究———基于新古典偿债能力分析方法[J]. 财政监督，2012(9).

[9] 高雪,袁荻雅. 浅议涉外税务审计中存在的问题及对策[J]. 经营管理者,2009(14).

[10] 吴俊培,张斌. 中国市场经济体制建构中的财政风险[J]. 财贸经济,2012(1).

[11] 洪源,罗宏斌. 财政赤字的通货膨胀风险—理论诠释与中国的实证分析[J]. 财经研究,2007(4).

[12] 杜晓燕,曲华,于晓冰. 财政赤字与国债走势分析[J]. 黑龙江财会,1997(7).

[13] 赵心宇. 我国国债规模风险控制问题刍议[J]. 地方财政研究,2011(6).

[14] 财政部科研所课题组. 我国财政赤字和债务政策取向研究[J]. 经济研究参考,1999(3).

[15] 张军. 我国国债规模研究[R]. 西南财经大学,2009.

[16] 陈守东,王淼. 我国银行体系的稳健性研究——基于面板 VAR 的实证分析[J]. 数量经济技术经济研究,2011(10).

[17] 张大维,刘博,刘琪. Eviews 数据统计与分析教程[M]. 北京:清华大学出版社,2010.

[18] 张相虎,赵明清. 我国国债发行规模的协整性分析及误差修正模型[J]. 山东科技大学学报(自然科学版),2007(3).

[19] 夏方舟,等. 产业结构视角下土地财政对经济增长的作用机制[J]. 经济地理,2014(12).

[20] 薛翠翠,冯广京,张冰松. 城镇化建设资金规模及土地财政改革[J]. 中国土地科学,2013(11).

[21] 刘佳. 地方政府官员晋升与土地财政——基于中国地市级面板数据的实证分析[J]. 公共管理学报,2012(4).

[22] 唐鹏. 地方政府竞争与土地财政策略选择[J]. 资源科学,2014(4).

[23] 范子英. 土地财政的根源:财政压力还是投资冲动[J]. 中国工业经济,2015(6).

[24] 郭珂. 土地财政依赖、财政缺口与房价[J]. 经济评论,2013(3).

[25] 孙秀林,周飞舟. 土地财政与分税制:一个实证解释[J]. 中国社会科学,2013(4).

[26] 娄成武,王玉波. 中国土地财政中的地方政府行为与负效应研究[J]. 中国软科学,2013(6).

[27] SARGENT, WALLACE. Some unpleasant monetarist arithmetic[J]. Federal Reserve Bank of Minnepolis Quarterly Review, 1981(5).

[28] CORSETTI, GIANCARLO, ROUBINI, NOURIEL. Fiscal deficits, public debt, and government solvency: evidence from OECD countries[J]. Journal of the Japanese and International Economies, December 1991, v. 5, iss. 4.

[29] F VAN DER PLOEG. Macroeconomics of fiscal policy and government debt[R]. Multidisciplinary Economics: The Birth of a New Economics Faculty in the Netherlands,2005.

[30] IAN P KING. Endogenous growth and government debt[J]. Southern Economic Journal, July 1992, v. 59, iss. 1.

[31] MILLER, NORMAN C. Government debt, aggregate supply and fiscal policy[J]. Journal of Economic Studies. 1975, Vol. 2 Issue 2.

[32] CHRISTIOPHER S, ADAM, DAVID L. Fiscal deficits and growth in developing

countries[J]. Journal of Public Economics, April 2005, v. 89, iss. 4.

[33] SARA A, ALIREZA D, AIJANA A. Budget deficit, national debt, and government spending: is now the right time to cut deficit and reduce national debt? [J]. Journal of Accounting, Business & Management. Oct2011, Vol. 18 Issue 2.

[34] LANCE T, CHRISTIAN R P, LAURA D C, NELSON B, FISCAL D. Economic growth and government debt in the USA[J]. Cambridge Journal of Economics, January 2012, v. 36, iss. 1.

[35] OSINUBI, TOKUNBO S, DAUDA, RISIKAT O S. Budget deficits, external debt and economic growth in Nigeria[J]. The Singapore Economic Review, 2010, Vol. 55, No. 3.

[36] ALESINA, ALBERATO. Consequences of government deficits and debt: discussion[R]. International Journal of Central Banking, Supplement 1 January 2012, v. 8.

[37] MARTIN, PAUL. How Canada cut its deficits and debt[J]. International Economy. Spring 2012, Vol. 26 Issue 2.

第十章　经济运行的微观主体风险

一、绪论

（一）研究背景

2015年，中国经济运行保持在合理的区间，结构优化取得了积极的进展。面对错综复杂的国内外经济形势和严峻挑战，中国政府坚持稳增长、调结构、惠民生、防风险，主动适应和引领新常态。全年国内生产总值676 708亿元，增长6.9%，在世界主要经济体中位居前列。在世界经济低增长、国内外需求疲软，传统产业调整带来的经济下行压力的背景下，2016年上半年，中国国内生产总值(GDP)同比增长6.7%，服务业成为稳定经济增长的主动力，经济结构有所优化。为了推动经济结构转型，中国政府将继续推进结构性改革，尤其是供给侧改革，加快新旧发展动能转换。基础设施建设投资将成为稳定经济的主要动力，财政政策将会维持积极的基调；经济放缓、“营改增”以及地方政府债务逐渐增加等因素将导致财政赤字率进一步上升。货币政策会以灵活审慎的定向货币政策工具应对随时可能出现的国内外风险，维持国内流动性状况保持充裕。全国居民消费价格(CPI)指数涨幅回落，工业生产者出厂价格指数(PPI)同比降幅持续收窄，制造业采购经理指数(PMI)有所回落但仍在荣枯线上方，就业形势总体稳定。人民币贬值压力和资本外逃风险依然存在。用工成本持续上升，劳动力市场用人需求疲弱，企业违约风险陡显，商业银行坏账大幅上升，系统性金融风险居高不下。虽然风险管理研究日益受到重视，但由于开展风险研究的时间较短，人们对风险的认识有限。在整个风险管理研究中，微观主体风险的度量和评价研究相对较少。本部分从影响宏观经济运行的微观主体角度出发，分析微观主体风险形成的机理和传导机制，并在此基础上采用计量经济学、约束贝叶斯分类网络等方法对微观主体风险进行度量和评价，为宏观经济管理和微观风险管理研究的有效衔接搭建一个基础性的研究平台，为宏观经济决策、有效的识别、评价自身风险、降低风险提供理论指导。

（二）微观主体风险的界定

微观主体风险是指未来的不确定性对微观主体实现其经营目标的不利影响。根据风险因素的不同，国际清算银行将金融微观主体所面临的风险划分为经济风险、经营风险、市场风险、利率风险、信用风险、法律风险、交易对象风险以及流动性风险。1994年，美国的发起人委员会COSO在《内部控制——整体框架》报告中，将内部控制理论推进到内部控制整体框架阶段。COSO框架实现了控制要素由三要素到五要素的突破并首次将风险评估纳入内部控制整体框架之内。2004年，COSO对原有的内部控制报告进行了拓展，形成了新的《微观主体风险管理——整体框架》，明确提出了微观主体风险管理的概念。按照他们的定义，微观主体风险管理是一个过程，它由一个主体的董事会、管理当局和其他人员实施，应用于战略制订并贯穿于微观主体之中，旨在识别可能会影响主体的潜在事项。管理风险以使其在该主体的风险容量之内，并为主体目标的实现提供合理保证。这个定义反映了几个基本概念。微观主体风险管理是一个过程，它持续地流动于主体之内；由组织中各个层级的人员实施；应用于战略制订；贯穿于微观主体，在各个层级和单元应用，还包括采取主体层级的风险组合观；旨在识别一旦发生将会影响主体的潜在事项，并把风险控制在风险容量以内；能够向一个主体的管理当局和董事会提供合理保证；力求实现一个或多个不同类型但相互交叉的目标。

微观主体风险管理包括八个相关要素：内部环境、目标设定、事件识别、风险评估、风险应对、控制活动、信息与沟通和监督。微观主体风险管理的八个要素是一个有机的整体，体现的是一个动态的过程。1995 年，安德森提出管理经营风险的概念，他将微观主体经营风险分为三个层面：环境流程风险、决策用资讯风险和作业流程风险。他认为环境流程风险属于政治、经济、社会等的系统性风险，此类风险影响微观主体经营，但微观主体对之几乎无影响力；决策用资讯风险主要来自竞争、信誉、政府法律法规等，此类风险影响微观主体经营活动，微观主体可以影响此类风险但无力控制；作业流程风险主要来自市场、科技、人员等，微观主体对此具有相当控制力。尽管不同的理论研究对风险的识别和分类有所差异，但综合来看，经营风险（运营风险）和财务风险是微观主体所面临的主要风险。

1. 经营风险

经营风险是指微观主体在采购活动、生产活动和销售活动中产生的风险，具体表现为采购风险、生产风险和资金回收风险。采购风险是由于采购物资的时间、数量、质量和货款支付方面的不确定性所带来的物资不能满足生产需要或积压和不能按期支付货款的可能性。生产风险是由于生产质量控制、成本控制和新产品开发方面的不确定性所带来的资金回收的不确定性。资金回收风险是指由于微观主体在产品资金转化为结算资金、结算资金再转化为货币资金的过程中，存在时间上和金额上的不确定而导致资金不能回收的风险，主要表现为应收账款的回收在时间上和金额上的不确定所导致的风险。其在时间上具体表现为无法实现由产品资金到结算资金转变的风险和结算资金的拖欠风险；在金额上具体表现为结算资金不足以弥补资金成本和应收账款无法收回而形成坏账损失的风险。外部风险输入微观主体内部后，与微观主体以价值创造为导向的治理结构发生摩擦和碰撞，而且这种碰撞波及微观主体的方方面面，这就要求微观主体需要在复杂的形势下作出选择，也就是微观主体管理者作出决策。经营风险在微观主体内部的传递也是可以控制的，实际上风险控制是微观主体内部控制活动的主要内容。经营风险通过微观主体的内部控制、决策机制和管理机制影响微观主体的价值创造。经营风险从产生到在微观主体内部传递，本身不会消失，而且随着决策次数的增加，经营风险有增加的趋势。

2. 财务风险

对于财务风险的界定有两种不同的观点：第一种观点认为，微观主体财务风险是微观主体财务活动中由于各种不确定因素的影响，微观主体财务收益与预期收益发生偏离，因此造成蒙受损失的机会和可能。微观主体财务活动组织和管理过程中的某一方面和某个环节的问题，都可能促使这种风险转变为损失，导致微观主体盈利能力和偿债能力的降低。微观主体的财务活动分为筹资活动、投资活动、资金回收和收益分配四个方面，财务风险分为筹资风险、投资风险、资金回收风险、收益分配风险。第二种观点认为，财务风险是微观主体用货币资金偿还到期债务的不确定性。这种观点认为的财务风险与负债经营相关，财务风险是因偿还到期债务而引起的。本研究采纳的是财务风险的第一种观点，即财务风险是指微观主体的筹资活动、投资活动、资金回收和收益分配四个方面的风险。

（三）微观主体风险的研究思路

本研究将严格遵循风险相关问题研究的规范思路，即首先，对影响微观主体风险的因素进行识别，对引致的微观主体主要风险因素进行筛选，并判断中国宏观经济中的微观主体风险的类型；其次，对微观主体的风险进行量化，以反映微观主体未来所面临的风险大小；最后，提出管理或缓解微观主体风险的政策建议。

（四）主要研究内容及框架

本研究的主要内容有中国宏观经济运行中的微观主体风险引致因素分析，测度微观主体风险的方法综述及对微观主体风险的实证研究。在对微观主体相关的基本概念进行界定后，主要的后续研究内容分四部分具体安排如下：

第一部分，对中国宏观经济中的微观主体运行的现状进行描述，并在此基础上，来分析和识别微观主体的主要风险因素。

第二部分，对中国经济运行中的微观主体风险因素进行识别。从中国经济运行现状出发，识别出微观主体风险因素，为风险的度量奠定分析基础。

第三部分，微观主体风险的度量与预测分析。通过建立各行业风险预警的约束贝叶斯分类网络学习模型，构建各行业的风险预警指标体系，进行样本的选择和指标的选取，并基于行业对微观主体的风险进行预测与分析。

第四部分，结论与微观主体的风险管理对策。

二、中国经济运行中的微观主体风险因素的识别

（一）微观主体运行的现状

纵观 2015 年及 2016 年的国内外宏观环境，对我国微观主体的经营、财务等风险产生影响的因素主要集中在以下方面。

1. 全球经济增长速度下降，微观主体业绩有一定的增长

在宏观调控的背景下，我国上市公司的营业总收入、营业总成本比 2014 年都有所上升。从表 10-1 我国上市公司的整体情况看，2015 年营业收入的增幅为 1.21%；营业总成本增幅为 1.48%，营业成本的增幅高于营业收入的增幅。营业利润增幅为 1.42%；净利润增长了 1.41%。这样的收入与成本比，显示了 2015 年企业的经营状况比较困难。

表 10-1　**上市公司的整体情况**　单位：万元

项目	2014 年	2015 年	增长率
营业总收入	2 934 846 290	2 970 356 364	1.21%
营业总成本	2 632 450 947	2 671 295 439	1.48%
营业利润	327 859 432	332 526 143.5	1.42%
净利润	266 488 550.9	270 258 368.7	1.41%

资料来源：Wind 资讯。

从表 10-2 各行业的每股收益情况来看，2015 年每股收益在各行业之间存在着一定的差异：采矿业，综合，农、林、牧、渔业三个行业的每股收益大幅度地降低。其中采矿业的每股收益

比 2014 年降低了 133.33 %;综合业的每股收益比 2014 年降低了 115.79%;农、林、牧、渔业的每股收益比 2014 年降低了 86.11 %。此外,信息传输、软件和信息技术服务业,制造业,建筑业,科学研究和技术服务业,卫生和社会工作等行业的每股收益都比 2014 年有不同程度的降低。文化、体育和娱乐业,交通运输、仓储和邮政业,水利、环境和公共设施管理业,房地产业,住宿和餐饮业等行业的每股收益都比 2014 年增加 50%以上。尤其文化、体育和娱乐业,交通运输、仓储和邮政业,水利、环境和公共设施管理等行业的每股收益比 2014 年的增长率超过了 100%。租赁和商务服务业,批发和零售业,电力、热力、燃气及水生产和供应业等传统行业的每股收益增长幅度较小,批发和零售业,电力、热力、燃气及水生产和供应业的增幅在 10%以下。

表 10-2 **各行业主要每股指标及增长情况**

证监会一级行业	每股收益			每股经营现金流量		
	2014 年	2015 年	增长率	2014 年	2015 年	增长率
采矿业	0.24	−0.08	−133.33%	0.32	0.39	21.88%
电力、热力、燃气及水生产和供应业	0.42	0.43	2.38%	0.53	0.98	84.91%
房地产业	0.17	0.31	82.35%	0.23	0.03	−86.96%
建筑业	0.47	0.39	−17.02%	0.51	0.05	−90.20%
交通运输、仓储和邮政业	0.14	0.36	157.14%	0.04	0.69	1 625.00%
科学研究和技术服务业	0.53	0.48	−9.43%	3.24	0.44	−86.42%
农、林、牧、渔业	0.36	0.05	−86.11%	0.08	0.31	287.50%
批发和零售业	0.31	0.33	6.45%	0.21	0.37	76.19%
水利、环境和公共设施管理业	0.18	0.38	111.11%	0.30	0.34	13.33%
卫生和社会工作业	0.44	0.41	−6.82%	0.26	0.52	100.00%
文化、体育和娱乐业	0.16	0.43	168.75%	0.38	0.36	−5.26%
信息传输、软件和信息技术服务业	0.54	0.35	−35.19%	0.84	0.45	−46.43%
制造业	0.39	0.27	−30.77%	0.47	0.41	−12.77%
住宿和餐饮业	0.13	0.20	53.85%	0.11	0.52	372.73%
综合业	0.95	−0.15	−115.79%	0.98	0.08	−91.84%
租赁和商务服务业	0.30	0.38	26.67%	0.35	0.16	−54.29%

图 10-1 显示,各行业的每股收益近三年来都呈现波动趋势。2016 年,采矿业,农、林、牧、渔业的盈利状况得到了很大的改善。但电力、热力、燃气及水生产和供应业,房地产业,交通运输、仓储和邮政业,水利、环境和公共设施管理业,文化、体育和娱乐业,租赁和商务服务业的盈

利能力大大降低。

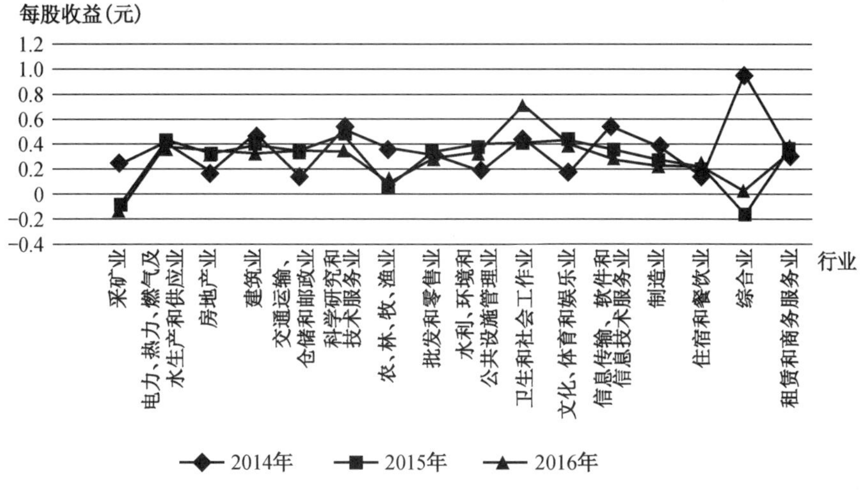

图 10-1 各行业的每股收益情况

从表 10-2 每股经营现金流量来看,行业间呈现两极分化的现象。2015 年,每股经营现金流量在各行业之间也存在着一定的差异:交通运输、仓储和邮政业,住宿和餐饮业,农、林、牧、渔业,卫生和社会工作业,电力、热力、燃气及水生产和供应业,批发和零售业的每股经营现金流量的增幅在 50%以上,尤其是交通运输、仓储和邮政业,住宿和餐饮业,农、林、牧、渔业,卫生和社会工作业的每股经营现金流量的增幅在 100%以上。水利、环境和公共设施管理业的每股经营现金流量的增幅为 13.33%,为最低增幅。每股经营现金流量降幅超过 50%的行业有租赁和商务服务业、科学研究和技术服务业、房地产业、建筑业、综合业。综合业的降幅最高,达 91.84%。

图 10-2 显示,2016 年房地产业,建筑业、综合业、租赁和商务服务业四个行业的每股经营活动现金流得到了很大的改善;而电力、热力、燃气及水生产和供应业,交通运输、仓储和邮政

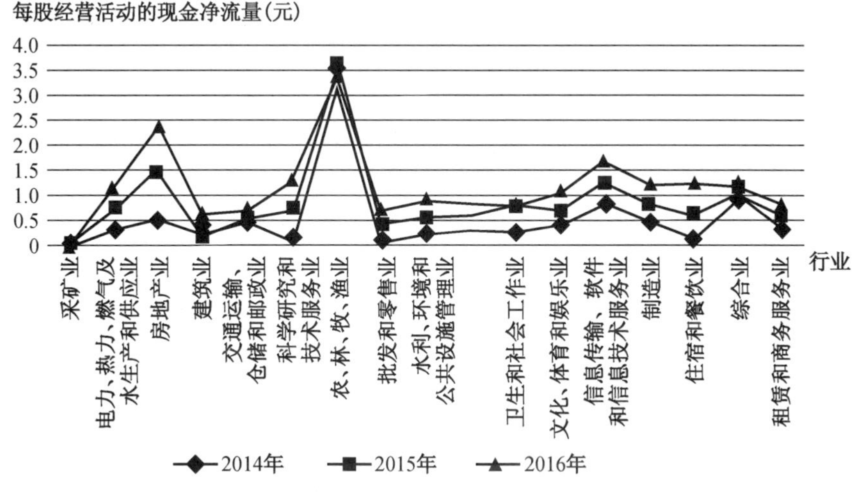

图 10-2 各行业的每股经营活动现金流情况

业，科学研究和技术服务业，水利、环境和公共设施管理业，卫生和社会工作业等几个行业的每股经营活动现金流的状况不容乐观。

表 10-3 各行业盈利能力

证监会一级行业分类	营业毛利率		净资产收益率		总资产净利润率	
	2015	2016	2015	2016	2015	2016
采矿业	23.3%	21.14%	−2.04%	−3.9%	0.23%	−0.22%
电力、热力、燃气及水生产和供应业	29.8%	30.42%	8.96%	8.46%	4.24%	4.06%
房地产业	32.45%	32.23%	5.59%	52.31%	1.38%	2.3%
建筑业	18.31%	16.9%	8.93%	8.77%	3.2%	3.05%
交通运输、仓储和邮政业	28.83%	29.24%	8.85%	−3.61%	4.36%	3.88%
科学研究和技术服务业	34.23%	34.14%	10.96%	9.27%	5.89%	5.28%
农、林、牧、渔业	20.39%	22.24%	3.98%	5.03%	−0.92%	0.84%
批发和零售业	17.23%	17.11%	0.84%	7.85%	2.58%	2.72%
水利、环境和公共设施管理业	37.77%	38.03%	7.83%	8.88%	4.76%	5.12%
卫生和社会工作业	39.3%	39.39%	16.88%	22.15%	11.36%	13.84%
文化、体育和娱乐业	37.65%	38.93%	25.98%	15.61%	6.56%	6.4%
信息传输、软件和信息技术服务业	43.27%	43.09%	9.38%	9.31%	6.33%	6.66%
制造业	27.46%	34.79%	3.13%	3.9%	3.27%	3.48%
住宿和餐饮业	66.89%	66.1%	−28.8%	−22.62%	3.34%	5.62%
综合业	25.23%	23.09%	33.32%	22.68%	−4.74%	−3.13%
租赁和商务服务业	31.88%	31.9%	13.51%	13.8%	6.45%	7.5%

从表 10-3 可以看出，2015 年各行业毛利率情况显示，住宿和餐饮业的毛利率最高，达到约 67%。电力、热力、燃气及水生产和供应业，租赁和商务服务业，房地产业，科学研究和技术服务业，文化、体育和娱乐业，水利、环境和公共设施管理业，卫生和社会工作，信息传输、软件和信息技术服务业，住宿和餐饮业等行业的毛利率都超过 30%。与 2015 年相比，2016 年制造业，农、林、牧、渔业，文化、体育和娱乐业的毛利率有所增长，其他行业的毛利率与 2015 年大体持平。

2016 年，房地产业，科学研究和技术服务业，卫生和社会工作业，文化、体育和娱乐业，综合业，租赁和商务服务业等行业的净资产收益率都超过了 10%；综合业，采矿业，农、林、牧、渔业，房地产业的总资产收益率却不超过 1%，盈利能力弱。

图 10-3 显示，2016 年中期各行业净资产收益率和总资产收益率基本上高于 2015 年的同期水平。

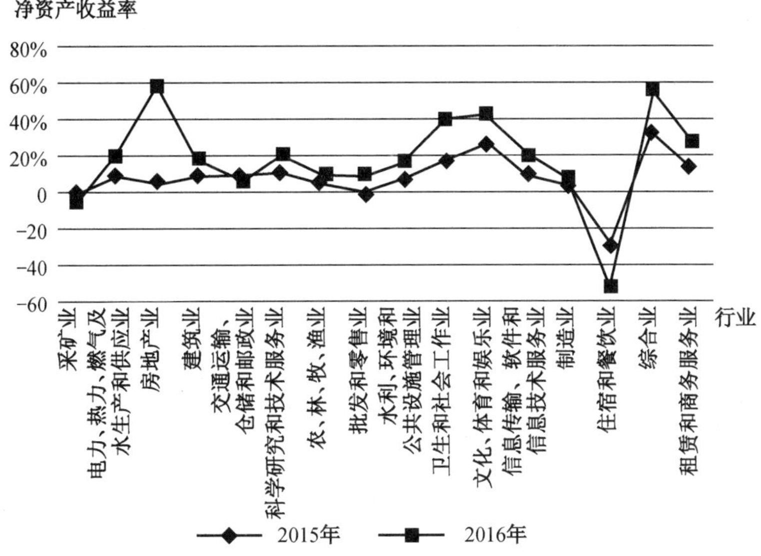

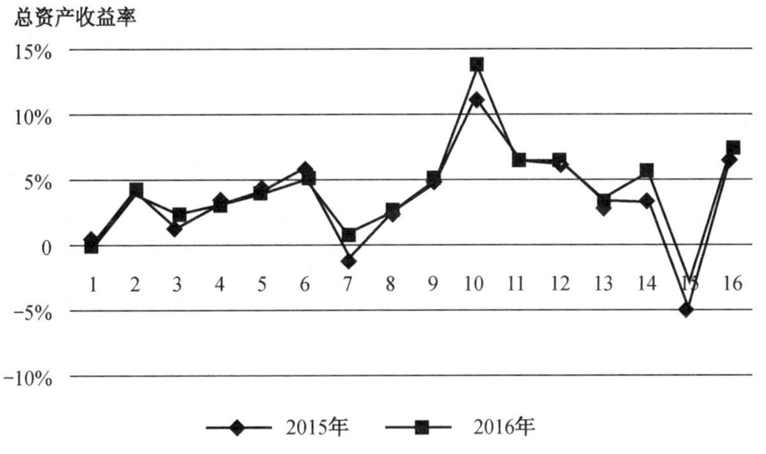

图 10-3　各行业盈利能力的比较

2. 社会融资结构有所改善，偿债能力有所提升

2015 年年末，广义货币供应量(M_2)余额 139.2 万亿元，比上年年末增长 13.3%；狭义货币供应量(M_1)余额 40.1 万亿元，增长 15.2%；流通中货币(M_0)余额 6.3 万亿元，增长 4.9%。

社会融资规模是从金融角度反映了供给侧结构性改革的重要指标。表 10-4 的数据显示，社会融资较上年同期增长 12.4%，社会融资规模合理增长，在结构上反映出实体经济的去产能、去库存、去杠杆正加速推进，表明信贷在 2015 年给予了微观主体以足够的支持。

表 10-4　**2015 年社会融资规模与结构**

	规模(万亿)	占比	增长率
社会融资	138.14		12.4%
其中：人民币贷款	92.75	67.1%	13.9%
外币贷款	3.02	2.2%	13.0%

（续表）

	规模(万亿)	占比	增长率
委托贷款	10.93	7.9%	17.2%
信托贷款	5.39	3.9%	0.8%
未贴现的银行承兑汇票	5.85	4.2%	14.8%
微观主体债券	14.63	10.6%	25.1%
非金融微观主体境内股票融资	4.53	3.3%	20.2%

资料来源:《国民经济和社会发展统计公报》,国家统计局。

从结构上看,对实体经济发放的人民币贷款大幅增加。2015 年对实体经济发放的人民币贷款同比增加了 13.9%;同时,对实体经济发放的外币贷款同比也增加了 13%;微观主体债券融资增长得最高,为 25%;而非金融企业股票融资有较大幅度的增加,直接融资占比明显上升,增长了 20.2%,占比创历史最高水平。2015 年实体经济以信托贷款同比只增加了 0.8%。

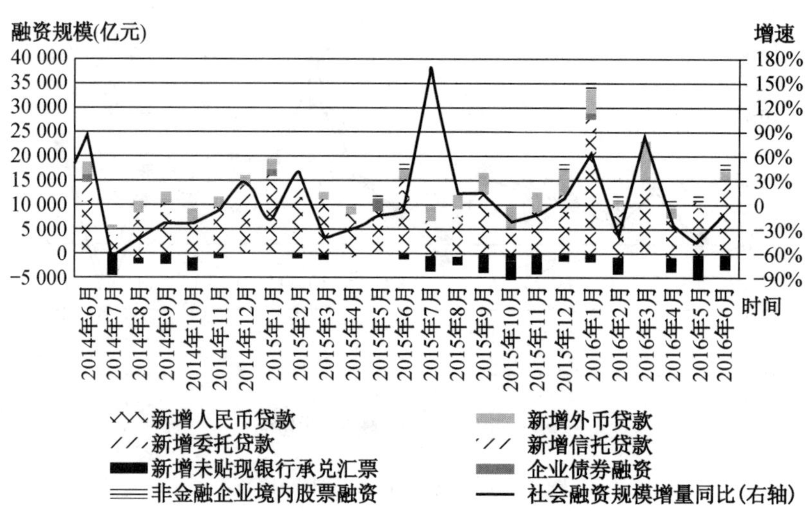

图 10-4　2016 年上半年社会融资规模增量及增速情况

资料来源:中国人民银行

如图 10-4 所示,截至 2016 年 6 月底,我国社会融资规模保持合理增长。社会融资规模存量为 147.9 万亿元,同比增长 12.3%,略低于设定的 13%的增速目标。人民币贷款余额为 100.2 万亿元,同比增长 13.8%;货币政策对实体经济的支持效果有所显现:企业债券融资和非金融企业境内股票融资余额分别为 16.7 万亿元和 5.1 万亿元,同比增速均在 20%以上。

表 10-5 显示,2015 年微观主体各行业的偿债能力普遍强于上年。建筑业、卫生和社会工作业的资产负债率都增长了 40%以上;而采矿业的资产负债率大幅度降低,降低了 37.76%。房地产行业的平均资产负债率与 2014 年的基本持平。房地产业和建筑业平均资产负债率超过 50%。图 10-5 中的 2016 年的资产负债率情况与 2015 年的情况大体一致。

表 10-5 行业资产负债率情况

证监会一级行业	2014 年	2015 年	增长率
采矿业	74.71	46.50	−37.76%
电力、热力、燃气及水生产和供应业	57.1	54.78	−4.07%
房地产业	62.95	64.88	3.07%
建筑业	45.41	63.37	39.56%
交通运输、仓储和邮政业	45.41	43.72	−3.71%
科学研究和技术服务业	41.8	40.60	−2.88%
农、林、牧、渔业	44.93	43.53	−3.11%
批发和零售业	58.7	54.88	−6.51%
水利、环境和公共设施管理业	39.95	40.77	2.05%
卫生和社会工作业	25.1	39.06	55.60%
文化、体育和娱乐业	35.88	31.59	−11.96%
信息传输、软件和信息技术服务业	30.25	31.86	5.33%
制造业	40.93	39.91	−2.49%
住宿和餐饮业	53.77	50.61	−5.88%
综合业	51.51	54.73	6.26%
租赁和商务服务业	51.75	48.80	−5.71%

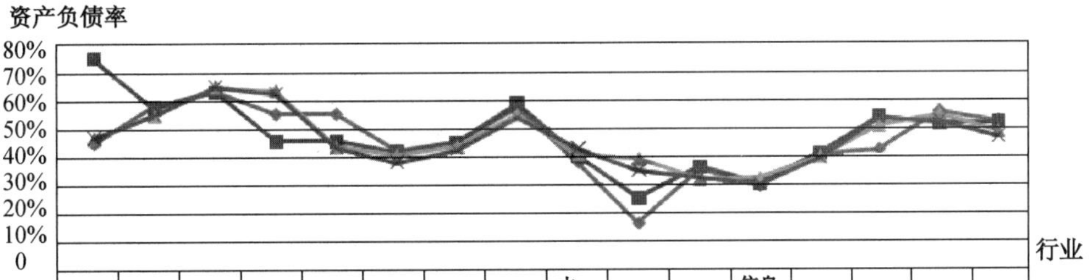

	采矿业	电力、热力、燃气及水生产和供应业	房地产业	建筑业	交通运输、仓储和邮政业	科学研究和技术服务业	农、林、牧、渔业	批发和零售业	水、利、环境和公共设施管理业	卫生和社会工作	文化、体育和娱乐业	信息传输、软件和信息技术服务业	制造业	住宿和餐饮业	综合业	租赁和商务服务业
2013年	44.77	57.94	63.08	54.93	54.93	41.96	44.97	57.11	37.73	16.09	35.19	29.39	40.71	42.1	55.68	52.23
2014年	74.71	57.1	62.95	45.41	45.41	41.8	44.93	58.7	39.95	25.1	35.88	30.25	40.93	53.77	51.51	51.75
2015年	46.50	54.78	64.88	63.37	43.72	40.60	43.53	54.88	40.77	39.06	31.59	31.86	39.91	50.46	54.73	48.80
2016年-2	46.76	54.80	64.89	62.60	43.55	38.08	42.25	53.79	42.84	34.79	32.47	29.91	39.45	53.34	52.37	46.91

图 10-5 行业资产负债率

图 10-6 显示，2015 年卫生和社会工作，文化、体育和娱乐业，信息传输、软件和信息技术服务业，综合业，采矿业，交通运输、仓储和邮政业的已获利息倍数为负，比 2014 年的偿债能力大大降低。批发和零售业，水利、环境和公共设施管理业的偿债能力强。2016 年，科学研究和技术服务业，文化、体育和娱乐业，批发和零售业，农、林、牧、渔业，交通运输、仓储和邮政业的已获利息倍数为负，偿债能力令人担忧。信息传输、软件和信息技术服务业的偿债能力得到了

大大提升。

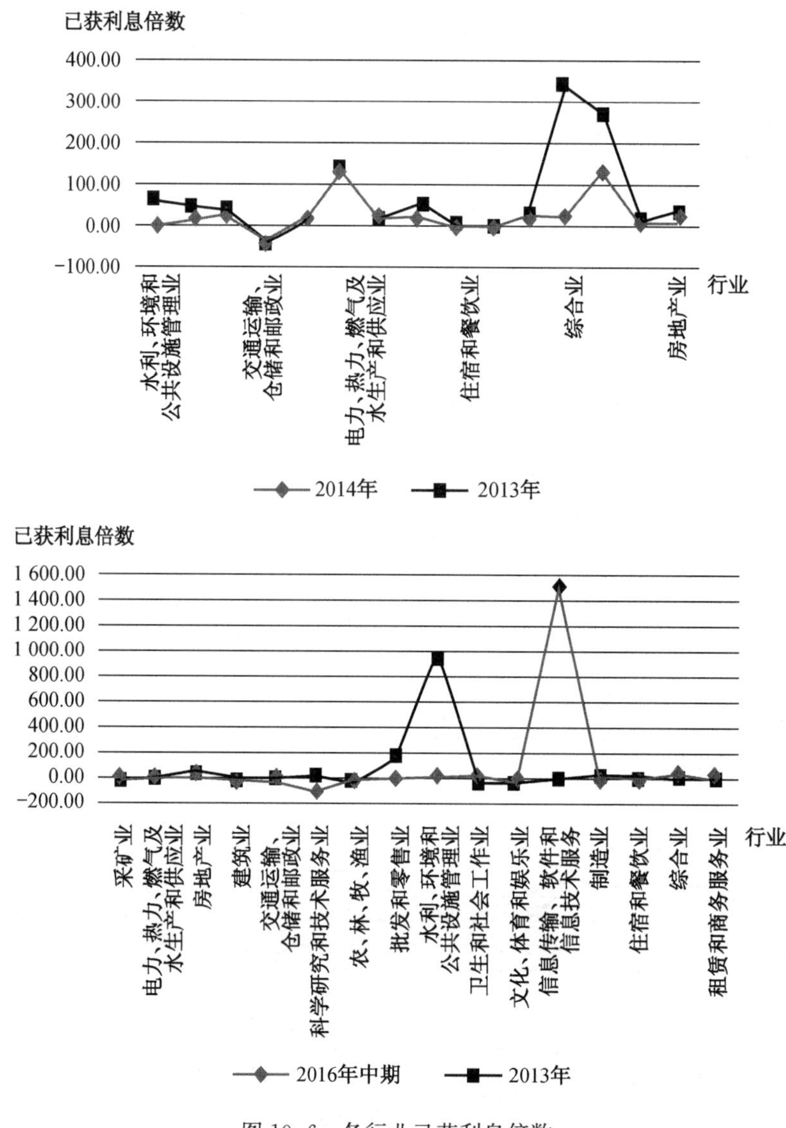

图 10-6 各行业已获利息倍数

3. 要素使用效率有一定程度的降低

随着国内外经济复苏过程中的不确定性和不稳定性的上升,要实现转方式、调结构的目标,就必须依赖经济内生增长动力的驱动,而要素使用效率是关键。由于外部需求不振、产品升级缓慢、结构性失衡、产能过剩,微观主体要素的使用效率一直呈现下降的趋势,应收账款和存货周转速度减缓。

从表 10-6 显示的 2015 年各行业的情况来看,从存货周转率上看,租赁和商务服务业,卫生和社会工作业,信息传输、软件和信息技术服务业,科学研究和技术服务业,交通运输、仓储和邮政业,电力、热力、燃气及水生产和供应业存货周转率比 2014 年有大幅度的提高;水利、环境和公共设施管理业,农、林、牧、渔业,采矿业,综合业,房地产业,制造业,批发和零售业,文化、体育和娱乐业的存货周转率比 2014 年的降低幅度超过 50%，尤其是批发和零售业，文化、体育和娱乐业的存货周转率比 2014 年的降低幅度超过 90%。这些行业的资产管理效率值得关注。与 2015 年的情况相比，采矿业的存货周转率得到大大改善，但科学研究和技术服务业，建筑业的存货周转率下降的幅度超过 20%，要素的使用效率在不断降低。

表 10-6　各行业资产管理效率——存货周转率

证监会一级行业分类	2014 年	2015 年	增长率	2016 年	增长率
采矿业	39.02	9.90	−74.64%	23.91	141.63%
电力、热力、燃气及水生产和供应业	38.86	63.72	63.96%	58.86	−7.62%
房地产业	7.87	1.08	−86.30%	1.27	17.39%
建筑业	17.04	10.94	−35.82%	6.60	−39.64%
交通运输、仓储和邮政业	70.23	148.53	111.49%	160.77	8.24%
科学研究和技术服务业	6.44	39.73	516.90%	30.63	−22.91%
农、林、牧、渔业	8.53	3.24	−62.05%	3.31	2.18%
批发和零售业	825.44	34.14	−95.86%	43.19	26.49%
水利、环境和公共设施管理业	24.32	11.90	−51.05%	10.25	−13.88%
卫生和社会工作业	6.66	254.23	3 717.34%	359.66	41.47%
文化、体育和娱乐业	3 047.05	23.04	−99.24%	24.19	4.99%
信息传输、软件和信息技术服务业	118.71	764.41	543.93%	625.40	−18.18%
制造业	59.09	4.69	−92.07%	4.23	−9.63%
住宿和餐饮业	13.11	9.10	−30.57%	8.74	−3.94%
综合业	15.74	2.90	−81.57%	3.75	29.29%
租赁和商务服务业	8.93	1 417.80	15 776.80%	1 631.14	15.05%

如表 10-7 所示，从应收账款周转率方面看，与 2014 年相比，批发和零售业，房地产业，综合业，水利、环境和公共设施管理业，信息传输、软件和信息技术服务业，卫生和社会工作业，农、林、牧、渔业的应收账款周转率都得到大大改善，应收账款周转率的增长率都在 96%以上。而电力、热力、燃气及水生产和供应业，制造业，建筑业，科学研究和技术服务业的应收账款周转率的情况不容乐观，有超过 50%的降幅。从 2016 年上半年的情况来看，批发和零售业，农、林、牧、渔业的应收账款周转率得到了很大程度的改善。卫生和社会工作业，水利、环境和公共设施管理业，交通运输、仓储和邮政业，电力、热力、燃气及水生产和供应业，租赁和商务服务业，采矿业，信息传输、软件和信息技术服务业的应收账款周转率降低的幅度都超过 20%，这意味着微观主体要素的使用效率在不断降低。

表 10-7 各行业资产管理效率——应收账款周转率

证监会一级行业分类	2014 年	2015 年	增长率	2016 年	增长率
采矿业	321.97	260.53	−19.084%	67.92	−73.928 1%
电力、热力、燃气及水生产和供应业	59.02	19.68	−66.648 2%	12.08	−38.633 9%
房地产业	128.38	4 448.70	3 365.259%	4 180.26	−6.034 16%
建筑业	24.76	4.78	−80.686 6%	4.87	1.827 007%
交通运输、仓储和邮政业	79.1	43.61	−44.862 3%	31.26	−28.333 7%
科学研究和技术服务业	132.41	5.85	−95.585 4%	5.83	−0.282 7%
农、林、牧、渔业	25.2	49.25	95.428 22%	67.20	36.442 91%
批发和零售业	6.33	335.29	5 196.836%	3 622.22	980.325 9%
水利、环境和公共设施管理业	16.52	59.50	260.191 1%	45.79	−23.051 5%
卫生和社会工作业	8.64	19.94	130.790 7%	15.82	−20.677 6%
文化、体育和娱乐业	18.95	11.95	−36.927 9%	14.08	17.830 99%
信息传输、软件和信息技术服务业	35.88	83.07	131.516 7%	12.92	−84.445%
制造业	198.77	46.86	−76.426%	50.42	7.602 867%
住宿和餐饮业	29.05	21.47	−26.076 1%	19.01	−11.5%
综合业	24.05	383.22	1 493.418%	349.96	−8.678 7%
租赁和商务服务业	95.28	48.77	−48.813 7%	20.34	−58.294 5%

（二）微观主体所面临的风险因素的识别

1. 经营风险因素的识别

经营风险具体地说就是在一个微观主体内部由于在人、过程和技术等方面失败而可能使经营发生失败的可能性。由于在人、过程和技术等方面失败的可能性可以加以预计，因此，在制订经营计划时将这些方面的风险考虑到其中，我们可以从微观主体的收益质量和资产的管理效率方面来看经营风险。

表 10-8 显示，2015 年只有房地产行业的营业收入与 2014 年相比有超过 10%的增长。2016 年只有文化、体育和娱乐业的营业收入与 2015 年相比有 29.34%的增长。其他行业营业收入的增长都有限。与 2014 年相比，2015 年采矿业，信息传输、软件和信息技术服务业的营业利润有较大幅度的增长。科学研究和技术服务业，文化、体育和娱乐业，交通运输、仓储和邮政业，建筑业，房地产业，综合业，租赁和商务服务业的营业利润出现了大幅度的降低。与 2015 年相比，2016 年水利、环境和公共设施管理业，住宿和餐饮业，卫生和社会工作业，制造业，交通运输、仓储和邮政业，文化、体育和娱乐业，房地产业，信息传输、软件和信息技术服务业，建筑业的营业利润出现了大幅度的降低。

表 10-8　各行业收入和利润增长情况

证监会一级行业	营业总收入增长率			营业利润增长率		
	2014	2015	2016	2014	2015	2016
采矿业	−4.42%	0.24%	0.14%	−16.97%	97.55%	3.48%
电力、热力、燃气及水生产和供应业	−0.68%	0.10%	0.78%	7.49%	1.01%	5.91%
房地产业	13.84%	15.75%	−5.47%	−2.72%	−8.96%	−0.83%
建筑业	5.08%	5.38%	5.07%	14.94%	−6.08%	−3.77%
交通运输、仓储和邮政业	1.44%	0.08%	0.47%	9.46%	−4.44%	−0.71%
科学研究和技术服务业	5.39%	0.54%	0.39%	17.69%	−0.04%	1.97%
农、林、牧、渔业	−6.43%	0.18%	0.27%	312.57%	2.39%	4.43%
批发和零售业	−3.9%	2.23%	1.03%	−26.29%	2.82%	4.39%
水利、环境和公共设施管理业	7.64%	0.12%	0.39%	9.5%	0.33%	−0.04%
卫生和社会工作业	30.15%	1.50%	0.88%	29.19%	1.38%	−0.16%
文化、体育和娱乐业	12.05%	3.63%	29.35%	23.19%	−1.18%	−0.77%
信息传输、软件和信息技术服务业	−2.53%	0.51%	0.75%	21.59%	13.61%	−1.09%
制造业	−0.39%	0.18%	2.57%	6.25%	2.39%	−0.57%
住宿和餐饮业	−3.78%	0.00%	0.28%	−292.89%	2.43%	−0.09%
综合业	−9.76%	0.07%	0.79%	30.63%	−16.27%	0.69%

表 10-9 显示，2015 年除卫生和社会工作业外的所有行业的经营杠杆系数都低于 1，而交通运输、仓储和邮政业，租赁和商务服务业，建筑业，房地产业，文化、体育和娱乐业，科学研究和技术服务业的营业利润的增长低于营业收入的增长，这些行业有一定的经营风险。2016 年，交通运输、仓储和邮政业，信息传输、软件和信息技术服务业，建筑业，住宿和餐饮业，制造业，卫生和社会工作业，水利、环境和公共设施管理业，文化、体育和娱乐业的营业利润的增长低于营业收入的增长，这些行业有一定的经营风险。

表 10-9　各行业的经营杠杆系数

证监会一级行业	2015 年	2016 年
房地产业	−1.76	6.61
建筑业	−0.89	−1.35
文化、体育和娱乐业	−3.08	−38.19

（续表）

证监会一级行业	2015 年	2016 年
批发和零售业	0.79	0.24
租赁和商务服务业	－0.04	3.93
卫生和社会工作	1.09	－5.68
科学研究和技术服务业	－12.71	0.20
信息传输、软件和信息技术服务业	0.04	－0.69
采矿业	0	0.04
制造业	0.08	－4.52
农、林、牧、渔业	0.08	0.06
水利、环境和公共设施管理业	0.36	－9.31
电力、热力、燃气及水生产和供应业	0.10	0.13
交通运输、仓储和邮政业	－0.02	－0.67
综合业	0	1.14
住宿和餐饮业	0	－3.09

2. 财务风险因素的识别

财务风险的度量主要与微观主体的偿债能力相关，常用的财务指标可以分为三类：第一类为流动性指标，包括流动比率和速动比率，用于反映短期偿债能力，度量的是短期财务风险。通常这些比率越低，债权人得不到保障的可能性越大，微观主体的财务风险也就越大。第二类指标反映微观主体的长期偿债能力，一般包括资产负债率、产权比率、利息保障倍数等。通常，前两项指标越低，第三类指标越高，微观主体的长期负债能力越强，财务风险越小。现金债务总额比是衡量微观主体筹资风险的第三类指标，现金流量和债务的比率可以更好地反映微观主体的偿债能力。该比率越高，表明微观主体承担债务的能力越强。

表 10-10 显示，从短期偿债能力上看，2015 年，信息传输、软件和信息技术服务业，文化、体育和娱乐业，制造业，房地产业，科学研究和技术服务业，农、林、牧、渔业，综合业，水利、环境和公共设施管理业等行业的短期偿债能力强，财务风险很低。卫生和社会工作业，租赁和商务服务业，住宿和餐饮业，交通运输、仓储和邮政业，采矿业，建筑业，批发和零售业，电力、热力、燃气及水生产和供应业有一定的财务风险。2016 年，信息传输、软件和信息技术服务业，制造业，科学研究和技术服务业，综合业，文化、体育和娱乐业，农、林、牧、渔业，水利、环境和公共设施管理业，房地产业，卫生和社会工作业，租赁和商务服务业的短期偿债能力较强，财务风险较低。住宿和餐饮业，采矿业，交通运输、仓储和邮政业，建筑业，批发和零售业，电力、热力、燃气及水生产和供应业存在一定程度的财务风险。

从长期偿债能力上看，租赁和商务服务业，综合业，批发和零售业，建筑业，科学研究和技术服务业，信息传输、软件和信息技术服务业等行业的经营活动的现金流为负，长期偿债能力较弱，存在一定的财务风险。从图 10-7 可以看出，2016 年整体的行业状况略好于 2015 年。

表 10-10　**各行业平均的偿债能力**

行业名称	流动比率		速动比率		经营活动产生的现金流量净额/负债合计	
	2015 年	2016 年	2015 年	2016 年	2015 年	2016 年
农、林、牧、渔业	2.27	2.53	1.44	1.72	0.13	0.09
采矿业	1.62	1.81	1.41	1.58	0.13	0.02
制造业	2.63	2.78	2.10	2.21	0.19	0.05
电力、热力、燃气及水生产和供应业	1.07	1.11	0.97	1.00	0.18	0.07
建筑业	1.61	1.72	0.98	0.99	0.00	−0.03
批发和零售业	1.50	1.71	1.14	1.33	0.03	−0.02
交通运输、仓储和邮政业	1.67	1.75	1.50	1.54	0.21	0.09
住宿和餐饮业	1.68	1.93	1.56	1.78	0.22	0.01
信息传输、软件和信息技术服务业	3.51	4.38	3.23	4.01	0.27	−0.15
房地产业	2.37	2.26	1.12	0.94	0.01	0.02
租赁和商务服务业	1.77	2.04	1.61	1.84	0.11	−0.01
科学研究和技术服务业	2.32	2.71	2.04	2.38	0.11	−0.04
水利、环境和公共设施管理业	2.21	2.26	1.75	1.81	0.27	0.05
卫生和社会工作	1.85	2.24	1.72	2.07	0.50	0.08
文化、体育和娱乐业	2.66	2.54	2.33	2.21	0.14	0.01
综合业	2.25	2.64	1.77	2.11	0.02	−0.01

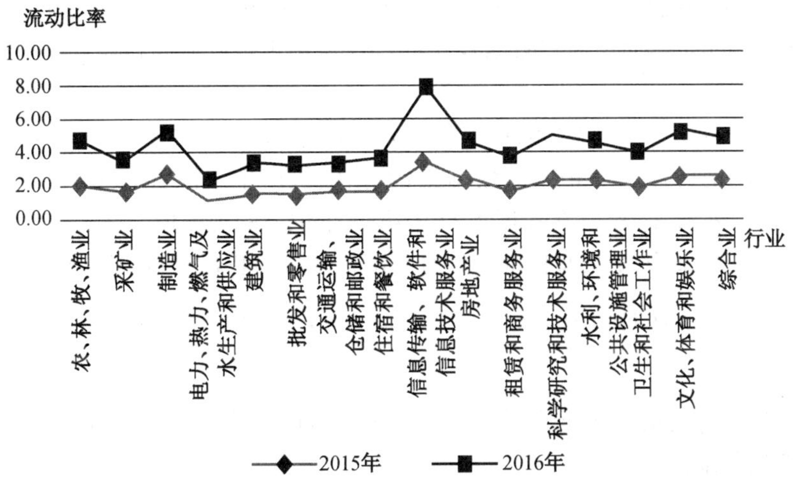

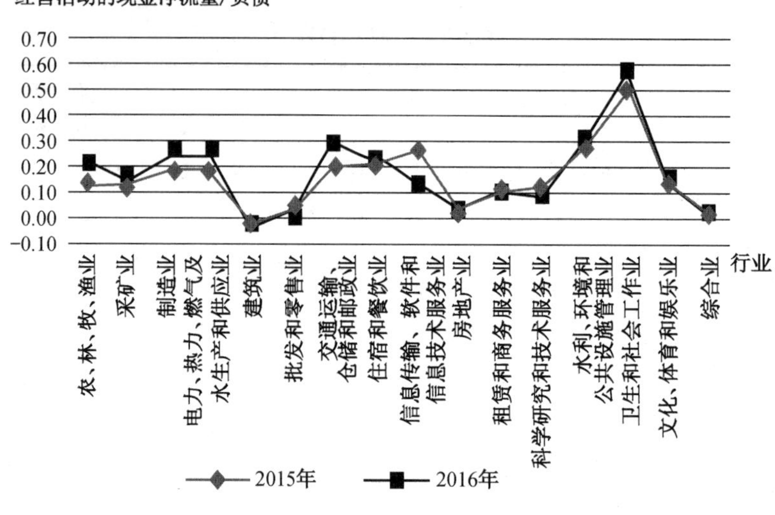

图 10-7 各行业的偿债能力

综上所述，卫生和社会工作业，租赁和商务服务业，住宿和餐饮业，交通运输、仓储和邮政业，采矿业，建筑业，批发和零售业，电力、热力、燃气及水生产和供应业，综合业，科学研究和技术服务业，信息传输、软件和信息技术服务业都存在一定程度的财务风险。

三、微观主体风险的度量与分析

企业风险是指由多种因素的相互作用，使企业不能实现预期效益，从而造成损失的可能性。财务风险和经营风险是其中的两种主要风险。企业风险预警的核心是风险预测，通过科学的风险预测可使企业在危机发生之前向经营者提出警示，从而督促企业管理人员采取有效措施，避免潜在的危机演变成损失。

（一）基于行业的微观主体风险度量的连续属性约束贝叶斯网络分类器模型

我们将高斯 Copula 密度函数、引入平滑参数的高斯核函数和以分类准确率为标准的贪婪属性父结点选择相结合，建立了一种新的 Copula 网络分类器——具有边缘高斯核密度的 Copula 约束贝叶斯网络分类器(Copula restricted Bayesian network classifier with marginal Gaussian kernel density，简记为 CRBK)，并将 CRBK 用于企业财务和经营风险预测。

1. Copula 函数

用 $X_1, \cdots, X_n, C$ 表示连续属性和类，$x_1, \cdots, x_n, c$ 为其值，$\boldsymbol{X}=(X_1, \cdots, X_n)$，$\boldsymbol{x}=(x_1, \cdots, x_n)$，$D$ 是具有 N 个记录的数据集，数据随机产生于混合分布 P，$x_{im}(1 \leqslant i \leqslant n, 1 \leqslant m \leqslant N)$，$c_m$ 表示 X_i 和 C 在数据集 D 中第 m 个记录的观测值。

定义 1 一个 Copula 是具有标准均匀分布随机变量的联合分布函数，也就是

$$C(u_1, \cdots, u_n)=P(U_1 \leqslant u_1, \cdots, U_n \leqslant u_n)$$

其中 $U_i \sim U(0, 1)$。

Sklar 在 1959 年给出了下面的关于 Copula 函数的存在性定理，为后来的 Copula 函数的发展奠定了理论基础。

定理 1　设 $F(x_1, \cdots, x_n)$ 是 $\boldsymbol{X}$ 的联合分布函数，$F(x_i)$ 是关于 X_i 的边缘分布函数，那么存在一个 Copula 函数使得 $F(x_1, \cdots, x_n) = C[F(x_1), \cdots, F(x_n)]$。如果每个 $F(x_i)$ 都是连续的分布函数，则 Copula C 唯一存在。

根据定理 1 可以得到下面的推论 1。

推论 1　设 $f(x_1, \cdots, x_n)$ 是 $\boldsymbol{X}$ 的联合密度函数，$f(x_i)$ 是 X_i 的边缘密度函数，那么：

$$f(x_1, \cdots, x_n) = c[F(x_1), \cdots, F(x_n)]\prod_{i=1}^{n} f(x_i) \tag{10-1}$$

其中 $c[F(x_1), \cdots, F(x_n)] = \dfrac{\partial^n C[F(x_1), \cdots, F[x_n)]}{\partial F(x_1)\cdots\partial F(x_n)}$ 是 Copula 密度函数。

可以看出，联合密度函数能够分解成 Copula 密度函数和边缘密度的乘积两部分。

设 G 是一个关于 $\boldsymbol{X}$ 的有向无环图，$\pi_i = \{x_{i1}, \cdots, x_{iK_i}\}$ 是 G 中 X_i 的父结点集 $\Pi_i = \{X_{i1}, \cdots, X_{iK_i}\}$ 的配置。Elidan 在 2007 年给出了下面的 Copula 密度函数的分解与组合定理。

定理 2(分解定理)　设 $f(x_1, \cdots, x_n)$ 是 $\boldsymbol{X}$ 的联合密度函数，而且对所有 $\boldsymbol{X}$ 的配置都有 $f(x_1, \cdots, x_n) > 0$。如果 $f(x_1, \cdots, x_n)$ 能够按照 G 进行分解，那么 Copula 密度函数 $c[F(x_1), \cdots, F(x_n)]$ 也能依据 G 进行分解，即：

$$c[F(x_1), \cdots, F(x_n)] = \prod_i c_i[F(x_i), F(x_{i1}), \cdots, F(x_{iK_i})] \tag{10-2}$$

其中 $c_i[F(x_i), F(x_{i1}), \cdots, F(x_{iK_i})]$ 是只取决于 G 中 X_i 和它的父结点集 Π_i 的局部 Copula 密度函数，而且：

$$c_i[F(x_i), F(x_{i1}), \cdots, F(x_{iK_i})] = \frac{c[F(x_i), F(x_{i1}), \cdots, F(x_{iK_i})]}{c[F(x_{i1}), \cdots, F(x_{iK_i})]} f(x_i) \tag{10-3}$$

定理 3(组合定理)　设 $c_i[F(x_i), F(x_{i1}), \cdots, F(x_{iK_i})]$ 是一个关于 G 中 X_i 和它的父结点集 Π_i 的严格正的局部 Copula 密度函数，如果当 Π_i 给定时，X_i 条件独立于 X_i 的非子孙结点，那么 $g[F(x_1), \cdots, F(x_n)] = \prod_i c_i[F(x_i), F(x_{i1}), \cdots, F(x_{iK_i})]$ 是一个关于 $\boldsymbol{X}$ 的有效 Copula 密度函数 $c[F(x_1), \cdots, F(x_n)]$。

定理 1、定理 2 和定理 3 为研究连续属性 CRBK 奠定了理论基础，这三个定理的证明请看参考文献[7]、[12]和[13]。

2. CRBK

根据概率公式和贝叶斯网络理论，可得

$$\begin{aligned} p(c \mid x_1, \cdots, x_n) &= \frac{p(c, x_1, \cdots, x_n)}{f(x_1, \cdots, x_n)} = \frac{p(c) f(x_1, \cdots, x_n \mid c)}{f(x_1, \cdots, x_n)} \\ &= \alpha p(c) f(x_1, \cdots, x_n \mid c) = \alpha p(c) \prod_{i=1}^{n} f(x_i \mid \pi_i, c, G) \end{aligned} \tag{10-4}$$

其中　α，c—— 无关的量；

$p(c)$—— 类先验概率；

$f(x_i \mid \pi_i, c, G)$ ——属性条件密度。

定义 2 对有向无环图(贝叶斯网络结构) G，称使用

$$\underset{c(x_1, \cdots, x_n)}{\arg\max}\left\{p(c)\prod_{i=1}^{n} f(x_i \mid \pi_i, c, G)\right\} \tag{10-5}$$

进行分类的分类器为连续属性约束贝叶斯网络分类器。在式(10-5)中，如果将高斯 Copula 密度函数和边缘高斯核函数相结合来估计属性条件密度，便得到 CRBK。

CRBK 的结构(如图 10-8 所示)是一个类约束下的有向无环图(类是每一个属性的父结点)，属性除类之外还可以有属性父结点(在朴素贝叶斯分类器中，类是属性的唯一父结点，CRBK 是朴素贝叶斯分类器的网络依赖扩展，因此属性还可以有属性父结点，如 X_4 除有类父结点 C 之外，还有属性父结点 X_1 和 X_2)。

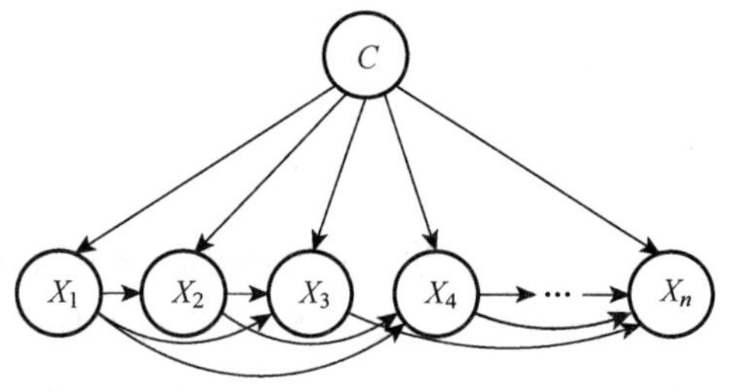

图 10-8 CRBK 的结构

从式(10-5)中能够看出，CRBK 是依据后验概率的顺序进行分类，而顺序关系比较稳定(抗干扰性较强)，因此 CRBK 具有良好的抗噪声性。CRBK 基于 Copula 和贝叶斯网络理论分解属性联合密度，这也使分类计算具有更高的效率和可靠性。建立连续属性 CRBK 需要解决两个问题，一个是属性条件密度估计，另一个是分类器结构学习。

1) 属性条件密度估计

我们结合高斯 Copula 密度函数和高斯核函数来估计属性条件密度。分别用 $C(u_1, \cdots, u_n; \Sigma)$ 和 $c(u_1, \cdots, u_n; \Sigma)$ 表示具有协方差矩阵 Σ 的高斯 Copula 分布函数和密度函数，则 $C(u_1, \cdots, u_n; \Sigma) = \Phi^n(\Phi^{-1}(u_1), \cdots, \Phi^{-1}(u_n); \Sigma)$。从而：

$$\begin{aligned} C(u_1, \cdots, u_n; \Sigma) &= \int_{-\infty}^{\Phi^{-1}(u_1)} \cdots \int_{-\infty}^{\Phi^{-1}(u_n)} \frac{1}{(2\pi)^{n/2} \mid \Sigma \mid^{1/2}} \exp\left(-\frac{1}{2}t'\Sigma^{-1}t\right) \mathrm{d}t_1 \cdots \mathrm{d}t_n \\ &= C(\Phi(z_1), \cdots, \Phi(z_n); \Sigma) \\ &= \int_{-\infty}^{z_1} \cdots \int_{-\infty}^{z_n} \frac{1}{(2\pi)^{n/2} \mid \Sigma \mid^{1/2}} \exp\left(-\frac{1}{2}t'\Sigma^{-1}t\right) \mathrm{d}t_1 \cdots \mathrm{d}t_n \end{aligned} \tag{10-6}$$

其中 $\Phi^n(\cdot)$—— 标准 n 维高斯分布函数；

$\Phi(\cdot)$—— 标准高斯分布函数；

$u_i = \Phi(z_i)$，$\Phi^{-1}(\cdot)$——$\Phi(\cdot)$ 的反函数。

因此

$$\begin{aligned} c(u_1, \cdots, u_n; \Sigma) = \frac{\partial^n C(u_1, \cdots, u_n; \Sigma)}{\partial u_1, \cdots, \partial u_n} &= \frac{\dfrac{1}{(2\pi)^{n/2} \mid \Sigma \mid^{1/2}} \exp\left(-\dfrac{1}{2}z'\Sigma^{-1}z\right)}{\prod\limits_{i=1}^{n} \dfrac{1}{(2\pi)^{1/2}} \exp\left(-\dfrac{1}{2}z_i^2\right)} \\ &= \mid \Sigma \mid^{-1/2} \exp\left(-\frac{1}{2}z'(\Sigma^{-1} - I)z\right) \end{aligned} \tag{10-7}$$

其中　$t=(t_1,\cdots,t_n)$，$z'=(x_1-\bar{x}_1,\cdots,x_n-\bar{x}_n)$——$z$ 的转置；

$\bar{x}_i$——x_i 的均值；

I——n 阶单位矩阵。

根据推论 1 和式(10-7)，我们可以得到：

$$\begin{aligned} f(x_1,\cdots,x_n) &= c(\Phi(z_1),\cdots,\Phi(z_n))\prod_{i=1}^{n}f(x_i) \\ &= |\Sigma|^{-1/2}\exp\left(-\frac{1}{2}z'(\Sigma^{-1}-I)z\right)\prod_{i=1}^{n}f(x_i) \end{aligned} \tag{10-8}$$

分别用 $\hat{f}(x_i,\pi_i\mid c,D)$、$\hat{f}(x_i\mid\pi_i,c,D)$、$\hat{f}(x_i\mid\pi_i,c,D)$ 和 $\hat{f}(x_1,\cdots,x_n\mid c,D)$ 表示 $f(x_i,\pi_i\mid c)$、$f(\pi_i\mid c)$、$f(x_i\mid\pi_i,c)$ 和 $f(x_1,\cdots,x_n\mid c)$ 的估计，那么：

$$\begin{aligned} \hat{f}(x_i,\pi_i\mid c,D) &= \hat{c}(F(x_i),F(x_{i1}),\cdots,F(x_{iK_i})\mid c,D)\hat{f}(x_i\mid c,D)\prod_{k=1}^{K_i}\hat{f}(x_{ik}\mid c,D) \\ &= |\hat{\Sigma}_{c(x_i,\pi_i),D}|^{-1/2}\exp\left(-\frac{1}{2}\hat{z}'_{c(x_i,\pi_i),D}(\hat{\Sigma}^{-1}_{c(x_i,\pi_i),D}-I_{K_i+1})\hat{z}_{c(x_i,\pi_i),D}\right) \\ &\quad \hat{f}(x_i\mid c,D)\prod_{k=1}^{K_i}\hat{f}(x_{ik}\mid c,D) \end{aligned} \tag{10-9}$$

其中　$\hat{\Sigma}_{c(x_i,\pi_i),D}$——类 c 约束下属性 $X_i,X_{i1},\cdots,X_{iK_i}$ 的协方差矩阵估计；

$\hat{z}_{c(x_i,\pi_i),D}$——在类约束下关于属性 $X_i,X_{i1},\cdots,X_{iK_i}$ 的 z 的估计；

I_{K_i+1}——K_i+1 阶单位矩阵。

Copula 密度函数(或分布函数)和类的标志依据上下文来区分。我们能够得到：

$$\begin{aligned} \hat{f}(\pi_i\mid c,D) &= \hat{c}(F(x_{i1}),\cdots,F(x_{iK_i})\mid c,D)\prod_{k=1}^{K_i}\hat{f}(x_{ik}\mid c,D) \\ &= |\hat{\Sigma}_{c(\pi_i),D}|^{-1/2}\exp\left(-\frac{1}{2}\hat{z}'_{c(\pi_i),D}(\hat{\Sigma}^{-1}_{c(\pi_i),D}-I_{K_i})\hat{z}_{c(\pi_i),D}\right)\prod_{k=1}^{K_i}\hat{f}(x_{ik}\mid c,D) \end{aligned} \tag{10-10}$$

其中　$\hat{\Sigma}_{c(\pi_i),D}$——类 C 约束下属性 $X_{i1},\cdots,X_{iK_i}$ 的协方差矩阵估计；

$z_{c(\pi_i),D}$——在类约束下关于属性 $X_{i1},\cdots,X_{iK_i}$ 的 z 的估计；

I_{K_i}——K_i 阶单位矩阵。

我们采用引入平滑参数的高斯核函数来估计属性边缘密度，那么

$$\hat{f}(x_i\mid c,D)=\frac{1}{N(c)}\sum_{m=1}^{N}\mathrm{sign}(c_m)g(x_i;x_{im},h) \tag{10-11}$$

其中　$N(c)$——数据集 D 中 $C=c$ 的情况数量；

$\mathrm{sign}(c_m)=\begin{cases}1, & c_m=c\\ 0, & c_m\neq c\end{cases}$，$g(x_i;x_{im},h)$——高斯函数；

h ——平滑参数。

结合式(10-8)至式(10-11),最终可以得到

$$
\begin{aligned}
\hat{f}(x_i \mid \pi_i, c, D) &= \frac{\hat{f}(x_i, \pi_i \mid c, D)}{\hat{f}(\pi_i \mid c, D)} \\
&= \frac{\hat{c}(F(x_i), F(x_{i1}), \cdots, F(x_{iK_i}) \mid c, D)\hat{f}(x_i \mid c, D)\prod_{k=1}^{K_i}\hat{f}(x_{ik} \mid c, D)}{\hat{c}(F(x_{i1}), \cdots, F(x_{iK_i}) \mid c, D)\prod_{k=1}^{K_i}\hat{f}(x_{ik} \mid c, D)} \\
&= \hat{f}(x_i \mid c, D)\frac{\hat{c}(F(x_i), F(x_{i1}), \cdots, F(x_{iK_i}) \mid c, D)}{\hat{c}(F(x_{i1}), \cdots, F(x_{iK_i}) \mid c, D)} \\
&= \frac{1}{N(c)}\sum_{m=1}^{N}\operatorname{sign}(c_m)g(x_i;\ x_{im},\ h)\frac{\left|\hat{\Sigma}_{c(x_i, \pi_i), D}\right|^{-1/2}}{\left|\hat{\Sigma}_{c(\pi_i), D}\right|^{-1/2}} \\
&\quad \frac{\exp\left(-\frac{1}{2}\hat{z}'_{c(x_i, \pi_i), D}(\hat{\Sigma}^{-1}_{c(x_i, \pi_i), D} - I)\hat{z}_{c(x_i, \pi_i), D}\right)}{\exp\left(-\frac{1}{2}\hat{z}'_{c(\pi_i), D}(\hat{\Sigma}^{-1}_{c(\pi_i), D} - I)\hat{z}_{c(\pi_i), D}\right)}
\end{aligned}
\tag{10-12}
$$

根据定理1、定理2、定理3和式(10-4)和(10-12),可得

$$
\begin{aligned}
\hat{p}(c \mid D)\hat{f}(x_1, \cdots, x_n \mid c, D) &= \hat{p}(c \mid D)\prod_{i=1}^{n}\hat{f}(x_i \mid \pi_i, c, D) \\
&= \frac{1}{N * (N(c))^{n-1}}\prod_{i=1}^{n}\sum_{m=1}^{N} sign(c_m)g(x_i;\ x_{im},\ h)\frac{\left|\hat{\Sigma}_{c(x_i, \pi_i), D}\right|^{-1/2}}{\left|\hat{\Sigma}_{c(\pi_i), D}\right|^{-1/2}} \\
&\quad \frac{\exp\left(-\frac{1}{2}\hat{z}'_{c(x_i, \pi_i), D}(\hat{\Sigma}^{-1}_{c(x_i, \pi_i), D} - I)\hat{z}_{c(x_i, \pi_i), D}\right)}{\exp\left(-\frac{1}{2}\hat{z}'_{c(\pi_i), D}(\Sigma^{-1}_{c(\pi_i), D} - I)\hat{z}_{c(\pi_i), D}\right)}
\end{aligned}
\tag{10-13}
$$

属性具有过多的父结点,一方面易于导致对数据的过度拟合,另一方面会降低学习与分类的效率,一般可限定属性除类之外的父结点不超过3个(或2个)。这样通过属性联合密度的贝叶斯网络分解,CRBK的分类时间复杂度是$O(n)$(以最多3个父结点的情况为例,需要进行不超过$2(n-1)$次最多4阶的矩阵求逆和行列式运算),而不进行属性联合密度分解计算的时间复杂度是$O(n^3)$(需要进行n阶矩阵求逆和行列式运算)。属性联合密度的贝叶斯网络分解能够有效降低分类计算的时间复杂度,但需要确定分类器的结构,从而会降低分类器的学习效率,不合适的分解也可能导致信息丢失。

2) CRBK结构学习

CRBK的结构学习是在NBC结构的基础上,发现每一个属性新父结点的过程。首先,根据Quinlan的信息增益率为属性排序,其中的属性条件密度计算采用高斯核函数,平滑参数使用MISE(mean integrated square error)进行设置。分类准确率估计采用10折交叉有效性验证方法。结合分类准确率标准和属性父结点的贪婪选择,按照顺序依次发现属性的新父结点。

用于属性边缘密度估计的高斯核函数中的平滑参数同样使用 MISE 进行设置，具体设置方法为：

$$h=\left(\frac{4}{(n+2)N}\right)^{\frac{1}{n+4}} \tag{10-14}$$

其中 n 和 N ——连续属性数量和数据集中的例子数量。

分别用 Π_i 和 Ω_i 表示 X_i 的属性父结点集和子孙结点集，那么可以证明 X_i 新的属性父结点候选集为 $\{X_1, \cdots, X_n\}-\Omega_i \cup \Pi_i \cup \{X_i\}$。在属性父结点选择过程中，首先进行一阶父结点选择（为属性增加的第一个父结点），在一阶父结点选择的基础上进行二阶父结点选择（为属性增加的第二个父结点），在二阶父结点选择过程中也可能新增一阶父结点，在二阶父结点选择的基础上进行三阶父结点选择（为属性增加的第三个父结点），在三阶父结点选择过程中也可能新增一阶和二阶父结点。我们通过实验发现具有三阶父结点的属性非常少，而且三阶父结点对分类的贡献也很小，因此只进行到三阶父结点选择。具体的属性父结点选择如算法 1 所示。

用 $accuracy\_nbc(h^*, D, S)$ 表示朴素贝叶斯分类器的分类准确率，$accuracy\_bnc\_f(j \mid D, G_j)$，$j=1, 2, 3$ 和 $accuracy\_bnc\_b(j \mid D, G_j)$ 表示进行第 j 阶依赖扩展过程中父结点变化前和变化后的分类准确率。

其中 h^*—— 使用 MISE 方法设置的平滑参数；

S—— 朴素贝叶斯分类器的结构；

G_j—— 对应的 CRBK 结构；

$\Pi_i^{(1)}$、$\Pi_i^{(2)}$ 和 $\Pi_i^{(3)}$——X_i 的一阶、二阶和三阶属性父结点集；

Γ_i—— 属性 X_i 的父结点候选集。

算法 1 属性父结点选择算法

输入：D、h^* 和 $accuracy\_nbc(h^*, D, S)$

输出：$accuracy\_bnc\_b(j \mid D, G_j)(j=1, 2, 3)$、$G_j$ 和 G

设置 $\Pi_i^{(1)}=\Pi_i^{(2)}=\Pi_i^{(3)}=\phi$ 和 $\Gamma_i=\{X_1, \cdots, X_{i-1}, X_{i+1}, \cdots, X_n\}$

For $j=1, 2, 3$

If $j=1$

$$accuracy\_bnc\_f(j \mid D, G_1)=accuracy\_nbc(h^* \mid D, S)$$

用 S 初始化 G_1

Else

$$accuracy\_bnc\_f(j \mid D, G_j))=accuracy\_bnc\_b(j-1 \mid D, G_j))$$

用 G_{j-1} 初始化 G_j

End if

For $i=1, 2, \cdots, n$

计算 Γ_i，让 new_father =0

For $k=1, 2, \cdots, n$

If $X_k \in \Gamma_i$

```
计算 accuracy_bnc_b(j | D, G_j)
If accuracy_bnc_b(j | D, G_j) > accuracy_bnc_f(j | D, G_j)
accuracy_bnc_f(j | D, G_j) = accuracy_bnc_b(j | D, G_j)
new_father=k
End if
End if
If new_father≠0
If Π_i^(1) = φ
Π_i^(1) = {X_s},更新 Γ_i 和 G_1
End if
If Π_i^(1) ≠ φ and Π_i^(2) = φ
Π_i^(2) = {X_s} ,更新 Γ_i 和 G_2
End if
If Π_i^(1) ≠ φ and Π_i^(2) ≠ φ and Π_i^(3) = φ
Π_i^(3) = {X_s},更新 Γ_i 和 G_3
End if
End if
  End for
  End for
If j > 1 and accuracy_bnc_b(j | D, G_j) = accuracy_bnc_b(j-1 | D, G_j)
  退出 j 循环
End for
```

算法 1 给出的是结合属性排序与打分-搜索的 CRBK 结构学习算法(或者是朴素贝叶斯分类器的网络依赖扩展算法)。算法中的属性排序是依据信息增益率的大小,也可以采用其他的方法(如属性对分类的贡献和属性与类的相关性等);分类准确性估计使用 10 折交叉有效性验证方法,这种方法是目前最可靠的分类准确性估计方法之一;搜索策略选择贪婪搜索,因此,最终学习得到的是局部最优结构,也可以采用能够获得全局最优结构(或近似全局最优结构)的搜索策略(如遗传算法、模拟退火法和量子搜索算法等)。学习得到的 CRBK 绝大多数是属性具有一阶或二阶父结点的分类器[一阶、二阶和三阶 CRBK 所占百分比依次是 53.57%(15 个)、35.72%(10 个)和 10.71%(3 个)],而且在三阶 CRBK 中增加三阶父结点所提高的分类准确率一般不超过 3%,如果综合考虑效率和可靠性,二阶 CRBK 应该是比较理想的选择。

属性父结点选择是 CRBK 学习的主要部分,也是运算的主体。在属性父结点选择的过程中,所进行的主要运算又是分类器的分类准确率估计,一阶、二阶和三阶依赖扩展的属性父结点选择最多需要进行 $3n^2$ 次分类准确率计算,可知,属性父结点选择算法关于分类准确率运算的时间复杂度是 $O(n^2)$。由表 10-11 给出的属性父结点选择算法,CRBK 的结构可被建立,再结合类边缘概率和基于高斯 Copula 的属性条件密度估计[式(10-13)],便能够获得 CRBK。

(二) 样本和指标的选取

1. 样本的选取

本研究选取了 2015 年和 2016 年第二季度公布财务报告的深、沪上市的 A 股公司作为研究样本。行业的划分以中国证监会2012年修订的《上市公司行业分类指引》为依据。《上市公司行业分类指引》(2012年修订版)将上市公司所属行业划分为19个大类。本研究剔除了样本量较少的教育、金融业两个行业,剩下的17个行业大类的样本数见表10-11。研究中使用的财务数据来源于WIND和CCER数据库。

表10-11　**2015年和2016年第二季度样本的分布情况**

证监会一级行业	2015年	2016年第二季度
采矿业	72	73
电力、热力、燃气及水生产和供应业	95	95
房地产业	129	129
建筑业	78	80
交通运输、仓储和邮政业	87	89
科学研究和技术服务业	22	24
农、林、牧、渔业	44	45
批发和零售业	149	149
水利、环境和公共设施管理业	31	31
卫生和社会工作	6	6
文化、体育和娱乐业	40	42
信息传输、软件和信息技术服务业	174	178
制造业	1 770	1 817
住宿和餐饮业	11	11
综合业	25	25
租赁和商务服务业	39	39
合计	2 772	2 833

2. 指标的选取

微观主体财务和经营风险指标均包含两部分:风险等级指标和影响风险等级的相关其他指标。风险等级分为四个级别,分别是高风险(A级)、较高风险(B级)、有风险(C级)和风险关注(D级)。影响微观主体财务风险的相关因素指标为:销售毛利率、净资产收益率、总资产净利率、每股收益、每股经营现金流量、已获利息倍数(EBIT/利息费用)、资产负债率。影响微观主体经营风险的相关因素指标为存货周转率、应收账款周转率、总资产周转率、总资产增长率,营业总收入增长率,营业利润增长率等指标。

(三) 基于行业的微观主体风险的预测与分析

本研究邀请了40位微观主体管理、财务管理和会计学等方面的专家,采用德尔菲法(Delphi Method),确定一部分微观主体的年度财务和经营风险的等级(经过3轮的专家评价,以各专家趋于一致的风险等级为最后的风险等级),以及财务和经营A级风险分布的参考值。

1. 各行业财务风险分布的预测与分析

基于 RBCN 进行 2015 年和 2016 年第二季度企业财务和经营风险等级预测，并分析预测结果。通过 RBCN 分类预测，获得每一个未知风险企业的风险等级，再经过简单统计得到的各行业风险分布情况如表 10-12 至表 10-15 所示。

表 10-12　**2015 年各行业的财务风险分布**

风险等级 行业	高风险 （A 级）	较高风险 （B 级）	有风险 （C 级）	风险关注 （D 级）
采矿业	0.285 7	0.305 2	0.214 3	0.194 8
电力、热力、燃气及水生产和供应业	0.061 7	0.623 5	0.264 3	0.050 5
房地产业	0.318 2	0.257 6	0.303 0	0.121 2
建筑业	0.275 4	0.318 8	0.289 9	0.115 9
交通运输、仓储和邮政业	0.170 7	0.243 9	0.268 3	0.317 1
科学研究和技术服务业	0.277 8	0.111 1	0.388 9	0.222 2
农、林、牧、渔服务业	0.268 3	0.292 7	0.268 3	0.170 7
批发和零售业	0.157 5	0.575 5	0.174 6	0.092 4
水利、环境和公共设施管理业	0.241 4	0.275 9	0.310 3	0.172 4
文化、体育和娱乐业	0.088 2	0.294 1	0.411 8	0.205 9
信息传输、软件和信息技术服务业	0.035 1	0.199 3	0.441 4	0.324 2
制造业	0.107 1	0.411 2	0.289 2	0.192 5
综合业	0.260 0	0.440 0	0.160 0	0.140 0
租赁和商务服务业	0.120 0	0.320 0	0.400 0	0.160 0

表 10-12 显示，2015 年房地产业有 30%以上公司的财务风险处于“高风险”；电力、热力、燃气及水生产和供应业，批发和零售业等行业有 50%以上公司的财务风险处于“较高风险”等级。信息传输、软件和信息技术服务业，文化、体育和娱乐业，租赁和商务服务业，科学研究和技术服务业，水利、环境和公共设施管理业等行业有 30%以上的公司的财务风险处于 C 级以上的风险等级。信息传输、软件和信息技术服务业和交通运输、仓储和邮政业有近 30%公司的财务风险处于“风险关注”等级（D 级）。因此，2015 年财务风险主要集中在房地产业，电力、热力、燃气及水生产和供应业，批发和零售业等行业。

表 10-13　**2016 年第二季度各行业的财务风险分布**

风险等级 行业	高风险 （A 级）	较高风险 （B 级）	有风险 （C 级）	风险关注 （D 级）
采矿业	0.294 9	0.269 2	0.230 8	0.205 1
电力、热力、燃气及水生产和供应业	0.061 7	0.674 3	0.230 3	0.033 7
房地产业	0.333 3	0.265 2	0.250 0	0.151 5
建筑业	0.267 6	0.239 4	0.323 9	0.169 0
交通运输、仓储和邮政业	0.146 3	0.219 5	0.292 7	0.341 5

（续表）

风险等级 / 行业	高风险（A级）	较高风险（B级）	有风险（C级）	风险关注（D级）
科学研究和技术服务业	0.250 0	0.150 0	0.400 0	0.200 0
农、林、牧、渔服务业	0.302 3	0.325 6	0.209 3	0.162 8
批发和零售业	0.134 2	0.375 8	0.315 4	0.174 5
水利、环境和公共设施管理业	0.290 3	0.258 1	0.290 3	0.161 3
文化、体育和娱乐业	0.117 6	0.264 7	0.441 2	0.176 5
信息传输、软件和信息技术服务业	0.037 2	0.129 6	0.677 7	0.155 5
制造业	0.085 4	0.286 4	0.521 6	0.106 6
综合业	0.280 0	0.400 0	0.280 0	0.040 0
租赁和商务服务业	0.111 1	0.296 3	0.444 4	0.148 1

表10-13显示，2016年第二季度，房地产业，农、林、牧、渔服务业等行业，有30%以上公司的财务风险处于A级以上（含A级）风险等级。而电力、热力、燃气及水生产和供应业，综合业，批发和零售业，农、林、牧、渔服务业等行业有30%以上的公司的财务风险处于“高风险”等级。因此，2016年第二季度的财务风险主要集中在房地产业，农、林、牧、渔服务业，电力、热力、燃气及水生产和供应业，综合业，批发和零售业等行业。

2. 各行业经营风险分布的预测与分析

表10-14　**2015年各行业的经营风险分布**

风险等级 / 行业	高风险（A级）	较高风险（B级）	有风险（C级）	风险关注（D级）
采矿业	0.288 5	0.256 4	0.224 4	0.230 8
电力、热力、燃气及水生产和供应业	0.101 1	0.382 0	0.337 1	0.179 8
房地产业	0.363 6	0.242 4	0.272 7	0.121 2
建筑业	0.318 8	0.159 4	0.289 9	0.231 9
交通运输、仓储和邮政业	0.182 9	0.219 5	0.292 7	0.304 9
科学研究和技术服务业	0.333 3	0.111 1	0.333 3	0.222 2
农、林、牧、渔服务业	0.365 9	0.195 1	0.268 3	0.170 7
批发和零售业	0.102 7	0.363 0	0.397 3	0.137 0
水利、环境和公共设施管理业	0.310 3	0.241 4	0.275 9	0.172 4
文化、体育和娱乐业	0.117 6	0.323 5	0.382 4	0.176 5
信息传输、软件和信息技术服务业	0.093 5	0.187 1	0.395 7	0.323 7
制造业	0.156 1	0.405 7	0.312 1	0.126 1
综合业	0.166 7	0.416 7	0.333 3	0.083 3
租赁和商务服务业	0.120 0	0.360 0	0.320 0	0.200 0

表 10-14 显示，农、林、牧、渔服务业，房地产业，科学研究和技术服务业，建筑业、水利、环境和公共设施管理业等行业，有 30％以上公司的经营风险处于“高风险” 等级。综合业，制造业，电力、热力、燃气及水生产和供应业，批发和零售业，租赁和商务服务业，文化、体育和娱乐业等行业，有 30％以上公司的经营风险处于“较高风险”等级。因此，2015 年经营风险主要集中在农、林、牧、渔服务业，房地产业，科学研究和技术服务业，建筑业，水利、环境和公共设施管理业，综合业，制造业，电力、热力、燃气及水生产和供应业，批发和零售业，租赁和商务服务业，文化、体育和娱乐业等行业。

表 10-15 **2016 年第二季度各行业的经营风险分布**

风险等级 行业	高风险 （A 级）	较高风险 （B 级）	有风险 （C 级）	风险关注 （D 级）
采矿业	0.305 7	0.242 0	0.261 1	0.191 1
电力、热力、燃气及水生产和供应业	0.089 9	0.370 8	0.393 3	0.146 1
房地产业	0.378 7	0.174 4	0.431 8	0.015 1
建筑业	0.295 8	0.197 2	0.281 7	0.225 4
交通运输、仓储和邮政业	0.207 5	0.310 9	0.146 3	0.335 3
科学研究和技术服务业	0.300 0	0.150 0	0.350 0	0.200 0
农、林、牧、渔服务业	0.395 3	0.279 2	0.302 3	0.023 2
批发和零售业	0.120 8	0.389 3	0.335 6	0.154 4
水利、环境和公共设施管理业	0.274 3	0.338 7	0.322 5	0.064 5
文化、体育和娱乐业	0.090 9	0.333 3	0.393 9	0.181 8
信息传输、软件和信息技术服务业	0.104 9	0.195 8	0.454 5	0.244 8
制造业	0.121 0	0.333 9	0.363 0	0.182 1
综合业	0.200 0	0.360 0	0.320 0	0.120 0
租赁和商务服务业	0.148 1	0.296 3	0.370 4	0.185 2

表 10-15 显示，2016 年第二季度，农、林、牧、渔服务业，房地产业，采矿业，科学研究和技术服务业，建筑业等行业，有 30％以上公司的经营风险处于“高风险”等级；批发和零售业，电力、热力、燃气及水生产和供应业，综合业，水利、环境和公共设施管理业，制造业，文化、体育和娱乐业，交通运输、仓储和邮政业，租赁和商务服务业等行业，有 30％以上公司的经营风险处于“较高风险”等级。

因此，2016 年第二季度，经营风险主要集中在农、林、牧、渔服务业，房地产业，采矿业，科学研究和技术服务业，建筑业，批发和零售业，电力、热力、燃气及水生产和供应业，综合业，水利、环境和公共设施管理业，制造业，文化、体育和娱乐业，交通运输、仓储和邮政业，租赁和商务服务业等行业。

3. 微观主体风险分布的预测与分析

从风险等级来看，表 10-16 和图 10-9 显示，2015 年微观主体所面临的财务风险等级区间主要为“较高风险”的等级（B 级）；所面临的经营风险主要为“有风险”的等级（C 级）。表 10-17 和图 10-10 显示，2016 年微观主体所面临的财务风险主要为“有风险”的等级（C 级）；所面临的经营风险主要为“有风险”的等级(C 级)。

表 10-16　**2015 年微观主体的风险分布**

行业风险 \ 风险等级	高风险(A 级)	较高风险(B 级)	有风险(C 级)	风险关注(D 级)
财务风险	0.190 5	0.333 5	0.298 9	0.177 1
经营风险	0.215 8	0.276 0	0.316 8	0.191 5

表 10-17　**2016 年第二季度微观主体的风险分布**

行业风险 \ 风险等级	高风险(A 级)	较高风险(B 级)	有风险(C 级)	风险关注(D 级)
财务风险	0.193 7	0.296 7	0.350 5	0.159 0
经营风险	0.216 6	0.283 7	0.337 6	0.162 1

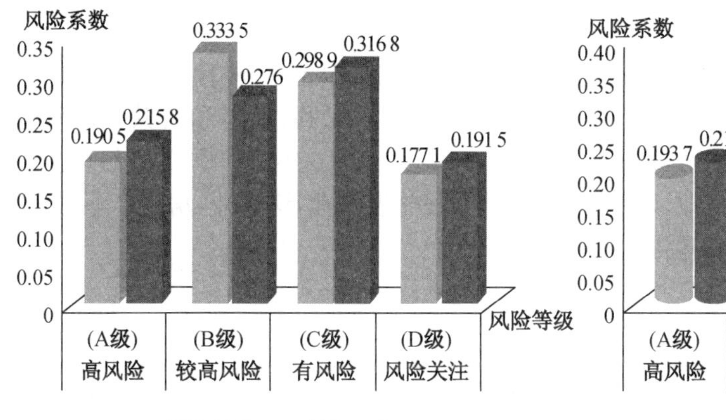

图 10-9　2015 年微观主体的风险分布

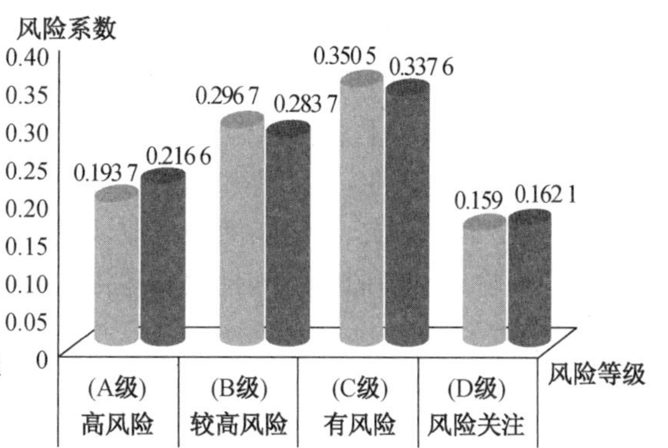

图 10-10　2016 年第二季度微观主体的风险分布

图 10-11 和图 10-12 显示的是微观主体财务风险的行业分布状态。图 10-11 显示，2015 年 B 级以上财务风险主要集中在电力、热力、燃气及水生产和供应业，批发和零售业，综合业，制造业，租赁和商务服务业，建筑业，采矿业，房地产业等行业。图 10-12 显示，2016 年第二季度 B 级以上财务风险主要集中在电力、热力、燃气及水生产和供应业，综合业，批发和零售业，农、林、牧、渔服务业，租赁和商务服务业，房地产业等行业。可以判断，2016 年微观主体的财务风险主要集中在电力、热力、燃气及水生产和供应业，批发和零售业，综合业，制造业，租赁和商务服务业，建筑业，采矿

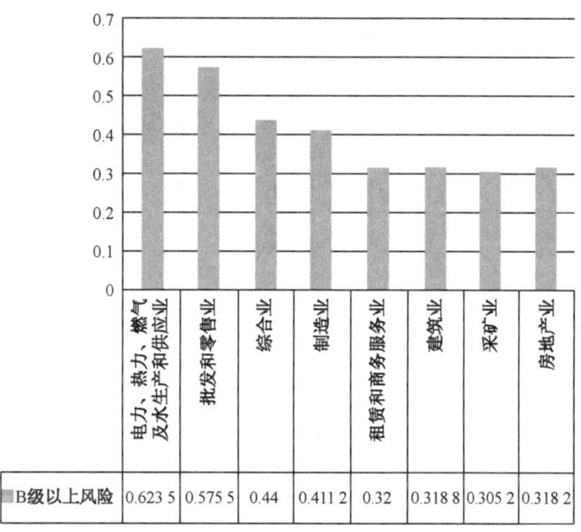

图 10-11　2015 年有 B 级以上财务风险等级的行业分布

业，房地产业等行业。

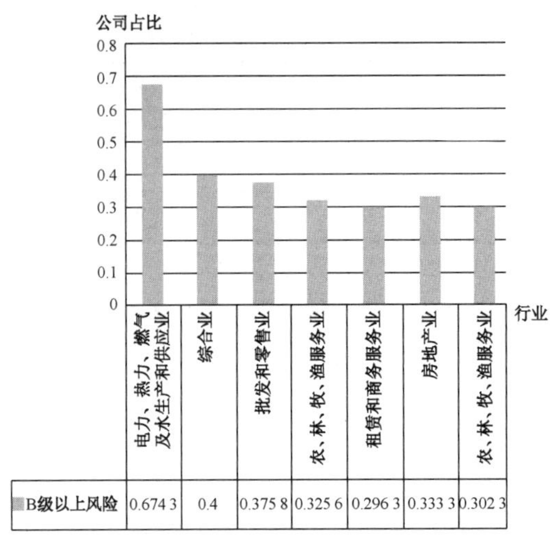

图 10-12　2016 年第二季度有 B 级以上财务风险等级的行业分布

图 10-13 和图 10-14 显示的是微观主体经营风险的行业分布状态。图 10-13 显示，2014 年微观主体 B 级以上经营风险主要集中在农、林、牧、渔服务业，水利、环境和公共设施管理业，综合业，房地产业，采矿业和制造业等行业。图 10-14 显示，2015 年第一季度 B 级以上经营风险主要集中在农、林、牧、渔服务业，水利、环境和公共设施管理业，综合业，房地产业，采矿业，交通运输、仓储和邮政业，批发和零售业等行业。

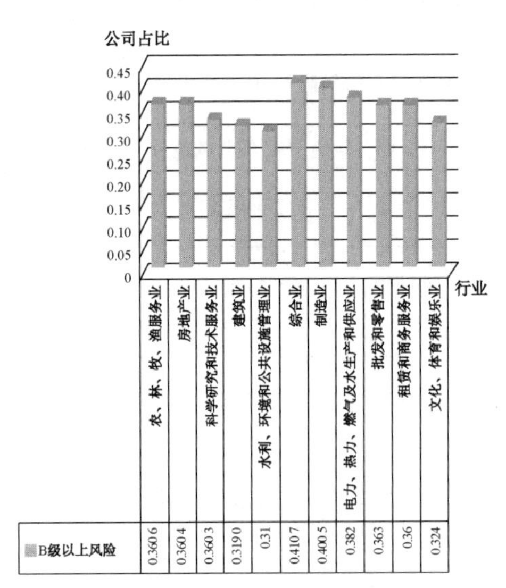

图 10-13　2015 年有 B 级以上经营风险等级的行业分布

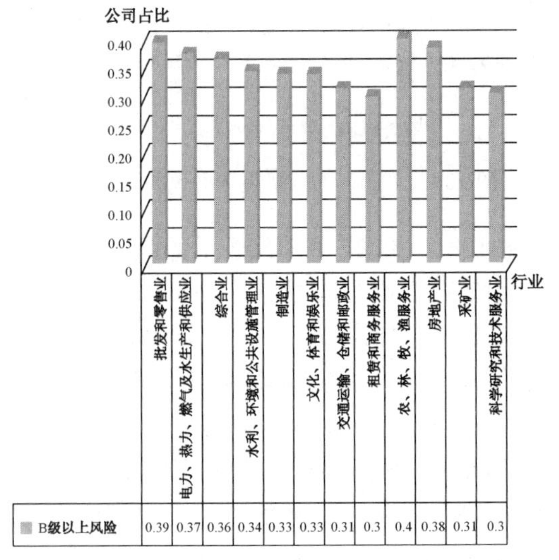

图 10-14　2016 年第二季度 B 级以上经营风险等级的行业分布

可以判断，2016 年微观主体的经营风险主要集中在农、林、牧、渔服务业，水利、环境和公共设施管理业，综合业，房地产业，采矿业，制造业，水利、环境和公共设施管理业，交通运输、仓储和邮政业，批发和零售业等行业。

四、结论与风险管理措施

(一) 结论

本研究分析和度量了影响中国经济运行的微观主体风险。通过连续属性约束贝叶斯网络分类器模型,构建了各行业的风险预警指标体系。研究结果表明:2016 年微观主体所面临的财务风险主要为“有风险”的等级(C 级);所面临的经营风险主要为“有风险”的等级(C 级)。

从风险的行业分布上看,2016 年微观主体的财务风险主要集中在电力、热力、燃气及水生产和供应业,批发和零售业,综合业,制造业,租赁和商务服务业,建筑业,采矿业,房地产业,农、林、牧、渔服务业等行业。2016 年微观主体的经营风险主要集中在农、林、牧、渔服务业,水利、环境和公共设施管理业,综合,房地产业,采矿业,制造业,水利、环境和公共设施管理业,交通运输、仓储和邮政业,批发和零售业等行业。

(二) 微观主体风险的管理对策

商业总是要面对风险的。经营决策的行动过程就是风险处理过程:一切行动措施都是围绕着提高预期获益的可能性,降低损失的可能性而展开。就微观主体整体而言:一方面可考虑全球经济环境的变化,尤其是经济增长、通货膨胀预期、就业、进出口等方面的变化趋势,作出合理的战略决策;另一方面要结合行业的特征,考虑影响该类微观主体的主要风险因素,在经营、财务安排上优先考虑相关的风险大小及控制措施,并通过公司治理结构的优化、持续有效的监控将风险控制在可接受范围之内。微观主体应把握宏观经济政策的变动趋势,在战略制定的调整、经营活动的导向、投融资活动的安排等方面做出灵活应对,在财务、经营等方面的选择更加符合国家产业政策、更符合微观主体自身风险偏好的策略,以帮助其更好地实现自身的目标。

就单个微观主体而言,可以在以下方面有所改进,以更好地管理和应对风险。

1. 培育具有自身特色的风险管理文化

风险管理是微观主体战略的重要组成部分,一个组织的风险文化将决定微观主体如何成功地进行风险管理。因此,良好的风险管理文化,是将风险管理理念贯穿于微观主体管理的整个流程,培养全体员工风险管理的自觉意识和行为习惯,确保风险管理机制有效运行,政策和制度切实贯彻执行。由于风险管理的重心与微观主体业务的发展息息相关,因此,风险管理文化与风险管理的重心如影相随。积极培育具有自身特色的风险管理文化,充分体现微观主体特色的发展愿景、积极向上的价值观、诚实守信的经营理念、履行社会责任和开拓创新的微观主体精神,以及团队协作和风险防范意识,以此来引导和规范员工行为,形成整体团队的向心力,促进微观主体长远发展。董事、监事、经理和其他高级管理人员在微观主体风险管理文化建设中发挥主导作用。同时,微观主体还要加强风险管理文化的宣传贯彻,促进文化建设在内部各层级的有效沟通;将风险管理文化建设融入生产经营全过程,切实做到风险管理文化建设与发展战略的有机结合,使员工自身价值在微观主体的发展中得到充分体现。

2. 规范微观主体治理结构,完善监督机制

建立明晰的产权结构。只有权责明确,微观主体的生产经营活动才能顺利进行。完善董事会对微观主体经营者的监督机制,在实施委托代理制度的微观主体中,“内部人”控制的根本原因是微观主体经营者的逆向选择和信息不对称因素。因此,董事会应对经营者建立起严格的监督机制。如果发现经营者的行为可能给微观主体带来风险,应及时纠正不规范行为。

微观主体财务监督机制应该是全方位的，既要保护投资者的利益，又要保证微观主体利润的实现；既要从微观主体的内部进行监督，又要从微观主体的外部进行监督。对微观主体财务活动的监督应包括管理行业化、会计专业化和管理民主化三个方面。对微观主体财务活动从开始策划到实际运作的全过程进行全方位的监督，微观主体使股东会议和职工代表大会真正在微观主体管理中发挥作用。从微观主体财务活动开始策划到实际运作直至资金的运用进行全方位的监督，微观主体内部的管理实现民主化，使股东会议和职工代表大会真正在微观主体管理中发挥作用。

3. 构建基于全面风险管理的组织架构

组织架构为微观主体风险管理提供了计划、执行、控制和监督其活动的框架。在建立微观主体组织架构时，应立足于形成“CEO 最终负责、高层决策、专职统筹、部门支持、全员参与、董事会监督”的微观主体风险管理的运行体系，实行上级风险管理部门对下级风险管理部门负责人和同级业务部门“风险管理岗”负责人的直接管理和考核；下级风险管理人员和风险在所管辖的区域和领域内全面监控执行风险管理政策，进行全面风险整合，实现对微观主体的积极风险配置。

4. 提高微观主体财务风险管理的柔性

微观主体财务风险管理柔性是指微观主体能够灵活处理动态环境下的不确定性事件，提高管理微观主体的抗风险能力和资源的柔性。这种能力包括由低级到高级包括缓冲能力、适应能力和创新能力三个方面：

缓冲能力是一种以不变应万变的能力，包括人力资源、资金资源以及实物资源等。微观主体可以建立偿债资金、外汇偿债基金等就是建立缓冲能力。适应能力是微观主体财务风险管理的有效手段。以变应变的适应能力是微观主体控制财务风险传导的一种必要手段，在微观主体不能改变环境的情况下，才可以根据环境变动调整其财务行为和财务决策，在可控范围内阻止财务风险传导的发生。微观主体应对财务风险的适应能力主要包括调整财务策略和财务策略组合，一旦出现财务风险，可以立即选用相应的方案去应对。创新能力是微观主体采用新行为、新举措，影响外部环境、改变内部系统的能力。创新能力是微观主体长期发展的保证。

5. 建立有效的风险防范和预警机制

构筑以“岗位牵制、合规管理和内审监督”三道内控防线为特征的风险管理架构，在此基础上制定并实施“分类管理、合理承担、全面控制”的风险管理策略。微观主体的决策部门必须增强风险防范意识，预测估计可能产生的风险以及微观主体的承受能力，加强对微观主体管理人员的业务培训，增强他们在认识风险、分析风险和防范风险的能力，提高管理决策水平，降低决策的随意性。

不断提高财务管理人员的风险意识，做到责、权、利相统一。财务风险存在于微观主体财务管理工作的各个环节，任何环节的工作失误都可能会给微观主体带来财务风险，必须将风险防范贯穿于工作的始终。微观主体应设置高效的财务管理机构，配备高素质的财务管理人员，使财务管理人员的风险意识不断提高。在利益分配方面，应兼顾微观主体各方利益，以调动各部门参与微观主体财务管理的积极性。建立健全财务风险管理机制，确定应付风险的方案和措施。

建立财务预警组织机构，确保财务预警分析的工作能够不受其他组织机构的干扰和影响，加强信息管理。财务风险预警系统不仅包括内部财务信息，还包括外部相关信息。资料系统要不断升级，确保财务信息的及时性、准确性和有效性。高效的财务风险分析是财务预警系统的核心和关键。财务风险处理主要包括应急措施、补救方法和改进方案。其中，应急措施主要是指面对财务危机和财务风险时，应该采用何种手段规避，以控制事态的进一步恶化；补救方法主要是指如何采取有效措施尽可能减少损失，将损失控制在一定范围内；改进方案主要是指如何改进微观主体经营管理中的薄弱环节，杜绝和避免类似的财务风险再度发生。同时，还应该建立财务风险预警的计算机辅助管理系统。财务风险预警系统，靠人力不能达到监控的及时性、准确性和针对性的要求，必须实施微机化管理，并与会计核算软件衔接，进行动态监控，减少数据采集与输入过程中的错误，保证信息质量。

参考文献

[1] 曹德芳，夏好琴. 基于股权结构的财务危机预警模型构建[J]. 南开管理评论，2005(6).

[2] 陈文俊. 微观主体财务风险：识别、评估与处理[J]. 财经理论与实践，2005(3).

[3] 姜秀华，任强，孙铮. 上市公司财务危机预警模型研究[J]. 预测，2002(3).

[4] 马若微. KMV 模型运用于中国上市公司财务困境预警的实证检验[J]. 数理统计与管理，2006(9).

[5] 孙星，邱菀华. 微观主体财务危机预警双基点距离比值法[J]. 管理工程学报，2005(3).

[6] 陶萍，中长青，孙业慧. 房地产上市公司财务风险识别及处置措施研究[J]. 工程管理学报，2010(1).

[7] 王双成，邵军，杜瑞杰. 微观主体风险等级预测的集成聚类方法研究[J]. 中国管理科学，2010(18).

[8] 吴世农，卢贤义. 我国上市公司财务困境的预测模型研究[J]. 经济研究，2001(6).

[9] ALDEERFR C P, BIERMAN H J. Choices with risk: beyond the mean and variance[J]. Journal of Business 43.

[10] CHICKERING D M. Learning equivalence classes of bayesian network structures[J]. Journal of Machine Learning Research 3.

[11] DEMSAR J. Statistical comparisons of classifiers over multiple data sets[J]. Journal of Machine Learning Research 1.

[12] FACCIO M, MARCHICA M T, MURA R. Large shareholder diversifivation and corporate risk-taking [J]. Review of Financial Studies 24.

[13] FRIEDMAN N, GEIGER D, GOLDSZMIDT M. Bayesian network classifiers [J]. Machine Learning 29.

[14] GRAHAM J R, HARVEY C R, PURI M. Managerial attitudes and corporate actions[J]. Journal of Financial Economics 109.

[15] HAN S. J. Corporate precautionary cash holdings[J]. Journal of Corporate Finance 13.

[16] HOLLENBEEK J R, ILGEN D R, PHILIPS J M, HEDLUND J. Decision risk in

dynamic contexts: beyond the status quo[J]. Journal of Applied Psychology 79.

[17] JAKOBSEN J. Old problems remain, new ones crop up: political risk in the 21st century [J]. Business Horizon, 2010(53).

[18] KAPLAN S N, KLEBANOV M M, SORENSEN M, Which CEO characteristics and abilities matter? [J]. Journal of Finance 67.

[19] PEREZ A, LARRANAGAA P, INZAA I. Supervised classification with conditional gaussian networks: increasing the structure complexity from naive bayes[J]. International Journal of Approximate Reasoning 43.

[20] PAGACH D, WARR R. The characteristics of firms that hire chief risk officers[J]. Journal of Risk and Insurance 78.

[21] PEREZ A, LARRANGA P, INZA I. Bayesian classifiers based on kernel density estimation: flexible classifiers [J]. International Journal of Approximate Reasoning 50.

[22] PLAT T, HARLAN D, MARJORIE B. Predicting corporate financial distress: reflections on choice-based sample bias [J]. Journal of Economics and Finance 26.

[23] ZOU H, ADAMS M, XIAO J Z. Does board independence matter for corporate insurance hedging? [J]. Journal of Financial Research 3.

第十一章　宏观经济周期波动研究

一、中国宏观经济第10轮经济周期仍处在下行通道中

在2009年的中国风险研究报告中，我们判断了2007年是新中国成立后第10个经济周期的转折点——峰谷。2015年中国经济仍然处在下行通道中，图11-1显示了1990—2015年GDP增长率波动轨迹。它描述了新中国成立以来第9轮、第10轮经济周期的运行情况。从2007年开始，第10轮经济周期达到峰顶，开始步入下行，2015年GDP增长率较2014年有所下降，为6.9%。

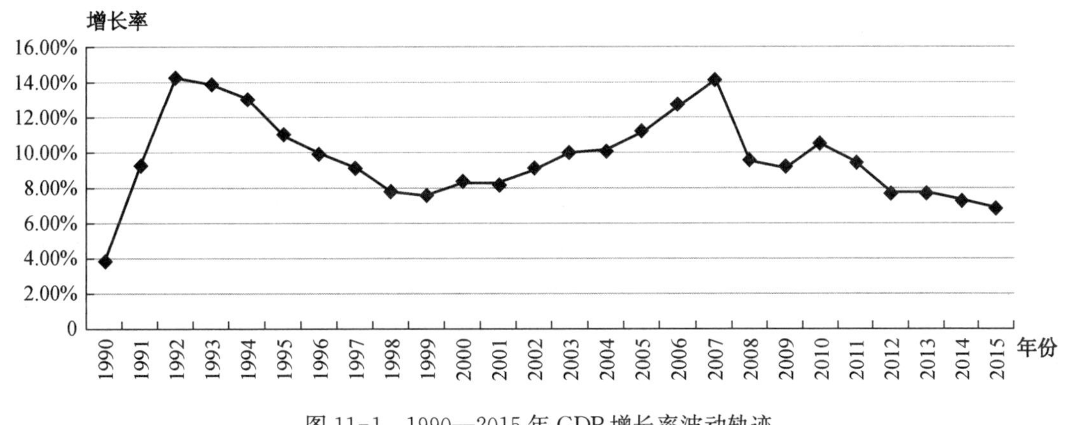

图11-1　1990—2015年GDP增长率波动轨迹

数据来源：Wind资讯。

2015年是中国经济新常态步入新阶段的一年，在外部环境持续低迷、内部增长动力持续弱化的背景下，经济延续了2010年以来的下滑趋势，经济增长出现超预期的下滑，宏观经济在总体低迷中出现了深度的分化，全年GDP增长率为6.9%。从季度情况看，四个季度GDP增长率分别为7.00%，7.00%，6.90%和6.90%。从产业结构看，三大产业增速均下滑，第二产业下滑幅度最大。

2015年，宏观经济运行的总体情况如下所述。

1. 经济增速持续低迷，但低迷中有繁荣，行业间、区域间呈现明显的分化走势

受稳健货币政策以及外部经济复苏疲软的影响，2015年中国经济增长维持回落态势，四个季度的GDP同比增长率均低于2014年，持续低迷，全年累计6.9%，呈现出“前稳、后缓”的状态，全年经济增速创25年来新低，经济复苏依旧处于疲软期，如图11-2所示。经济结构分化十分明显。从行业看，新兴产业和现代服务业呈现繁荣态势；从区域看，重庆和贵州两地逆市上行，实现了10%及以上的超高速增长，领跑全国。

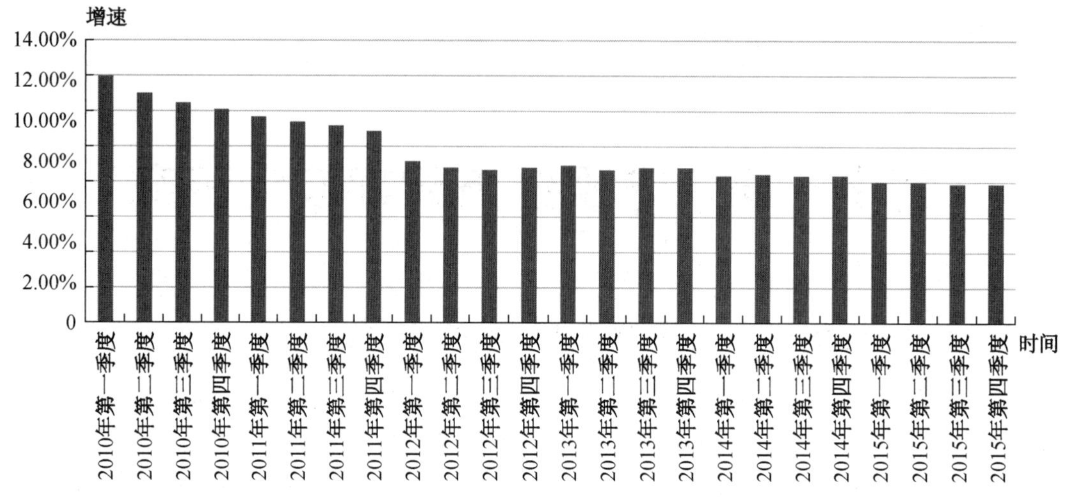

图 11-2 2010 年第一季度至 2015 年第四季度中国 GDP 季度增速波动轨迹

数据来源:Wind 资讯。

2. 固定资产投资增速回落明显

在制造业下滑以及房地产疲软等因素的作用下,固定资产投资增速持续回落,大幅度下滑。2015 年全年全社会固定资产投资完成额 562 000.00 亿元,同比增长 9.76%,比 2014 年回落 4.97 个百分点。

分产业来看,第一产业投资 15 560.77 亿元,同比增长 31.80%;第二产业投资 224 089.96 亿元,同比增长 8.00%,增速回落 2.1 个百分点;第三产业投资 311 939.31 亿元,同比增长 10.60%,增速回落 6.2 个百分点。

分地区来看,东部地区投资比上年增长 8.30%,中部地区比上年增长 14.60%,西部地区比上年增长 9.00%。中西部地区投资仍然高于东部地区投资。

2015 年全年固定资产投资完成额累计 551 590.04 亿元,第一季度至第四季度,固定资产投资完成额同比增长率分别为 13.50%, 11.40%, 10.30%和 10.00%,全年增长 10.00%,比 2014 年下降 5.70 个百分点,扣除固定资产投资价格上涨因素,实际增长 9.88%。

3. 消费需求保持相对稳定

2015 年全年社会消费品零售总额为 300 931.00 元,同比增长率为 10.70%,与 2014 年相比,下降了 1.30 个百分点。扣除价格因素,实际增长 10.60%,与 2014 年的实际增长率 10.90%相比,下降了 0.30 个百分点。消费对社会经济增长的贡献率达到 66.4%,比 2014 年提高了 15.4 个百分点。社会消费品零售总名义增速呈波动态势,最高为 11 月份的 11.17%,最低为 4 月份的 10.00%,2016 年 2 月为 10.20%。

4. 货币流动性宽松

2015 年,在稳健的货币政策以及发达经济体季度宽松货币政策等因素的影响下,中国的货币流动性总体比较宽松。M0 余额 63 216.58 亿元,同比增长 4.90%;M1 余额 400 953.44 亿元,同比增长 15.20%,比 2014 年年末高 12.00 个百分点;M2 余额 1 392 278.11 亿元,同比增长 13.30%,比 2014 年年末高 1.10 个百分点。M2 和 M1 增速之差已经缩小到 1.90 个百分点,这意味着货币流动性有所增强。全年第一季度、第二季度、第三季度和第四季度的 M0

同比增长率分别为 6.20%，2.90%，3.70%和 4.90%；M1 同比增长率分别为 2.90%，4.30%，11.40%和 15.20%；M2 同比增长率分别为 11.60%，11.80%，13.10%和 13.30%；金融机构贷款同比增长率分别为 14.00%，13.40%，15.40%和 14.30%。

2015 年，流动性虽然宽松，但是宽松的货币并没有推动投资的增长。从历史上看，固定资产投资增长率和 M2 增长率变化趋势总体一致，但 2015 年 4 月份以来 M2 增速总体加快，投资增速却持续下行。

在稳健货币政策下，全年 CPI 略有下降。其中，1～10 月份 CPI 呈现震荡态势，最低为 1 月份的 0.76%，最高为 8 月份的 1.96%，10～12 月份 CPI 略微上升，最低为 10 月份的 1.27%。2016 年 2 月，受春节物价上涨因素影响，CPI 达 2.30%。全年 CPI 同比下降 0.55%，比上年增长 0.03 个百分点。

5. 企业产销持续下滑，企业景气温和回落，结构分化明显，利润下降

受房地产低迷及出口增速回落的影响，工业生产增速放缓。

2015 年，全国规模以上工业增加值同比增长 6.10%，低于 2014 年 2.2 个百分点。分季度来看，第一季度同比增长 6.40%，第二季度同比增长 6.30%，第三季度同比增长 6.20%，第四季度同比增长 6.10%。分地区看，东部地区增加值比上年增长 6.40%，中部地区比上年增长 7.50%，西部地区比上年增长 8.40%。2015 年各月工业增加值同比增长率低于 2014 年同期水平，最高为 1 月份的 9.60%，最低为 2 月份的 3.60%。

根据《2015·中国企业经营者问卷跟踪调查》的结果，对企业现状"非常满意"或"比较满意"的企业经营者，比 2014 年下降了 6.5 个百分点。以 5 分制计算，企业经营者对企业现状满意度的评价值为 2.9，低于中值 3，为 2010 年调查以来的较差水平(略好于 2012 年调查结果)。

企业分化明显。这主要表现为以 IT、医药、仪器仪表为代表的高技术企业和现代服务业，在订货、盈利、用工和未来投资意愿等方面明显好于全行业平均水平，更大幅好于煤炭、钢铁、有色金属、水泥等资源密集型行业。

企业利润下降。2015 年全国规模以上工业企业实现利润总额 63 554 亿元，比上年下降 2.3%，为多年来首次下降；实现主营活动利润 58 640.2 亿元，比上年下降 4.5%。

6. 制造业经理采购指数持续下滑

2015 年 PMI 持续下滑，最高为 5 月份的 50.20%，最低回落到 11 月份的 49.6%，12 月份为 49.7%，2016 年 2 月份为 49.00%。全年 PMI 均值为 49.91%，低于历史均值 5.12 个百分点，低于 2010 年的最高点 5.89 个百分点，高于 2008 年金融危机时最低点 8.71 个百分点。从制造业 PMI 历史数据看，中国制造经济整体上较 2014 年明显回落。2015 年 PMI 指数一直在 49.91%左右浮动，显示出经济增速呈现加速回落态势。

7. 股市的巨幅波动对宏观经济产生了巨大冲击和持续影响

2015 年，中国股市经历了泡沫加速形成、泡沫突然破灭、泡沫痛苦消化的全过程。在泡沫加速形成阶段，不到一年时间，上证综指从 2 010 点上升到 5 178 点，生产领域收益与金融收益背离的现象进一步加剧，导致生产领域的萧条与金融市场泡沫的并存。2015 年 6 月，股市泡沫突然破灭，上证综指从最高点 5 178 点暴跌至 7 月 8 日的 3 507 点，跌幅达 47.6%。泡沫的破灭，给宏观经济的稳定带来持续的影响。

8. 宏观经济景气指数显示中国经济增速超预期下滑

2015 年，从先行指数、一致指数和预警指数的走势可以看出，中国经济增速放缓。先行指

数全年最高为 6 月份的 98.80,12 月份最低,为 98.10;一致指数全年基本在 93.51 左右徘徊,9 月份最低,为 92.90;这些指标均低于 2014 年同期水平。特别是宏观一致指数创近 10 年来的新低,如图 11-3 所示。

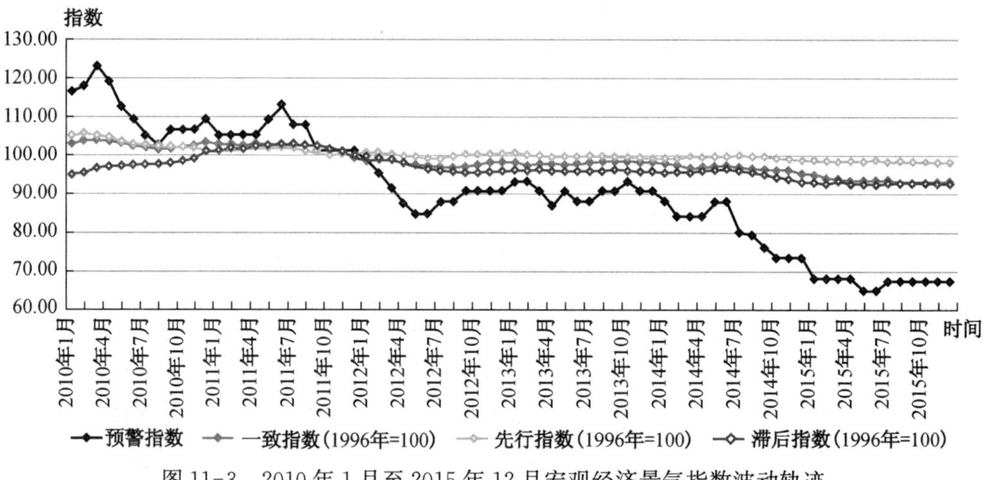

图 11-3 2010 年 1 月至 2015 年 12 月宏观经济景气指数波动轨迹

数据来源:Wind 资讯。

二、2015 年主要经济变量波动对宏观经济的影响分析

1. 工业增加值的波动对宏观经济的影响

按照常规的中国经济增长模式,5.1%的工业增长对应的应该是 3.5%的 GDP。① 由于缺少 GDP 的月度数据,所以我们用月度工业增加值来衡量月度经济总量。从图 11-4 可以看出,2015 年全年,工业增加值当月同比增长率在 6 月份达到最高值 6.80%后,缓慢回落,最低下滑到 10 月份的 5.60%,11 月份略有回升后继续呈下滑趋势,12 月份回落到 5.90%。2015 年全部工业增加值同比增长 5.90%,低于 2014 年 1.00 个百分点。

图 11-4 2010 年 1 月至 2015 年 12 月工业增加值同比增长率

数据来源:Wind 资讯,图中,各年度 1 月份工业增加值增长率的数据为前后两个月度数据的平均值。

① 庞东梅,投资仍然是拉动中国经济增长重要引擎,www.chinagate.com.cn,2009 年 4 月 21 日。

2. 社会消费品零售总额的波动对宏观经济的影响

2015 年，经济结构调整和国际复杂多变的环境使得中国经济增长速度逐季放缓，出口增速明显降低，货物贸易进出口总值 24.59 万亿元人民币，比 2014 年下降 7%。在这种环境下，全年社会消费品零售总额实现 300 931.00 亿元，比 2014 年名义增长 10.70%。名义增速比 2014 年低 1.30 个百分点。扣除价格因素，实际增长 10.60%，增速比 2014 年下降 0.30 个百分点，实际增速有所降低。从图 11-5 可以看出，2015 年各月社会消费品零售总额增长率均低于 2014 年的同期水平，处于近年来的最低水平。

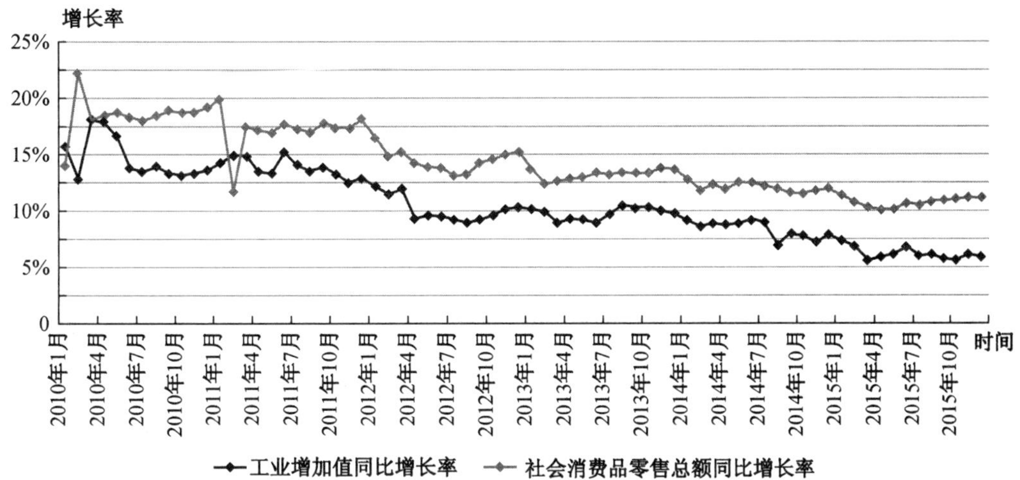

图 11-5　2010 年 1 月至 2015 年 12 月社会消费品零售总额增长率、工业增加值增长率波动轨迹

数据来源：Wind 资讯。

3. 居民消费价格指数、工业品出厂价格指数的波动对宏观经济的影响

2015 年，居民消费价格上涨 1.4%，涨幅比上年回落 0.1 个百分点；工业品出厂价格比上年下降 5.2%，降幅比上年扩大 3.3 个百分点。从图 11-6 可以看出，2015 年居民消费价格指

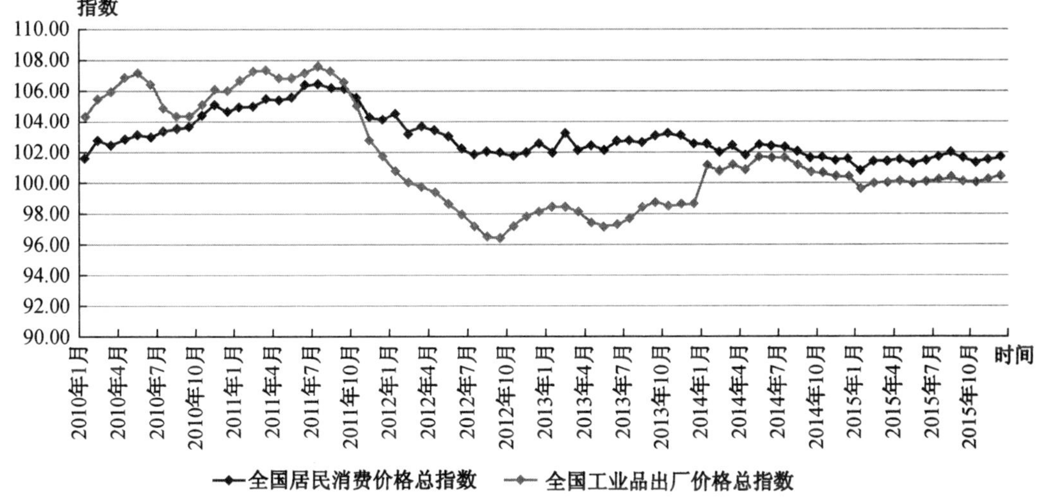

图 11-6　2010 年 1 月至 2015 年 12 月全部工业品出厂价格指数、居民消费价格指数变动轨迹

数据来源：Wind 资讯。

数、工业品出厂价格指数波动较平稳，居民消费价格指数低于3%的警戒线。2015年12月工业品出厂价格指数为100.44，居民消费价格指数为101.64。经济全面进入通缩状态。

4. M2的波动对宏观经济的影响

2015年，在稳健货币政策的作用下，人民币贷款余额的增长率高于2014年同期水平，M2同比增长率相比2014年略有回升，2015年年末，M2余额139.23万亿元，同比增长13.3%，增长略高于工业增加值的增长速度（如图11-7所示）。

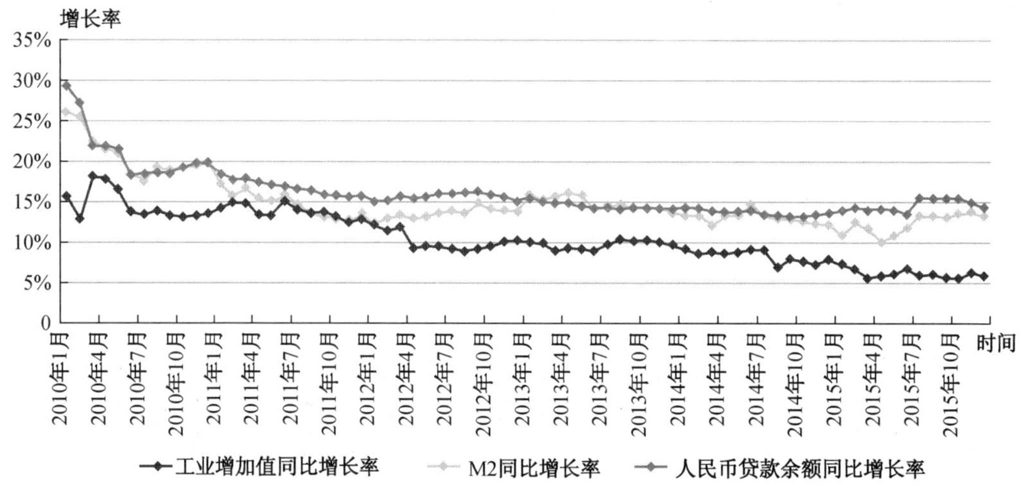

图11-7 2010年1月至2015年12月人民币贷款余额增长率、M2增长率与工业增加值增长率波动轨迹

数据来源：Wind资讯。工业增加值增长率、各项贷款增长率各年份1月的数值是前后两个月的平均值。

5. 出口、进口的波动对宏观经济的影响

2015年，在发达国家经济小幅改善和新兴经济体持续恶化的双重作用下，出口呈现出"持续低迷"的态势，外部不平衡的逆转幅度有所减弱，中国2015年外贸进出口总值39 586.44亿美元，同比减少7.97%，为2009年以来的首次负增长。

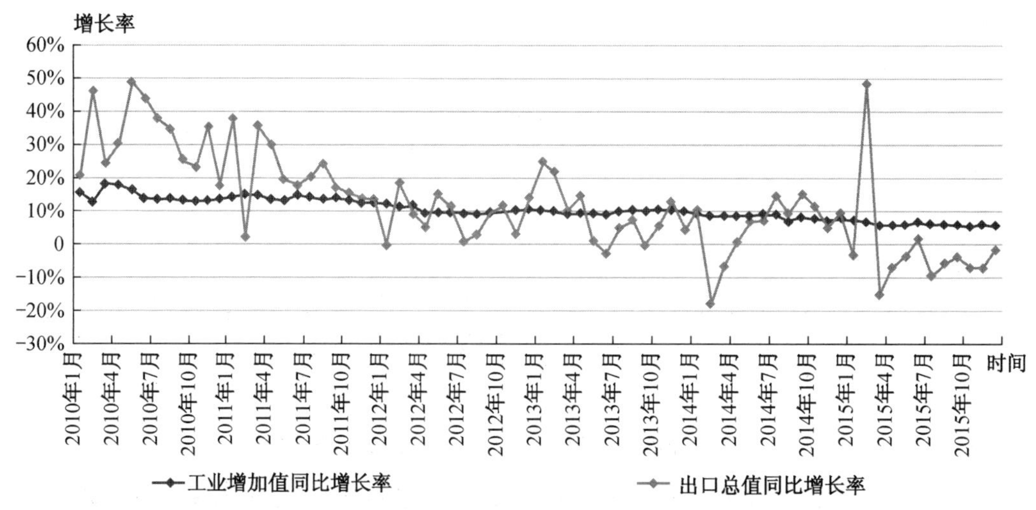

图11-8 2010年1月至2015年12月出口增长率与工业增加值增长率波动轨迹

数据来源：Wind资讯。

在稳出口政策的作用下，2015 年延续了 2014 年的发展态势，出口保持了低位增长，全年出口 22 765.740 0 亿美元，减少 2.81%。较以往出现明显回落，说明中国产品的竞争力已发生重大变化。2015 年各月份出口增速低位波动，最低为 2015 年 3 月份的－15.14%，最高为 2 月份的 48.30%，出口增速自 2016 年 2 月开始明显下降，增速最低为－25.40%。从图 11-8 可以看出，2015 年出口增长率的波动幅度与 2014 年的波动幅度基本持平。

从图 11-9 可以看出，2015 年全年进口增长率都低于工业增加值增长率，且增速处于下降趋势。

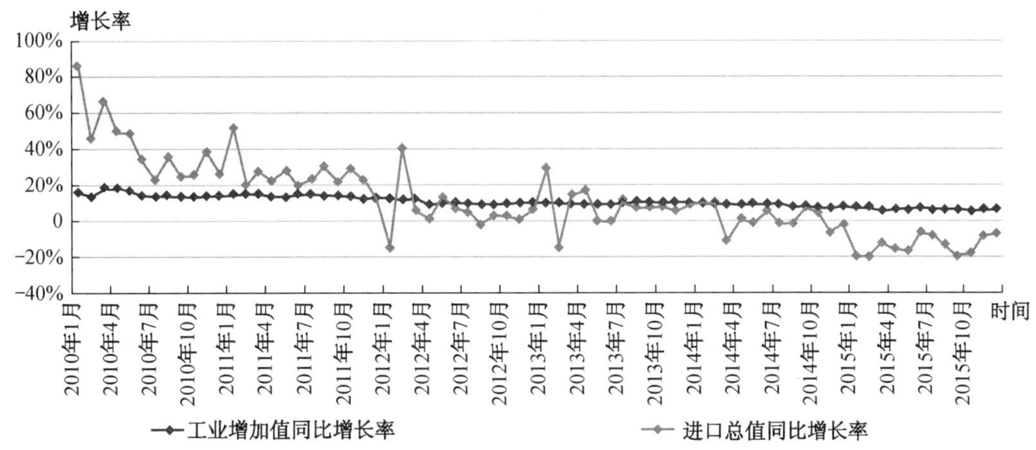

图 11-9　2010 年 1 月至 2015 年 12 月进口商品总额增长率与工业增加值增长率波动轨迹

数据来源：Wind 资讯。

2015 年中国在出口增速高出同期进口增速 11.34 个百分点，进出口差额在 2014 年同比增加 47.89%的基础上，2016 年扩大为 54.87%，与进出口总值的比值为 14.99%，比 2014 年提高 6.08 个百分点。2015 年进出口差额延续上年趋势。2016 年 2 月，进出口差额同比减少 46.06%，贸易发展主要受出口影响的情况有所改善。从图 11-10 可以看出，2015 年全年，出口增长率与进口增长率波动基本一致。从图 11-11 可以看出，2015 年，进出口差额增长率波动稳步下降。

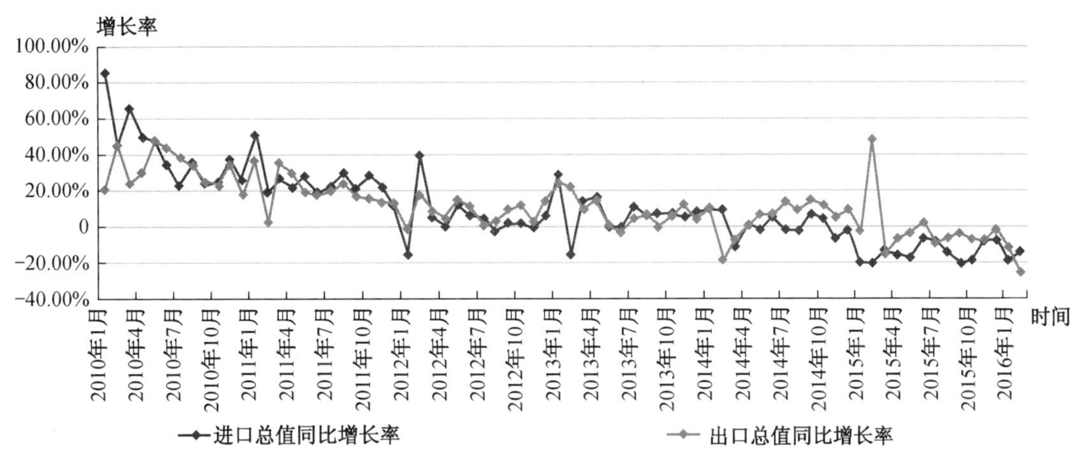

图 11-10　2010 年 1 月至 2016 年 2 月进、出口增长率波动轨迹

数据来源：Wind 资讯。

2016 年 2 月份出口规模有所减少，打破之前出口连续两个月环比增加的局面。

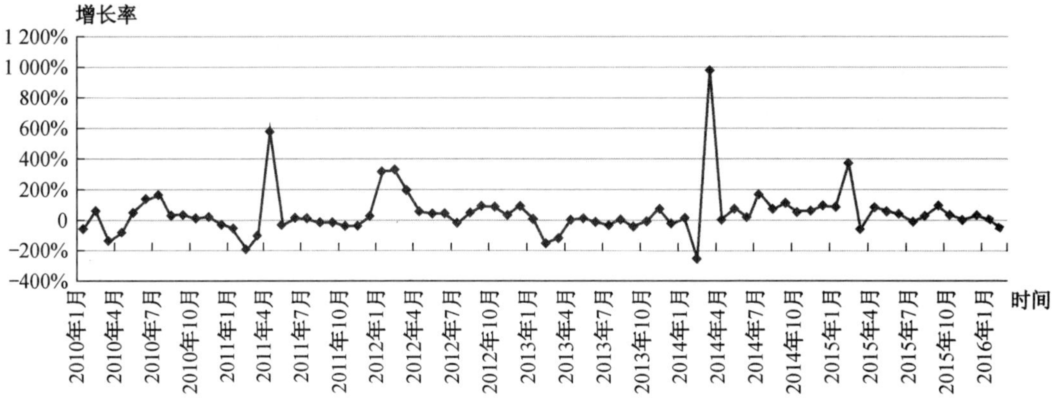

增长率
1 200%
1 000%
800%
600%
400%
200%
0
−200%
−400%
2010年1月 2010年4月 2010年7月 2010年10月 2011年1月 2011年4月 2011年7月 2011年10月 2012年1月 2012年4月 2012年7月 2012年10月 2013年1月 2013年4月 2013年7月 2013年10月 2014年1月 2014年4月 2014年7月 2014年10月 2015年1月 2015年4月 2015年7月 2015年10月 2016年1月
时间

图 11-11　2010 年 1 月至 2016 年 2 月进出口差额同比增长率波动轨迹

数据来源：Wind 资讯。

6. 固定资产投资的波动对宏观经济的影响

2015 年固定资产投资增速呈逐步放缓态势，全年固定资产投资增长率基本在 11.36%左右，最高为 2 月的 13.90%，最低为 12 月的 10%。2015 年 12 月固定资产投资增长率进一步下降到 10%(见图 11-12)。全年固定资产投资 562 000 亿元，比上年增长 9.76%。其中：第一产业投资 15 560.77 亿元，比上年增长 31.80%；第二产业投资 224 089.96 亿元，比上年增长 8%，增速下降 5.2 个百分点；第三产业投资 311 939.31 亿元，比上年增长 10.60%，增速下降 6.2 个百分点。持续的稳增长政策在第四季度开始有所收效，第四季度投资增速下滑的速度开始明显趋缓。

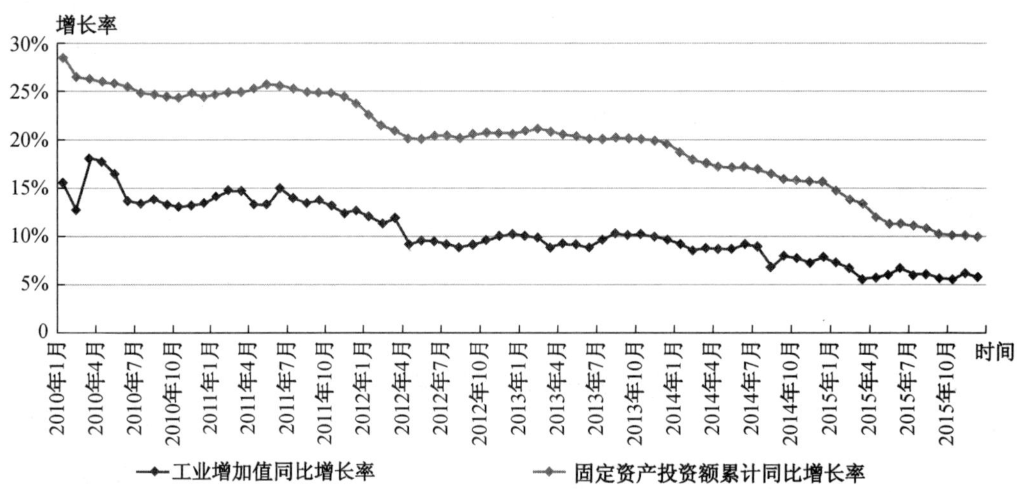

图 11-12　2010 年 1 月至 2015 年 12 月固定资产投资额增长率与工业增加值增长率波动轨迹

数据来源：Wind 资讯。各年度 1 月份的数据为前后 2 个月的平均值。

7. 财政收入的波动对宏观经济的影响

2015 年，全国财政收入为 152 217 亿元，比 2014 年增长 5.8%。从月度增幅来看，财政收入当月同比 2014 年同期略有回升(如图 11-13 所示)。2 月财政收入同比增长率是全年最低值,为 0.26%,12 月回升为 14.2%。2016 年 2 月财政收入同比增长率下降到 7.42%。财政收入增幅回落的主要原因是经济增长放缓。

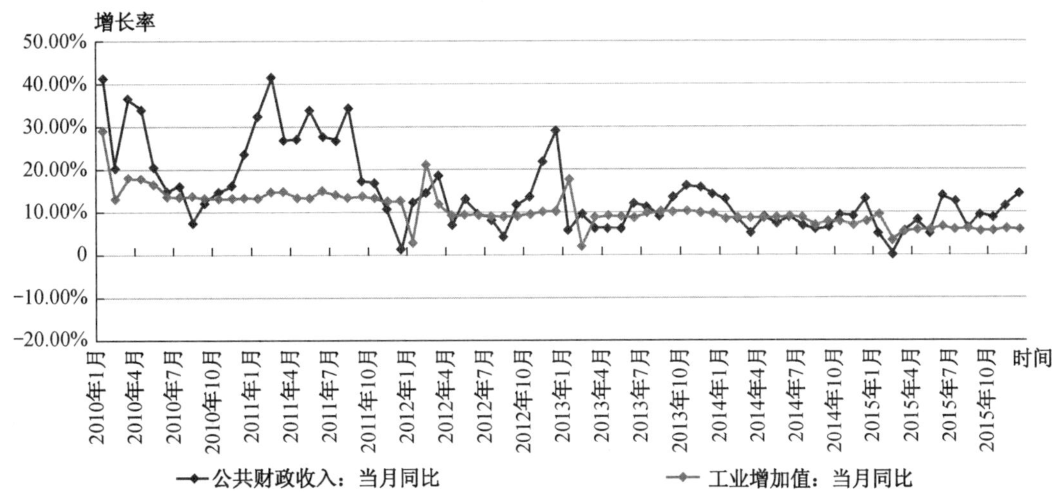

图 11-13　2010 年 1 月至 2015 年 12 月财政收入增长率与工业增加值增长率波动轨迹

数据来源:Wind 资讯。

三、2016 年中国经济面临的风险

2016 年是中国经济持续探底的一年,也是中国经济结构深度调整的关键期,中国经济在疲软中开始孕育新的生机。总体来看,2016 年中国宏观经济面临着七大风险。

1. 国际环境的不确定性风险

2016 年,世界经济仍将延续温和、低速增长态势。国际权威机构对世界主要经济体 2016 年的增长预期普遍高于 2015 年。

美国经济仍将稳定复苏,延续小幅增长;欧洲经济逐步走出欧债危机,企稳复苏;宽松的货币政策和持续的日元贬值也推动了日本经济的缓慢回升。新兴经济体仍处在结构调整的阵痛之中,总体经济增速仍将放缓,印度经济将保持稳定增长,俄罗斯、巴西等国家陷入衰退。

尽管全球经济出现了回暖的势头,但仍存在着一些不确定因素:全球贸易和投资增速将持续低迷;美联储加息和美元升值导致的国际资本流动和国际金融市场波动,以及大宗商品价格的持续下跌,都可能会对新兴市场和发展中经济体的增长产生不利的影响;恐怖主义等非传统安全问题和地缘政治冲突也给全球经济稳定增长蒙上了一层阴影。这些因素导致全球经济复苏的基础依然不够稳固。

2. 产能过剩严重,实体经济持续低迷的风险

目前,实体经济中过剩行业的去产能还没全面推出,房地产的高库存和区域严重分化使得房地产复苏风险加大,新产业、新业态和新动力还难以填补传统产业转型的缺口。

根据《2015 · 中国企业经营者问卷跟踪调查》的结果,企业经营者认为,在当前宏观经济和微观企业经营保持基本平稳运行的同时,影响中国经济发展的下行压力以及企业面临的困难依然不小:一是部分行业产能过剩问题更加突出,设备利用率总体偏低,企业面临的市场竞争

压力明显加大；二是市场需求特别是民间投资需求和消费需求仍显不足；三是企业成本持续上升，特别是人工成本和环保支出上升较多，同时企业的税收负担和非税费用有所增加，企业经营负担加重；四是中小企业融资环境偏紧，企业应收账款有所上升，资金紧张的状况没有明显缓解。关于当前企业经营发展中遇到的最主要困难，调查结果显示，企业经营者选择比重最高的八项依次是："人工成本上升"(71.9%)、"社保、税费负担过重"(54.7%)、"整个行业产能过剩"(41.2%)、"企业利润率太低"(40.8%)、"资金紧张"(37.9%)、"缺乏人才"(32.8%)、"国内需求不足"(29.4%)和"未来影响企业发展的不确定因素太多"(22.7%)。调查发现，近年来成本上升(包括"人工成本上升"和"社保、税费负担过重")一直是企业发展面临的最主要困难，并且选择比重呈现上升趋势，这在一定程度上是由于"整个行业产能过剩"带来了企业竞争加剧、价格下跌并进而导致"企业利润率太低"。因此，综合来看，产能过剩问题是近年来影响中国企业发展的重要因素，并且今年以来有所加重。产能过剩不仅引发恶性竞争，造成企业效益下滑，而且产能过剩行业不良贷款的增加可能引发系统性金融风险。

如图 11-14 所示，2015 年 GDP 季度增长率持续回落，2015 年第四季度 GDP 同比增长率为 6.90%。从三大产业来看，2015 年的第一产业和第三产业增长率略有回升，第四季度第一产业增长率为 3.90%，第三产业为 8.30%。2015 年第二产业增长率下降趋势仍在延续。

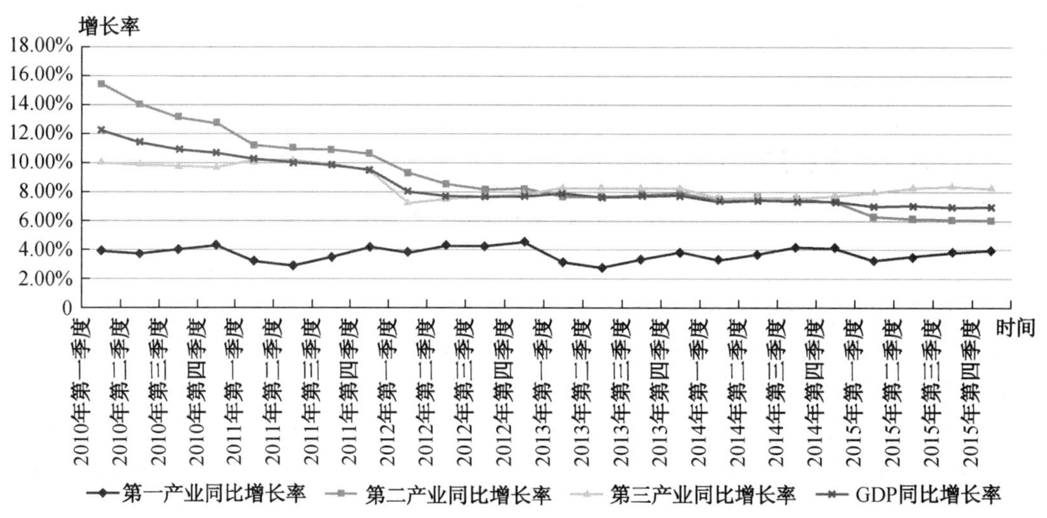

图 11-14 2010 年第一季度至 2015 年第四季度三大产业及 GDP 同比增长率

数据来源：Wind 资讯。

2015 年固定资产投资增速持续回落，制造业投资始终未见起色。

在制造业增速回落的引领下，工业增速趋缓较为明显。2015 年 PMI 维持下降趋势，如图 11-15 所示，PMI 指数自 2015 年 5 月的全年最高值 50.20%下降到 2015 年 12 月的最低值 49.40%。2016 年 2 月降为 49.00%。与此同时，规模以上工业企业增加值出现下滑(见图 11-15)。2015 年，工业增加值同比增长率在 2 月份达到最高值 6.80%后开始回落，2015 年 12 月下滑到5.90%。全年累计规模以上工业增加值同比增长 6.10%，低于 2014 年 2.2 个百分点。

3. 经济通货紧缩风险

2016 年，通货紧缩压力将上升并对经济增长形成威胁。从国际环境来看，世界经济仍将

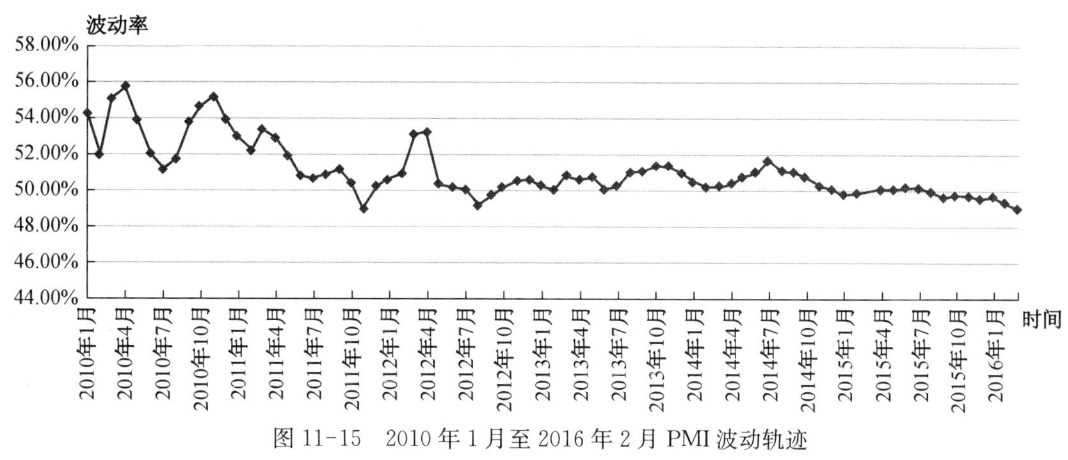

图 11-15 2010 年 1 月至 2016 年 2 月 PMI 波动轨迹

数据来源：Wind 资讯。

低速增长，全球大宗商品普遍处于供大于求的状态。再加上美元进入升值周期，以美元计价的大宗商品价格持续承压。全球包括主要能源和有色金属等在内的国际主要大宗商品价格总体上呈现趋势性震荡下跌走势，输入型通缩压力已经存在。从国内环境来看，投资和消费需求走弱，去过剩产能和债务重组都对价格上升产生明显的抑制作用。对于大宗原材料严重依赖进口的中国来讲，大宗商品价格持续下跌使得中上游部门的通缩愈演愈烈，2015 年全年工业生产值出厂价格比上年下降 3.36%，2016 年 1 月份同比下降 5.30%，价格下跌将由中上游部门传导到下游消费品领域。其次，经济增长进一步放缓，PPI 连续负增长传导到消费品价格领域，食品和居住价格涨幅不会加大，导致 CPI 继续走低(见图 11-6)。

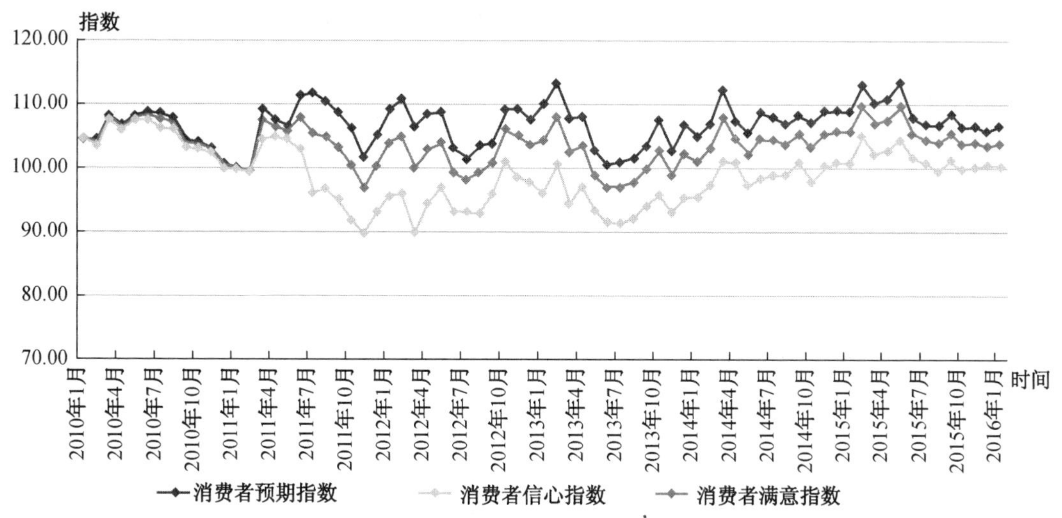

图 11-16 2010 年 1 月至 2016 年 1 月消费者三大指数波动轨迹

数据来源：Wind 资讯。

4. 消费相对不足的风险

2015 年，中国城镇居民人均可支配收入实际增长 6.60%，较上年回落 0.2 个百分点，低于 GDP 的增长，回落幅度较大。农村居民人均纯收入实际增长 8.90%，较上年回落 2.30 个百分点。而且从财政收入、居民可支配收入和工业企业利润名义增速对比看，2015 年国民收入初次分配仍在向政府和企业倾斜。此外，受失业显性化等因素的影响，消费者信心指数和消费者预期指数“前稳后落”，消费信心有所减弱（见图 11-16）。再者，一些鼓励消费的政策效应开始减弱，消费提升的基础不扎实。

5. 系统性金融风险

目前，产能严重过剩将导致企业盈利能力下降，诱发财务风险并传导至金融市场；地方政府财政收入和土地出让收入缩减，而地方政府债务陆续进入偿还期，可能危及银行等金融系统稳定；企业经营困难和房地产市场调整，引发银行贷款坏账率上升和影子银行风险增加，使得宏观经济发生系统性风险的可能性不断加大。在利率市场化、金融创新和混业经营已成大势所趋的情况下，“分业经营、分业监管”无法适应金融创新、金融风险与金融监管的动态平衡关系，导致监管滞后和部分领域的监管缺位。截至 2015 年 12 月末，商业银行不良贷款余额为 12 744 亿元，较上季度末增加 881 亿元；商业银行不良贷款率 1.67%，较上季度末上升 0.08 个百分点。

6. 房地产市场风险

未来几年，房地产周期性调整成为左右中国宏观经济“新常态”的核心力量。从需求方面看，适婚年龄人口数量已经在 2013 年达到最高点，开始出现逆转。从供给方面看，房地产市场仍然面临较大的“去库存”压力，城市间的分化更加明显。在原有库存的基础上，2015 年，全国房地产开发投资 95 978.85 亿元，比 2014 年增长 1.00%，增速比 2014 年回落 9.50 个百分点，全国商品房销售面积 128 494.97 万平方米，比 2014 年增加 6.50%，增速比 2014 年上升 14.10 个百分点，房地产开发资金来源合计 125 203.06 亿元，比 2014 年增长 2.60%，增速比 2014 年上升 2.70 个百分点。其中，银行贷款同比增速比 2014 年下降 3.50%，资金来源中的国内贷款累计同比增长率全年逐月下降，最高为 2 月份的 0.60%，最低降到 5 月份的－6.80%，2015 年这一比值相比 2014 年有较大回落，2016 年 2 月这一比值继续降到－9.50%。房地产的市场风险在加大。图 11-17描述了全国房地产开发投资增速、全国商品房销售面积增速、全国商品房销售额增速以及全国房地产开发企业本年资金来源增速波动情况。这直接导致与房地产相关的建筑行业、钢铁行业以及其他建材各行业滑入了近 5 年的低谷。

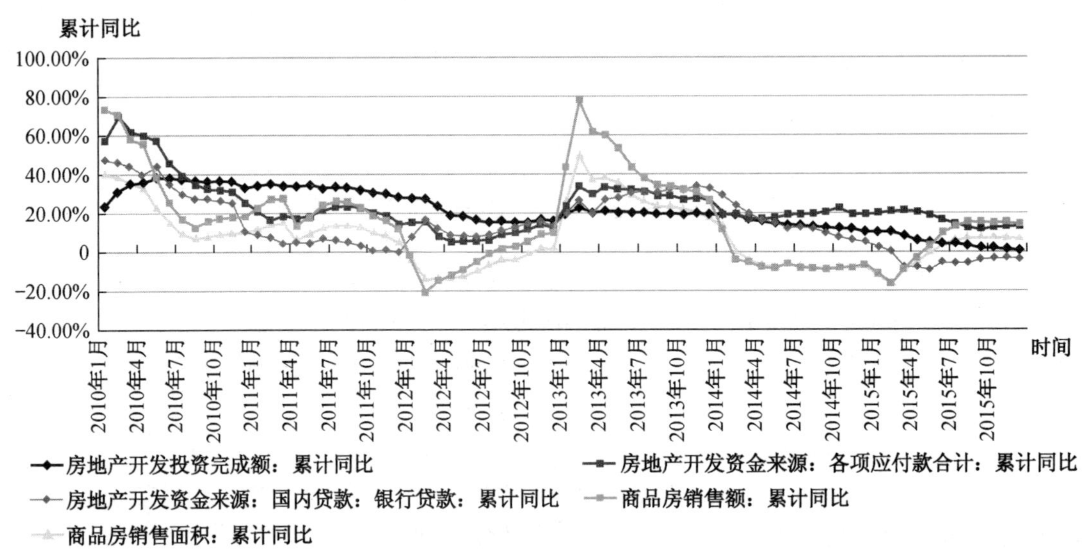

图 11-17　2010 年 1 月至 2015 年 12 月房地产开发情况

数据来源：Wind 资讯。

2015 年，在股市陷入低迷的同时，一线城市房地产市场却在一系列宽松政策刺激下，开始出现“弱复苏”。销售面积和销售额同比均从 4 月份起止跌回升，同时，越来越多的城市房价止跌回升，同比从 8 月份起止跌回升。在总体弱复苏的局面下，一线城市房价暴涨，出现泡沫，三线、四线城市房价持续性下滑，诱发系统性风险。

7. 企业债务风险

受经济增速下行、结构调整深化、去除过剩产能、发展模式转换、国际经济低迷等多重因素影响，企业间存在大量逾期应收款，企业债务风险暴露。企业债务风险主要集中在房地产、制造业、批发零售业、采矿业和钢铁业五大部门，给银行体系带来一定压力。据国际货币基金组织 2016 年 6 月发布的《全球金融稳定报告》估计，中国可能处于风险之中的银行贷款接近 1.3 万亿美元，按照 60％的较高损失率计算，可能会产生银行贷款潜在损失 7 560 亿美元，相当于中国国内生产总值的 7％。随着去产能进程的进一步深入，僵尸企业的市场化出清将会出现大量违约，不良贷款问题势必凸显。

四、经济周期波动转折点预测

经济周期波动是宏观经济学研究的主题之一，而转折点是揭示经济周期波动规律的关键点，根据是否为转折点能够判断出下一个时期经济增长的总体走势，因此，研究建立可靠实用的经济周期波动转折点预测模型，以及基于模型对转折点的预测在理论与应用两方面均有重要意义。下面首先介绍可用于经济周期波动转折点预测的贝叶斯衍生分类器——基于高斯函数估计属性密度的约束高斯分类网，然后依据约束高斯分类网进行经济周期波动转折点预测。

1. 贝叶斯衍生分类器

用 $X_1, \cdots, X_n, C$ 表示连续属性和类；$x_1, \cdots, x_n, c$ 为其值；$\boldsymbol{X}=(X_1, \cdots, X_n)$；$x=(x_1, \cdots, x_n)$；$D$ 是具有 N 个记录的数据集，数据随机产生于混合分布 P。

使用满条件概率 $p(c \mid x_1, \cdots, x_n)$ 进行分类的分类器 $\underset{c(x_1, \cdots, x_n)}{\arg\max}\{p(c \mid x_1, \cdots, x_n)\}$ 一般称为贝叶斯分类器[简记为 BC，结构见图 11-19(a)]。可见，贝叶斯分类器是一个依据概率理论进行分类的基础分类器，在理论上我们能够证明它是最优分类器，但直接计算满条件概率 $p(c \mid x_1, \cdots, x_n)$ 非常困难，根据概率公式，可得：

$$\begin{aligned} & p(c \mid x_1, \cdots, x_n) \\ = & \frac{p(c, x_1, \cdots, x_n)}{f(x_1, \cdots, x_n)} \\ = & \frac{p(c) f(x_1, \cdots, x_n \mid c)}{f(x_1, \cdots, x_n)} \\ = & \alpha p(c) f(x_1, \cdots, x_n \mid c) \end{aligned} \tag{11-1}$$

其中 α 是与 C 无关的量。式(11-1)将满条件概率计算转化为类先验概率 $p(c)$ 与属性联合密度 $f(x_1, \cdots, x_n \mid c)$ 的计算问题，对属性联合密度计算方式的不同可产生一系列分类器，我们将这些分类器统称为贝叶斯衍生分类器，如图 11-18 所示。

我们可以在属性之间条件独立性假设下来估计属性联合密度，得到朴素贝叶斯分类器[最简单的贝叶斯衍生分类器，简记为 NBC，结构见图 11-19(b)]。条件独立性使得 $f(x_1, \cdots, x_n \mid c)=\prod_{i=1}^{n} f(x_i \mid c)$，因此，只需估计属性边缘密度即可，但这样会导致估计得到的属性

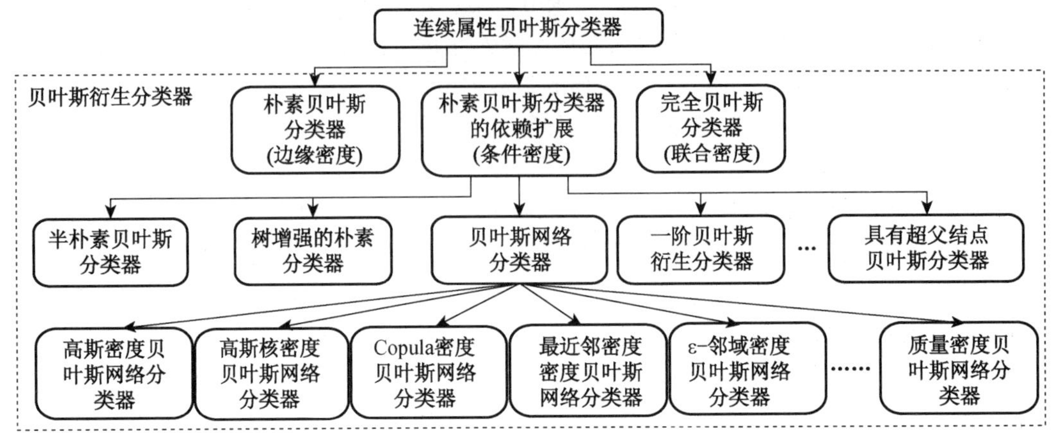

图 11-18　连续属性贝叶斯衍生分类器

联合密度与实际联合密度有较大的差距，从而影响分类器的分类准确性（丢失一些重要的信息）。我们也可以使用多元高斯函数直接估计属性联合密度，获得完全贝叶斯分类器[最复杂的贝叶斯衍生分类器，简记为 FBC，结构见图 11-19(c)]。但直接估计属性联合密度需要计算协方差矩阵，当属性数量较多时这种计算非常困难，而且可靠性也往往很难得到保障。就像基于贝叶斯网络能够进行联合概率的分解一样，依据高斯网络可实现属性联合密度的分解计算，并能够避免 NBC 和 FBC 存在的一些弊端。

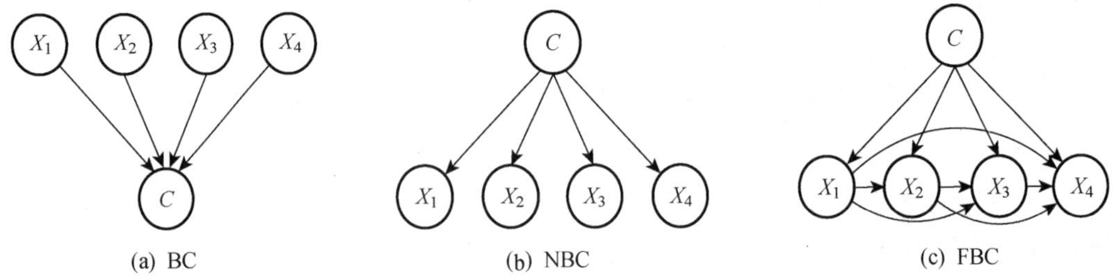

图 11-19　4 个属性的 BC、NBC 和 FBC 结构

2. 高斯网络

对于连续变量集 $\boldsymbol{X}$，如果 $\boldsymbol{X}$ 服从联合高斯分布，那么：

$$f(\boldsymbol{x}) = N(\boldsymbol{\mu}, \Sigma^{-1}) = (2\pi)^{-n/2} \ |\Sigma|^{-1/2} \exp(-1/2(\boldsymbol{x}-\boldsymbol{\mu})'\Sigma^{-1}(\boldsymbol{x}-\boldsymbol{\mu})) \tag{11-2}$$

式中　$\boldsymbol{\mu} = (\mu_1, \cdots, \mu_n)$——$\boldsymbol{x}$ 的无条件均值向量；

$\Sigma = (\sigma_{ij})$——$n \times n$ 协方差矩阵；

$|\Sigma|$——Σ 的行列式；

Σ^{-1}——Σ 的逆矩阵，也称为决策矩阵(precision matrix)，让 $W = \Sigma^{-1}$ 。

按照链式规则，可得：

$$f(\boldsymbol{x}) = \prod_{i=1}^{n} f(x_i \mid x_1, \cdots, x_{i-1}) \tag{11-3}$$

根据条件高斯分布理论,可知:

$$f(x_i \mid x_1, \cdots, x_{i-1}) = N(\mu_i + \sum_{j=1}^{i-1} b_{ij}(x_i - \mu_i), 1/v_i) \tag{11-4}$$

式中　v_i—— 给定 $x_1, \cdots, x_{i-1}$ 时 x_i 的条件方差;

b_{ij}—— 反映 x_i 和 x_j 之间依赖强度的线性相关系数(也称为线性回归系数)。

Shachter 和 Kenley(1989)给出了决策矩阵 W、线性相关系数 b_{ij} 和条件方差 v_i 之间的关系:

$$W(i+1) = \begin{pmatrix} W(i) + \dfrac{\boldsymbol{b}_{i+1}\boldsymbol{b}'_{i+1}}{v_{i+1}} & -\dfrac{\boldsymbol{b}_{i+1}}{v_{i+1}} \\ -\dfrac{\boldsymbol{b}'_{i+1}}{v_{i+1}} & \dfrac{1}{v_{i+1}} \end{pmatrix} \tag{11-5}$$

式中　$W(i)$——W 的左上角 $i \times i$ 阶主子式矩阵;

$\boldsymbol{b}_i$—— 列向量;

$\boldsymbol{b}'_i = (b_{1,i}, \cdots, b_{i-1,i})$——$\boldsymbol{b}_i$ 的转置向量,$W(1) = \dfrac{1}{v_1}$。

在 Shachter 和 Kenley 研究的基础上,Geiger 和 Heckerman(1994)给出了如下的高斯网络定义:

定义 1　高斯网络是一个二元组 (G, P),其中 G 是高斯网络结构,是一个有向无环图,X_j 到 X_i 之间有一条弧当且仅当 $b_{ij} \neq 0, j < i$, P 是高斯网络参数,包括 $\boldsymbol{\mu} = (\mu_1, \cdots, \mu_n)$, $\boldsymbol{v} = (v_1, \cdots, v_n)$ 和 $\boldsymbol{B} = \{b_{ij} \mid i < j\}$。

根据式(11-2)、式(11-4)和定义 1,可以得到

$$\prod_{i=1}^{n} f(x_i \mid x_1, \cdots, x_{i-1}) = \prod_{i=1}^{n} f(x_i \mid \pi_i, G) \tag{11-6}$$

式中　π_i——G 中 X_i 的父结点集 Π_i 的配置。

定理 1　(分解与组合定理)如果 $\boldsymbol{x}$ 具有多元高斯密度,我们能够获得由 $X_1, \cdots, X_n$ 构成的高斯网络,反之,在 W 是可逆矩阵的假设下,由 $X_1, \cdots, X_n$ 构成的高斯网络也可得到关于 $\boldsymbol{x}$ 的多元高斯密度。

证明: 多元高斯密度⇒高斯网络。

设 $\boldsymbol{x}$ 具有多元高斯密度 $f(\boldsymbol{x}) = N(\bar{\boldsymbol{x}}, \Sigma^{-1})$,我们需要依据 $\bar{\boldsymbol{x}}$ 和 $W = \Sigma^{-1}$ 来获得 G 和 P,从而得到高斯网。根据迭代公式(11-5) 能够获得 $\boldsymbol{v} = (v_1, \cdots, v_n)$ 和 $\boldsymbol{B} = \{b_{ij} \mid i < j\}$。实际上,对于 v_j, b_{ij}, $i < j$,由关于 $W(j)$ 的公式中矩阵的最后一列(或最后一行) 可以得到 $v_j = \dfrac{1}{w_{j,j}}$, $b_{1,j} = v_j w_{1,j}, \cdots, b_{i,j} = v_j w_{i,j}, \cdots, b_{j-1,j} = v_j w_{j-1,j}$,从而获得 $v = (v_1, \cdots, v_n)$、$\boldsymbol{B} = \{b_{ij} \mid i < j\}$ 和 $\bar{\boldsymbol{x}}$(网络参数 P),再根据式(11-3) 和 X_j 到 X_i 之间有一条弧当且仅当 $b_{ij} \neq 0, j < i$,又可建立有向无环图(网络结构 G),最终得到关于 $X_1, \cdots, X_n$ 的高斯网络(G, P)。

高斯网络⇒多元高斯密度。

设 (G, P) 是一个关于 $X_1, \cdots, X_n$ 的高斯网络,也就是我们需要由一个网络结构(有向无环图)G 和网络参数 $\boldsymbol{\mu} = (\mu_1, \cdots, \mu_n)$, $\boldsymbol{v} = (v_1, \cdots, v_n)$ 与 $\boldsymbol{B} = \{b_{ij} \mid i < j\}$ 来得到 $\boldsymbol{x}$ 所具有

的多元高斯密度 $f(\boldsymbol{x}) = N(\boldsymbol{\mu}, \Sigma^{-1})$。

确定 $\boldsymbol{x}$ 所具有的多元高斯密度，只需求得 $\boldsymbol{\mu}$ 和 Σ 即可。$\boldsymbol{\mu}$ 是已知，下面来获得 Σ。

根据迭代关系式(11-5)，通过迭代我们能够由 $\boldsymbol{v}$ 和 $\boldsymbol{B}$ 确定 W。由 W 的可逆性假设，对 W 进行求逆运算便得到 Σ，由 $\boldsymbol{\mu}$ 和 Σ 所确定的多元高斯密度便是 $\boldsymbol{x}$ 所具有的多元高斯密度。

公式(11-5)、定义 1 和定理 1 将为建立约束高斯分类网提供理论依据。

3. 约束高斯分类网

定义 2　假设 $f(x_1, \cdots, x_n \mid c)$ 具有多元高斯密度，那么在类 C 约束下，由 $X_1, \cdots, X_n$ 构成的用于分类的高斯网络称为约束高斯分类网(简记为 RGCN)。

RGCN 是一种特殊的高斯网络，其结构同样是一个有向无环图，属性除类之外还可以有属性父结点，仍用 G 表示 RGCN 的结构，如图 11-20 所示。

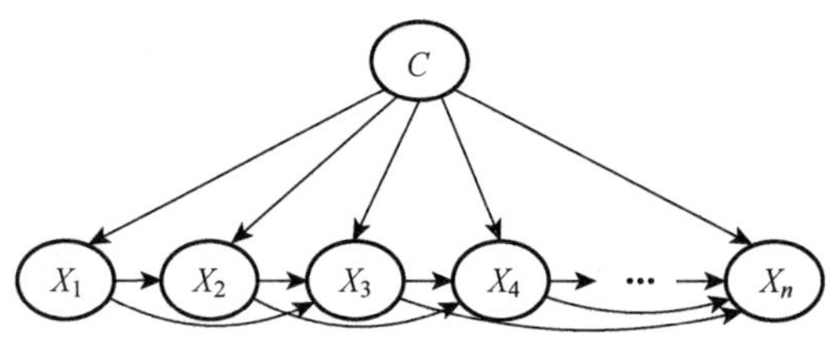

图 11-20　约束高斯分类网结构

根据高斯网络理论、式(11-6)和图 11-20 中所蕴含的条件独立性关系，可得：

$$\begin{aligned} p(c \mid x_1, \cdots, x_n) &= \alpha p(c) f(x_1, \cdots, x_n \mid c) \\ &= \alpha p(c) \prod_{i=1}^{n} f(x_i \mid \pi_i, c, G) \end{aligned} \tag{11-7}$$

式中　$f(x_i \mid \pi_i, c, G)$——属性条件密度；

π_i——G 中 X_i 的属性父结点集 Π_i 的配置。

那么，RGCN 能够被表示为：

$$\underset{c(x_1, \cdots, x_n)}{\arg\max} \{ p(c \mid x_1, \cdots, x_n) \} = \underset{c(x_1, \cdots, x_n)}{\arg\max} \left\{ p(c) \prod_{i=1}^{n} f(x_i \mid \pi_i, c, G) \right\} \tag{11-8}$$

从式(11-8)中能够看出，RGCN 是依据后验概率的顺序进行分类，而顺序性比较稳定，因此 RGCN 具有良好的抗噪声性。RGCN 基于高斯网络理论分解属性联合密度，这也使分类计算具有更高的效率和可靠性。建立 RGCN 需要解决两个问题，分别是属性条件密度估计和分类器结构学习。

1) 属性条件密度估计

引理 1　随机向量 $\boldsymbol{X} = \begin{pmatrix} \boldsymbol{X}_1 \\ \boldsymbol{X}_2 \end{pmatrix}$ 服从均值向量为 $\mu = \begin{pmatrix} \mu_1 \\ \mu_2 \end{pmatrix}$，协方差矩阵为 $\Sigma = \begin{pmatrix} \Sigma_{11} & \Sigma_{12} \\ \Sigma_{21} & \Sigma_{22} \end{pmatrix}$ 的高斯分布，记 $\Sigma^{-1} = \begin{pmatrix} T_{11} & T_{12} \\ T_{21} & T_{22} \end{pmatrix}$，其中 $\boldsymbol{X}_1$ 为 k_1 维向量，$\boldsymbol{X}_2$ 为 k_2 维向量，$k_1 + k_2 = k$，则有：

①$\Sigma_{22}^{-1} = T_{22} - T_{21} T_{11}^{-1} T_{12}$；②$T_{11}^{-1} T_{12} = -\Sigma_{12} \Sigma_{22}^{-1}$；③$T_{11}^{-1} = \Sigma_{11} - \Sigma_{12} \Sigma_{22}^{-1} \Sigma_{12}$。

证明：由于 $\Sigma\Sigma^{-1} = \begin{pmatrix} \Sigma_{11} & \Sigma_{12} \\ \Sigma_{21} & \Sigma_{22} \end{pmatrix} \begin{pmatrix} T_{11} & T_{12} \\ T_{21} & T_{22} \end{pmatrix} = I_{k \times k}$，即：

④ $\Sigma_{11} T_{11} + \Sigma_{12} T_{21} = I_{k_1 \times k_1}$；⑤$\Sigma_{11} T_{12} + \Sigma_{12} T_{22} = O_{k_1 \times k_2}$；⑥$\Sigma_{21} T_{11} + \Sigma_{22} T_{21} = O_{k_2 \times k_1}$；⑦$\Sigma_{21} T_{12} + \Sigma_{22} T_{22} = I_{k_2 \times k_2}$。

由 ⑥ 可得 $\Sigma_{21}=-\Sigma_{22}T_{21}T_{11}^{-1}$，结合 ⑦ 可得 $\Sigma_{22}(T_{22}-T_{21}T_{11}^{-1}T_{12})=I_{k_2\times k_2}$，从而 ① 式得证。

由 ⑥ 可得 $T_{21}=-\Sigma_{22}^{-1}\Sigma_{21}T_{11}$，结合 ④ 可得 $(\Sigma_{11}-\Sigma_{12}\Sigma_{22}^{-1}\Sigma_{12})T_{11}=I_{k_1\times k_1}$，从而 ③ 式得证。

对 ⑥ 两端求转置，由于 $\Sigma_{21}'=\Sigma_{12}$ 和 $T_{21}'=T_{12}$，可得 $T_{11}'\Sigma_{12}+T_{12}\Sigma_{22}=O_{k_1\times k_2}$，两端左乘 $(T_{11}')^{-1}$ 可得 $T_{11}^{-1}T_{12}\Sigma_{22}+\Sigma_{12}=O_{k_1\times k_2}$，从而 ② 式得证。

引理 2　引理 1 的条件，用 $f(\boldsymbol{x}_1,\ \boldsymbol{x}_2)$ 表示 $\boldsymbol{X}$ 的联合密度函数，$f(\boldsymbol{x}_1\mid\boldsymbol{x}_2)$ 表示给定 $\boldsymbol{X}_2=\boldsymbol{x}_2$ 的条件下 $\boldsymbol{X}_1$ 的条件密度函数，则有：

$$f(\boldsymbol{x}_1\mid\boldsymbol{x}_2)=(2\pi)^{-\frac{k_1}{2}}\left(\frac{|\Sigma|}{|\Sigma_{22}|}\right)^{-\frac{1}{2}}\exp\left[-\frac{1}{2}(\boldsymbol{x}_1-\upsilon_1)'(\Sigma_{11}-\Sigma_{12}\Sigma_{22}^{-1}\Sigma_{12})(x_1-\upsilon_1)\right]$$

其中 $\upsilon_1=\mu_1+\Sigma_{12}\Sigma_{22}^{-1}(\boldsymbol{x}_2-\boldsymbol{\mu}_2)$。

证明：$f(\boldsymbol{x}_1,\ \boldsymbol{x}_2)$ 可以表示为：

$$f(\boldsymbol{x}_1,\ \boldsymbol{x}_2)=(2\pi)^{-\frac{k}{2}}\ |\Sigma|^{-\frac{1}{2}}\exp\left[-\frac{1}{2}(\boldsymbol{x}-\mu)'\Sigma^{-1}(\boldsymbol{x}-\mu)\right]$$

由于 $\boldsymbol{X}_2$ 也服从高斯分布，用 $f(\boldsymbol{x}_2)$ 表示 $\boldsymbol{X}_2$ 的边缘密度函数，则有：

$$f(\boldsymbol{x}_2)=(2\pi)^{-\frac{k_2}{2}}\ |\Sigma_{22}|^{-\frac{1}{2}}\exp[-\frac{1}{2}(\boldsymbol{x}_2-\mu_2)'\Sigma_{22}^{-1}(\boldsymbol{x}_2-\mu_2)]$$

又因为

$$\begin{aligned}(\boldsymbol{x}-\mu)'\Sigma^{-1}(\boldsymbol{x}-\mu)&=(\boldsymbol{x}_1'-\mu_1',\ \boldsymbol{x}_2'-\mu_2')\begin{pmatrix}T_{11} & T_{12}\\ T_{21} & T_{22}\end{pmatrix}\begin{pmatrix}\boldsymbol{x}_1-\mu_1\\ \boldsymbol{x}_2-\mu_2\end{pmatrix}\\&=(\boldsymbol{x}_1-\mu_1)'T_{11}(\boldsymbol{x}_1-\mu_1)+(\boldsymbol{x}_1-\mu_1)'T_{12}(\boldsymbol{x}_2-\mu_2)\\&\quad+(\boldsymbol{x}_2-\mu_2)'T_{21}(\boldsymbol{x}_1-\mu_1)+(\boldsymbol{x}_2-\mu_2)'T_{22}(\boldsymbol{x}_2-\mu_2)\end{aligned}$$

重新组织上式，可以得到：

$$\begin{aligned}(\boldsymbol{x}-\mu)'\Sigma^{-1}(\boldsymbol{x}-\mu)&=[(\boldsymbol{x}_1-\mu_1)+T_{11}^{-1}T_{12}(\boldsymbol{x}_2-\mu_2)]'T_{11}[(\boldsymbol{x}_1-\mu_1)+T_{11}^{-1}T_{12}(\boldsymbol{x}_2-\mu_2)]\\&\quad+(\boldsymbol{x}_2-\mu_2)'(T_{22}-T_{21}T_{11}^{-1}T_{12})(\boldsymbol{x}_2-\mu_2)\end{aligned}$$

记 $Q_1=[(\boldsymbol{x}_1-\mu_1)+T_{11}^{-1}T_{12}(\boldsymbol{x}_2-\mu_2)]'T_{11}[(\boldsymbol{x}_1-\mu_1)+T_{11}^{-1}T_{12}(\boldsymbol{x}_2-\mu_2)]$

$Q_2=(\boldsymbol{x}_2-\mu_2)'(T_{22}-T_{21}T_{11}^{-1}T_{12})(\boldsymbol{x}_2-\mu_2)$

因此：$Q_1=(\boldsymbol{x}_1-\upsilon_1)'T_{11}^{-1}(\boldsymbol{x}_1-\upsilon_1)$

$=(\boldsymbol{x}_1-\upsilon_1)'(\Sigma_{11}-\Sigma_{12}\Sigma_{22}^{-1}\Sigma_{12})(\boldsymbol{x}_1-\upsilon_1)$

其中：

$$\begin{aligned}\upsilon_1&=\mu_1-T_{11}^{-1}T_{12}(\boldsymbol{x}_2-\mu_2)\\&=\mu_1+\Sigma_{12}\Sigma_{22}^{-1}(\boldsymbol{x}_2-\mu_2)\end{aligned}$$

结合引理 1，可得：

$$f(\boldsymbol{x}_1, \boldsymbol{x}_2) = (2\pi)^{-\frac{k}{2}} \mid \Sigma \mid^{-\frac{1}{2}} \exp\left(-\frac{Q_1+Q_2}{2}\right) f(\boldsymbol{x}_2) = (2\pi)^{-\frac{k_2}{2}} \mid \Sigma_{22} \mid^{-\frac{1}{2}} \exp\left(-\frac{Q_2}{2}\right)$$

则：

$$f(\boldsymbol{x}_1 \mid \boldsymbol{x}_2) = \frac{f(\boldsymbol{x}_1, \boldsymbol{x}_2)}{f(\boldsymbol{x}_2)} = (2\pi)^{-\frac{k_1}{2}} \left(\frac{\mid \Sigma \mid}{\mid \Sigma_{22} \mid}\right)^{-\frac{1}{2}} \exp\left(-\frac{Q_1}{2}\right)$$

引理 2 得证。

定理 2 （条件密度计算定理）假设对给定的 $C=c$，$\boldsymbol{X}$ 服从均值向量为 μ，协方差矩阵为 Σ 的高斯分布，用 $\Pi_i = \{X_i^1, \cdots, X_i^{\omega(i)}\}$ 表示 X_i 的属性父结点集，$\omega(i)$ 表示 X_i 的属性父结点的个数，那么 $p(x_i|\pi_i, c, G) = N(m_i(c), \nu_i(c))$。

$$m_i(c) = \mu_i(c) + \sum_{j=1}^{\omega(i)} \frac{\sigma_{ij}(c)}{\sigma_j^2(c)}(x_i^j - \mu_i^j(c)) \tag{11-9}$$

$$\nu_i(c) = \frac{\mid \Sigma_{X_i, \Pi_i}(c) \mid}{\mid \Sigma_{\Pi_i}(c) \mid} \tag{11-10}$$

式中 π_i——Π_i 的配置；

$\mu_i(c)$，$\sigma_i^2(c)$，$\sigma_{ij}(c)$ 和 $\Sigma_R(c)$——给定 $C=c$ 的条件下，X_i 的均值、X_i 的方差、X_i 与其属性父结点 $X_i^j(j=1, \cdots, \bar{\omega}(i))$ 的协方差和属性集 R 的协方差矩阵。

证明：令 $\boldsymbol{X} = \begin{pmatrix} X_i \\ \Pi_i(c) \end{pmatrix}$，$\mu = \begin{pmatrix} \mu_i(c) \\ \mu_{\Pi_i}(c) \end{pmatrix}$，$\Sigma = \begin{pmatrix} \Sigma_{11} & \Sigma_{12} \\ \Sigma_{21} & \Sigma_{22} \end{pmatrix}$，那么有：

$$\Sigma = \begin{pmatrix} \sigma_i^2(c) & (\sigma_{ij}(c))_{1\times\omega(i)} \\ (\sigma_{ji}(c)_{\omega(i)\times 1} & (\sigma_j^2(c))_{\omega(i)\times\omega(i)} \end{pmatrix}$$

而且：

$$\Sigma_{22}^{-1} = (1/\sigma_j^2(c))_{\omega(i)\times\omega(i)}$$

结合引理 1 和引理 2 可得：

$$m_i(c) = \mu_i(c) + \sum_{j=1}^{\omega(i)} \frac{\sigma_{ij}(c)}{\sigma_j^2(c)}(x_j - \mu_j(c))$$

$$\nu_i(c) = \frac{|\Sigma|}{|\Sigma_{22}|} = \frac{\mid \Sigma_{X_i, \Pi_i}(c) \mid}{\mid \Sigma_{\Pi_i}(c) \mid}$$

定理 2 得证。

定理 2 将为属性条件密度估计提供实现方法。根据定理 1 和定理 2，约束高斯分类网可表示为：

$$\begin{aligned} & \underset{c(x_1, \cdots, x_n)}{\arg\max} \left\{ p(c) \prod_{i=1}^{n} f(x_i \mid \pi_i, c, G) \right\} \\ = & \underset{c(x_1, \cdots, x_n)}{\arg\max} \left\{ p(c) \prod_{i=1}^{n} N(m_i(c), \frac{1}{v_i(c)}) \right\} \\ = & \underset{c(x_1, \cdots, x_n)}{\arg\max} \left\{ p(c) \prod_{i=1}^{n} N(\mu_i(c) + \sum_{j=1}^{n_i} \frac{\sigma_{ij}(c)}{\sigma_j^2(c)}(x_j - \mu_i(c)), \frac{\mid \Sigma_{X_i, \Pi_i}(c) \mid}{\mid \Sigma_{\Pi_i}(c) \mid}) \right\} \end{aligned} \tag{11-11}$$

属性具有过多的父结点，一方面易于导致对数据的过度拟合，另一方面会降低学习与分类的效率，一般可限定属性除类之外的父结点不超过3个(或2个)。

2) RGCN结构学习

RGCN结构学习是在NBC的基础上发现属性父结点的过程。Geiger和Heckerman(1994)给出的高斯网络结构打分函数非常复杂，而且所突出的是变量之间的相关性，而不是属性和属性之间依赖关系对分类的贡献，因此不适合于建立RGCN的结构。我们结合分类准确性标准(采用10折交叉有效性验证方法估计分类器的分类准确率)和贪婪搜索方法分别进行NBC的属性子集选择和在此基础上的属性新父结点发现。

A. 属性父结点选择

分别用Π_i和Ω_i表示X_i的属性父结点集和子孙结点集，我们能够证明X_i新的属性父结点候选集为$\{X_1, \cdots, X_n\} - \Omega_i \cup \Pi_i \cup \{X_i\}$。根据Quinlan(1986)的信息增益率为所选择的属性排序，其中的属性条件密度计算采用高斯函数。按照属性的顺序依次发现属性的新父结点来建立RGCN结构。在属性父结点选择过程中，首先进行一阶父结点选择(为属性增加的第一个父结点)，在一阶父结点选择的基础上进行二阶父结点选择(为属性增加的第二个父结点)，在二阶父结点选择过程中也可能新增一阶父结点，在二阶父结点选择的基础上进行三阶父结点选择(为属性增加的第三个父结点)，在三阶父结点选择过程中也可能新增一阶和二阶父结点。我们通过实验发现具有三阶以上父结点的属性极其少见，而且对分类的贡献也非常小，因此只进行到三阶父结点选择。

用S表示NBC的结构，A是经过选择的属性子集，为表示方便让$A = \{X_1, \cdots, X_m\}$，$m \leqslant n$，$accuracy_nbc(A \mid D, S)$表示在属性子集$A$上NBC的分类准确率，$accuracy\_bnc\_f(j \mid D, G_j)$，$j = 1, 2, 3$和$accuracy_bnc_b(j \mid D, G_j)$表示进行第$j$阶依赖扩展过程中父结点变化前和变化后的分类准确率，其中G_j是对应的RGCN结构，$\Pi_i^{(1)}$，$\Pi_i^{(2)}$和$\Pi_i^{(3)}$分别表示X_i的一阶、二阶和三阶属性父结点集，Γ_i是属性X_i的父结点候选集(可以包含$X-A$中的属性结点)。具体的属性父结点选择如表11-1所示。

表11-1 **属性父结点选择算法**

算法
输入:数据集D、属性子集A和$accuracy_nbc(A \mid D, S)$
初始化$\Pi_i^{(1)} = \Pi_i^{(2)} = \Pi_i^{(3)} = \phi$和$\Gamma_i = \{X_1, \cdots, X_{i-1}, X_{i+1}, \cdots, X_n\}$
For $j = 1, 2, 3$
If $j = 1$
$accuracy\_bnc\_f(j \mid D, G_1) = accuracy\_nbc(A \mid D, G_1)$
用S初始化G_1
else
$accuracy\_bnc\_f(j \mid D, G_j) = accuracy\_bnc\_b(j-1 \mid D, G_j)$
用G_{j-1}初始化G_j

（续表）

For $i=1, 2, \cdots, m$

计算 Γ_i，让 $s=0$

For $k=1, 2, \cdots, n$

If $X_k \in \Gamma_i$

计算 $accuracy\_bnc\_b(j \mid D, G_j)$

If $accuracy\_bnc\_b(j \mid D, G_j) > accuracy\_bnc\_f(j \mid D, G_j)$

$accuracy\_bnc\_f(j \mid D, G_j) = accuracy\_bnc\_b(j \mid D, G_j)$

$s=k$

If $s \neq 0$

If $\Pi_i^{(1)} = \phi$

$\Pi_i^{(1)} = \{X_s\}$，更新 Γ_i 和 G_1

If $\Pi_i^{(1)} \neq \phi$ and $\Pi_i^{(2)} = \phi$

$\Pi_i^{(2)} = \{X_s\}$，更新 Γ_i 和 G_2

If $\Pi_i^{(1)} \neq \phi$ and $\Pi_i^{(2)} \neq \phi$ and $\Pi_i^{(3)} = \phi$

$\Pi_i^{(3)} = \{X_s\}$，更新 Γ_i 和 G_3

If $j>1$ and $accuracy\_bnc\_b(j \mid D, G_j) = accuracy\_bnc\_b(j-1 \mid D, G_j)$

退出 j 循环

输出：$accuracy\_bnc\_b(j \mid D, G_j)$，$j=1, 2, 3$、$G_j$ 和 G

B. 时间复杂性分析

RGCN 学习主要包括属性子集选择和属性父结点选择。在属性子集选择中，最多需要进行 $\frac{1}{2}(n-1)(n+2)$ 次分类准确率计算。而在属性父结点选择中，一阶、二阶和三阶依赖扩展的属性父结点选择最多需要进行 $3n^2$ 次分类准确率计算，可知，RGCN 学习算法关于分类准确率运算的时间复杂度是 $O(n^2)$。计算分类准确率的主要运算是属性条件密度估计，计算一次分类准确率最多需要进行 $10n$ 次属性条件密度估计，因此，RGCN 学习算法关于属性条件密度估计运算的时间复杂度是 $O(n^3)$。

3）属性为类提供的信息构成分析

根据贝叶斯网络和高斯网络理论，在 RGCN 中，属性可为类提供三种信息，分别是传递依赖信息、直接导出依赖信息和间接导出依赖信息。传递依赖信息是属性直接为类提供的信息，是分类的主要信息；直接导出依赖信息是由属性和类之间形成 V 结构直接诱导出的信息，对分类也有较大的影响，有时这种影响是至关重要的；间接导出依赖信息是由属性和属性之间形成的 V 结构间接诱导出的信息，这种信息相对较弱，在分类时起到辅助和补充的作用，但有时这种信息也不容忽视，具体情况如图 11-21 所示。

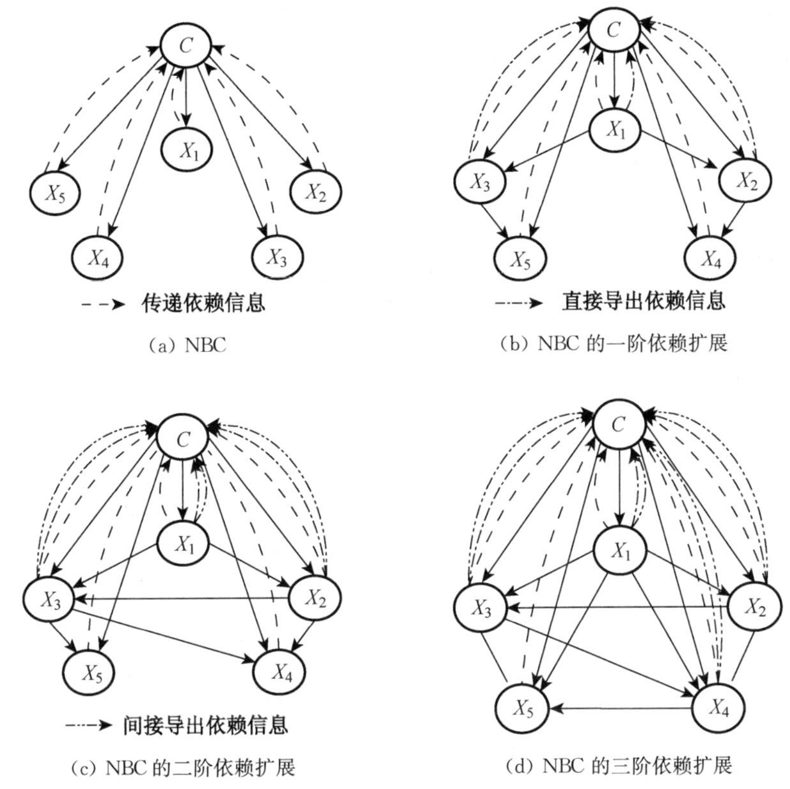

(a) NBC (b) NBC 的一阶依赖扩展

(c) NBC 的二阶依赖扩展 (d) NBC 的三阶依赖扩展

图 11-21 贝叶斯衍生分类器中属性为类提供的信息

我们再从分类器的表示形式来分析属性为类提供的三种信息。考察 RGCN 的表示形式 $\underset{c(x_1,\cdots,x_n)}{\arg\max}\left\{p(c)\prod_{i=1}^{n}p(x_i\mid x_i^1,\cdots,x_i^{\omega(i)},c,G)\right\}$，其中 X_i 为 C 提供传递依赖信息，X_i^1，…，$X_i^{\omega(i)}$ 分别为 C 提供直接导出依赖信息，X_i^1，…，$X_i^{\omega(i)}$ 之间的相互作用产生间接导出依赖信息(或称为结合信息)。

NBC 图 11-21(a)虽然具有高效率，但它的属性只能为类提供传递依赖信息，从而会影响分类器的分类准确性。对 NBC 的一阶依赖扩展图 11-21(b)，将使直接导出依赖信息得到有效的利用，因此能够提高分类器的分类准确性。NBC 的二阶或更高阶(包括完全依赖扩展)的依赖扩展图 11-21(c)和图 11-21(d)，则可提取三种依赖信息用于分类，分类器会更加可靠，但会降低效率。我们可以根据具体实际情况和需求确定依赖扩展策略，建立相应的 RGCN。

4. 分类准确性比较与分析

在 UCI 数据库中选择 30 个连续属性的分类数据集，如表 11-2 所示，删除具有丢失数据的记录，数据集中记录的位置也进行随机初始化。分别从分类器之间的分类错误率(分类错误率＝1－分类准确率÷100)比较、朴素贝叶斯分类器依赖扩展情况比较和属性所提供的三种信息对分类的贡献比例三个方面进行实验与分析。

表 11-2 用于实验的数据集情况

序号	数据集	例子	属性	类值	序号	数据集	例子	属性	类值
1	Ae_train	774	12	9	16	Horse_colic	300	22	2
2	Allbp	747	20	4	17	Image_ Segmentation	209	16	7
3	Annealing	798	22	4	18	Ionosphere	349	33	2
4	Arabic_digit	736	13	2	19	Iris	150	4	3
5	Automobile	205	22	5	20	Magic_Gamma_ telescope	718	10	2
6	Banques	102	12	4	21	New_thyroid	215	5	3
7	Breast_cancer	699	10	2	22	Pima	768	8	2
8	Breast_tissue	106	9	6	23	Spambase	601	30	2
9	Cmc	1 376	9	2	24	Spectf_incorrect	269	44	2
10	Column_3C	310	6	3	25	Steel_plates_ faults	441	33	2
11	Credit(crx)	690	15	2	26	Thyroid0387	787	27	4
12	Echocardiogram	132	10	3	27	Transfusion	748	4	2
13	Ecoli	292	5	4	28	Wdpc	569	31	2
14	Flags	214	9	6	29	Wine	178	13	3
15	Heart_disease	270	13	2	30	Wpbc	198	34	2

1) 分类错误率比较

选择 12 个分类器，其中前 5 个是离散属性分类器[对连续属性采用 Fayyad 和 Irani (1993)方法进行离散化]，后 7 个是连续属性分类器，将它们与 RGCN 进行分类错误率比较实验，分类器的具体情况是：离散属性朴素贝叶斯分类器(DNB)；基于 Quinlan(1986)的信息增益率为属性排序，按照属性顺序对朴素贝叶斯分类器进行链依赖扩展的离散属性分类器(DCEB)；Friedman 等(1997)给出的树增强朴素贝叶斯分类器(DTAN)；采用属性排序和贪婪打分—搜索方法所建立的约束贝叶斯网络分类器(DCBN)，其中属性排序采用 Quinlan(1986)的信息增益率，打分函数使用 MDL(minimal description length)标准；结合分类准确性标准和前向贪婪搜索而建立的离散属性完全贝叶斯分类器(DFB)；使用高斯函数估计属性条件边缘密度而建立的朴素贝叶斯分类器(GNB)；使用高斯函数来估计属性的条件密度，并基于 Quinlan(1986)的信息增益率为属性排序，对 GNB 进行链依赖扩展而得到的分类器(CCEN)；基于高斯函数来估计属性的条件密度和属性之间的条件互信息计算，以属性之间的条件互信息为权重，采用 Friedman 等(1997)的方法进行连续属性的最大权重跨度树学习，对 GNB 进行树依赖扩展而得到的分类器(CTAN)；基于高斯函数估计属性联合密度，结合分类准确性标准和前向贪婪搜索而建立的连续属性完全贝叶斯分类器(GFB)；使用多元高斯核函数估计属性联合密度，并进行单平滑参数优化的连续属性完全贝叶斯分类器(GKFB)；最近邻域分类器

(NNC)；Quinlan(1986)的决策树分类器(C4.5)；支持向量机分类器(SVM)；约束高斯分类网(RGCN)。

采用 10 折交叉有效性验证方法进行分类器的分类错误率估计，并使用 Wilcoxon Signed-Ranks Test 和 Friedman Test with post-hoc Bonferroni test(Demsar 2006)进行两个分类器分类错误率之间差异的置信打分，其中※表示 RGCN 和用于比较的分类器相对于给定的检验方法差别显著。12 个分类器与 RGCN 的分类错误率实验结果如表 11-3 所示。

表 11-3　**RGCN 和其他分类器的分类错误率实验结果**

数据集	DNB	DCEB	DTAN	DCBN	DFB	GNB	CCEN	CTAN	GFB	GKFB	C4.5	SVM	RGCN
Ae_train	0.265 0	0.281 8	0.262 4	0.259 8	0.332 5	0.193 5	0.196 2	0.153 2	0.132 5	0.085 8	0.207 6	0.056 2	0.088 0
Allbp	0.328 6	0.420 2	0.435 2	0.420 3	0.424 4	0.594 5	0.459 5	0.609 5	0.362 1	0.456 7	0.441 8	0.343 9	0.331 1
Annealing	0.110 2	0.094 9	0.127 9	0.060 8	0.076 0	0.312 7	0.177 3	0.225 4	0.177 3	0.100 0	0.085 3	0.061 1	0.058 9
Arabic_Digit	0.274 0	0.260 2	0.279 5	0.235 7	0.290 5	0.349 4	0.349 4	0.272 6	0.261 6	0.222 0	0.323 3	0.232 7	0.221 5
Automobile	0.375 0	0.305 0	0.335 0	0.320 0	0.275 0	0.440 0	0.445 0	0.420 0	0.560 0	0.370 0	0.263 3	0.271 0	0.270 0
Banques	0.280 0	0.450 0	0.440 0	0.540 0	0.370 0	0.390 0	0.350 0	0.480 0	0.430 0	0.410 0	0.500 0	0.390 0	0.280 7
Breast_cancer	0.035 8	0.037 1	0.048 6	0.040 6	0.034 8	0.037 2	0.027 2	0.050 0	0.034 3	0.037 7	0.060 1	0.043 1	0.028 6
Breast_tissue	0.290 0	0.260 0	0.320 0	0.340 0	0.280 0	0.370 0	0.560 0	0.310 0	0.430 0	0.300 0	0.349 1	0.322 5	0.240 0
Cmc	0.328 5	0.312 4	0.327 1	0.335 8	0.317 6	0.350 4	0.347 5	0.327 0	0.301 4	0.321 2	0.317 6	0.308 0	0.304 4
Column_3C	0.225 9	0.170 9	0.187 1	0.190 4	0.151 7	0.193 6	0.303 3	0.167 8	0.219 4	0.235 5	0.193 6	0.135 5	0.148 4
Credit (crx)	0.140 6	0.134 7	0.133 4	0.136 3	0.144 9	0.249 3	0.236 3	0.233 4	0.188 5	0.246 3	0.140 6	0.178 3	0.135 4
Echocardiogram	0.638 5	0.323 0	0.515 4	0.353 9	0.338 4	0.438 5	0.353 9	0.462 6	0.346 1	0.338 4	0.447 0	0.375 4	0.300 0
Ecoli	0.103 5	0.093 1	0.100 0	0.079 4	0.072 5	0.079 4	0.058 7	0.068 9	0.089 6	0.062 1	0.099 4	0.051 5	0.058 7
Flags	0.415 8	0.473 6	0.579 0	0.473 6	0.389 5	0.552 7	0.442 2	0.531 6	0.526 4	0.426 3	0.480 5	0.409 2	0.326 4
Heart_disease	0.133 4	0.137 0	0.144 5	0.151 9	0.140 7	0.140 8	0.166 7	0.155 5	0.163 0	0.163 0	0.226 0	0.171 9	0.133 4
Horse_colic	0.283 4	0.243 3	0.283 4	0.313 3	0.243 3	0.340 0	0.343 3	0.360 0	0.330 0	0.296 7	0.313 3	0.310 0	0.270 0
Image_Segmentation	0.145 0	0.125 0	0.135 0	0.270 0	0.110 0	0.230 0	0.165 0	0.205 0	0.300 0	0.130 0	0.114 5	0.117 2	0.090 0
Ionosphere	0.257 2	0.231 4	0.285 8	0.294 3	0.217 1	0.537 2	0.325 8	0.520 0	0.217 1	0.362 9	0.234 9	0.220 9	0.197 2

（续表）

数据集	DNB	DCEB	DTAN	DCBN	DFB	GNB	CCEN	CTAN	GFB	GKFB	C4.5	SVM	RGCN
Iris	0.040 0	0.333 3	0.040 0	0.046 7	0.020 0	0.040 0	0.046 7	0.026 7	0.020 0	0.033 3	0.046 7	0.040 0	0.020 0
Magic_ Gamma	0.252 2	0.252 2	0.281 7	0.293 0	0.257 8	0.367 6	0.286 2	0.319 8	0.267 7	0.250 8	0.189 4	0.190 7	0.217 0
New_ thyroid	0.045 4	0.031 8	0.045 4	0.038 1	0.028 6	0.050 0	0.086 4	0.054 5	0.059 0	0.041 0	0.093 1	0.056 2	0.041 0
Pima	0.239 0	0.228 5	0.235 6	0.225 0	0.221 1	0.248 1	0.240 3	0.244 1	0.257 2	0.240 3	0.265 7	0.232 9	0.222 1
Spambase	0.168 4	0.138 3	0.141 7	0.146 6	0.126 7	0.161 6	0.386 6	0.156 6	0.175 0	0.241 7	0.161 0	0.166 5	0.113 4
Spectf_ incorrect	0.200 0	0.142 3	0.253 9	0.130 8	0.207 6	0.327 0	0.207 7	0.277 0	0.207 6	0.207 6	0.267 7	0.236 4	0.200 0
Steel_ plates_ faults	0.238 7	0.200 0	0.272 8	0.209 1	0.143 2	0.016 0	0.195 5	0.009 1	0.059 0	0.020 4	0.006 9	0.000 0	0.006 9
Thyroid 0387	0.414 2	0.412 8	0.432 1	0.425 7	0.406 5	0.524 3	0.498 8	0.516 7	0.470 6	0.493 5	0.444 7	0.418 0	0.366 7
Trans-fusion	0.241 4	0.194 6	0.204 0	0.201 4	0.209 5	0.250 7	0.234 7	0.316 0	0.252 0	0.224 0	0.230 0	0.220 7	0.201 0
Wdbc	0.141 2	0.035 7	0.129 5	0.046 3	0.028 6	0.066 1	0.057 2	0.058 9	0.082 1	0.041 2	0.073 9	0.025 0	0.023 3
Wine	0.044 7	0.011 7	0.037 5	0.053 0	0.041 2	0.029 5	0.041 2	0.017 7	0.011 7	0.032 2	0.101 2	0.017 6	0.005 9
Wpbc	0.420 0	0.185 0	0.365 0	0.173 7	0.230 0	0.335 0	0.275 0	0.153 2	0.190 0	0.230 0	0.303 1	0.228 7	0.195 0
平均	0.235 9	0.217 3	0.246 0	0.226 9	0.204 3	0.273 8	0.262 1	0.256 8	0.237 4	0.220 7	0.232 7	0.194 4	0.169 8
Wilcoxon SR test	※−4.72	※−3.71	※−4.76	※−4.06	※−4.14	※−4.78	※−4.74	※−4.53	※−4.67	※−4.72	※−4.55	※−3.58	RGCN
Friedman/ Bonferroni	※−4.50	※−2.37	※−5.17	※−4.13	※−2.28	※−5.63	※−5.57	※−5.42	※−4.75	※−4.45	※−5.35	※−2.66	RGCN

在表 11－3 中，使用 Wilcoxon Signed-Ranks Test 和 Friedman Test with post-hoc Bonferroni test 的检验结果显示，RGCN 与 12 个分类器在分类错误方面差异显著。再考察总体平均值，RGCN 优于其他分类器的程度依次是 8.65%，6.07%，10.11%，7.39%，4.34%，14.32%，12.51%，11.71%，8.86%，6.53%，8.20%和 3.05%，可见 RGCN 具有优势的程度也非常明显。

RGCN 与其他分类器，在 30 个数据集的分类错误具体比较情况如图 11-22 所示。图中每一个点的坐标是用于比较的两个分类器的分类错误率，在 45 度线上方和下方的点分别表示 RGCN 的分类错误率小于和大于用于比较的分类器。

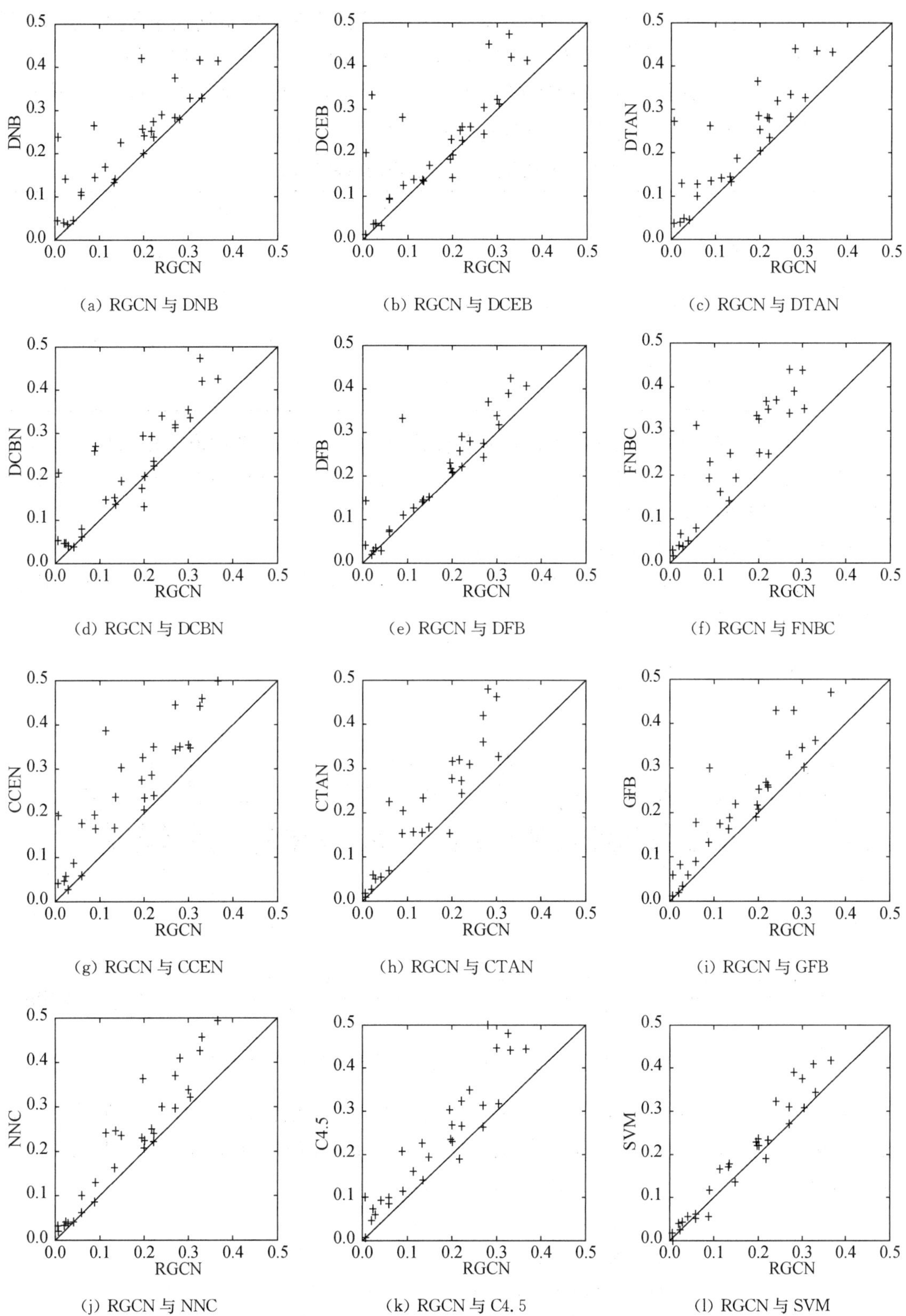

图 11-22　RGCN 和其他分类器的分类错误率比较散点图

从图 11-22 中的 12 个散点图来看，RGCN 的分类错误率明显优于其他分类器。在 30 个数据集中，RGCN 相对于其他分类器，分类准确率之差大于或等于 0.5%（用区间[0.5，∞)表示）、大于－0.5%且小于 0.5%（用区间(－0.5，0.5)表示）、小于或等于－0.5%（用区间(－∞，－0.5]表示）三方面的百分比情况如表 11-4 所示。

表 11-4 **RGCN 和其他分类器的分类准确率差异比较**

差异情况	DNB	DCEB	DTAN	DCBN	DFB	GNB	CCEN	CTAN	GFB	GKFB	C4.5	SVM
[0.5，∞)	83.33%	76.66%	90.00%	76.66%	83.33%	100.00%	93.33%	93.34%	90.00%	86.67%	90.00%	70.00%
(－0.5，0.5)	16.67%	6.67%	10.00%	16.67%	10.00%	0.00%	6.67%	3.33%	6.67%	13.33%	3.33%	13.33%
(－∞，－0.5]	0.00%	16.67%	0.00%	6.67%	6.67%	0.00%	0.00%	3.33%	3.33%	0.00%	6.67%	16.67%

综合分类器之间的分类错误率差异的显著性检验、分类错误率平均值比较和分类准确率差异百分比计算三方面的结果，显示了 RGCN 相对于其他 12 个分类器在分类错误率（或分类准确率）方面具有明显的优势。

2）朴素贝叶斯分类器依赖扩展情况比较

分别用 GNB，CCEN，CTAN，GFB 和 RGCN 表示相应分类器的分类准确率，对 GNB 进行依赖扩展后分类准确率的变化情况，如图 11-23 所示。

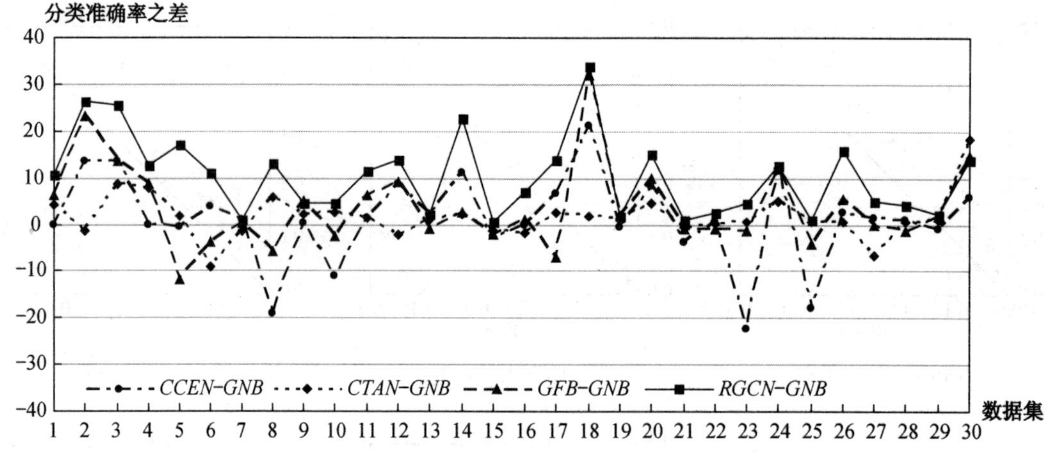

图 11-23 对 GNB 进行依赖扩展后分类准确率的变化情况图

图 11-23 显示，RGCN-GNB 曲线基本是在零线和其他三条曲线的上方，而且另外三条曲线均在零线上下波动。我们再考察对生成曲线的数据，分别从最大值、最小值、平均值、大于零数量、小于零数量和等于零数量进行统计，结果为：

CCEN-GNB：21.14、－22.50、1.17、18、11 和 1；
CTAN-GNB：18.18、－9.00、1.70、22、8 和 0；
GFB-GNB：32.01、－12.00、3.64、17、13 和 0；
RGCN-GNB：34.00、0.74、10.40、30、0 和 0。

可以看出，四种情况的平均值都大于零，而且大于零数据集的数量明显多于小于或等于零的数量，但其他三种情况小于零的数量也占有较大的比例，而且最坏情况降低分类准确率的程度也比较大。由此可以得出结论：对 GNB 进行依赖扩展可以使属性之间的条件依赖信息得到有效的利用，提高分类器的分类准确率，但依赖扩展方法的选择非常重要，不同的依赖扩展方法之间可能存在较大的差异，而且不适宜的依赖扩展方法也会显著降低分类器的分类准确率。RGCN 使所有数据集的 GNB 分类准确率都有所改进，但提高程度的差别较大，最大的情况达到 33.26，这主要是由属性之间条件依赖情况的差异所导致的。

3）属性所提供的三种信息对分类的贡献比例

分别用 I1、I2 和 I3 表示属性提供的传递依赖、直接导出依赖和间接导出依赖信息对分类的贡献，它们的比例如图 11-24 所示。

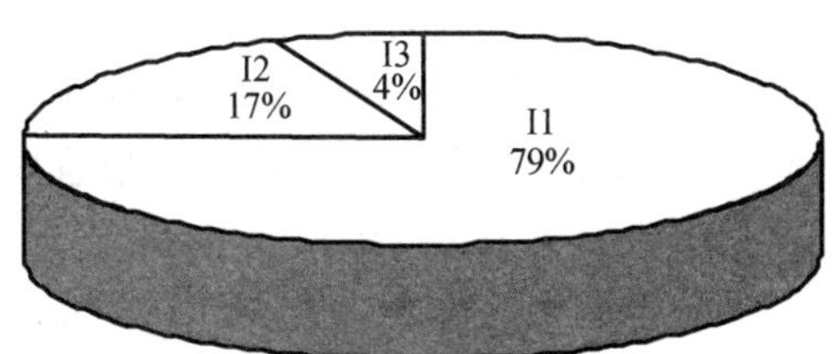

图 11-24　属性提供的三种信息对分类的贡献比例图

朴素贝叶斯分类器中的属性只为类提供传递依赖信息（I1，大约占 79%），不能提供导出依赖信息（I2 和 I3，大约占 21%），因此需要对朴素贝叶斯分类器进行依赖扩展。通过属性依赖扩展可使导出依赖信息得到有效的利用，从而能够提高分类器的分类准确率。对朴素贝叶斯分类器的一阶依赖扩展，可使直接导出依赖信息（I2）得到利用，这部分信息也占有较大的比例。如果需要突出效率，可只进行一阶扩展；二阶和以上阶的依赖扩展能够利用三种依赖信息，但高阶依赖扩展会显著降低学习效率，综合考虑效率和分类准确率，二阶依赖扩展应该是比较好的选择，这些结论同样适合于离散属性贝叶斯衍生分类器。

5. GDP 增长率波动转折点预测

选择对 GDP 有较大影响的 17 个宏观经济指标，从国家统计局和相关数据源获取这些宏观经济指标的年度时序数据，通过建立 RGCN 模型来对 GDP 波动转折点进行预测。

1）影响 GDP 增长率的相关指标

选择下面的指标作为 RGCN 的属性：第一产业同比增长率（X_1），第二产业同比增长率（X_2），第三产业同比增长率（X_3），M0 同比增长率（X_4），M1 同比增长率（X_5），M2 同比增长率（X_6），储蓄存款同比增长率（X_7），各项贷款总额同比增长率（X_8），社会固定资产投资总额同比增长率（X_9），社会消费品零售总额同比增长率（X_{10}），居民消费价格总指数（X_{11}），全国商品零售价格指数（X_{12}），出口商品总额同比增长率（X_{13}），进口商品总额同比增长率（X_{14}），财政预算收入同比增长率（X_{15}），财政预算支出同比增长率（X_{16}），GDP 同比增长率（X_{17}）。

2）GDP 增长率波动转折点预测结果

从国家统计局和相关数据源获取 1990—2015 年这 17 个宏观经济指标的年度时间序列，通过转换数据集构建获得用于 RGCN 学习的数据集。使用 RGCN 对 GDP 波动转折点进行预测。对 2015 年 GDP 波动转折点的预测结果：转折点的概率为 0.258 3，不是转折点的概率为 0.741 7。这意味着 2016 年 GDP 的增长率相对于 2015 年有 0.741 7 的可能性会下降。

五、政策建议

根据上述预测结果，建议主要从以下几方面进行政策的完善。

1. 加快推进结构性改革，全面推进产业结构调整

加快政策的协调，有效减少和消除僵尸企业，推动要素流动，释放要素红利；加快对内对外开放，延续后发优势，在对外开放的基础上释放国内民营企业活力。

2. 实施积极的财政政策和稳健的货币政策

积极的财政政策以结构性减税和增加社会保障为重点，减轻企业和个人的税负，加大对重点项目和新兴产业支持力度。稳健的货币政策主要为结构调整创造偏中性的资金环境，加大定向调控力度。

3. 充分发挥市场的作用

加大力度推进市场化改革，形成统一、开放、竞争有序的市场体系；推动市场配置资源，推进政府简政放权，强化政府的市场监管职能。

4. 致力于中长期提振消费

继续出台促进收入和消费增长的政策和改革措施，包括支持就业、改善公共服务、扩大社保覆盖范围增加消费产品和服务供给等措施。

5. 深化科技创新体制改革

完善财税、金融、贸易政策，完善知识产权保护，充分发挥市场在科技创新中的作用，提高科技创新效率，使企业成为创新的主体。

参考文献

[1] 金融时报. 投资仍然是拉动中国经济增长重要引擎. www. chinagate. com. cn. 2009-04-21.

[2] 中国企业家调查系统. 2015 • 中国企业经营者问卷跟踪调查报告.

[3] 中国人民大学课题组. 中国宏观经济分析与预测(2015—2016).

[4] 郑嘉伟. 2015 年中国宏观经济形势分析与展望[J]. 海南金融，2015(2).

[5] 杜平，祝宝良，牛犁. 2016 年中国经济展望及政策建议[J]. 发展研究，2016(1).

[6] 王双成，高瑞，杜瑞杰. 约束高斯分类网研究[J]. 自动化学报，2015(12).

[7] 王双成，高瑞，杜瑞杰. 基于高斯核函数的朴素贝叶斯分类器依赖扩展[J]. 控制与决策，2015(12).

[8] WANG S C, GAO R, WANG L M. Bayesian network classifiers based on Gaussian kernel density[J]. Expert Systems with Applications, 2016(6).

后　记

经过《中国经济运行风险研究报告 2016》(以下简称本报告)项目研究团队的辛勤工作,作为集体智慧的结晶,本报告终于定稿付梓,这是我们自《中国经济运行风险研究报告 2007》以来,连续公开出版的第十本关于中国经济运行风险的研究成果。

作为中国立信风险管理研究院的标志性科研成果之一,本报告以校内学术骨干为主体,并整合了校外研究学者的力量;无论报告框架的构建和研究思路的确定,还是研究主题的选择和具体内容的撰写,无不凝结着本报告项目组全体成员的辛勤耕耘和智慧。

在本报告出版之际,要特别感谢上海市教委领导和相关部门的资助和支持,同时也要对学校各位领导的关心支持及为报告研究工作所创造的良好环境表示诚挚的谢意;学校学科办、科研处和财务处等职能部门对本报告的研究工作也提供了莫大的帮助,这些支撑和帮助都是本报告得以顺利完成的根本保证。另外,立信会计出版社的领导及编辑为本报告的顺利出版、发行付出了大量卓有成效的劳动,他们的工作态度和敬业精神尤其值得尊敬,在此一并表示最诚挚的谢意。

本报告的出版,是我们继 2015 年工作的进一步探索,欢迎风险管理领域的同仁批评指正,也非常希望风险管理研究领域的专家学者们提出宝贵建议和提供无私帮助。我们希望本报告的出版能为有志于风险管理研究和实践的同行们提供一个交流平台,也非常愿意看到我们的工作能够使得越来越多的人关注中国经济运行中的风险问题,关心风险管理相关领域的学术研究工作。虽然本报告在许多方面有可能仍存瑕疵,但我们会尽力在 2017 年的研究报告中继续改进和完善,并且,我们坚信能在中国经济运行风险研究这条路上走得更远。